装备科技译著出版基金资助出版

危险分析技术

Hazard Analysis Techniques for System Safety

［美］Clifton A. Ericson II 著

赵廷弟　焦健　赵远　田瑾　朱国振　译

国防工业出版社

·北京·

著作权合同登记　图字:军 – 2011 – 018 号

图书在版编目(CIP)数据

危险分析技术/(美)埃里克森(Ericson,C.A)著;
赵廷弟等译. —北京:国防工业出版社,2012.7
书名原文:Hazard Analysis Techniques for System Safety
ISBN 978 – 7 – 118 – 08205 – 0

Ⅰ.①危...　Ⅱ.①埃...②赵...　Ⅲ.①风险分析　Ⅳ.①C934

中国版本图书馆 CIP 数据核字(2012)第 160006 号

Translation from the English language edition:
Hazard Analysis Techniques for System Safety by Clifton A. Ericson Ⅱ.
Copyright c 2005 by John Wiley & Sons, Inc.
All rights reserved.

※

国防工业出版社出版发行

(北京市海淀区紫竹院南路 23 号　邮政编码 100048)
北京嘉恒彩色印刷有限责任公司
新华书店经售

*

开本 710×960　1/16　印张 29　字数 532 千字
2012 年 7 月第 1 版第 1 次印刷　印数 1—3000 册　定价 98.00 元

(本书如有印装错误,我社负责调换)

国防书店:(010)88540777　　发行邮购:(010)88540776
发行传真:(010)88540755　　发行业务:(010)88540717

译 者 序

安全性是产品的固有属性,安全是产品使用中不出现危险而导致事故的实时状态或条件。没有绝对的安全,只有是否可接受的事故风险。系统安全工程是系统工程的一部分,是在产品全寿命周期内,运用科学原理、工程和管理技术,及时识别危险并且采取一些必要措施,消除危险或降低风险,使事故风险达到可接受水平。系统安全工程中的关键是识别危险,随着系统的构成、行为逻辑及使用环境复杂性及事故损失的增长,在系统的研制过程中就需要投入更多的精力去识别和控制危险。

本书的作者在多个领域从事了 40 多年系统安全工程工作,具有深厚的理论基础和丰富的工程经验,本书是一本难得的、较为全面而体系化地描述危险、系统安全原理,特别是危险分析技术的系统安全专著,有益于我们更好地理解危险、系统安全原理,掌握危险分析的技术与工具,以便在实践中更好地应用。该书很值得从事系统安全工作的人员参阅。

本书的翻译也是一项较为艰辛的工作,译者以原貌呈现为原则,为读者提供一本易于阅读理解、忠实原著的危险分析译著。由于"safety"在国内有安全与安全性两种概念,在本译著中,译者根据前后文的含义及国内的习惯用法,分别译作安全或安全性,同时原书中的某些观点,译者不尽认同,但译著中忠实原著,在此说明。

本书由赵廷弟、焦健、赵远、田瑾、朱国振翻译,其中第 1 章~第 3 章由赵廷弟、赵远翻译;第 14、16、20、22、25 和 26 章由赵远翻译;第 4 章~第 11 章和第 17 章由田瑾翻译;第 12、13、15、18、19、21、23、24 章和附录 A、B、C 由焦健翻译;全书由赵廷弟负责全面技术审译,由朱国振负责英文审译。此外,戴瀛、李晓磊、彭照光、王晓云、王薇、吴洋、吴居宜、赵诺和张兆国等参与了本书的翻译工作。全书由屠庆慈和曾天翔主审。

由于译者水平有限,书中疏漏和差错之处在所难免,敬请广大读者批评和指正。

译者

2012 年 4 月

前　言

在我 40 年的系统安全职业生涯中,有两个关于危险分析的问题一直困扰着我。第一,没有用于定义危险的组成和危险到事故的驱动过程的危险理论的形式化描述。第二,缺少好的参考资料来详细地描述怎样开展大数相关的危险分析技术和方法。我写这本书是为系统安全工程师和从业人员解决这些问题。本书的内容适合于有经验的专家和刚接触该领域的分析人员。

本书的一个主要特点是详细地描述了危险理论,阐明了危险—风险—事故之间的联系,并给出了图解和示例。另外,提出了危险的三个必要要素,以及危险三角模型。

本书的另一个主要特点是描述了在系统安全领域中最常用的 22 种危险分析方法。本书中的每种分析方法都有完整的一章对其进行描述。另外,各种描述方法的章节组织结构相似,从而给分析者可能遇到的许多常见问题提供一致性的解答。书中给出了详细的示例,帮助分析人员学习和理解分析方法。

系统安全是一个已证实的工程领域,在系统研发阶段,被用于识别和减轻危险,从而消除或降低潜在事故或意外事件的风险。系统安全的最终目的是挽救生命。我最大的希望是本书的读者能够使用这些知识,更好的理解危险识别和分析。这将帮助设计和构建安全的系统,进而挽救更多的生命。

致　谢

本书此部分很自然地要感谢许多人。本书反映了我在系统安全领域40年的工作历程。许多人感动和影响着我的人生,有太多人要列出和感谢。对那些被我遗忘的人,我很抱歉。但是由此看来有少数人将永远在我的记忆中。

首先,也是最重要的,我要感谢我的妻子Debbie。她给我默默地支持和鼓励使我在系统安全领域很出色,这使得世界更加安全。她无私地让我全身心投入到系统安全协会和这本书的编写上。

我想致谢并将这本书献给开展民兵武器系统研制项目的波音系统安全组织。这个项目是一个严峻的考验,系统安全的实践正是从这里真正地开展起来的,我也是从这里开始系统安全工程的职业生涯的。在工作上,该组织给了我深刻的回忆,并对我的人生可能有很大的影响。Niel Classon 是系统安全领域早期有远见的领军人物,在他的带领下,该组织中的 Dave Haasl、Gordon Willard、Dwight Leffingwell、Brad Wolfe、Joe Muldoon、Kaz Kanda、Harvery Moon 和 Bob Schroder 在我的发展过程中给了很大的帮助。另外波音的管理者 Hal Trettin 在我职业生涯的早期给予我系统安全方面的指导。

在我职业生涯的后期,桑迪亚国家实验室的 Perry D'Antonio 帮助我在系统安全协会中取得卓越的成绩并成为该国际组织的主席。应用军械技术(Applied Ordnance Technology)公司的 Paige Ripani 帮我将事业转移到海军顾问这个新方向。最后,海军军械安全和安保活动(the Naval Ordnance Safety and Security Activity (NOSSA))的 Ed Kratovil 给我在特殊海军系统和软件安全项目中提供了工作机会。

此外,我也想肯定并感谢我的朋友 Jim Gerber、Sidney Andrews、Dave Shampine、Mary Ellen Caro、Tony Dunay、Chuck Dorney、John Leipper、Kurt Erthner、Ed Nicholson、William Hammer 和 Jerry Barnette 的工作,他们审阅了早期的手稿并为此书提供了很有价值的意见和建议。

目　　录

第1章 系统安全

1.1 简 介

我们生活在一个由系统和风险构成的世界里。从工程学的角度来看,生活中的许多方面都涉及到系统。例如,房子是一种系统,汽车是一种系统,输电网络也是一种系统。商用飞机是在经济运输系统和全球空管(空中控制)系统内运行的系统。系统已经成为现代生活必不可少的组成部分。

系统和技术也使我们面临事故,因为系统会发生故障或非正常工作从而导致财物损坏和人员伤亡。系统发生故障并导致伤亡、损失或类似不良后果的可能性就是事故风险。例如,交通信号灯失效是一种危险,由此可能导致汽车相撞的事故。汽车、交通和交通信号灯组成一个日常使用的特定系统,因为它风险小,所以我们接受这个潜在的事故风险。房间里的瓦斯炉可能发生故障并爆炸也是一种危险,它能造成房屋起火燃烧或更严重的事故。这是另一种特定系统,我们知道它会带来不利的后果,却选择容忍,因为瓦斯炉事故风险很小,而益处很大。

我们生活在由不同系统错综复杂相互交织的环境里,这些系统都会影响我们的安全。每个系统都有特定的设计和组成部分,而且每个系统都含有能带来特定事故风险的固有危险。我们总是在接受系统的益处和它所带来的事故风险之间进行权衡。在研制和制造系统时,就应该考虑消除和减少事故风险。有些风险很小,很容易就能接受,然而有些风险很大,必须马上对其进行处理。当系统在研制过程中采取了系统设计控制措施(即系统安全)时,事故风险一般都比较小,而且是可接受的。

风险就像无形的无线电信号一样充斥在我们周围,有些是明显和清晰的,有些是很弱的,另外还有一些则是失真且不清晰的。安全和生活一样,是一个探索、理解和选择可接受风险的过程。系统安全是识别和控制事故风险的形式化、规范的过程。随着系统越来越复杂和危险,就需要投入更多的精力去理解和管理系统的事故风险。

系统安全和有效的风险管理的关键是识别和降低危险。要成功地控制危险,就必须理解危险并且知道如何识别它们。本书的目的就是让读者更好地理

1

解危险和掌握识别危险的工具和技术,以便在系统研制过程中有效地控制这些危险。

1.2　系统安全背景

系统安全的理想目标是研制没有危险的系统。然而,绝对的安全是不可能的,因为完全消除全部危险状态往往是不可能的,特别是当处理那些带有固有危险的复杂系统,例如武器系统、核能发电厂、商用飞机。

既然通常不可能消除所有的危险,现实的目标就变成了研制具有可接受事故风险的系统。这个目标的实现,就要通过识别潜在危险、评估其风险和采取正确的措施,来消除或降低已识别的危险,包括需要事故风险管理的系统化方法。安全是风险管理过程的最基本部分。

危险总是存在的,但是它们的风险必须而且能够控制在可接受的范围。因此,安全是一个相对概念,意味着一种可度量和可接受的风险水平。系统安全并非一个绝对的量值,而是一个事故风险管理的优化水平,受到费用、时间、使用效能(效果)的制约。系统安全需要评价风险,并由适当的决策机构来决定接受或者拒绝风险水平。事故风险管理是系统安全工程和管理职能的基本工作。系统安全是从最初的系统方案设计,贯穿详细设计和试验、直至报废处置,整个系统寿命周期进行约束和控制的过程(也就是,"从摇篮到坟墓"或"从孕育到埋葬")。

系统安全的基本目标是识别、消除或者控制、记录系统危险。系统安全包含了事故风险管理和安全性设计的所有理念,是一门识别和控制危险并使其风险水平达到可接受程度的学科。安全性是一种必须有意识地设计到产品中的系统属性。从历史角度来看,在系统研制阶段对安全性采取主动的预防措施要比事故发生之后再去尝试增加安全特性更为有效。系统安全工作是一种先期投资,以避免潜在的事故导致的未来损失。

1.3　系统安全描述

系统安全是对系统、子系统、设备、材料和设施的研制、测试、生产、使用和处置过程中面临的系统、人员、环境及健康事故风险的管理过程。

作为一种规范化的方法,系统安全大纲(SSP)是通过工程、设计、教育、管理策略以及对实施和条件监督控制等措施来消除危险,能确保完成恰当的系统安全管理和工程任务。规范化的系统安全过程最初是由美国国防部及其军事分支机构建立的,并作为美军标 MIL – STD – 882 颁布的。在民营企业的商业化产品研制过程中也采用相同的过程,比如:商用飞机、铁路运输、核电和汽车等。

系统安全的目的是保护生命、系统、设备和环境,其基本目标是消除导致人员伤亡、系统损失、环境破坏的危险。如果危险不能被消除,那么接下来的目标就是通过设计控制手段以降低事故风险。通过降低事故的可能性或事故的严重程度可达到降低事故风险的目的。

当系统安全大纲应用于初期的方案设计阶段并贯穿于系统研制和采办的整个周期时,就能以较小的费用达到上述目标。现代系统,特别是武器系统,已非常复杂,要有意地防止事故发生就需要系统安全过程。能源材料自身的危险、环境的影响以及操作要求的复杂都增加了系统的复杂性。另外,还必须考虑硬件故障、人为差错、软件接口(包括程序错误)和环境的多样性。

在 MIL – STD – 882D 中,系统安全的定义如下:

贯穿系统寿命周期各阶段,在系统使用效能以及适应性、时间和费用约束下,应用工程和管理的原理、准则和技术,使系统达到可接受的事故风险。

系统安全的目的是通过危险识别和缓解技术进行事故风险管理。系统安全工程是系统工程的一部分,运用科学和工程原理及时识别危险并且采取一些必要措施,以预防或控制系统中的危险。利用数学以及其他学科领域中的专业知识和专门技术,结合工程设计与分析的原理和方法,来确定、预测、评价、记录系统的安全性。

系统安全管理是项目管理的一部分,能确保各种系统安全任务得以完成。这包括识别系统安全要求;规划、组织和控制为达到安全目标而开展的各种工作;协调其他项目要素;分析、审核和评价项目以保证及时有效地实现系统安全目标。

系统安全的基本思想是一种规范化的过程,通过消除危险或降低危险的事故风险而有意识地将安全性设计到系统中,是在系统寿命周期内,通过有意识地把事故的可能性降低到可忽略的水平,以达到挽救生命和财产损失的过程。系统寿命周期一般定义为方案设计、初步设计、详细设计、试验、制造、使用和处置等阶段。为了采取主动,在系统研制最初的方案设计阶段就要开展安全性工作。

系统安全的目的是确保在尽可能大的范围内发现危险,并在系统研制过程中尽早采取防护措施以避免在项目后期再进行设计修改。安全性设计是安全使用的先决条件。系统出故障的情况是可预测的,而能预测通常意味着能避免。就像墨菲(Murphy)规律说的:"任何可能出错的地方都将会出错。"系统安全的目的就是发现什么会出错(在其发生之前)并制定控制措施阻止其发生或者降低发生的可能性,这是通过识别和减少危险得以实现的。

1.4 系统安全过程

如图 1.1 所示,MIL－STD－882D 建立了一个包含八个主要步骤的系统安全核心过程(core system safety process)。系统安全核心过程包括制定一个系统安全大纲(SSP),以落实事故风险管理过程。系统安全大纲应正式记录在系统安全大纲计划(system safety program plan,SSPP)中,详细说明将要开展的安全性工作项目,包括特定的危险分析、报告等。危险识别后,应评价其风险,并制定危险减少方法以降低确需处理的风险。可通过系统安全要求(System Safety Requirements,SSR)将危险消减方法落实到系统设计中。所有被识别出的危险将汇集成为危险措施记录(hazard action records,HAR)并保存在危险跟踪系统(hazard tracking system,HTS)中。利用 HTS,危险被持续跟踪直至实现闭环管理。

从系统安全核心过程可以看出安全一直围绕着危险。该过程的关键是危险识别和消除或降低。因此,系统安全分析人员对于危险的理解、识别和降低至关重要。

系统安全核心过程可以简化为如图 1.2 所示的过程。这是一个事故风险管理过程,其中通过危险识别、危险事故风险评价以及对风险不可接受的危险进行控制而获得安全。这是一个闭环过程,在这个过程中,分析和跟踪危险直至采取可接受的闭环措施并得以验证。为了在系统设计过程中就影响系统设计方案,而非在系统研制完成后再试图强迫更改设计,该过程应与系统实际研制过程相结合。

系统安全包含了一个寿命周期整体技术途径,它基于事故的预防措施必须尽可能早的开展,并持续到系统使用寿命终止的思想。通常将安全性设计到装备中的费用,要比在装备已制造完成或投入使用时再加入安全性的费用少得多且更为有效。此外,经验表明不管系统安全大纲多么有效,在一个新设计的系统中总有一些危险无法检测出来。因此,在系统的整个寿命周期中,必须有效地实施系统安全大纲,以确保一旦出现安全问题就能被识别,并采取适当的措施。

系统安全的关键是对危险的管理。为了有效地控制危险,人们必须理解危险原理和危险识别。本书的目的是让读者更好地理解危险并掌握用于识别危险的工具和技术。当危险被识别和理解后,才能被正确地消除或降低。

4

图 1.1 系统安全核心过程

安全计划
- 制定系统安全大纲
- 系统安全大纲归档
- 系统安全管理计划
- 系统安全计划

识别危险
- 危险分析
- 系统化方法
- 寻找致因因素
- 历史信息

评价危险风险
- 制定风险判定准则
- 评价危险致因因素
- 确定事故风险

确定安全措施
- 规则
- 指南
- 消减方法
- 系统安全要求
- 风险处置优先顺序

降低风险
- 实施系统安全要求
- 再次评价风险
- 降低到可接受水平

验证风险减小措施
- 风险降低的确认与验证
- 试验
- 分析
- 审查
- 建模
- 问题评价

审查危险及风险
- 提交危险风险
- 接受残余风险

跟踪危险
- 建立危险跟踪系统
- 建立危险措施记录
- 收集信息
- 危险闭环

5

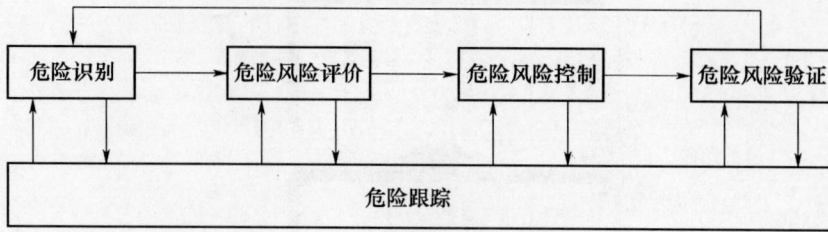

図1.2 危険控制的闭环过程

1.5 系 统 方 案

1.5.1 一般系统模型

顾名思义,系统安全涉及"系统"和许多与系统相关的不同特征和属性。因此,为了有效地应用系统安全过程,很有必要完全理解"系统"这一术语及其衍生概念,包括理解系统的组成、系统如何运行、系统分析工具、系统寿命周期以及系统研制过程等内容。只有当合理的面向系统的安全性工作项目在相应的系统寿命阶段中得以开展,并且配合采用适当的系统工程工具时,主动预防的安全性工作过程才可能有效地执行。安全性工作项目的时机选择和内容安排必须与特定的系统研制阶段相适合,以确保安全得到保障。

MIL – STD – 882 对系统的标准定义如下:

系统是由人员、规程、材料、工具、设备、设施和软件组成的具有不同复杂程度的综合体。在特定使用或保障环境下,这些组成系统的要素共同运行,以执行给定的任务或达到特定目标、保障或任务要求。

本质上,系统是一个为实现系统目标而相互关联的各子系统的综合体。

子系统是系统的子集,可以包括设备、组件、人员、设施、过程、文件、规程、软件,在系统内部相互关联执行特定功能以实现系统目标。

系统目标就是系统想要实现的预期结果。系统目标定义了系统的目的。系统功能就是系统为实现其目标所必须执行的操作。系统功能通常由子系统来完成并确定了系统应如何运行。

图1.3描述了系统的一般概念。该图表明系统是由许多子系统组成的,且各子系统之间存在接口。系统具有一定的目标而且被一个边界和环境所包围。系统安全分析涉及对系统各个方面的评价,包括功能、子系统、接口、边界和环境以及整个系统自身。

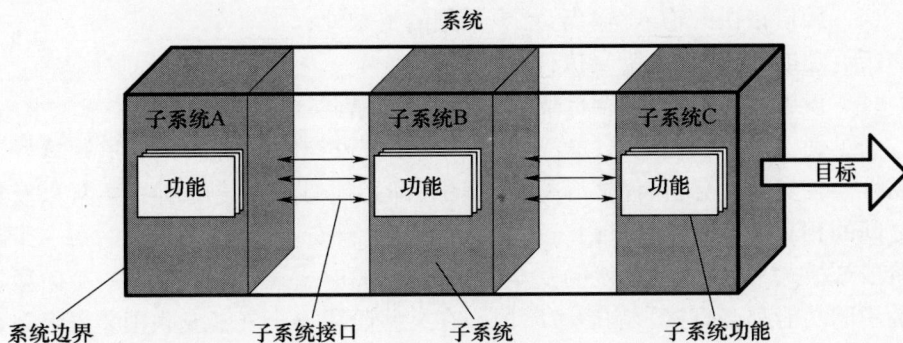

图 1.3　系统模型

1.5.2　系统属性

　　系统有许多系统安全关注的属性。因为这些属性为系统的设计、建造、运行以及分析提供了框架,所以定义和理解系统关键属性是非常必要的。表 1.1 列出了系统的关键属性,其中第一行列出了关键属性分类,下面则是确定的子项。每一种属性都被某个系统研制阶段开展的系统安全危险分析所强调。

表 1.1　系统的关键属性

层次	组成部分	影响范围	运转方式	类型
系统	硬件	边界	功能	静态
子系统	软件	复杂性	任务	动态
单元	人	危险程度	模式	自动
组件	流程		阶段	进程
部件	接口			武器
零件	环境			飞机
	设施			航天器
	文件			⋮

　　为了进行完整彻底的危险分析,必须理解系统的每个属性。安全应考虑的基本属性特征如下所示:

　　(1) 硬件故障模式、危险的能源;

　　(2) 软件设计错误、设计不兼容;

　　(3) 人员人为差错、人身伤害、人员控制接口;

　　(4) 环境天候、外部设备;

　　(5) 程序指令、任务、报警说明;

（6）接口错误的输入/输出、意想不到的复杂性；

（7）功能无法执行、错误执行；

（8）设施建筑物损坏、存储兼容性、运输差错。

为了确保系统获得最佳的安全性水平，系统安全大纲必须充分重视这些系统属性。在安全性分析、评估/评价过程中，都必须考虑系统的所有要素以及它们之间的相互关系，从而保证真正对整个系统进行安全性分析。例如，每一个运行阶段或模式，都可能对系统的安全性有不同的和/或显著影响。每一个阶段执行的不同功能都会直接影响后续阶段。在某些阶段安全屏蔽或联锁装置经常会被拆除，使得系统更容易发生危险。例如，在导弹执行任务中的某一时刻，导弹通电并被解除保险。这就意味着此时少量的潜在故障就能导致事故的发生，并且能够防止事故发生而发挥作用的防护装置也更少。

1.5.3 系统类型

系统安全工作中处理的系统类型通常是由硬件、软件、用户接口、规程构成的人工实体。这些系统类型包括船舶、武器、电力系统、铁路、飞机以及类似的用于特定目的或目标的系统。表 1.2 提供了一些系统示例，并给出了预期的用途和构成这些系统的部分子系统。有趣的是许多系统由相似类型的子系统组成，这也就意味着具有相似类型的危险。

表 1.2　系统类型示例

系统	目的	子系统
船舶	交通运输/运载武器	发动机、船体、雷达、通信系统、导航系统、软件、燃料、人
飞机	交通运输/运载武器	发动机、机身、雷达、燃料、通信系统、导航系统、软件、人
导弹	进行攻击	发动机、结构、雷达、通信系统、导航系统、软件
汽车	运输	发动机、结构、计算机、软件、燃料、人
核电站	输送电力	结构、反应堆、计算机、软件、人、输电线路、放射性原料
电视	观看影音	结构、接收器、显示器、电源
烤箱	烘烤面包	结构、计时器、电气元件、电源
电话	通信	结构、接受机、发射机、电源、模拟变换器

理解系统的类型和范围对于系统安全和危险分析非常重要。系统类型可以表明系统涉及安全关键特性。系统边界范围确立了系统的大小和层次。系统的界限从根本上描述了系统能够安全地做什么和不能安全地做什么。某些界限可能要求系统应包括特定的安全性设计。每个系统都运行在一个或多个不同的环

境中,特定的环境决定了何种潜在危险将会影响系统,而系统的关键特性决定了系统总体安全等级。一个核电厂系统具有很高的安全等级,而电视作为一个系统其安全等级则低得多。

1.5.4 系统寿命周期

系统寿命周期包括一个系统从方案设计到报废处置经过的实际阶段。系统的寿命周期和人类的生命周期类似,由孕育、出生、童年、成年、死亡和埋葬组成。系统的寿命周期非常通用,有一个共同的划分标准。系统寿命周期一般压缩总结成如图1.4所示的五个主要阶段。系统寿命周期的所有方面都将归入这些主要分类之中。

方案定义 ⟹ 研制与试验 ⟹ 生产 ⟹ 使用 ⟹ 报废

图1.4 系统的主要寿命周期阶段

系统的寿命周期阶段在产品开发中是非常重要的部分,因此与系统安全过程密切相关。安全性工作项目都是围绕这五个阶段计划和展开。为了主动地将安全性设计到产品中,非常有必要从方案定义阶段就开始安全过程并一直贯穿于整个寿命周期。

第一阶段:确定方案。这一阶段包括根据可行性、费用和风险等方面对一个可能的系统方案进行确定和评价。在这一基本方案评价阶段,需要确定整个项目的目的和目标;设计要求、功能和最终结果等也将被明确表述。概略地设计出系统基本框架,包括必要的子系统的设计草图以及它们之间如何交互。在这个阶段,安全性关注系统中必须使用的危险部件和功能。系统安全大纲计划一般在这个阶段开始,列出整个系统的风险和安全性工作,包括必须开展的危险分析。

第二阶段:研制和试验。这一阶段包括设计、研制和试验实际系统。研制从初步任务贯穿到详细任务。研制阶段一般分为以下几个阶段:

(1)初步设计:初始的基本设计;

(2)详细设计:最终的详细设计;

(3)试验:系统测试以确定满足所有需求。

初步设计把初始方案转化为可行的设计方案。子系统、部件和功能都在这一阶段识别和定义,明确用于定义系统、子系统和软件的设计要求;还会对备选设计方案进行一些试验。本阶段的安全性关注危险的系统设计、危险的部件/材

9

料和最终会导致事故的危险功能,以及消除或降低危险的措施。

初步设计到最终的详细设计。系统的最终设计包括完成制定系统设计规范、草图、图纸和系统过程以及所有子系统设计。在最终设计阶段,安全性关注在系统寿命周期内最终会导致事故的危险设计、故障模式、人为差错。

系统的试验阶段包括对设计的验证和确认试验,以确保所有的设计要求都得以有效地实现。此外,安全性关注试验相关的潜在危险和在试验中识别的额外系统危险。

第三阶段:生产。在生产阶段,最后批准的设计被转化为可使用的最终产品。在该阶段中,安全性关注安全生产过程、人为差错、工具、方法和危险材料。

第四阶段:使用。在使用阶段,最终产品被用户应用到实际的工作中。该阶段包括使用和保障功能,诸如运输/装卸、贮存/配载、改进和维修。使用阶段可能持续多年,而产品的性能和技术都可能会在该阶段中升级。对系统的安全使用和保障是这一阶段关注的安全问题。在本阶段,安全工作包括操作者的行为、硬件故障、危险的系统设计、安全的设计更改和系统升级。

第五阶段:报废。这一阶段是产品使用寿命的完结。伴随着产品使用寿命的终结,该阶段的工作涉及对系统全部或个别要素的处置报废。这个阶段包括淘汰、分解和退役等工作,其中涉及产品的拆散、拆除和拆卸。安全的拆卸过程和危险材料的安全处置都是这一阶段安全工作要关注的。

一般情况下,寿命周期的这些阶段都是按顺序发生的,但是有时研制任务也会并行地、螺旋地或递增地开展以便缩短研制过程。无论产品研制采用顺次过程、并行过程、螺旋过程还是递增过程,系统寿命周期阶段基本保持不变。

1.5.5　系统研制

系统的研制是一个设计、开发和试验系统的过程,直至最终产品满足所有要求并实现所有目标。系统研制主要由系统寿命周期的第一和第二阶段组成。正是在研制阶段,安全性被设计到产品中以便安全使用。图3.13给出了系统寿命周期的五个阶段,并将第二阶段扩展为初步设计、详细设计和试验。这些是开展系统安全效果最显著的阶段。

系统研制可以采用不同的模型。每种模型都各有利弊,但都达到相同的目的——研制系统。这些研制模型包括:

工程研制模型。这是已采用多年的标准传统方法。该方法依次地开展系统寿命周期的各个阶段。研制和试验阶段进一步细分为初步设计、详细设计和试验。在该模型中,每个阶段必须全部完成才能进入下一阶段。由于系统是按阶段依次开发的,所以这种方法一般花费时间最长。不同阶段的转换共需要开展三项重要的设计评审,它们分别是系统设计评审(SDR)、初步设计评审(PDR)和关键设计评审(CDR)。这些设计评审是第 3 章所讨论的危险分析类型的重要方面。图 1.5 描述了传统的工程开发模型。

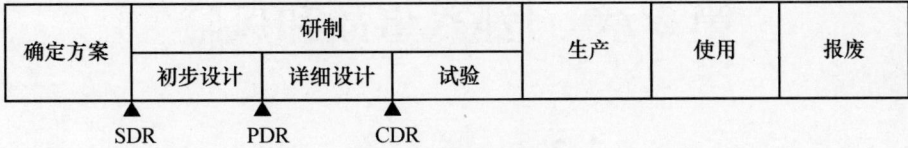

确定方案	研制			生产	使用	报废
	初步设计	详细设计	试验			

▲SDR   ▲PDR   ▲CDR

图 1.5 工程研发模型

并行工程。这种方法并行开展多个研制任务,以达到节省研制时间的目的。由于一些项目是在完成全部研制和试验工作前就试制了,所以该方法存在较高的技术风险。

螺旋式研制。在螺旋研制过程中,已经确定了系统期望的能力,但在项目初期并不确定最终状态要求。通过论证、风险管理和用户持续反馈,需求得到不断提炼。每一次改进都提供了最优的可能能力,但下一次改进的要求依赖于用户的反馈和技术的成熟。

增量式研制。在递增研发过程中,已确定了期望的能力,并已经明确了最终状态要求,随着时间的推移并依靠可利用的成熟技术,系统要求通过开发多个递增得以实现。为了降低研制风险,该方法将研制过程分解为递增阶段。在进行更详细的设计前,基本设计、技术和方法就已得到开发和批准。

1.6 小 结

本章讨论了系统安全的基本概念。有助于总结本章所论述内容的基本原理归纳如下:

(1)系统安全的目的是通过防止事故以挽救生命和保护资源;

(2)通过系统安全过程可以预测和控制事故;

(3)系统安全的焦点是危险、事故和事故风险;

(4)因为危险是预防和降低事故的关键,所以危险分析是必须的工作;

(5)系统的安全性应与任务要求、费用和进度协调一致;

(6)系统安全覆盖了系统寿命周期的所有阶段,从"摇篮到坟墓";

(7)系统安全必须是有计划的、主动的、综合的、全面的和面向系统的。

第2章 危险、事故和风险

2.1 简　介

为了将安全性设计到系统中,在设计时必须排除或降低危险(减小风险)。危险识别是一项关键的系统安全工作,因此正确的理解和认识危险原理至关重要。为了在危险识别、评价、降低过程中认识和理解危险,本章重点介绍危险是怎样形成的。

危险分析为系统安全提供了基础。开展危险分析是为了识别危险、危险影响和危险致因因素(HCF)。危险分析用于确定系统风险、危险的重要程度,并制定消除或降低已识别危险的设计措施。还用于系统性地检查系统、子系统、设施、部件、软件、人员以及它们的相互关系,并兼顾后勤保障、人员培训、维修、试验、改进和使用环境等方面。为了有效地开展危险分析,理解危险的形成、怎样识别危险、如何定义危险是非常有必要的。研究危险和危险致因因素的识别技术,理解危险的本质、危险与事故的关系以及危险对系统设计的影响是非常必要的。

本章将介绍许多与危险相关的重要概念,将作为危险分析和风险评价的基石。总体而言,可能发生的事故是人类自己造成的。潜在事故以危险的形式存在,危险则存在于系统设计中。危险实际上是被设计到我们所设计、构建和使用的系统中。为了开展危险分析,分析人员首先必须理解危险的本质。危险是可预测的,可预测的事物也是可以消除或控制的。

2.2　与危险相关的定义

整个系统安全过程就是一种事故风险管理,通过识别危险、评价事故风险和控制具有不可接受风险的危险以获得系统的安全。这是一个闭环过程,其中危险被识别、降低和追踪直至可接受的闭环措施得以实施和验证。系统安全工作的开展应与实际系统的研制过程相结合,从而在设计研制过程中就利用安全特性影响设计,而不是在系统研制完成后再尝试增加更多的费用来更改设计。

从理论上这听起来很简单,但是危险的组成、危险致因因素和事故等这些基本概念是实践中常见的绊脚石。在识别、描述、评价风险时,清楚地理解危险与危险致因因素之间的关系是非常重要的。为了更好地理解危险原理,首先需要了解一些与安全相关的定义。

意外事件

(1)一个不期望、非预期的事件;一起事故;一个不幸的意外或事件(字典)。

(2)非敌对活动的、导致的财产、装备、设备、货物损坏或人员伤亡的任何非计划性的活动或事件(Navy OP4&OP5)。

事故

(1)一起不幸的意外事件(字典)。

(2)导致死亡、伤害、职业疾病、设备或财产的损失、环境破坏的一起或一系列非计划的事件(MIL – STD – 882D)。

(3)导致死亡、伤害、职业疾病、设备或财产的损失、环境损害的一起或一系列非计划的事件和意外事件。(MIL – STD – 882C)。(注意定义中最后一个词"意外事件")

危险

(1)冒险;处在损失或伤害的危险中(字典)。

(2)能够导致人员伤害、疾病、死亡;系统、设备或财产损失;或者环境损坏的任何实际或潜在的状态(MIL – STD – 882C)。

(3)发生意外事件的前提条件(Army AR 385 – 16)。

风险

(1)危险;严重的危险;危难(字典)。

(2)用潜在事故的严酷度和发生概率来表述事故的影响和可能性(MIL – STD – 882D)。

注意上述定义间的不同和相似之处。从这些定义可明显看出事故和意外事件之间没有明显区别,因此它们之间可以相互替换。但为了与 MIL – STD – 882D 保持一致,术语"事故"的使用优先于术语"意外事件"。

字典的定义表明一起意外事件或事故是一种随机事件,喻示危险是无法预测和无法避免的,从而给我们一种束手无策的感觉。但在另一方面,系统安全是建立在事故不是随机事件这一基础之上;相反,认为事故是确定性的和可控制的事件。事故和意外事件并非无缘无故的发生,是一组特定条件(也就是危险)所导致的结果,而通过恰当的分析是可以预测的。危险是一种潜在条件,当危险存在时可能导致事故或意外事件。这也就意味着事故可以通过危险识别进行预测。并且,事故可以通过危险的消除、控制和降低措施得以预防或控制。这种观点为控制系统的研制和使用提供了一种思路。

2.3 危 险 原 理

根据系统安全中的定义,事故是已发生而且造成人员伤亡或系统损失的实际事件,而危险则是可能造成人员伤亡或系统损失的潜在条件。这些定义引出的基本原理就是:危险是事故的先兆;一个危险确定了某一起潜在事件(例如事故),而一起事故则是已发生的事件。这意味着一个危险和一起事故之间存在直接联系,如图2.1所示。

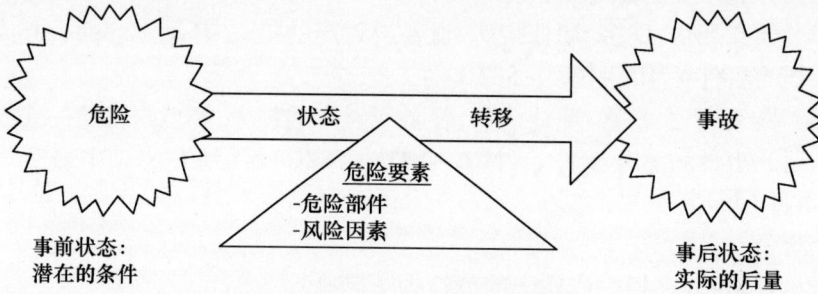

图2.1 危险—事故的关系

如图2.1所示,危险和事故是同一个现象的两种不同状态,通过必然发生的状态转移相连。可以把这些状态理解为"事前状态"和"事后状态"。危险是位于图一端的"潜在事件",基于状态转移,可以转变为位于图的另一端的"现实事件"(事故)。可以用水进行类比:水作为一个实体,可以处于液体或固体两类形态,而温度是使其转变的因素。

图2.2从一个不同的角度来说明危险—事故关系。基于这种观点,危险和事故位于同一个实体的两端。同样,一些转移事件导致从有条件的危险状态转变为现实的事故状态。注意,两种状态看起来几乎是相同的,区别在于动词的时态由提及未来可能的事件转变为描述现实事件,而这一转变过程经历了一些损失或伤害。危险和事故是相同的实体,仅仅是状态发生了改变,从一种假设转变成现实。

事故是现实危险的直接结果。从危险到事故的状态转移基于两个因素:(1)涉及一组特定的危险要素;(2)由危险要素带来的事故风险。危险要素是构成危险的元素,事故风险是事故发生的可能性和事故所导致损失的严酷度。

事故风险是一个很直观的概念,可以定义为

$$风险 = 可能性 \times 严酷度$$

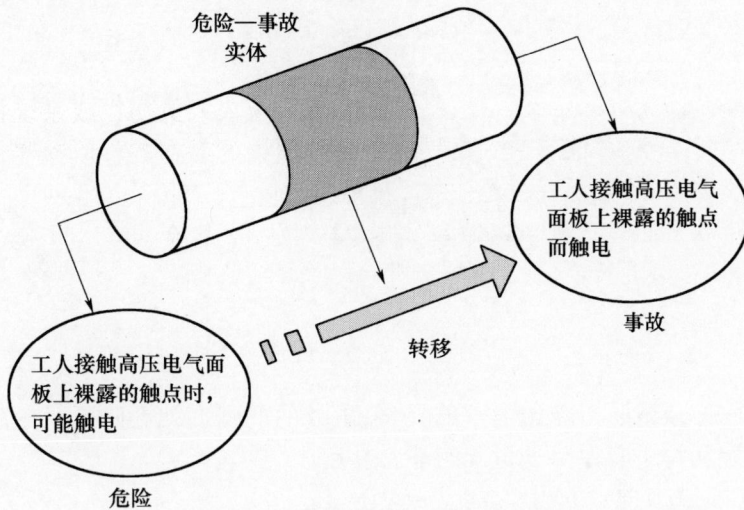

危险—事故
实体

工人接触高压电气
面板上裸露的触点
而触电

事故

转移

工人接触高压电气面
板上裸露的触点时,
可能触电

危险

图 2.2 相同的实体——不同情况

事故的可能性因子是危险要素发生并转变成事故的概率。事故的严酷度因子是事故所导致的总后果,通常就事故所造成的损失而言(也就是不能接受的输出结果)。可能性和严酷度可以用定性或定量方式进行确定和评价。通过故障事件的概率计算,时间因素也被考虑到风险概念中。例如,$P_{故障} = 1.0 - e^{-\lambda T}$,这里,$T$ 是暴露时间,λ 是故障率。

危险要素的概念定义要稍微复杂一些。危险是一个只包含导致事故的充要元素的实体。危险的要素确定了事故的必要条件和事故的最后结果或影响。

危险由下列三个基本要素组成:

(1)**危险元素(HE)** 是构成危险的基本危险源。例如,有危险性的能源,诸如系统中使用的爆炸物。

(2)**触发机制(IM)** 是引起危险发生的触发或引发事件。触发机制导致危险从潜在的状态向实际事故状态实现或转变。

(3)**对象和威胁(T/T)** 是易受到伤害和/或破坏的人或物,描述了事故的严重程度。这是事故后果和预期造成的破坏和损失。

危险的三个要素构成了系统安全领域中所谓的危险三角形,如图 2.3 所示。

危险三角形说明了危险是由三个必要且耦合的要素组成的,每个要素构成了三角形的一条边。危险存在的前提是三角形的所有三边都必须具备。移除三角形的任何一边就可以消除危险,因为无法再造成事故(也就是三角形不完整)。减小触发机制所在那一边的可能性,则事故的可能性就会降低。减少危

15

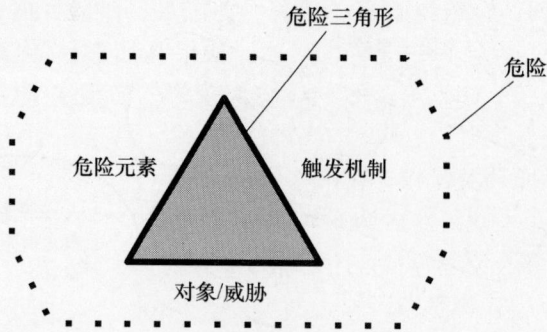

图 2.3　危险三角形

险元素边——或威胁对象边——的要素,事故的严酷度就会降低。危险的这一特性在决定从哪里着手降低危险时非常有用。

表 2.1　危险要素示例

危险元素	触发机制	对象/威胁
武器弹药	误发信号;射频(RF)能量	爆炸;致死/致伤
高压罐	罐体破裂	爆炸;致死/致伤
燃料	燃料泄漏和点火源	着火;系统损失;致死/致伤
高电压	接触裸露的触点	触电;致死/致伤

表 2.1 为每一个危险要素给出了示例和条件。为了说明危险要素的概念,研究下述危险示例的详细分解:"工人由于接触高压电气面板上露的触点而触电"。图 2.4 给出了如何将这个危险分解成三个必要的危险要素。

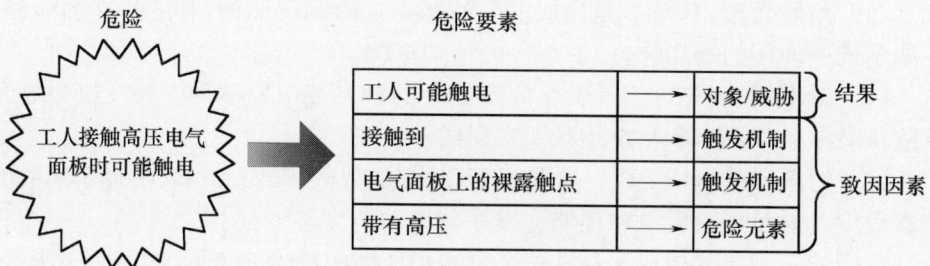

图 2.4　危险要素

请注意在本例中,呈现了全部三个危险要素,并且可以清楚地识别出。在这个特定例子中实际包含了两个触发机制。对象/威胁确定了事故的后果,而危险

16

元素与对象/威胁相结合也就确定了事故的严酷度。危险元素和触发机制是危险致因因素(HCF),确定了事故的可能性。如果高压部件能够从系统中排除,这个危险也就消除了。如果电压能够降低到较低的伤害水平,则这个事故后果的严重性就会降低。

应牢记的危险原理关键概念有:

(1)危险导致(也就是造成)事故;

(2)危险(不可避免地)存在于系统中;

(3)危险可通过其要素来识别;

(4)一个设计缺陷可能导致一个事故的发生;

(5)危险的发生取决于其涉及的危险要素;

(6)危险是一个确定性的实体而非一个随机事件;

(7)危险(和事故)是可预测的,因此,也是可预防或控制的。

2.4 危 险 转 化

事故是危险由潜在转化为现实的直接后果。从危险到事故的状态转移基于两个因素:所涉及的特定危险要素集和由危险要素产生的事故风险。危险要素是组成危险的各个实体,而事故风险是事故发生的可能性和事故所导致损失的严酷度。

图2.5是采用类似分子结构的方式来描述危险构成的示意图。分子代表一种危险,而原子代表组成分子的三类要素。这个模型认为,危险类似于分子,每种危险都是由一组特定要素组成的特定实体。这组要素由三类必要的具体因素组成,即:危险元素、触发机制和对象/威胁。一个危险必须具备所有三种特定因素,但每种因素在数量上可以是一个或多个。该分子模型还表明,危险的形成要素,全都仅存在于危险中,要素之间没有特定的先后次序。

当危险中的各要素处于某种特定的组合时,危险将从一种潜在的条件状态转变为事故状态。按照这种观点,所有随机的危险要素需要以特定的顺序组合或发生时,事故才会实际发生。事故的可能性由事件顺序的起因决定,事故的严重性则由对象/威胁决定。危险元素一直会存在,但只有触发机制推动转变时事故才发生。

图2.6给出了另外一种观察危险—事故关系的视角。这些旋转的轮子代表构成一个特定危险的所有要素。只有在恰当的时刻,所有轮子的孔完美地排成一行,危险才会从潜在的状态转变为现实的事故。

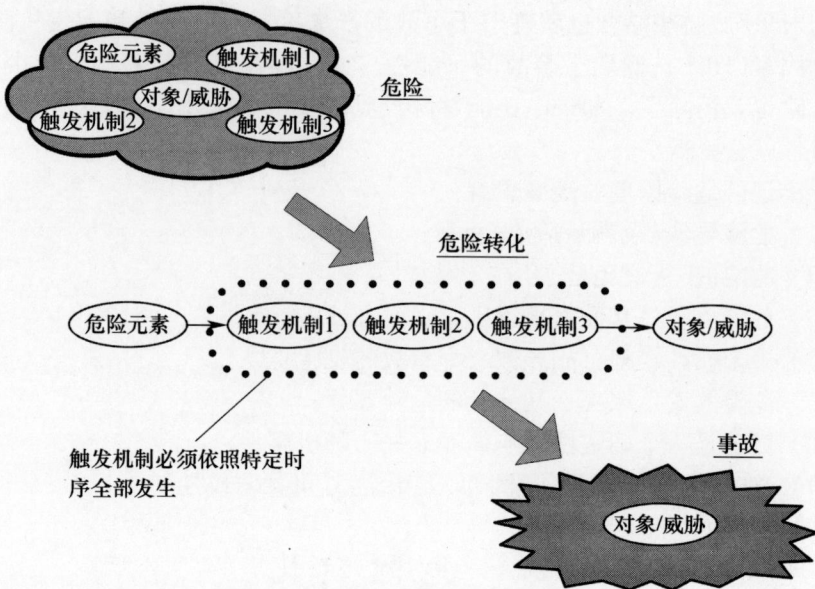

图 2.5 危险—事故转化（观点 1）

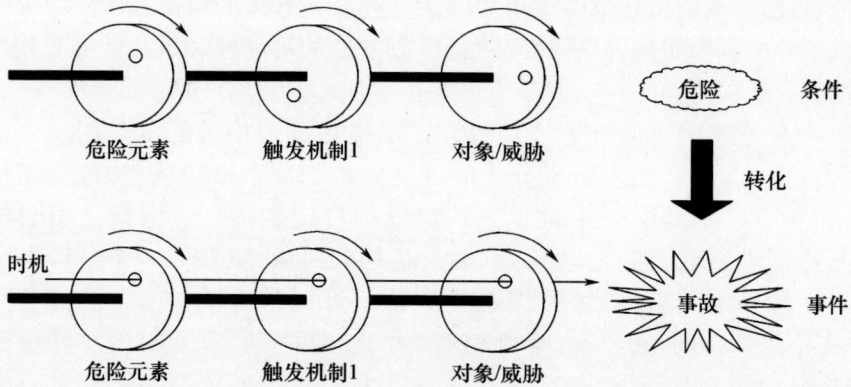

图 2.6 危险—事故转化（观点 2）

关于危险—事故转变过程要牢记两个要点：一是在转变阶段，通常会有一些类型的能量积累，最终导致事故伤害。二是常常会有一个事故不可逆点，此时事故已不可能被挽回。每个单独的危险都是唯一的，因此对于任何危险，状态转变的这一时序段也是唯一的。

危险—事故状态转化过程如图 2.7 所示。在转变阶段，随着触发机制发挥作用，能量开始积累。这一过程也可以看作功能元素的实现，或在快速或缓慢实现功能的过程。在这期间,系统的安全性水平在降低,转变过程达到一个不可逆转点,危险变得不可逆转。

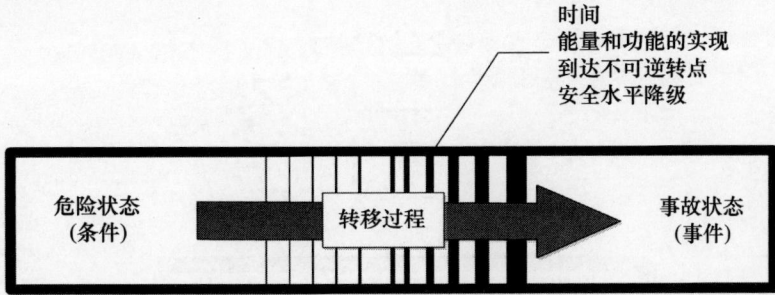

时间
能量和功能的实现
到达不可逆转点
安全水平降级

危险状态
(条件)

转移过程

事故状态
(事件)

图2.7 危险—事故转化

系统按照一定规范设计和制造以达到执行一个或多个预定功能的目的。但是,系统也可能含有一个固有的设计缺陷从而能够执行某个无法预期和不期望的功能,正是这个设计缺陷构成了危险的必要事件和条件。由于设计缺陷并非总是明显的,因此很多时候设计人员并不能发现设计缺陷(危险)。这些危险只有通过危险分析才能发现和识别。

事故并不是凭空发生的,是由系统设计中无意的设计缺陷导致的。因此,在某种意义上来说事故是可以预测的事件。如果危险被消除或降低,与之相应的事故也就被消除或控制。因此,危险识别和控制(通过危险分析得以实现)是事故预防的关键。

2.5 危险致因因素

为什么会有危险和危险如何存在之间是有区别的。危险存在的基本原因是:由于系统中必须使用危险元素,所以危险不可避免,和/或没有充分考虑安全性设计的后果。

安全性设计考虑不足的原因,则是由于不成熟的、不充分的设计,或即使是良好的设计但由于实施错误造成的。这包括没有充分考虑硬件故障、潜在通路、软件故障、人为差错以及类似问题的潜在影响等。危险致因因素解释某个特定危险如何存在于系统中。

图2.8描述了完整的危险致因因素模型。该模型将危险—事故原理的所有因素都关联到一起。该模型说明危险为事故创造可能,而事故的发生则基于所涉及的风险水平(也就是,危险和事故是通过风险联系的)。三个基本危险要素确定了危险和事故,又可以进一步细分为主要的危险致因因素类别:硬件、软件、

人、接口、功能和环境。最后，这些致因因素类别还可进一步细化到实际具体的详细原因，如硬件部件的故障模式。

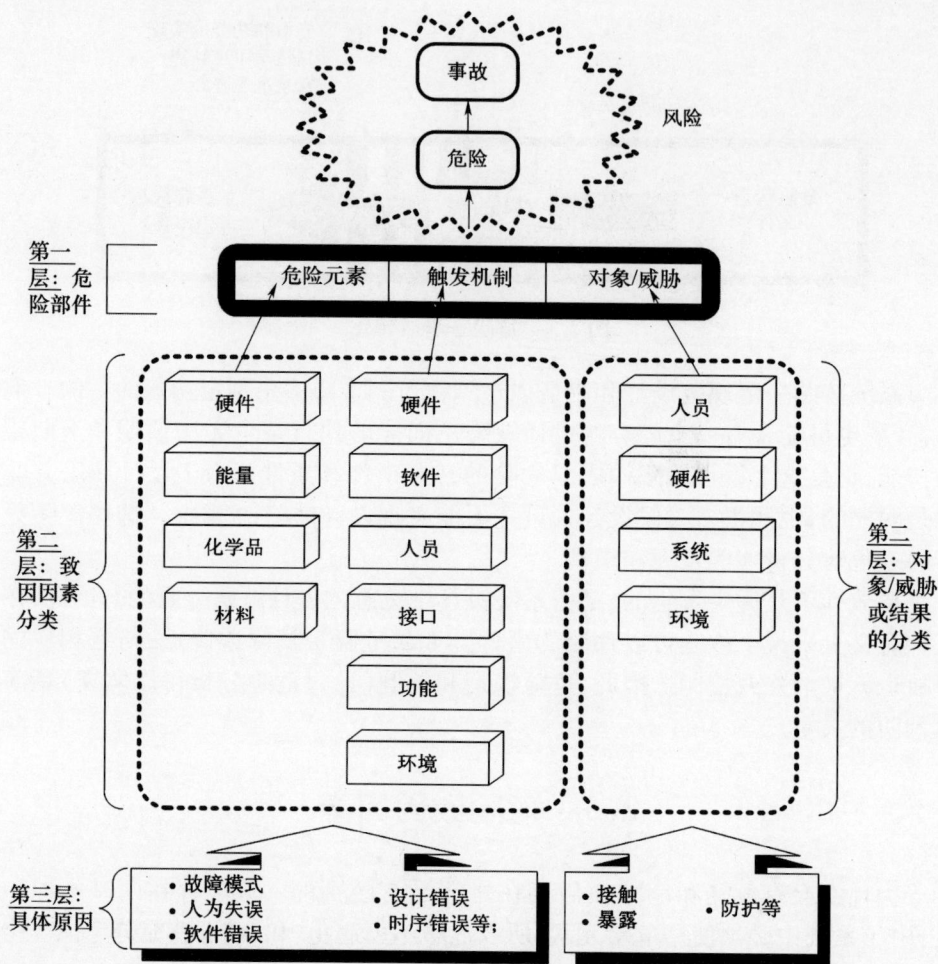

图 2.8　危险致因因素模型

图 2.8 以图形的方式描述了如何从三个不同的层次考察危险致因因素：

层次 1：顶层　三类危险要素（危险元素，触发机制，对象/威胁）；

层次 2：中间层　危险致因因素类别（硬件、软件、人机系统综合（HSI）、环境、功能、接口）；

层次 3：底层　详细的具体原因（故障模式、差错等）。

顶层的危险致因因素类别确定了所有危险的基本根源。危险致因因素识别

20

的第一步是确定类别,然后再确定每种类别中的详情,如特定的硬件部件故障、操作差错、软件错误等。初步危险分析(PHA)中的高层次危险可以在危险致因因素类别层次上确定根原因;而诸如子系统危险分析(SSHA)等,可以在部件级确定具体的详细原因,如特定的部件故障模式。即使不知道具体原因,也可通过致因源头初步识别危险。但是,为了确定事故风险和必要的危险降低措施,最终必须要知道具体的根原因。

总之,危险——事故原理的基本原则如下:

(1) 危险导致事故,危险是一种条件,确定了一个将来可能发生的事件(也就是事故);

(2) 危险和事故是同一个现象的两种不同状态(之前和之后);

(3) 每一个危险/事故都有固有的特定风险(可能性和严酷度);

(4) 危险是由三种要素组成的实体(危险元素,触发机制,对象/威胁);

(5) 危险元素和触发机制是危险致因因素,构成了事故可能性风险因素;

(6) 对象/威胁连同部分危险元素和触发机制一起构成事故严酷度风险因素;

(7) 危险致因因素可以从三个不同层次描述其特征;

(8) 一个危险存在的概率是 0 或 1,但是,一起事故的概率则是具体危险致因因素的函数。

危险就像一个微小系统,是由一组特定的致因因素和结果组成的特定的离散实体。危险确定了潜在事故的条件和状态,包含了全部潜在事故的描述。事故是危险要素的产物。

2.6 危险—事故的概率

危险是以 1 或 0 的概率存在(危险确实存在,或者没有危险;危险三类要素存在,或者不存在)。另一方面,事故具有介于 1 和 0 之间的发生概率,具体情况基于事故致因因素。危险元素以 1 的概率出现,由于它的存在,系统才存在危险。因此,决定事故发生概率的正是触发机制,即当触发机制发生时事故发生。触发机制是一些诸如人为差错、部件故障、时序错误等类似的因素。这些概念如图 2.9 所示。

危险致因因素是引起危险的根源。实际上危险致因因素是构成威胁和为危险转化成事故提供机制的危险元素。危险中的危险元素和触发机制两类要素都是危险致因因素。这两类危险致因因素构成了危险转变为事故的可能性。对象/威胁和部分危险元素与触发机制联合确定了危险的严酷度。对于事故严酷度,通常危险元素的数量很重要,触发机制因素使得对象接近危险元素。

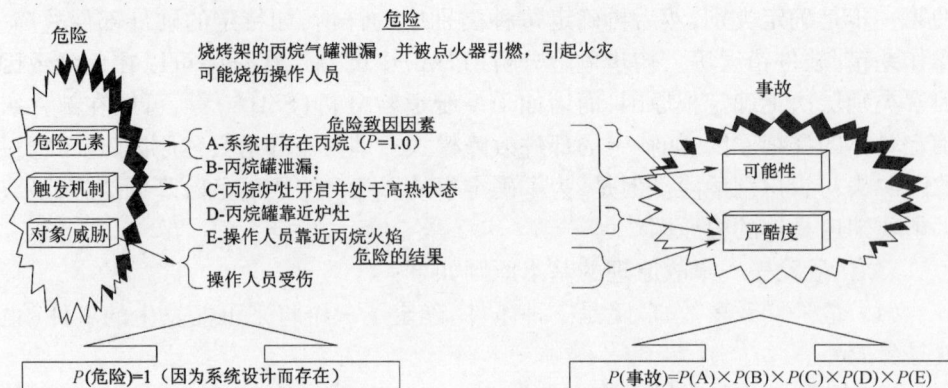

图 2.9 危险要素和概率示例

2.7 辨 识 危 险

危险识别是系统安全的主要任务之一,而危险识别涉及对危险的辨别。辨别危险是一个从各类设计信息中找出危险的认知过程。辨识或确认危险必须具备四个条件:

(1) 对危险原理的认识;

(2) 提供一致的、有条理过程的危险分析技术;

(3) 对危险辨识方法的掌握;

(4) 对系统设计和使用的了解。

为了使安全性分析人员更好地认识危险的各个方面,本章讨论了危险原理,如危险—事故关系,危险的三类要素和危险致因因素的类型。第 3 章讨论全面覆盖各类危险识别必要的系统安全危险分析类型。本书的其余部分介绍若干在危险分析结构化、严谨性和详细程度上各不相同的危险分析技术。本节内容集中在如何在认知上辨认危险。

系统安全的一个惯性思维观念,认为降低危险的难度,比辨认或发现一种危险容易。分析者可全面掌握危险原理,还有危险分析工具的支持,但所面临的实际认知危险工作仍然困难重重。辨识危险是危险识别过程的关键环节,因而也是所有危险分析的关键点。危险如同精灵一样,无处不在,难以捉摸,分析人员必须追踪和捕获,辨识危险的过程好似一个捕猎过程。

系统安全另一个公认的观点:危险辨识是科学,更是艺术(这也许是熟练的系统安全分析人员宝贵的原因之一)。尽管如此,仍有一些关键的认知要点有

助于安全性分析人员发现危险,例如:

(1) 应用危险三角形要素:

① 危险元素 使用有害元素/部件清单;

② 触发机制 评价触发事件和致因因素;

③ 对象/威胁 评价可能的威胁和事故。

(2) 应用历史经验知识和教训。

(3) 对优秀设计实例的分析。

(4) 审阅通用的安全性设计准则、规范、原则。

(5) 审阅和分析通用的二级危险致因因素。

(6) 关键故障状态问题。

(7) 顶层事故和安全关键功能的评价。

通过对系统内每一类危险要素(危险元素、触发机制、对象/威胁)进行评价,借助危险三角形概念形成了认知危险的素材。这也就意味着认知危险的第一步,是识别和评价特定的系统设计中的所有危险元素,而后是评价危险的所有系统触发机制,以及所有的对象/威胁。

首先,分析人员要考察危险三角形的危险元素,主要关注有害元素清单。危险元素包括已知的危险源,如爆炸物、燃料、电池、电气、加速度、化学品等。因此,通用危险源检查表可以用来帮助识别特定系统设计中的危险。如果被分析系统中某个部件在危险源检查表中查到,那就直接指出了系统中可能存在的潜在危险。推测分析系统设计中的危险元素的所有可能危害模式。有许多不同类型的危险源检查表,如分别适用于能源、危险作业、化学品等。参阅附录C的检查表示例。

可以通过关注已知的相应危险触发机制(危险要素触发机制)辨识危险。例如飞机设计,众所周知,燃料点火源和燃料泄漏是引发火灾/爆炸危险的触发机制。因此,对于涉及燃料的部位,通过详细审查设计以查找点火源和泄漏点有助于辨识危险。部件故障模式和人为差错是常见的危险触发机制。

安全性分析人员还可以通过关注已知的或预定的不可接受结果或事故(危险要素对象/威胁)来辨识危险。这意味着考虑和评价系统中已知的不可接受的结果。例如,导弹系统在方案设计阶段就可以确定某些不能接受的结果。通过追溯这些不可接受的结果,可以更容易地辨识某些危险。在导弹系统的设计中,导弹意外发射是一个公认的不可接受事故,因此任何能够导致该事件发生的条件都被视为是危险,如自动点火、开关故障和人为差错等。

另一种辨识危险的方法是利用历史的经验和教训。在特性与设计上相似的已有系统的危险和事故信息将会对危险辨识过程有所帮助。例如,通过审查先前航天器系统的事故,会发现用于航天器某部件的一个专用密封设计曾经导致了数起事故。因此,航天器上该部件的密封设计应视为潜在的危险区域,在新的航天器设计中应特别关注。

分析人员还可以通过审查和分析优秀的设计案例来辨识危险。通过基于各种设计文档和标准的优秀设计案例开展逆向工程,可以识别危险的设计状况。例如,一个优秀的直流电路开关设计,会把开关或断路器设置在火线支路上,而不是设置在电路的地线支路。这种设计可以防止疏忽操作导致的误接地事故发生。对新设计方案进行危险分析时应注意找出此类危险。

审查通用安全性设计准则、规范和原则是辨识危险的另一种方法。通过分析特定的安全性准则,规范和原则背后的理由与逻辑,可以很容易地辨认某些类型的危险。例如,安全性准则:"不要用同一个总线或线路为系统的主电路和备份电路供电",就是一条很好的出于安全考虑的准则。该安全性准则是一个线索,有助于辨识有冗余的系统中的危险。对新的系统设计进行危险分析时,应查找这些危险。

还有一种辨识危险的方法,是对第二层次的通用危险致因因素进行审阅和分析。在概括层次考虑各种致因因素,有助于辨识危险。此层次的致因因素类别包括硬件、软件、人员、接口以及环境。例如,通过评价系统的运行环境或暴露环境,可以帮助辨别由环境因素导致的系统危险。

另外一种辨识危险的方法是利用关键状态提问。这种方法提出一组必答的启发式问题,其中每一个问题都可以触发危险的辨识。"关键状态"是子系统可能故障或错误运行从而产生危险的潜在状态或方式。例如,在评价每一个子系统时,通过回答问题"当子系统未能运行时会发生什么?",可以引出对危险的辨识。表2.2是一个包含部分故障状态的检查表,提供了在辨识危险时应当询问的一些关键问题示例。每个系统研制的系统安全大纲,都应制定其特定的专业化的关键故障状态问题清单。

表 2.2 故障状态检查表

序号	故障	序号	故障
1	未能运转	6	接受到错误的信息
2	不正确地/错误地运行	7	发出错误的信息
3	意外操作	8	数据或信息冲突
4	操作时间不当(过早,过晚)	9	部件受到外部液体的影响
5	不能停止运行	10	部件受到外部热量的影响

表2.3 通过列出危险辨别涉及的考虑要点,来说明这种危险辨识过程。在表2.3的左栏中列出的是已识别的危险,而右栏列出的是有助于辨识危险的要点。需要指出的是,利用所列出的危险辨识要点,还有可能识别出列表所示之外更多的危险。

表2.3 危险辨识示例

危险	危险辨认要点
导弹电池液泄漏到其下方的电子设备上。电子设备表面高温可能引起液体燃烧和发生火灾/爆炸,而导致装备损坏和/或人员伤害	1. 电池属于危险要素检查表项,要考虑电池的所有可能危险,如泄漏、着火、毒性等; 2. 电池液属于危险要素检查表项,要考虑电池液的所有可能危险,如化学损害、着火等; 3. 高温属于危险要素检查表项,将表面高温的部件作为潜在着火源来评价; 4. 其他导弹项目的经验和教训得知电池液泄漏与安全相关,因此,是一个危险源; 5. 由于涉及液体,应考虑关键状态9(表2.2)
炮管过热导致炮弹在炮膛中早爆,从而导致炮手死亡或受伤	1. 炸药是属于危险要素检查表项,要考虑炸药的所有可能危险,如炮管过热、卡弹等; 2. 炮弹在炮管中早爆会导致人员伤害,是一种已知应该预防的潜在事故后果。因此,必须考虑所有可能原因; 3. 其他枪炮项目的经验教训得知炮弹在炮膛中爆炸与安全性相关。因此,是一种危险源; 4. 热始终与炸药相关,因此也应该考虑关键状态10(表2.2)

再一种辨别危险的方法是通过评价顶层事故(TLM)和安全关键功能(SCF)。查找已确定的 TLM 的潜在致因因素也是一种辨识危险的途径。另外,识别危险的方法还可以是通过仔细检查什么原因可能导致 SCF 中每一个元素被忽略或过早的发生。

2.8 危险的描述

正确描述危险是危险原理和分析的一个非常重要内容。危险描述必须包含 HCF 的全部三项要素(危险元素、触发机制和对象/威胁)。危险的描述应是描述性的,且清晰、简洁扼要。

如果危险描述的措辞不当,就容易使最初分析人员之外的其他人很难完整理解。危险的理解不清晰,则相应的风险也许不能正确确定,从而带来其他不期望的后果。例如,误将低风险的危险理解为高风险危险,而花费太多的时间去降低它。

表 2.4 列出一些好的和差的危险描述。注意那些描述好的例子中都包含了危险的所有三个要素:危险元素、触发机制和对象威胁。

表 2.4 危险描述示例

较差的例子	较好的例子
维修人员在油面上滑倒	顶部阀门 V21 将油泄漏到下面的走廊上;走廊上的漏油没有清除;维修人员走漏油区,跌倒在水泥地上,引起严重的损伤
出现信号 MG71	在待命警戒状态下误发导弹发射信号 MG71,造成导弹意外发射,从而造成导弹作用区域内的人员伤亡
炮弹早爆	炮弹在炮膛中爆炸或在安全分离距离之前引爆,导致在安全区域人员伤亡
船导致油料泄漏	轮船驾驶员使船搁浅,造成船体灾难性损坏,导致油料大量泄漏,对环境造成严重破坏

2.9 小　结

本章讨论了基本的危险—事故—风险概念。有助于总结本章所讨论内容的基本原理总结如下:

(1) 危险是存在于系统设计中的潜在条件,一旦出现,会导致不期望的事件(即事故或意外事件)。

(2) 危险本质上是意外事件和事故的原因或先兆。

(3) 危险描述了可以导致事故和意外事件的特定环境、状态和要素。危险确定并预示着未来可能的事故。

(4) 危险是由三个必要的要素组成,称之为危险三角形:

① 危险元素(根源);

② 触发机制(机制);

③ 破坏、伤害或损失的对象/威胁(后果)。

(5) 危险是一个确定性的实体,具体有自身特定的设计、构成、特征和属性。

(6) 如果危险三角形的任何一边通过设计技术被消除,危险以及与其相关的风险也就被消除。

(7) 如果危险不能消除,那么可以通过设计技术减小危险发生的可能性和/

或事故严酷度以减小(降低或控制)其风险。

（8）当危险已发生,其后果很难改变。基于这个原因,降低危险严酷度是非常困难的,而减小危险可能性(事故风险概率)要容易得多。在危险降低之后,其风险严酷度通常保持不变。

（9）危险的描述应清楚、简明、完整;描述必须包括危险三角形的所有三类要素(危险元素、触发机制和对象/威胁);

（10）危险的发生是一种充要条件,因此它在一定程度上是可预测的。对于可预测的危险,事故也是可预防或可控制的。通过关注危险和危险分析,可以消除或降低事故风险。

（11）当辨识危险时,以下因素有助于促进危险识别:

① 危险三角形要素评价;

② 利用过去的经验和教训得到的知识;

③ 参照和学习优秀的设计实例;

④ 审查通用的安全性设计准则、规范、原则;

⑤ 审查和分析第二层次的通用危险致因因素;

⑥ 关键状态提问。

（12）正如一幅画面胜过千言万语,准确的危险描述所创造的画面对预防潜在事故的发生是无价的。

第3章 危险分析类型和技术

3.1 类型和技术

开展危险分析是为了识别危险、危险影响和危险致因因素。危险分析用于确定系统的风险,从而确定危险的重要程度,以便制定安全性设计措施来消除或降低危险。开展分析工作需要系统地检查系统、子系统、设施、部件、软件、人员以及它们之间的相互关系。

危险分析有两种分类方式:类型和技术。危险分析类型给出了分析的类别(例如,详细设计分析),而危险分析技术则明确了具体的分析方法(例如,故障树分析)。危险分析类型确定了分析的时机、详细程度和适用系统范围;危险分析技术则确定了获得特定结果的具体分析方法。系统安全涉及七种基本危险分析类型,而可用的危险分析技术则有上百种。一般而言,为完成每种类型的分析可以采用多种不同的技术。表3.1概括总结了危险分析类型和技术之间的总体区别。

表3.1 危险分析类型和技术比较

类 型	技 术
确定分析的时机、地点,和分析什么	确定怎样开展分析
确定在项目寿命周期的具体时间上的具体分析任务	确定具体确切的分析方法论
确定通过分析要得到什么	提供支持分析类型所需的信息
制定具体的设计重点	

危险分析类型描述了具体危险分析的范围、适用系统、详细程度和寿命周期中的开展时机。每种类型的危险分析都是为了在系统研制寿命周期的具体设计阶段中识别危险而提供针对该时机或阶段的分析方法。随着项目研制的进展,进一步得到详细设计和使用的信息,相应可以得到更为详细的信息用于具体类型的危险分析。危险分析类型的详细程度随着设计细节的进一步获取而不断深入。

每种分析类型都明确了分析开展的时机、分析详细程度、可用信息的类型和分析的输出结果。可通过不同的分析技术达到每种分析类型的目的。分析者一定要慎重选择适当的方法以实现每种分析类型的目的。

在系统安全领域有七种危险分析类型：

(1) 方案设计危险分析类型（CD – HAT）；

(2) 初步设计危险分析类型（PD – HAT）；

(3) 详细设计危险分析类型（DD – HAT）；

(4) 系统设计危险分析类型（SD – HAT）；

(5) 使用设计危险分析类型（OD – HAT）；

(6) 健康设计危险分析类型（HD – HAT）；

(7) 要求设计危险分析类型（RD – HAT）。

危险分析的一个重要原则是一个具体类型的危险分析无需识别出系统中所有的危险；危险的识别可能需要开展不止一种类型的危险分析（因此有七种危险分析类型）。根据这个原则可推知，一种具体类型的危险分析不必辨识出所有的危险致因因素；识别所有的危险致因因素可能需要不止一种类型的危险分析。完成全部七种类型的危险分析之后，应可识别出所有危险和危险致因因素；并且在试验期间仍有可能发现额外的危险。

图 3.1 表达了七种危险分析类型体现的过滤器概念。在这一概念下，每一种危险分析类型扮演了一个识别某些类型危险的过滤器角色。每一个后续的过滤器识别前面过滤器所遗漏的危险。过滤器顶端黑粗箭头表示系统设计中存在的危险。当实施了所有类型的危险分析后，已知危险的残余风险已降低到可接受的水平，如图形下部的细小的箭头所示。这七种类型的危险分析在识别和降低所有危险以及减少系统残余风险方面，发挥了至关重要的作用。

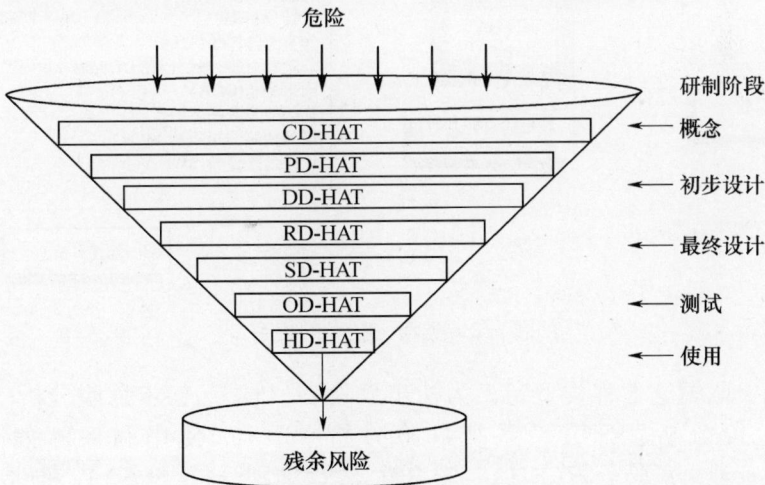

图 3.1 危险过滤器

每种危险分析类型都有特定的作用或目的。为了更好地实施系统安全大纲,建议应用全部七种类型的危险分析,并允许适当的剪裁。如果进行了适当剪裁,修改的细节应该在系统安全管理计划(SSMP)和/或系统安全项目计划(SSPP)中清楚地说明。

图3.2描述了危险分析类型和危险分析技术之间的关系。在此关系中,七种危险分析类型构成系统安全大纲危险分析的核心焦点。当实施危险分析类型所规定的工作时,有许多不同的分析技术可供选择,并且在危险分析中需要考虑许多不同因素,如系统的寿命周期中的方案、设计、试验、制造、使用和处置等阶段。系统形态、阶段和功能也都必须考虑。还有系统硬件、软件、固件、人机接口和环境方面也必须考虑。

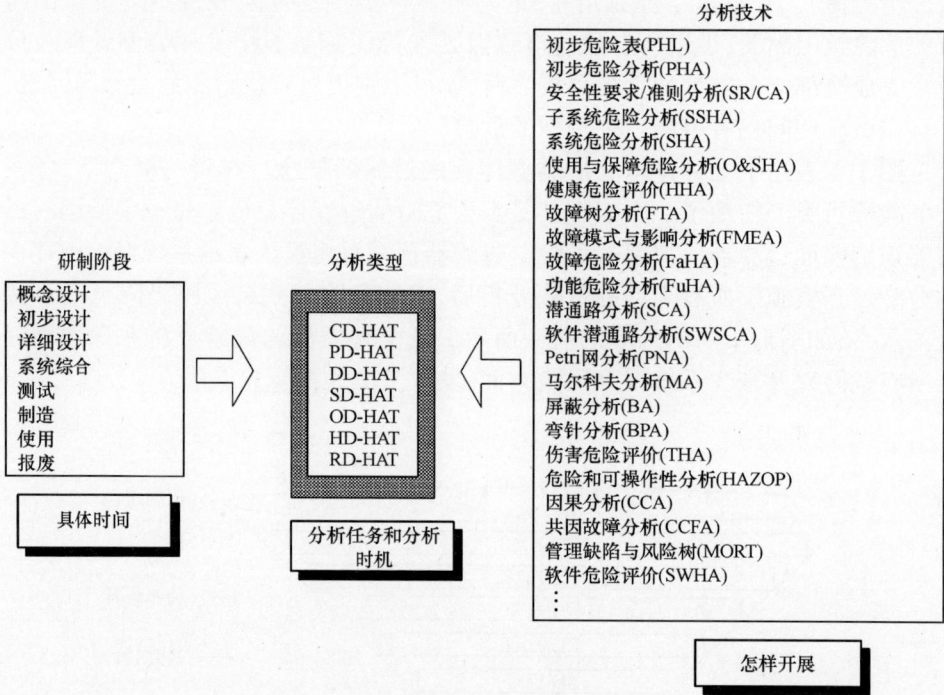

图 3.2 类型—技术的关系

一些文献把这七种类型定义为初步危险表(PHL)、初步危险分析(PHA)、子系统危险分析(SSHA)、系统危险分析(SHA)、使用和保障危险分析(O&SHA)、健康危险分析(HHA)、安全性要求/准则分析(SRCA)。但是这些名称和美军军标 MIL-STD-882A、B、C 版本中提出的基本危险分析技术名称相同。危险分析类型是一个非常好的概念,但是危险分析的类型和技术采用相同

30

的名称容易造成混淆。本书推荐的方法确保了类型和方法采用不同的名称，从而避免混淆。

3.2　危险分析类型的说明

3.2.1　方案设计危险分析类型

方案设计危险分析类型（CD – HAT）是一类高层次（详尽程度较低）的危险分析，在方案设计阶段可以识别顶层危险。CD – HAT 是开展的第一种分析类型，是所有后续的危险分析的起点。CD – HAT 为初步估计整个系统安全大纲的工作提供了基础。

CD – HAT 分析的目的是在产品或系统研制寿命的早期编制危险清单，以便识别潜在的危险区域。这些危险区域也就确定了安全性设计应重点关注的区域。CD – HAT 查找哪些可能是设计或使用方案中固有的危险。这是一个头脑风暴式的"如果...就..."分析。危险清单通过一次或多次头脑风暴会议得到，会议中任何可以想象到的情况均应考虑和记录。会议主题包括对审查相似系统的安全性经验、危险检查表、事故/事故征候危险跟踪记录、掌握的安全经验教训等等，用以识别可能的危险。

成功的系统安全大纲的关键是尽早列入研制计划中，尽量在方案设计阶段就开始。当产品或系统开始确定方案并进行初步设计时就应开展 CD – HAT。为了尽可能早地影响设计方案和安全决策，应在项目的寿命周期早期开展 CD – HAT。CD – HAT 是第一种实施的分析类型，由于要为 PD – HAT 提供输入，所以应在 PD – HAT 之前开展。

如果 CD – HAT 没有在方案阶段开展，应该在任何一项 PD – HAT 工作之前开展或作为其一部分而实施，因为它是 PD – HAT 必要的前导工作。一旦初始 CD – HAT 的分析完成并归档，很少通过 PD – HAT 的附加识别危险的分析更新。一般而言，CD – HAT 支持系统设计评审，在开始 PD – HAT 时结束 CD – HAT 工作。

全面深入的 CD – HAT 分析的基本要求如下：

（1）应用于系统研制的方案设计阶段；

（2）基于方案设计信息的高层次分析（详细程度低）；

（3）识别系统危险和潜在的事故；

（4）考虑在系统试验、制造、使用、维护和处置期间的危险；

（5）考虑系统硬件、软件、固件、人机接口和环境等方面。

CD - HAT 分析所需的输入信息包括在方案设计阶段可能得到的所有资料。经验表明,一般可以利用下列信息开展 CD - HAT 的分析:

(1) 设计方案;

(2) 工作说明、规范、草图(如果有);

(3) 初步(方案)确定的设备清单;

(4) 初步(方案)功能清单;

(5) 系统中的能源;

(6) 危险检查表(通用);

(7) 经验教训(相似系统)。

CD - HAT 分析的主要目的是获得系统级的危险清单,作初步的风险评价,并作为后续危险分析类型工作的起点。如此,CD - HAT 分析的典型输出信息包括:

(1) 系统危险;

(2) 顶层事故(TLM);

(3) 支持 PD - HAT 分析的信息。

3.2.2 初步设计危险分析类型

初步设计危险分析类型(PD - HAT)是一类初级层次的分析,并不深入分析较多的细节,在本质上是初步的。PD - HAT 识别系统层次的危险,并且得到系统设计方案的初始风险评价。在初步设计阶段的早期开展 PD - HAT 分析,以便尽早影响设计决策从而避免将来昂贵的设计更改。

PD - HAT 分析是为后续的危险分析制定框架的一种基本危险分析,从潜在危险、致因因素和事故风险方面,为设计方案提供了初步的评价。其目的是识别危险的系统状态,并开始对 CD - HAT 识别出的危险进行控制。随着设计工作的不断深入,将实施更详细的分析以促使所有危险的消除或降低。

对安全关键功能(SCF)和顶层事故(TLM)的识别是 PD - HA 的一项重要工作。安全关键(SC)分类的具体界定视不同系统而定,如不同类型的系统根据其危险特性的不同而有不同的界定。

PD - HAT 分析应在方案设计阶段(在 CD - HAT 之后)开展,并贯穿到初步设计阶段。如果 PD - HAT 没有在方案设计阶段开始,应随着初步设计而启动。重要的是在设计过程中应尽早将 PD - HAT 确定的安全因素纳入到权衡和设计方案选择工作中。

PD - HAT 的工作通常在 DD - HAT 开始时结束。一般而言,PD - HAT 支持所有的初步设计评审,也可用于现有正在使用的系统,为提出系统设计更改建议作初步审查。

全面深入的 PD – HAT 的基本要求如下：

（1）应用于系统研制的方案设计和初步设计阶段；

（2）关注由初步设计方案和部件选择产生的所有系统危险；

（3）是一种基于初步设计信息的由顶层到中间层的分析（详细程度低于中层）；

（4）识别危险、潜在事故、致因因素、风险和安全关键因素，确定适用的安全性指南、要求、原则和规范以降低危险，也提供降低危险的建议。

（5）考虑在系统试验、制造、使用、维护和处置期间的危险；

（6）综合考虑系统硬件、软件、固件、人机接口和环境等方面。

PD – HAT 分析的输入信息包括初步设计阶段可以获取的初步设计信息。以下是在 PD – HAT 分析中应获得和使用的典型信息类型：

（1）CD – HAT 分析结果；

（2）工作说明；

（3）系统规范；

（4）设计图；

（5）初步确定的设备清单；

（6）活动、功能和使用的功能性流程图；

（7）系统使用、试验、制造、贮存、维修以及运输的方案；

（8）能源；

（9）危险检查表（通用的）；

（10）以前的相似活动或项目的经验教训；

（11）故障模式的评审结果；

（12）来自标准和手册的安全性指南和要求。

PD – HAT 的主要目的是开展一个规范化的分析，以识别系统层次的危险并评价其风险水平。因此，以下是 PD – HAT 分析的典型输出信息：

（1）系统层次危险；

（2）危险影响和事故；

（3）危险致因因素（在子系统层面进行识别）；

（4）安全关键功能；

（5）顶层事故；

（6）用于指导降低危险设计的安全性设计准则、原理和规范；

（7）风险评价（降低危险的安全措施设计之前和之后）；

（8）消除或降低危险的安全性建议；

(9) 支持 DD – HAT、SD – HAT 和 OD – HAT 分析的信息。

3.2.3　详细设计危险分析类型

详细设计危险分析类型(DD – HAT)是一种更为详细的分析类型,利用新的详细设计信息对 PHA 得到的危险作进一步的评价。DD – HAT 还评价每个子系统的部件和设备之间的功能关系。该分析有助于识别那些由于性能降级或功能故障导致危险状态的部件和设备,特别是对于单点故障(SPF)的识别。DD – HAT 利用可获得的详细设计信息识别新的危险,并分析具体子系统的危险致因因素以及它们相关的风险水平。

DD – HAT 是对详细设计的分析,因此可以在详细设计开始时开展,一直贯穿到最终生产图纸的完成。一旦 DD – HAT 分析完成并记录在案,除非评价设计更改,通常不再更新和细化。

全面深入的 DD – HAT 分析的基本要求如下:

(1) 在子系统和部件层次上的详细分析;

(2) 应用于系统的详细设计阶段;

(3) 识别危险、引发的事故、致因因素、风险和安全关键环节,还为危险降低提供可用的安全性建议;

(4) 考虑在系统试验、制造、使用、维修和处置期间的危险;

(5) 综合考虑系统硬件、软件、固件、人机接口和环境等方面。

DD – HAT 分析的输入信息包括所有的详细设计资料。以下是在 DD – HAT 分析中应获得并使用的典型信息类型:

(1) PD – HAT 的分析结果;

(2) 系统描述(设计和功能);

(3) 详细设计信息(图纸、图表等等);

(4) 约定设备清单;

(5) 功能框图;

(6) 危险检查表。

DD – HAT 分析的主要目的是评价详细设计中的危险、危险致因因素以及相应的子系统风险水平。DD – HAT 分析的典型输出信息如下:

(1) 子系统危险;

(2) 详细的致因因素;

(3) 风险评价;

(4) 安全关键子系统接口;

(5) 降低危险的安全性设计建议;

（6）采用诸如故障树分析的专门分析技术对具体危险的深入分析结果；

（7）支持 RD – HAT 和 SD – HAT 分析的信息。

3.2.4　系统设计危险分析类型

系统设计危险分析类型（SD – HAT）通过评价集成的系统设计来评估整个系统的设计安全性。SD – HAT 强调的重点在系统层次上验证产品（包含硬件和软件）是否符合具体的安全性要求，包括是否满足可接受的事故风险水平。综合 DD – HAT 分析的主要输出，SD – HAT 从总体上检查整个系统。重点放在所有子系统共同运行时的交互和接口上。

SD – HAT 从危险严酷度和危险可能性两方面判断系统风险。通过评价系统危险来识别所有致因因素，包括硬件、软件、固件和人机交互等。这些致因因素可能涉及来自不同子系统的许多相关故障事件。因此，SD – HAT 针对每个系统危险评价所有子系统间的接口和相互关系。

SD – HAT 面向系统，因此通常从初步设计阶段开始，直至最终设计完成才结束，除非所有危险都得到闭环处理。SD – HAT 在试验计划完成时结束，此时所有危险都已通过试验而闭环处理。SD – HAT 报告通常用于支持为开展使用评价而进行的安全性决策。SD – HAT 应随着系统设计更改（包括软件和固件设计更改）而更新，以确保设计更改不会对系统事故风险造成不利影响。

全面深入的 SD – HAT 分析的基本要求如下：

（1）主要用于系统研制的详细设计阶段，可在初步设计阶段开始；

（2）是一种详细深入的分析，从一个集成的系统观点出发；

（3）基于详细和最终设计信息；

（4）识别与子系统接口相关的新危险；

（5）考虑在系统试验、制造、使用、维护和处置期间的危险；

（6）综合考虑系统硬件、软件、固件、人机接口和环境等方面。

以下是在 SD – HAT 分析中应获取并利用的典型信息类型：

（1）PD – HAT、DD – HAT、RD – HAT、OD – HAT 分析和其他详细的危险分析结果；

（2）系统设计要求；

（3）系统描述（设计和功能）；

（4）设备和功能清单；

（5）系统接口规范；

（6）试验数据。

SD – HAT 分析的主要目的是开展一项规范化的分析，以识别系统层次的危

险并评价与其相关的风险水平。因此,以下是 SD - HAT 分析的典型输出信息:

(1)系统接口危险;

(2)系统危险致因因素(硬件、软件、固件、人机交互和环境);

(3)系统风险的评价;

(4)采用诸如故障树分析的专门技术对具体危险的详细分析;

(5)支持安全评价报告(SAR)的信息。

3.2.5 使用设计危险分析类型

使用设计危险分析类型(OD - HAT)分析能评价系统涉及的使用和保障功能。这些功能包括使用、试验、维护、培训、储存、装卸、运输和退役或处置。OD - HAT分析识别使用中的危险,该危险可通过改进设计特征和必要时改进操作程序得以消除或降低。OD - HAT 分析考虑使用人员的局限性和潜在的人为差错(人为因素)。人员被认为是整个系统的一个要素,接受输入和执行输出。

OD - HAT 分析在能够获得使用信息时开展,并应尽早实施以便为设计提供输入。OD - HAT 应在任何使用和保障功能实施之前完成。

全面深入的 OD - HAT 分析的基本要求如下:

(1)在系统研制的详细设计阶段,开始制定使用和保障程序时开展;

(2)关注使用和保障期间发生的危险;

(3)提供与设备、设施、使用任务以及人为因素相关的系统设计方案的总体评价;

(4)基于最终设计信息的详细分析;

(5)识别危险、潜在的事故、致因因素、风险和安全关键因素、可应用的安全性要求以及危险降低的建议;

(6)考虑在系统使用、试验、维护、培训、储存、装卸、运输和退役或处置期间的危险。

以下是在 OD - HAT 分析中用到的信息类型:

(1)PD - HAT、DD - HAT、SD - HAT 分析和其他适用的危险分析结果;

(2)系统、保障设备和设施的工程说明书/图纸;

(3)可用的程序和使用手册;

(4)使用要求、限制条件和人员所应具备的能力;

(5)人为因素工程数据和报告;

(6)包括人为因素在内的经验教训;

(7)操作流程图。

OD - HAT 分析关注于使用与保障任务和流程。以下是可由 OD - HAT 得到的典型信息：

(1) 面向任务的危险(由设计、软件、人、时序等引起的)；

(2) 危险事故影响；

(3) 危险致因因素(包括人为因素)；

(4) 风险评价；

(5) 降低危险的建议以及由此导出的安全性设计要求；

(6) 导出规程/流程上的安全要求；

(7) 规程和手册中的注意事项和警告；

(8) 支持 SD – HAT 分析的输入信息。

3.2.6 健康设计危险分析类型

健康设计危险分析类型(HD – HAT)分析是为了系统地识别和评估人员健康的危险、评价计划采用的危险材料,并提出用更改工程设计或采取保护性措施来消除或控制这些危险的方法,使风险降低到可接受的水平。

HD – HAT 通过评价与系统有关的人员健康相关的内容来评价设计的安全水平,相关内容包括制造、使用、试验、维护、培训、储存、装卸、运输和退役或处置等方面。

HD – HAT 重点关注与人的健康有关的危险。HD – HAT 在初步设计期间开始,并随着可以获得信息的增多而持续进行。在产品制造、试验或使用阶段之前,完成 HD – HAT,并掌握系统风险水平。

全面深入的 HD – HAT 分析的基本要求如下：

(1) 应用于系统研制的初步设计阶段和详细设计阶段。

(2) 关注系统内的人员工作环境。

(3) 基于影响人所处环境的系统设计和使用任务的详细分析。

(4) 识别危险、潜在事故、致因因素、风险和安全关键因素以及适用的安全性要求。

(5) 考虑在系统试验、制造、使用、维护和退役或处置期间的人员健康危险。应考虑如下几方面(但不局限于此)：

① 对人健康有危险的材料(例如:材料安全数据表)；

② 化学危险品；

③ 放射性危险品；

④ 生物危险品；

⑤ 人类工效学相关的危险；

⑥ 物理危险。

以下是在 HD – HAT 中应获取并使用的典型信息类型：

（1）CD – HAT、PD – HAT、DD – HAT、SD – HAT、OD – HAT 分析以及其他任何适用的详细危险分析；

（2）在系统生产和使用中用到的材料和化合物；

（3）材料安全数据表；

（4）系统使用任务和规程，包括维修程序；

（5）系统设计方案。

以下是 HD – HAT 分析得到的典型输出信息：

（1）人员健康危险；

（2）危险事故影响；

（3）危险致因因素；

（4）风险评价；

（5）导出的设计安全性要求；

（6）导出的规程上的安全要求（包括注意事项、警告信息和人员保护设备）；

（7）供职业安全与健康管理局（OSHA）和环境评价使用的输入信息；

（8）支持 OD – HAT 和 SD – HAT 分析的信息。

3.2.7 要求设计危险分析类型

要求设计危险分析类型（RD – HAT）分析是一种验证和确认安全性设计要求并且确保在要求中不存在安全漏洞的分析。RD – HAT 分析用于确定硬件、软件、固件和试验的要求。由于 RD – HAT 是对设计和试验安全性要求的评价，应在研制计划的设计和试验阶段开展。RD – HAT 分析可以从初步设计的中期开始直至试验工作结束。

安全性设计要求是从三个方面产生的：(1)系统规范；(2)相似系统、子系统和过程的通用要求；(3)从为消除已识别的系统固有危险所提建议中导出的要求。RD – HAT 的目的是确保所有适合的安全性要求都包含在设计要求中，并且通过试验、分析或检查得以验证和确认。适用的系统安全性设计通用要求可从诸如联邦政府、军用、全国性和行业规章、法则、标准、规范、指南以及在研系统的其他相关文件中获得。

RD – HAT 支持已识别危险的闭环处理。在危险跟踪系统中的危险达到闭环之前，在设计中用于降低已识别危险的安全性要求必须得到验证和确认。RD – HAT 为所有安全性要求提供了一种跟踪手段，验证它们的执行情况和确认它们成功与否。

RD – HAT 是一种在实施期间逐步展开的分析，随着获得更多设计和试验信息，RD – HAT 不断地更新和深入。RD – HAT 一般是与 PD – HAT、DD – HAT、

SD－HAT、OD－HAT 分析联合开展,并应在试验结束时完成。

全面深入的 RD－HAT 分析的基本要求如下:

(1) 从初步设计阶段开始实施,直至系统的试验阶段;

(2) 主要集中在安全性要求,以预期的消除和/或降低已识别危险;

(3) 一种基于详细设计要求和设计信息的详细分析;

(4) 确保所有识别的危险有合适的安全性要求来消除和/或降低危险;

(5) 确保所有的安全性要求通过分析、试验和检查得到验证和确认。

以下是在 RD－HAT 中可获取并利用的典型信息类型:

(1) 没有安全性要求的危险要求;

(2) 安全性设计要求(硬件、软件、固件);

(3) 试验要求;

(4) 试验结果;

(5) 未经验证的安全性要求。

RD－HAT 分析的主要目的是对安全性要求的追溯并辅助危险降低的闭环处理。以下几点是 RD－HAT 分析的典型输出结果:

(1) 所有已识别危险与安全性设计要求相对应的可追溯矩阵;

(2) 所有试验要求和试验结果与安全性设计要求相对应的可追溯矩阵;

(3) 确认弥补上述第(1)项和第(2)项中发现的缺口所必须的安全性设计新要求和试验;

(4) 保证危险闭环管理的资料支持。

3.3　危险分析类型的分析时机

图 3.3 给出了开展每种分析类型工作的典型时间阶段总体划分。该进度表所示的是经过多年反复试验确定的最典型时序安排。图中所示的系统研制阶段依照标准工程研制寿命周期模型。

开展危险分析的时间阶段并非严格固定,而是取决于许多变化因素,诸如系统和项目的大小、系统的安全关键特性、人的经验、常识等。时间周期显示为一个横条是因为分析工作可以在所示阶段中的任何时间实施。确定危险分析的具体时间阶段是安全大纲剪裁过程的一部分,并且应归档在 SSPP 中。每一种危险分析类型都有一个能最有效地开展并达到预期的意图和目标的实施时间段。

要注意怎样将每种危险分析类型与它关联的研制阶段紧密联系。还要注意,如果某阶段确切没有做原本的分析类型,那就应在后续阶段开展该类型的分析工作。

工程研制寿命周期模型

确定方案	研制			制造	使用	报废
	初步设计	详细设计	试验			

SDR　　　　PDR　　　CDR

CD-HAT

PD-HAT

DD-HAT

SDR—系统设计评审
PDR—初步设计评审
FDR—最终设计评审

SD-HAT

OD-HAT

HD-HAT

RD-HAT

CD　　CD

PD　　PD

OD

HD

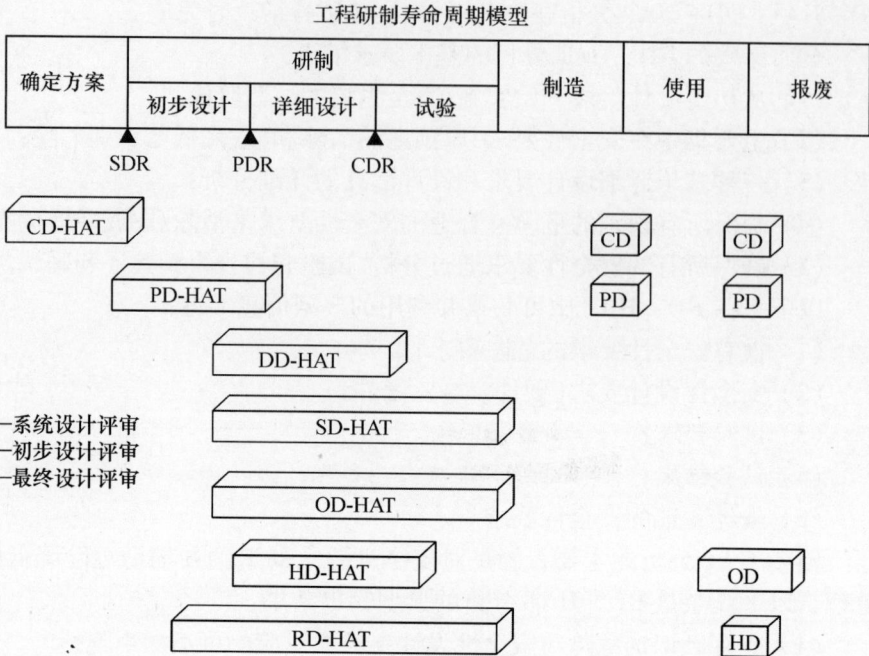

图3.3　所有危险分析类型时机

3.4　危险分析类型相互关系

图3.4显示了各种危险分析类型的关系和它们的依赖性。该图表现了一种分析类型的输出如何为另一种分析类型提供输入数据。

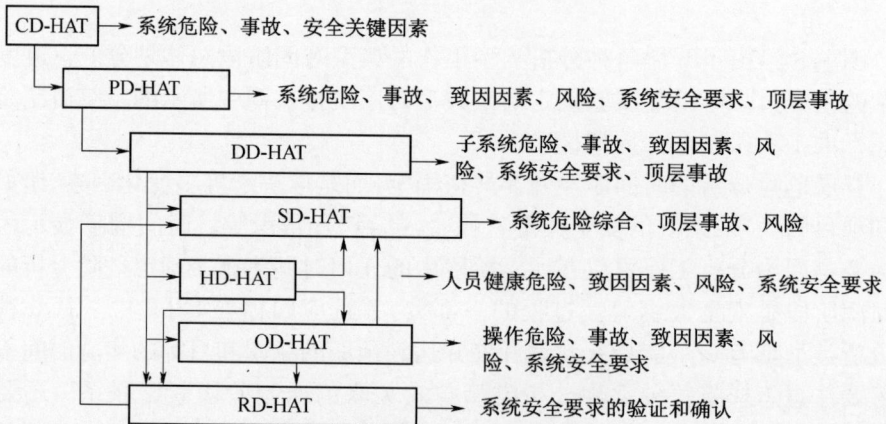

CD-HAT → 系统危险、事故、安全关键因素

PD-HAT → 系统危险、事故、致因因素、风险、系统安全要求、顶层事故

DD-HAT → 子系统危险、事故、致因因素、风险、系统安全要求、顶层事故

SD-HAT → 系统危险综合、顶层事故、风险

HD-HAT → 人员健康危险、致因因素、风险、系统安全要求

OD-HAT → 操作危险、事故、致因因素、风险、系统安全要求

RD-HAT → 系统安全要求的验证和确认

图3.4　分析类型的相互关系

3.5 危险分析技术

危险分析技术确定了一种特有的分析方法(例如,故障树分析),是指一种具体而特定的方法论,依据一组特定的规则开展并提供特定的结果。

正如前文所提到的,现有 100 多种不同的危险分析方法,而且数量还在缓慢增长。许多方法是对其他方法的微小改进。并且许多方法没有得到广泛应用。本书介绍了系统安全专业人员最常用到的 22 种分析技术。表 3.2 列出了本书所涵盖的危险分析方法以及说明这些方法的相应章节。

表 3.2 本书中介绍的危险分析技术

序号	标题	章节
1	初步危险表分析(PHL)	4
2	初步危险分析(PHA)	5
3	子系统危险分析(SSHA)	6
4	系统危险分析(SHA)	7
5	使用与保障危险分析(O&SHA)	8
6	健康危险评价(HHA)	9
7	安全性要求/准则分析(SRCA)	10
8	故障树分析(FTA)	11
9	事件树分析(ETA)	12
10	失效模式及影响分析(FMEA)	13
11	故障危险分析(FaHA)	14
12	功能危险分析(FuHA)	15
13	潜在通路分析(SCA)	16
14	Petri 网分析(PNA)	17
15	马尔科夫分析(MA)	18
16	屏蔽分析(BA)	19
17	弯针分析(BPA)	20
18	危险与可操作性分析(HAZOP)	21
19	因果分析(CCA)	22
20	共因故障分析(CCFA)	23
21	管理缺陷与故障树分析(MORT)	24
22	软件安全性评估(SWSA)	25

这些危险分析技术都很重要,需要单独一章专门对其进行说明。系统安全工程师/分析人员应全面地熟悉本书介绍的每种技术。它们是对任何类型的系统开展危险和安全性分析的基石。

3.5.1 技术特征

危险分析技术可能会具有许多不同的固有特征,这使得它们的效用不同。采用恰当的技术常常由其固有特征所决定。表3.3包含了危险分析技术最重要的特征。

表3.3 分析技术的主要特征

	特征	说明
1	定性/定量	分析评价是定性或定量的
2	细节层次	技术能够评价的设计细节层次
3	所需资料	技术所需的设计数据类型和层次
4	开展时机	技术在系统研制期间应用的有效时机
5	所需时间	分析所需的相对时间
6	归纳/演绎	技术采用的归纳或演绎推理
7	复杂性	技术的相对复杂度
8	难度	技术的相对难度
9	专业技术	所需的相关专业技术和经验
10	所需工具	技术是独立的或必要的辅助工具
11	费用	技术的相关费用
12	主要安全性工具	技术是主要的或次要的安全性工具

表3.4总结了在本书中介绍的危险分析技术的一些精选特征。这些特征将在涵盖具体方法的章节中加以更详细地介绍。

表3.4 危险分析技术特征的概述

方法	类型	识别危险	识别根原因	寿命周期阶段	定性/定量	技能	细节层次	归纳/演绎
PHL	CD – HAT	Y	N	CD – PD	Qual.	SS	最低	I
PHA	PD – HAT	Y	P	CD – PD	Qual.	SS	中等	I – D
SSHA	DD – HAT	Y	Y	DD	Qual.	SS, Engr., M&S	高	I – D
SHA	SD – HAT	Y	Y	PD – PD – T	Qual.	SS, Engr., M&S	高	I – D

方法	类型	识别危险	识别根原因	寿命周期阶段	定性/定量	技能	细节层次	归纳/演绎
O&SHA	OD – HAT	Y	Y	PD – PD – T	Qual.	SS,Engr.,M&S	高	I – D
HHA	HD – HAT	Y	Y	PD – PD – T	Qual.	SS,Engr.,M&S	高	I – D
SRCA	RD – HAT	P	N	PD – PD	Qual.	SS	高	N/A
FTA	SD – HAT, DD – HAT	P	Y	PD – PD	Qual./Quant.	SS,Engr.,M&S	中等	D
ETA	SD – HAT	P	P	PD – PD	Qual./Quant.	SS,Engr.,M&S	中等	D
FMECA	DD – HAT	P	P	PD – PD	Qual./Quant.	SS,Engr.,M&S	高	I
FaHA	DD – HAT	Y	P	PD – PD	Qual.	SS,Engr.,M&S	高	I
FuHA	SD – HAT, DD – HAT	Y	P	CD – PD – DD	Qual.	SS,Engr.,M&S	中等	I
SCA	SD – HAT, DD – HAT	P	Y	DD	Qual.	SS,Engr.,M&S	中等	D
PNA	SD – HAT, DD – HAT	P	N	PD – DD	Qual./Quant.	SS,Engr.,M&S	高	D
MA	SD – HAT, DD – HAT	P	N	PD – DD	Qual./Quant.	SS,Engr.,M&S	中等	D
BA	SD – HAT	Y	P	PD – DD	Qual.	SS,Eg	中等	I
BPA	DD – HAT	Y	P	PD – DD	Qual.	SS,Engr.,M&S	高	D
HAZOP	SD – HAT, DD – HAT	Y	P	PD – DD	Qual.	SS,Engr.,M&S	中等	I
CCA	SD – HAT, DD – HAT	Y	P	PD – DD	Qual./Quant.	SS,Engr.,M&S	中等	D
CCFA	SD – HAT, DD – HAT	Y	P	PD – DD	Qual.	SS,Engr.,M&S	中等	D
MORT	SD – HAT, DD – HAT	Y	P	PD – DD	Qual./Quant.	SS,M&S	中等	D
SWSA	SD – HAT, DD – HAT	Y	P	CD – DD	Qual.	SS,Engr.,M&S	中等	N/A

注：Y 为是，N 为否，P 为部分地；SS 为系统安全；Engr. 为电器工程/机械工程/软件工程；M&S 为数学 & 统计；Qual. 为定性，Quant. 为定量；CD 为方案设计，PD 为初步设计，DD 为详细设计，T 为试验；I 为归纳，D 为演绎

3.5.2 主要的危险分析技术

在本书介绍的 22 种最常用的技术中,有七种被认为是系统安全专业人员使用的基本技术。表 3.5 列出了这些基本分析技术,以及每种技术最适用的分析类型。

表 3.5 主要危险分析技术

主要分析技术	分析类型
PHL	CD – HAT
PHA	PD – HAT
SSHA	DD – HAT
SHA	SD – HAT
O&SHA	OD – HAT
HHA	HD – HAT
SRCA	RD – HAT

基本的分析技术是由 MIL – STD – 882 建立并发布的,经过多年的使用证明是很有效的。这七种危险分析技术支持了系统安全大纲(SSP)中大多数的危险分析工作。建议系统安全工程师/分析人员要特别熟悉这些技术。

3.6 归纳与演绎技术

系统安全危险分析技术往往会被贴上归纳或演绎方法论的标签。例如,失效模式及影响分析(FMEA)通常被认为是一种归纳的方法,而故障树分析(FTA)则被认为是一种演绎的方法。对如何正确使用术语"归纳的"和"演绎的"的理解往往是混淆的,有时甚至会错误地应用。问题是:这些术语的真正含义是什么? 如何使用它们? 以及它们的使用是否为安全性分析人员提供帮助?

演绎和归纳属于逻辑术语。演绎来自于演绎推理,而归纳来自于归纳推理。大侦探夏洛克·福尔摩斯是一位从线索、前提和信息中使用演绎和归纳推理方法侦破刑事案件的大师。

演绎推理是一个逻辑过程。其中,一个结论是从一组前提中得到的,并且总体上,结论不会比前提包含更多的信息。例如,所有的狗都是动物;这是一只狗;因此,这是一个动物。结论的真实性依赖前提,如果前提是正确的,那么结论不可能错。例如,所有的人都是猿;这是一个人;因此,这是一个猿。这个结论在逻辑上看起来是正确的,但实际上是错误的,因为其前提是错误的。在演绎推理中,结论不能超越它所依据的前提或比前提隐含更多的信息。

归纳推理是另一种逻辑过程,其结论比它所依据的观察和经验包含更多的信息。例如,每一只见过的乌鸦都是黑色的;因此,所有的乌鸦都是黑色的。该结论的真实性只有依据未来的经验才能证实,只有所有可能的情况都调查清楚才能确定。在这个例子中,无法确定明天不会发现一只白乌鸦,尽管过去的经验认为这种情况不太可能发生。在归纳推理中,其结论更加广泛,可能比由可用资料保证的已知前提包含更多的信息。

基于这些定义,归纳式的危险分析可能会得到比给定资料所预期的结果多的结论。这对一般的危险识别非常有用。这意味着安全性分析人员可以设法从有限的设计知识或信息中识别(或推断)危险。例如,分析一个高速地铁系统的初步设计时,安全性分析人员可以推断出火车轮轴的结构故障是一个可能导致火车出轨以及乘客受伤的潜在危险。分析人员无法确切地知道这一点,也没有确凿的证据可用,但是根据过去的知识和经验该结论看起来是合理的。在这种情况下,该结论似乎是真实的,但是它超越了在分析时所能获得的任何实际知识和证据;然而,一个可信的危险已识别了出来。

演绎式的危险分析得出的结论不会超过资料提供的信息。在上面的例子中,演绎危险分析必须从与归纳危险分析相反的方向展开。必须识别和确定支持结论的具体致因因素,这样结论才会是正确的。然而这似乎是反向逻辑,只有从具体的详细致因因素中才能正确地推断出危险。

演绎和归纳的特性已经成为危险分析技术无形的特征。归纳式的分析广泛用于致因因素没有得到证实的情况下的危险识别,而演绎式的分析则试图为已识别的危险寻找具体的致因因素。归纳式分析可认为是一种"如果怎样就会怎样"式的分析。分析者询问:如果该部件失效就会怎样?会有什么样的后果?演绎式分析可以认为是一种"如何能够"式的分析。分析者询问:如果这个事件要发生,是如何发生的或其致因因素是什么?

在系统安全中,归纳式分析倾向用于危险识别(此时具体的根原因还不知道或未证实),而演绎式分析是为了查找根原因(此时危险是已知的)。显然,这些定义之间的差异是很细微的,因为有时会在归纳式危险分析之初就已经知道其根原因。这就是为什么一些分析技术可以实际上在两个方向上展开。初步危险分析(PHA)就是一个很好的例子。使用标准的 PHA 工作表,通过询问如果部件故障将发生什么来归纳地识别危险,也可通过询问这个不期望事件是如何发生的来识别危险。

另外还有两个容易使系统安全分析人员混淆的术语,即"自顶向下分析"和"自底向上分析"。一般而言,自顶向下分析的意思是从一个高层次的系统角度开始分析,例如,对于一个导弹导航系统,不断地进行深层细节的探查直至分离元件层次,如电阻器或二极管。自底而上分析从相反的方向开展,从一个较低的系统层次开始,例如,电阻器或二极管器件,然后向上展开直至系统顶层。这些定义如图 3.5 所示。

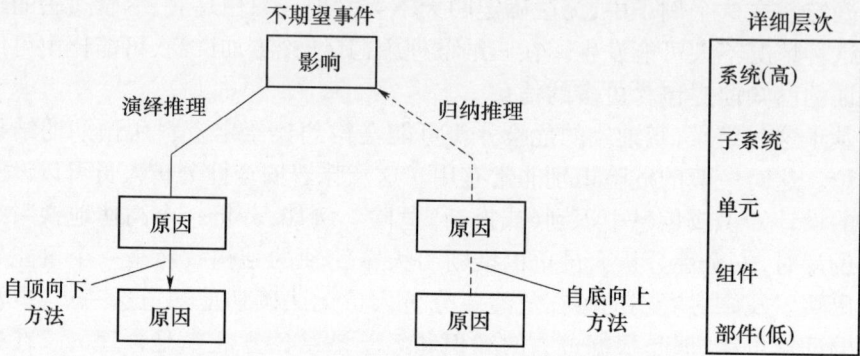

图 3.5　归纳和演绎分析的关系

一些系统安全专业人员主张演绎式分析总是自顶向下的方法,而归纳式分析则总是自底向上的方法。这可能是不错的概括但并非总是如此。表 3.6 总结了归纳式和演绎式分析方法的一些特征。

表 3.6　归纳的和演绎的分析特征

	归纳	演绎
方法论	如果……怎样	如何能
	从特殊到一般	从一般到特殊
一般特性	系统分解到独立零/部件	已识别危险的一般特性(着火,无意中的发射等)
	考虑每个部件潜在的故障(什么会故障?)	审查系统以确定每个危险的原因(它是怎样发生的?)
	确定每种故障的影响(如果发生故障其后果是什么?)	
适用性	系统部件较少	所有规模的系统
	主要是单点故障的系统	用于复杂系统
	初步或概要分析	旨在识别由多种故障导致的危险

46

	归纳	演绎
不足	难以应用到复杂系统	需要系统详细设计文档资料
	考虑大量的部件	涉及大量数据
	很难考虑多故障组合情况	耗费时间
例子	FMEA	FTA
	HAZOP	ETA
		CCFA

其实从长远来看,危险分析技术是归纳的还是演绎的对于安全性分析人员而言并不重要。分析人员不会基于方法是归纳的还是演绎的,是自顶而下的还是自底而上来选择使用分析方法。重要的是,有许多可用于识别危险和危险致因因素的技术,而安全性分析人员懂得如何正确地使用和应用适宜的方法。分析者更关心识别和降低危险的实际任务。

3.7 定性技术和定量技术

系统安全分析人员通常为使用定性分析技术还是定量分析技术而左右为难。理解使用哪种分析类型以及何时使用,与其说是科学倒不如说是一门艺术。定性—定量因素是危险分析技术的基本特征之一。

许多危险分析技术用于识别危险然后确定危险的事故风险,其实事故风险定义为:风险＝可能性×严酷度。风险的可能性因子是指在考虑潜在的危险条件下,事故实际发生的概率;严酷度因子则是指在事故发生以后所导致的破坏和/或损失。确定已识别危险的风险,必须使用风险特性描述方法以确定可能性和严酷度。定量的和定性的风险特性描述方法都已在系统安全学科中得到发展和应用。两种方法都很有用,但是每种都包含固有独特的优点和缺点。

定性分析涉及在分析中定性准则的使用。通常这种方法使用类别划分来区分不同的参数,通过为每个类别规定范围来给出定性的定义。定性判断某些事物可能属于哪一类别。该方法具有主观性,但是更通用化,因此有较小的限制。例如,在 MIL – STD – 882 中给出了主观的类别划分,为事故发生的最合理可能性提供了一种定性度量方法。例如,如果分析人员评价事件频繁发生,则该事件归类为等级 A;如果只是偶尔发生,则该事件归类为等级 C。这种定性的指标被用于定性的风险计算和评价。

定量分析应用数值或定量数据并提供定量结果。该方法具有更客观同时可能也更精确的特征。但应注意的是,定量结果可能会因输入数据的有效性和准确性而产生偏差。因此,定量结果不应被看作是精确数值,而应视为依赖数据质量而对一个变化范围的估计。

表 3.7 给出了一些可用于判断定性和定量方法优点和缺点的特征。基于表中所述的优点,系统安全领域主要采用定性的风险特征方法来解决多数安全性工作。自 1969 年 MIL – STD – 882 初版颁布以来,就推荐使用该方法。

表 3.7　定性和定量技术之间的差异

	特征	定性	定量
1	数值结果	无	有
2	费用	低	高
3	主观/客观	主观	客观
4	难度	低	高
5	复杂性	低	高
6	资料	详细资料较少	详细资料较多
7	专业技能	少	多
8	所需时间	短	长
9	所需工具	很少	经常
10	准确性	低	高

对于一个具有很多危险的大系统而言,由于费用高昂而无法对每一项危险都开展定量分析并预测风险,因此系统安全更愿意采用定性的风险特征描述方法。另外,低风险的危险也不需要通过定量分析提供精确的结果。只需对筛选出的少量具有严重后果的危险开展定量分析。多年的经验证明,定性方法是非常有效的,并且在大多数情况下可以提供与定量分析相媲美的决策能力。

当需要考虑费用和时间或者能够获取的支持数据较少时,定性的风险描述提供了一个非常实用和有效的方法。确定定性风险描述方法的关键是仔细定义严酷度和事故可能性类别。

当对精度有要求时,定量的风险描述提供了一种有用的方法。有时必须满足数值式的设计要求,只有通过定量分析证明其满足要求。概率风险评价(PRA)是一种估计事故风险概率因素的定量分析方法。对于具有严重后果的系统通常必须进行 PRA 以确定一个给定事故的所有致因因素和导致该事故发生的总体概率。

科学理论告诉我们:当某事物可以被(定量地)度量时,就对其有更多的了解,因此数值结果提供了更高的价值。一般来说这是正确的;但是,定量方法必须与其效果相协调严谨地使用。有时定性的判断能够利用较短时间和较少花费提供有用的结果。在风险评价中,数值准确性并不总是必须的。当尚未很好的理解危险致因因素时,很难利用概率和统计学估计事故风险。定性方法提供了有效的判定,而费用远低于定量方法,并且在系统研制寿命周期初期就可以进行。通常的做法是,首先定性地评价所有已识别的危险,然后,对于高风险的危险进行定量分析以获得更精确的认识。

在事故风险评价的任何评估中,都要提出关于度量和可接受的参数问题。总会有这样的危险,即系统安全分析人员和管理者可能会醉心于概率和统计而忽视了更简单也更有意义的工程过程。在沿某一具体方向开展工作之前,一定要充分理解不同方法的局限性和原理以及实际分析需求。定量模型是有用的,但是这不等于数学模型就能得到真实的结果。

3.8 小 结

本章讨论了危险分析类型和技术的基本概念。有助于总结本章所论述内容的基本原理归纳如下。

(1)危险分析类型确定了分析的目的、时机、范围、详细程度和系统覆盖范围,没有明确如何开展分析。

(2)危险分析技术确定了具体的分析方法,提供了具体的方法实施过程和结果。

(3)表3.8总结了七种危险分析类型、它们所覆盖的范围、它们所预期的关注焦点。另外,本章也列出了满足不同分析类型需求的基本方法。

表3.8　危险分析类型/技术总结

类型	覆盖范围	关注的危险	主要方法
CD – HAT	方案设计	系统危险	PHL
PD – HAT	初步设计	系统危险	PHA
DD – HAT	子系统详细设计	子系统危险	SSHA
SD – HAT	综合系统设计	综合系统危险	SHA
OD – HAT	操作设计	操作中的危险	O&SHA
HD – HAT	人员健康设计	人员健康危险	HHA
RD – HAT	设计、试验和安全性要求	要求/测试	SRCA

（4）在系统安全领域有七种危险分析类型，通过开展这些危险分析类型的工作有助于确保系统危险的识别和消减。有超过 100 种不同的分析技术可用于满足不同分析类型的需求。

（5）一种具体的危险分析类型不必识别系统中的所有危险。可能需要不止一种类型，往往需要全部七种类型的分析。

（6）最实用的系统安全大纲（SSP）包含了全部七种危险分析类型，以确保覆盖全部危险并提供最佳的安全保证。

（7）本章介绍的七种基本的危险分析方法，通常是满足 SSP 中相应分析类型要求的最佳选择。

第4章 初步危险表

4.1 简 介

初步危险表(Preliminary Hazard List, PHL)是一项用来识别和列出系统中可能存在的潜在危险和事故的分析技术。在方案设计阶段或初步设计阶段开展,是后续危险分析的起始点。经初步危险表识别出某一危险,在获得更多系统设计信息后,应对该危险进行深入的分析和评估。PHL 是一种设法使焦点集中在危险区域的管理手段,该危险区域需要更多的资源以消除危险或将危险的风险控制在可接受的水平。经初步危险表识别出的所有危险都应通过更详细的技术进行分析。

这种分析方法属于方案设计危险分析范畴(CD – HAT)。没有详细信息的情况下,初步危险表在方案上评价设计,它给出危险的初步列表。这种方法没有别称。

4.2 背 景

初步危险表的主要目的是识别和列出潜在系统危险。其次,确定安全关键参数和事故类别。初步危险表通常在研制阶段早期,并先于其他危险分析技术开展。初步危险表常常作为一种管理工具以便将资源分配到设计中的特殊危险区域,是项目中后续危险分析的基础。随着设计的深入开展,后续的危险分析工作将对这些危险作进一步详细评价。初步危险表的目的是在系统研制过程中尽可能早地从安全性角度影响设计。

初步危险表适用于任何类型的系统,在系统研制的方案阶段或初步设计阶段开展。可用来分析子系统、单一系统或集成系统。初步危险表通常建立在初步设计方案的基础上,一般在研制过程的早期开展。为了随着设计的规划和开展影响设计和事故风险决策,有时会在投标阶段或合同签订之后立即开展。

当有经验的安全性分析人员将该技术应用于某个系统时,能够彻底地识别出系统中潜在的一般危险和高层次系统危险。对系统安全等概念和相关知识以及危险理论的基本了解是必不可少的。为了识别某一系统的危险,还需了解所研究系统的基本构成,并具备分析这一特定类型系统的相关经验。这项技术并不复杂,易于学习。本章中介绍了典型的初步危险表格式并给出了用法说明。

初步危险表技术与头脑风暴法类似,设定出危险,并经整理列入表格中。该表格是后续危险分析的基础,它们将确认危险并开始识别其导致因素、风险以及消减方法。生成初步危险表是开展其他类型危险分析的前提。笔者强烈建议开展该分析,它是其他更详细危险分析和安全性工作的基础,而且很容易开展。

4.3 历 史

在系统安全领域中,人们很早就提出了初步危险表分析技术。它是由MIL – STD – 882 的制定者正式创立并颁布的。

4.4 原 理

初步危险表是一种简单易行的分析方法,提供已知危险和可疑危险的清单。初步危险表分析可以简单的理解为对系统进行了一次危险头脑风暴会议,或者理解为帮助确保识别出所有危险的结构化过程。本章所介绍的初步危险表是结构化的严谨分析过程,该过程应用了一些基本指导原则。

进行初步危险表分析时,分析人员应包括相关各个专业领域的工程师或分析人员。单个分析师或头脑风暴小组都可使用本章介绍的方法以帮助开展分析。此处推荐的方法同时也提供了一种通过工作表记录分析结果的手段。

图4.1 概述了基本的 PHL 过程,并总结了该过程中涉及的重要关系。该过程将设计信息与已知的危险信息结合,以识别危险。将已知的危险要素与事故经验教训和系统设计进行对比,以确定方案设计中是否涉及到这些潜在危险要素。

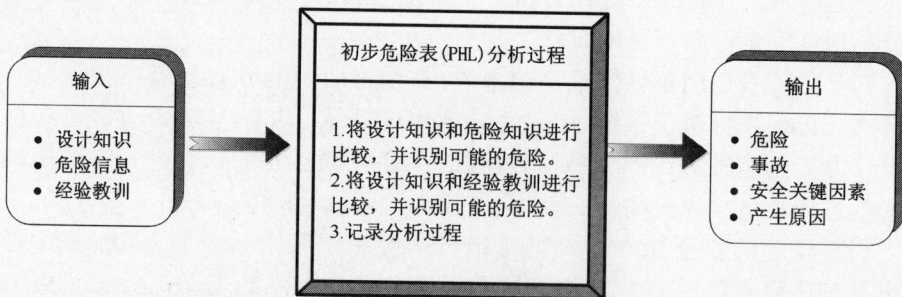

图 4.1　PHL 概述

为了完成初步危险表的分析工作,系统安全分析人员必须掌握两部分知识——设计知识和危险知识。掌握设计知识是分析师必须对系统设计有基本的了解,包括能列出系统的主要组成部分;掌握危险知识是分析人员必须基本的了解各种危险、危险源、危险要素以及相似系统中存在的危险。危险知识主要来源于危险检查表和相同或相似系统、设备中的经验教训。

在开展初步危险表分析过程中,分析人员把设计知识和信息与危险检查表对比,这也就允许分析人员设想或假定可能的危险。例如,如果分析人员发现系统设计中将使用喷气燃料,那么他会将喷气燃料与危险检查表进行比对。从危险检查表中很明显地得到喷气燃料是一种危险元素,燃料和多种点火原因一起给系统带来多种不同危险,这些危险都有可能转变为喷气燃料着火/爆炸。

初步危险表分析主要的输出是危险清单。另外,收集和记录补充信息,诸如主要的危险导致因素(例如硬件故障、软件故障、人为差错等)、危险的主要事故类型(例如着火、意外发射、人员伤害等)以及对后续分析有帮助的安全关键因素(例如安全关键功能、安全关键硬件项目等)也是有必要的和有益的。

4.5 方 法

表4.1列出并说明了初步危险表过程的基本步骤,该表还总结了初步危险表过程中涉及的重要关系。在分析过程中使用该工作表。

表4-1 初步危险表分析过程

步骤	任务	说 明
1	定义系统	定义系统,明确系统的范围和边界。明确任务、任务阶段和任务的环境剖面。了解系统设计、使用方案以及主要的系统部件
2	初步危险表工作计划	确定初步危险表分析的目的、定义、工作分解结构、日程安排和流程。确定系统中要分析的单元和功能
3	组建团队	挑选所有要参与初步危险表分析的成员,并明确其责任。充分发挥团队成员在不同领域内的专长(如设计、试验、制造等)
4	收集资料	收集所有分析必需的设计、使用和过程资料(如设备清单、功能框图和使用方案等)。制成危险检查表,收集有关的经验教训以及其他可用的危险资料
5	实施初步危险表	① 列出系统硬件部件和系统功能的清单; ② 评价方案设计中系统的硬件,并与危险检查表比对; ③ 评价系统使用时的功能,与危险检查表比对; ④ 识别和评价系统中使用的能源,并与能量危险检查表比对; ⑤ 评价系统中软件的功能,并与危险检查表比对; ⑥ 评价可能的故障状态

步骤	任务	说　明
6	制定危险清单	列出识别到的和可能存在的系统危险以及潜在系统事故。如果可能，根据可用信息，识别安全关键功能和顶层事故(TLM)
7	提出纠正措施	提出安全性设计准则和能够消除或减少危险的安全性设计方法
8	形成初步危险表文档	在初步危险表的报告中要包括结论和建议，并记录下整个初步危险表分析过程和初步危险表分析工作表

初步危险表分析过程从获取设计方案、使用方案和计划在系统中使用的主要部件、主要系统功能和软件功能的设计信息开始。这些信息可以来自工作说明、设计规范、草图、图纸或原理图。研究人员可以利用额外的设计综合资料以便更好地了解系统、分析系统和建立系统模型。典型的综合设计资料包括功能框图、约定设备清单(如工作分解结构、可靠性框图和使用方案)。如果得不到设计综合资料，为了开展初步危险表分析，安全分析人员可能不得不做出一些假设。所有的假设都应记录在案。

初步危险表分析的第二步就是获得合适的危险检查表。危险检查表就是已知危险或会产生潜在危险的设计或状态的通用项目清单。危险检查表并不是包罗万象和面面俱到的，它仅仅帮助启发分析人员从过去的经验教训中识别潜在的危险源。典型的危险检查表包括：

（1）能源；

（2）危险的功能；

（3）危险的操作；

（4）危险部件；

（5）危险材料；

（6）相似类型系统的经验教训；

（7）不期望的事故；

（8）考虑的故障模式和故障状态。

当已经获得所有的资料时，分析就可以开始。初步危险表分析包括将设计与综合信息和危险检查表作比较。如果系统设计使用了已知的危险要素、危险的功能、危险的运行方式等，那么系统中就存在潜在危险。在分析表中记录这些潜在危险，并在获得更详细层次的设计信息时，对其进行进一步评价。也可以通过头脑风暴会议帮助识别可能由于特定系统设计带来的新危险。初步危险表分析的输出包括：识别到的危险、危险导致因素区域(如果可能)、事故的影响、安全关键因素(如果有)。

整个初步危险表方法如图4.2(a)所示。在该方法中,构造了一张识别计划的硬件、能源、功能和软件等各类项目的系统清单。将系统列表中的项目与多种安全检查表中的项目对比。两类表间的对照触发对潜在危险的推测,并将其汇集在初步危险列表中。图4.2(b)以一个简单案例的形式展示出了一整套初步危险表分析方法。这个案例是涉及新型核动力航母的方案设计。

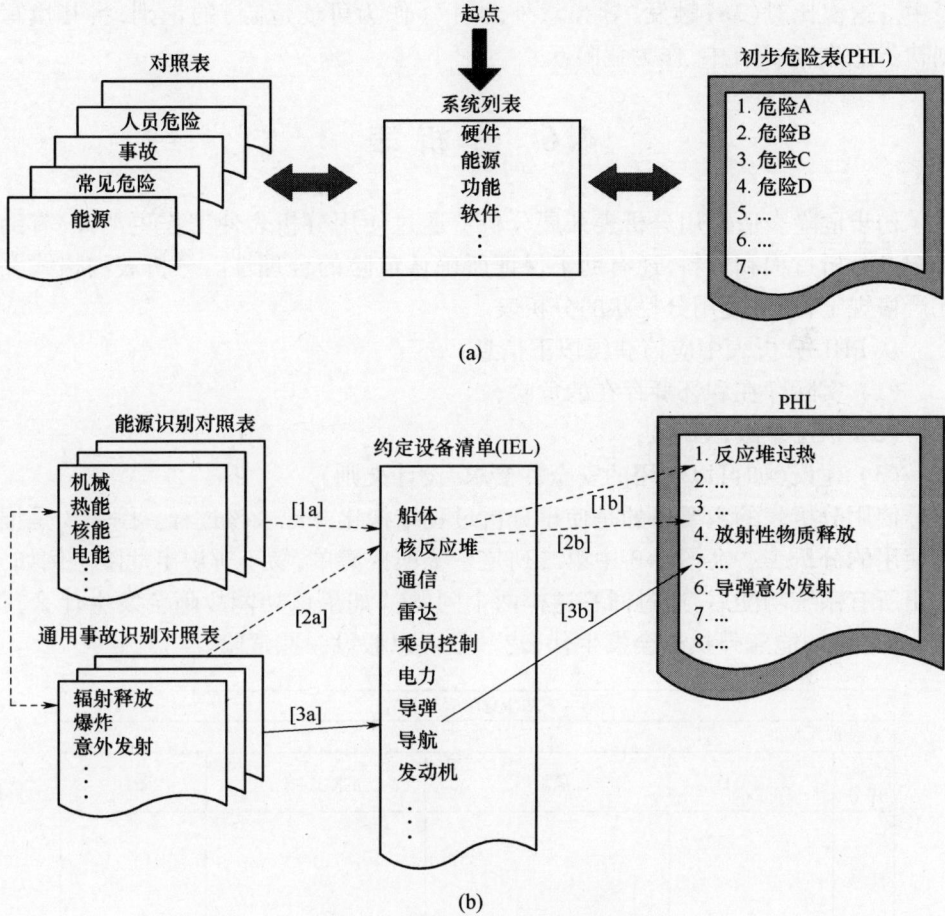

(a)

(b)

图4.2 设计和使用方案信息
(a)初步危险表方法;(b)初步危险表示例。

根据设计和使用方案信息(图4.2)建立约定设备清单(IEL)。然后将表中设备与危险检查表进行比对,以激发危险识别。例如"核反应堆"出现在约定设备清单之中,同时也出现在危险能源检查表中。通过这次比对(1a)触发一个或多个可能危险的识别,例如"反应堆过热"。然后将这种危险填写到初步危险表

55

(1b)中,作为危险1。

"核反应堆"出现在约定设备清单之中,同时它也在通用事故检查表中。通过这次比对(2a)又触发一个或多个可能危险的识别,例如"放射性物质的意外释放"。然后将这种危险填写到初步危险表(2b),作为危险4。

"导弹"出现在约定设备清单之中,而"意外武器发射"出现在通用事故检查表中。这次比对(3a)触发"导弹意外发射"(作为可能危险)的识别,将其填写到初步危险表(3b)中,作为危险6。

4.6 分析表

初步危险表适合用分析表开展分析。通过使用分析表使工作更严谨,有助于记录分析过程和资料,还有助于保证所确认危险的合理性。分析表的格式并无严格规定,通常使用分栏状的分析表。

从 PHL 分析表中应该获得以下信息:

(1) 实际存在和怀疑存在的危险;

(2) 顶层事故(TLM);

(3) 建议(如可以应用的安全性要求/设计准则)。

使用分析表的主要目的是使得分析过程结构化并记录该过程。图4.3是推荐使用的分析表。在图4.3中第二列是系统项目清单,易于辨识出危险。例如,列出所有系统功能后,通过回答这样两个问题:"如果该功能故障会发生什么?"或"如果该功能意外执行会发生什么?",就可以假设一些危险。

初步危险表分析				
系统单元类型:　　①				
危险序号	系统项目	危险	危险影响	备注
②	③	④	⑤	⑥

图4.3　PHL 分析表

以下是对分析表各栏的解释：

（1）**系统单元类型**　该栏填写所分析的系统项所属的类型,如系统硬件、系统功能、系统软件、能源等;

（2）**危险序号**　该栏填写危险序号以供参照;

（3）**系统项目**　该栏是第一栏的细化,填写已确定类型中关注的系统项目。在下面的例子中,这些项目首先分为硬件、软件、能源和功能。通过仔细筛查各个类型中所列每个项目,就可假设出危险。例如,如果炸药是所需的硬件单元,则炸药分别被列入硬件和能源工作表中。也许会有所重复,但这样能识别出所有与炸药相关的危险。

（4）**危险**　该栏填写由系统项目所表明的具体危险。（记住:记录下所有潜在的危险,即使有些被随后的其他分析证明在此应用是无危险的。）

（5）**危险影响**　该栏填写已识别危险的影响。影响可这样描述:导致系统运行、错误运行、死亡、伤害、损毁等。一般而言,事故的结果往往就是影响。

（6）**备注**　该栏记录经分析得出的任何重要信息、假设、建议等。例如,在该栏可以填写安全关键功能、顶层事故或系统安全性设计准则。

4.7　危险检查表

危险检查表是一种通用资源,有助于简便地识别危险。由于一种检查表不能充分地满足需求,也就非常有必要建立和使用多种不同的检查表。利用多种检查表可能会产生重复,但是这样也会提高对危险要素的覆盖度。

要注意的是检查表并不是完整的最终的列表,仅是激发危险辨识的途径或催化剂。本书附录 C 是一整套危险检查表。为了说明危险检查表概念,图4.4~图4.8 是一些检查表实例。这些实例并不能作为最终的危险列表,仅是识别危险过程中使用的典型检查表。

1. 燃料	12. 发电机
2. 推进剂	13. 射频能源
3. 触发器	14. 放射性能源
4. 炸药	15. 跌落物
5. 已充电电容器	16. 抛掷（弹射）物
6. 蓄电池	17. 供暖装置
7. 静电电荷	18. 泵、鼓风机、风扇
8. 压力容器	19. 旋转机械
9. 受载弹簧装置	20. 伺服（传动）装置
10. 悬挂系统	21. 核能
11. 气体发生器	22. 低温

图 4.4　能源危险检查表示例

图 4.4 是一张能源危险检查表。这些能源在系统中使用时被认为是危险元素。危险通常是来自于各种模式的能量释放,能量的释放可能是来自危险的能源。例如,电能或电压就是一种危险的能源。由不期望的能量释放导致的各种危险可以是人员触电、燃料和/或材料起火、潜在路径向非预期电路供电等。

图 4.5 是通用危险检查表,系统在特定状态下,这些通用根源会产生危险的状态和潜在事故。

1. 加速度	11. 氧化
2. 污染	12. 压力
3. 腐蚀	高
4. 化学分解	低
5. 电气	急剧变化
电击	13. 辐射
热	热
意外激活	电磁
电源故障	电离
6. 爆炸	紫外线
7. 着火	14. 化学置换
8. 热与温度	15. 机械冲击
高温	16. 应力集中
低温	17. 应力逆转
温度变化	18. 结构损伤或故障
9. 泄漏	19. 毒性
10. 湿度	20. 振动和噪音
高湿度	21. 气候及环境
低湿度	22. 重力

图 4.5　通用原因危险检查表示例

图 4.6 是由于任务的关键性导致被认为是危险的功能检查表。这张检查表是针对航天项目的一个示例。

图 4.7 是由于使用的材料或操作的关键性导致被认为是危险的操作检查表。

图 4.8 是可能故障模式或故障状态危险检查表。故障模式或故障状态是否危险依据所涉及的操作或功能的关键性而定。该检查表是对部件、子系统或系统功能的状态进行提问的关键问题集。这可能是子系统故障,因此导致产生危险的潜在途径。例如,在评估各子系统的时候,回答这样的问题"无法正常工作会导致危险吗?"就可以引发危险的辨识。注意当发明和使用新的硬件单元或功能时,新的危险元素将会被带入到系统中,就需要扩展和更新检查表。

58

```
1. 乘员进/出                      13. 降落伞开伞与降落
2. 地面对塔架的能量传输            14. 乘员返回
3. 发射逃逸                       15. 航天器保护和返回
4. 发射台点火与分离               16. 航天器惰化与清除
5. 地面控制通讯传输               17. 有效载荷匹配
6. 交合与对接                     18. 整流罩分离
7. 乘员的地面控制                 19. 入轨
8. 地面向乘员的数据通讯           20. 太阳能电池板展开
9. 舱外活动                       21. 轨道定位
10. 乘员的飞行中试验              22. 轨道校正
11. 飞行过程中紧急情况            23. 数据采集
    通信中断                      24. 中途校正
    失去动力/控制                 25. 恒星位置探测(导航)
    火灾毒性                      26. 在轨性能
    爆炸                          27. 制动推力
12. 生命保障                      28. 返回大气层
```

图 4.6　航天功能危险检查表示例

```
1. 焊接
2. 清洗
3. 极端温度下操作
4. 极端重量下操作
5. 吊装、搬运和装配操作
6. 试验室操作
7. 主要部件、子系统或系统的验证试验
8. 推进剂加注/传输/装卸
9. 高能增压/流体静力-气动静力试验
10. 核部件的处理/检验
11. 军械安装/检验/试验
12. 密闭容器或空间进入
13. 最终产品的运输和装卸
14. 有人飞行器试验
15. 静电放电
```

图 4.7　一般操作危险检查表

```
1. 无法正常工作
2. 工作不正确/错误
3. 意外工作
4. 工作时间不正确（过早、延迟）
5. 无法停止工作
6. 接收错误数据
7. 发送错误数据
```

图 4.8　故障状态危险检查表示例

4.8 指　南

下面所列的是一些在建立 PHL 分析表时所要遵守的基本准则：

(1) 牢记初步危险表分析的目的是识别系统危险和事故；

(2) 最好的方式是从调查系统硬件项目、系统功能和系统能源入手；

(3) 利用危险检查表和以前的经验教训进行危险识别；

(4) 危险的记录应该是可理解的，但无需详细描述（也就是，初步危险表中的危险不必包含危险的所有三要素：危险元素、触发机制和对象/威胁）。

第 2 章描述了危险的三种组成要素：①危险元素；②触发机制；③威胁和对象（输出）。通常当识别出危险并将其表述出来时，对于危险的描述记录应包括所有三要素。但在初步危险表中，对于危险并不总能给出完全而充分的描述。这主要是因为这种方法属于初步的分析，而且所有被识别出的危险将在初步危险分析（PHA）和子系统危险分析（SSHA）中进行更充分地研究和描述。

使用 PHL 分析表时，如何应用初步危险表分析的指南见图 4.9 所示。

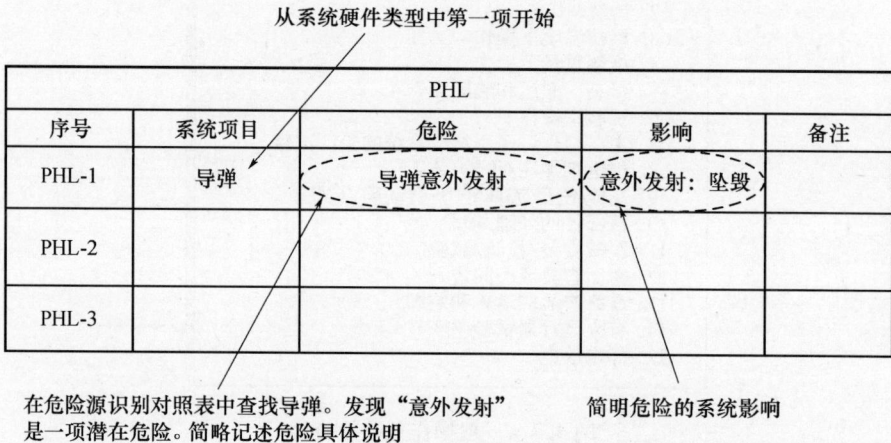

从系统硬件类型中第一项开始

		PHL		
序号	系统项目	危险	影响	备注
PHL-1	导弹	导弹意外发射	意外发射：坠毁	
PHL-2				
PHL-3				

在危险源识别对照表中查找导弹。发现"意外发射"是一项潜在危险。简略记述危险具体说明

简明危险的系统影响

图 4.9　PHL 指南

4.9　示例：Ace 导弹系统

为了说明初步危险表的分析方法，本节将对一个假定的导弹系统展开分析。Ace 导弹系统的基本设计如图 4.10 所示。该系统的主要构成是导弹部分和武器控制系统部分。导弹部分仅包括组成导弹的部件。武器控制部分包

括有关对导弹进行指挥和控制的部件,例如操作面板、系统计算机、雷达和系统电源等。

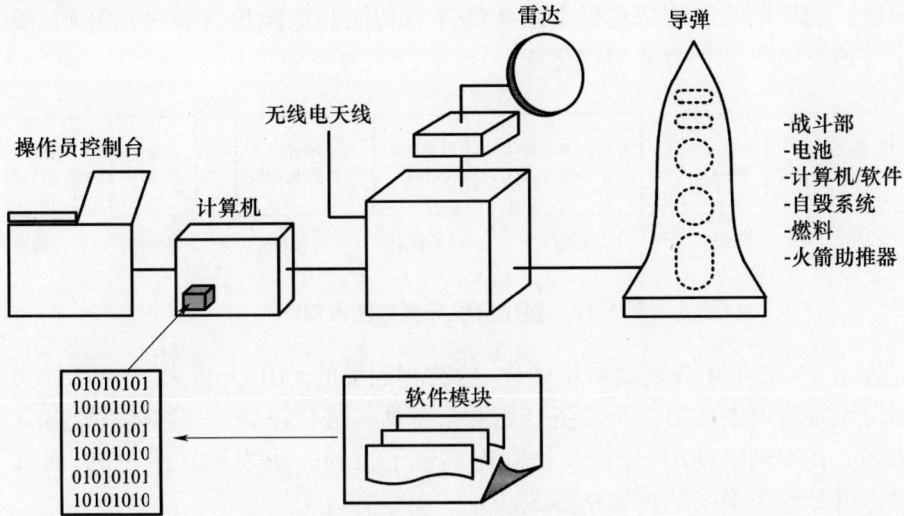

图 4.10　Ace 导弹系统

系统的基本设备和功能如图 4.11 所示。在方案设计阶段,这些是可获得的典型信息。同时还可能需要一些基本的设计决策,如使用的发动机类型——喷气式发动机或固体火箭发动机。为了对喷气式和火箭式系统的危险性进行对照评估,需要安全性设计权衡研究。根据这些基本的设计信息,能容易地得出非常可信的危险列表。

约定设备清单(IEL)	功能	能源	阶段
导弹 　结构 　战斗部 　发动机 　燃料子系统 　计算机 　电池 　自毁子系统 　接收器 　火箭助推器 武器控制系统 　控制/显示 　计算机 　雷达 　能源	战斗部起爆 导弹发射 导弹自检 导弹自毁 导弹导航 导弹制导 与导弹通讯	爆炸物 电 电池 燃料 射频能量	制造 试验 包装 装卸 运输 贮存 使用 　待机 　发射 　飞行 维护 修理 爆炸物处置

图 4.11　Ace 导弹系统方案阶段信息

导弹系统基本的计划使用阶段如图 4.12。随着设计开发的深入,每一个阶段将扩展的更详细。导弹项目研发人员或安全性分析师建立部件、功能和阶段的清单。初步危险表将从对每个系统部件与功能和危险检查表对比开始,激发假定与该系统设计相关的潜在危险。

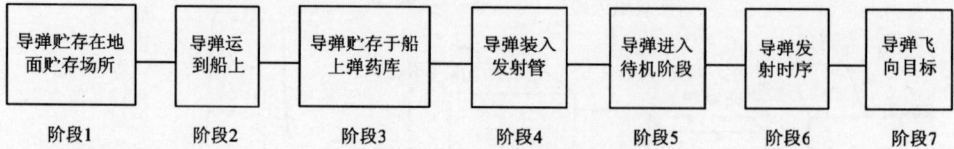

图 4.12 使用阶段导弹功能流程图

表 4.2～表 4.4 分别是系统硬件、功能和能源的 PHL 分析表。例如,表 4.2 从约定设备清单中的第一个设备开始对系统硬件进行评价——弹体、战斗部、发动机等。在本例中,PHL 分析表是以连续若干页的一张表形式给出的,但该工作表也可分解为多张单页表格形式。

表 4－2 Ace 导弹系统 PHL 分析——系统硬件评价

初步危险表分析				
系统元件所属类型:系统硬件				
序号	系统项目	危险	危险影响	注解和建议
PHL－1	导弹结构(弹体)	弹体破裂导致燃料泄漏;并且火源引起火灾	导弹起火	地面作业阶段
PHL－2	导弹结构(弹体)	弹体分解导致导弹坠毁	导弹坠毁	在飞行时
PHL－3	导弹战斗部(W/H)	由于起火、中弹或振动等原因导致战斗部炸药爆炸	战斗部炸药爆炸	使用不敏感炸药
PHL－4	导弹战斗部(W/H)	意外的起爆信号导致战斗部起爆	战斗部意外起爆	起爆需要解锁与点火信号共同作用
PHL－5	导弹战斗部(W/H)	战斗部起爆失败	哑弹	未爆炸军械(UXO)问题
PHL－6	导弹发动机	发动机未启动(导弹坠毁)	错误目标	导弹处于不安全状态,燃料泄漏
PHL－7	导弹发动机	在飞行过程中发动机故障导致导弹坠毁	错误目标	

62

		初步危险表分析		
系统元件所属类型:系统硬件				
序号	系统项目	危险	危险影响	注解和建议
PHL-8	导弹燃料子系统	发动机油箱泄漏并由周围火源引起火灾	导弹起火	
PHL-9	导弹计算机	计算机意外生成战斗部 Arm-1 和 Arm-2 控制命令,引起战斗部起爆	战斗部意外起爆	
PHL-10	导弹计算机	计算机无法生成战斗部 Arm-1 和 Arm-2 控制命令	战斗部不能起爆	哑弹;不是一个安全问题
PHL-11	导弹计算机	计算机意外生成导弹自毁命令	导弹意外自毁	安全隔离问题
PHL-12	导弹计算机	计算机生成导弹自毁命令故障	导弹不能自毁	
PHL-13	导弹电池	电池意外激活,为战斗部解锁和点火控制器供电	战斗部意外起爆	事故发生还需要解锁和控制信号
PHL-14	导弹电池	电池电解液渗漏并由周围火源引起火灾	导弹起火	
PHL-15	导弹自毁子系统	自毁系统故障	导弹不能自毁	还需要其他故障迫使自毁
PHL-16	接收器	接收器故障——无法与导弹通信	导弹不能自毁	
PHL-17	接收器	接收器故障——生成错误的自毁命令	导弹意外自毁	
PHL-18	火箭助推器	火箭意外点火	意外发射	不受控的飞行
PHL-19	武器控制系统计算机	计算机意外生成导弹发射命令	意外发射	
PHL-20	武器控制系统雷达	人员受到电磁辐射(EMR)伤害	人员射频能量伤害	
PHL-21	武器控制系统雷达	电磁辐射引燃炸药	炸药爆炸	
PHL-22	武器控制系统雷达	电磁辐射引燃燃料	导弹燃料着火	
PHL-23	武器系统电源	高压电子设备导致起火	机柜着火	系统损坏或人员受伤

表 4-3 Ace 导弹系统 PHL 分析——系统功能评价

初步危险表分析				
系统元件所属类型:系统功能				
序号	系统项目	危险	危险影响	注解和建议
PHL-24	战斗部起爆	意外执行战斗部起爆功能	战斗部意外起爆	起爆需要 Arm-1 和 Arm-2 功能
PHL-25	战斗部起爆	战斗部起爆功能故障	战斗部哑弹	不是一个安全问题
PHL-26	导弹发射	意外执行导弹发射功能	导弹意外发射	
PHL-27	导弹自检	导弹自检功能故障,导致导弹状态不可知	导弹处于不安全状态	
PHL-28	导弹自毁	意外执行导弹自毁功能	导弹意外自毁	
PHL-29	导弹导航	导弹导航功能中出现错误	打击目标错误	
PHL-30	导弹制导	导弹制导功能中出现错误	打击目标错误	
PHL-31	与导弹通信	通信中断,导致不能启动导弹自毁系统	导弹不能自毁	

表 4-4 Ace 导弹系统 PHL 分析——系统能源评价

初步危险表分析				
系统元件所属类型:系统能源				
序号	系统项目	危险	危险影响	注解和建议
PHL-32	炸药	战斗部炸药意外爆炸	战斗部意外起爆	
PHL-33	炸药	导弹自毁炸药意外爆炸	导弹意外自毁	
PHL-34	电	在维修高压设备时人员受伤	人员电击伤害	
PHL-35	电池	导弹电池意外激活	过早消耗电池电源	
PHL-36	燃料	导弹燃料起火引起火灾	导弹燃料着火	导弹子系统和战斗部的能源
PHL-37	射频能量	雷达射频能量受伤人员	由于雷达射频能量所造成的人员伤害	
PHL-38	射频能量	雷达射频能量引爆战斗部炸药	炸药爆炸	
PHL-39	射频能量	雷达射频能量引爆导弹自毁炸药	炸药爆炸	
PHL-40	射频能量	雷达射频能量引燃燃料	导弹燃料着火	

通过对 Ace 导弹的 PHL 分析,可以得到以下结果:

(1) PHL 分析共识别出 40 个危险。

(2) PHL 分析仅识别了危险并没有给出建议措施。这些危险为可能出现事故风险和针对安全需要进一步设计关注的系统区域提供了设计指导。

(3) PHL 分析中识别出的每个危险都将在初步危险分析中进一步分析和研究。

(4) 尽管 PHL 分析没有集中在安全关键功能和顶层事故上,但可能开始产生这些信息,如表 4.5 所列。表 4.5 中的顶层事故是由列表的全部危险确定的。所有识别到的危险都归结到这几个顶层事故类别。在建立顶层事故列表后,才有可能确定与其相关的安全关键功能,如表 4.5 所列。

表 4.5 从初步危险表所得的导弹系统顶层事故
(TLM)和安全关键功能(SCF)

序号	顶层事故	安全关键功能
1	战斗部意外起爆	战斗部起爆顺序
2	导弹意外发射	导弹发射顺序
3	导弹意外自毁	自毁启动顺序
4	打击目标错误	
5	导弹着火	
6	导弹自毁故障	自毁启动顺序
7	人员伤害	
8	导弹状态不可知	
9	炸药意外爆炸	

4.10 优 缺 点

以下是 PHL 技术的优点:

(1) PHL 的实施简单快捷;

(2) 开展 PHL 分析并不需要太多的技术经验;

(3) 该分析相对而言费用不多,但提供了有意义的结果;

(4) PHL 过程严格集中于危险辨识;

(5) PHL 指示出主要系统危险和事故风险存在区域。

PHL 技术没有明显缺点。

4.11　应避免的常见错误

初次学习使用初步危险表时,常会犯一些典型错误。下面所列是进行 PHL 分析时所犯的一些常见错误:

(1) 没有列出所有疑虑或确信的危险。列出所有可疑的或确信的危险,并在分析时不放过任何一个潜在的问题是很重要的。

(2) 没有记录已识别但发现其并不确信存在的危险。PHL 是一个历史性文件,该文件包含了被考虑的危险辨识的所有方面。

(3) 未使用某种结构化的方法。常用分析表,并包括设备、能源、功能等所有内容。

(4) 没有收集和使用通用的危险源检查表。

(5) 没有研究相似系统或装备可借鉴的事故或经验教训。

(6) 没有建立正确的系统硬件、功能和任务阶段的清单。

(7) 认为读者能够从充满工程专业术语和缩略词的简短陈述中明白对危险的说明。

4.12　小　结

本章讨论了 PHL 分析技术。有助于总结本章所论述内容的基本原理归纳如下:

(1) PHL 分析的主要目的是识别存在于系统方案设计中的潜在危险和事故。

(2) PHL 提供了 PHA 起始点的危险信息。

(3) PHL 在项目研制阶段早期辅助安全性和设计的决策,并提供研发阶段安全性和设计资源配置的信息。

(4) 功能流程图和约定设备清单的使用极大帮助和简化了 PHL 过程。

(5) 在 PHL 分析中使用了危险检查表。但是这个危险检查表不是完整的最终列表,仅仅是启发性的危险辨识目录。

(6) 在设想危险时,不要排斥任何想法、观念或者疑虑。除识别真正的危险外,给出猜测和假设的危险也是重要的,即使随后被各种设计理由证明是不可能的。这也证明已考虑了所有的可能情况。

(7) 编写能让读者读得懂而不是只有分析人员能读懂的完整、可信、有意义的危险说明。不要以为读者能够从充满工程专业术语和缩略词的简短陈述中明白危险说明。

(8) 如果可能,应识别出危险三要素:

① 危险元素;

② 触发机制;

③ 对象和威胁。

(9) 危险记录应该包括所有的危险三要素。但是,在 PHL 中并不能总是给出完整而充分的危险描述。主要归因于该分析是初步分析这一特性,所有已辨识的危险将会在 PHA 中更充分地研究和描述。

参考文献

[1] Layton, D. System Safety: Including DOD Standards, Weber Systems, Inc., 1989.

[2] Roland, H. E. and B. Moriarty, System Safety Engineering and Management, 2nd ed. New York: Wiley, 1990.

[3] Stephans, R. A., System Safety for the 21st Century, Wiley, Hoboken, NJ, 2004.

[4] Stephenson, J., System Safety 2000, Wiley, New York, 1991.

[5] System Safety Society, System Safety Analysis Handbook, System Safety Society.

[6] Vincoli, J. W., A Basic Guide to System Safety, Van Nostrand Reinhold, New York, 1993.

第 5 章　初步危险分析

5.1　简　介

初步危险分析(Preliminary Hazard Analysis，PHA)是一项在无详细设计信息时识别危险、危险致因因素、影响、风险水平并给出建议措施的安全性分析工具。PHA 提供了一套识别和梳理系统危险的方法,并能根据初期有限的设计信息为系统设计制定最初的系统安全要求(SSR)。PHA 旨在于项目研制过程中,尽早从安全性角度来影响设计。PHA 一般不会持续到子系统危险分析(SSHA)开始以后进行。

5.2　背　景

这种分析方法属于初步设计危险分析范畴(PD-HAT),因为是在缺乏详细信息的初步设计阶段评价设计。第 3 章描述了这种分析类型。这种危险分析技术又称为总体危险分析或潜在危险分析。

PHA 的目的是分析已识别的危险(常由 PHL 获得),并识别在系统研制过程中先前未发现的危险。顾名思义,PHA 是在初步设计阶段开展的。此外,PHA 还识别与初步设计方案相关的危险致因因素、后果和风险。PHA 提供了一种确定初步设计阶段系统安全要求的途径,通过系统安全要求在设计过程早期协助将安全性设计到系统中。PHA 还能确定安全关键功能和顶层事故,进而明确在设计阶段安全性工作关注的重点。

PHA 可用来分析各种类型的系统、设施、操作和功能;能分析单元、子系统、系统或集成系统。PHA 通常以初步的或基本的设计方案为基础,在系统研制过程的早期开展,以便在进展到详细设计阶段时影响设计和事故风险决策。有经验的安全性分析人员有条理的将 PHA 技术应用到给定系统时,在有限的设计信息基础上能透彻识别系统危险。系统安全等概念和相关知识以及对危险分析理论的基本了解是必不可少的。而要识别和分析某一系统的所有危险,还应具备对于这一特定类型系统的分析经验或专业知识。PHA 并不复杂,易于学习。本章介绍了标准的 PHA 表格并给出了用法说明,标准的危险检查表在书中也可找到。

  PHA 是最常用的危险分析技术。在大多数情况下,PHA 可识别大多数的系统危险。在掌握更多详细设计信息,开展后续危险分析技术,可识别出其余的危险。后续的危险分析进一步完善危险原因——影响关系和发现先前未识别的危险,并进一步细化设计的系统安全要求。

  没有任何一种方法能够取代 PHA。可能会用 PHL 来代替 PHA,但不建议这样做,因为 PHL 仅是危险清单,不如 PHA 详细,且无法提供所有必要的信息。子系统危险分析(SSHA)可能来代替 PHA,但同样也不建议这样做,因为子系统危险分析是一种更加详细的分析,主要分析会导致危险的故障和失效。改进的失效模式及影响分析(FMEA)也可当作 PHA 来使用,仍然不建议这样做,因为FMEA 只着眼于故障模式,而 PHA 考虑系统的多个方面。

  强烈建议对每一个项目,无论其规模大小和成本高低,均应开展 PHA,以便在项目早期保证实现识别和降低系统所有危险的目标。PHA 是后续危险分析和安全性工作的基础,易于开展并能识别系统中的大多数危险。PHA 是系统安全大纲中的基本危险分析技术。

5.3 历 史

  在系统安全领域,很早就提出了 PHA 技术。它是由 MIL – STD – 882 的制定人员正式提出并颁布。由于该技术在总体(初步的)层次上开展(参见 MIL – S – 38130),因此原先被称作总体危险分析(GHA)。

5.4 原 理

  图 5.1 概述了基本的 PHA 过程,并总结了该过程中涉及的重要关系。PHA过程利用设计信息和已知的危险信息来识别和评价危险并确定与安全性设计相关的安全关键因素。PHA 对经过 PHL 确定的危险作进一步详细的评价。

  PHA 的目的是在系统研制的初步阶段识别危险和危险致因因素、确定危险的事故风险和系统安全要求,以减少具有不可接受风险的危险。开展 PHA,系统安全性分析人员必须拥有三方面信息:设计相关知识、危险相关知识和 PHL。设计相关知识是指分析时必须具有对系统设计的基本了解,其中包括主要部件清单。危险相关知识是指分析人员需要对危险、危险源、危险要素(危险元素、触发机制、威胁/对象)等概念和理论有基本的认知,并了解相似系统中的危险。危险相关知识主要来自危险检查表和从相同或类似系统中吸取的经验教训。

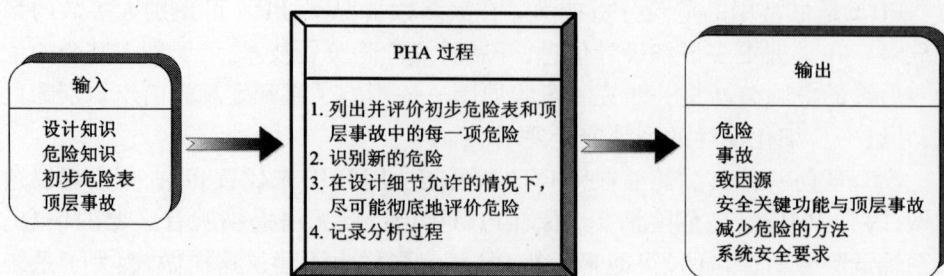

图 5.1　PHA 概述

PHA 的起始点是收集了已识别危险的 PHL。PHA 将对这些危险作更详细的评价。此外,分析人员把设计知识和信息与危险检查表进行对比,以识别先前未发现的危险。这就允许分析人员想象和假定可能存在的危险。例如,若分析人员发现系统设计中使用喷气燃料,将它与危险检查表进行比对。从危险检查表中明显得知喷气燃料是一种危险元素,它着火/爆炸是潜在的事故,该事故与由多种不同火源导致的多种不同危险相关。PHA 的输出包括:已识别的和疑似的危险、危险致因因素、造成的事故影响、事故风险、安全关键功能和顶层事故。此外,PHA 的输出还包括设计方法及消除和/或减少被识别危险的系统安全要求。重要的是识别安全关键功能,因为通常有许多方面是影响设计安全的,且涉及到主要的系统危险。

由于 PHA 在设计阶段的初期开展,用于分析的信息可能既不完全也不够正规(即初步的)。因此,该分析过程应当是结构化的,这样随着方案设计的修改和更新而不断地改进和完善。当子系统详细设计信息足够完整以至于分析人员能够详细地开展子系统危险分析时,通常即可终止 PHA。

5.5　方　　法

PHA 方法如图 5.2 所示。分析过程中利用设计和危险相关信息来帮助识别危险及其致因因素。PHA 从 PHL 确定的危险入手,下一步是再次利用危险检查表(与 PHL 分析中的做法相同)和不希望的事故检查表。PHA 的基本输入包括功能流程图、可靠性框图、约定设备清单、系统设计,PHL 中的危险、危险检查表和事故检查表——其中前三项由不同的系统设计部门提供的系统设计中得到。

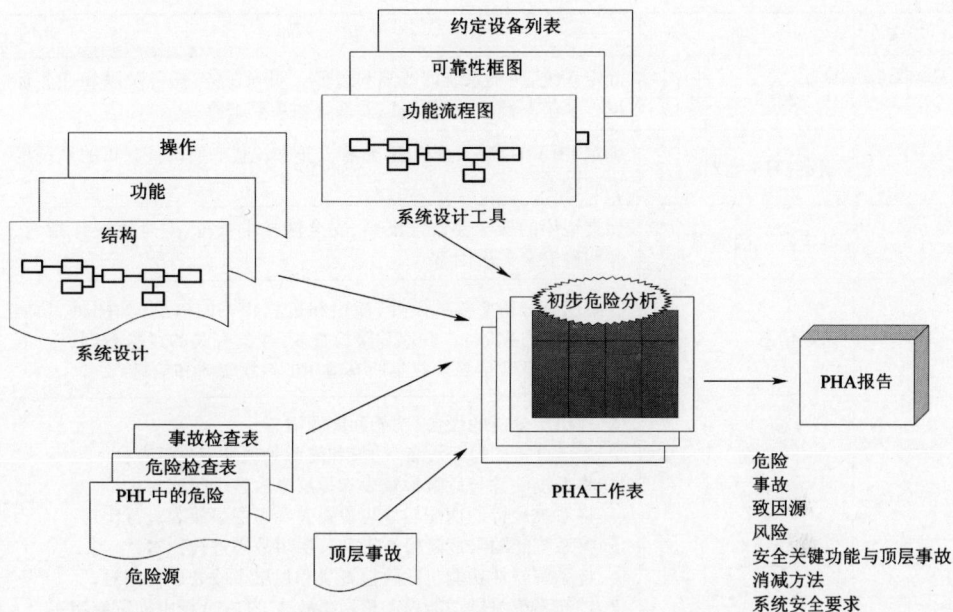

图 5.2　PHA 方法

　　危险检查表是已知危险项和潜在危险的设计、功能或状态的通用列表。在第 4 章中对它们均进行了定义和讨论。危险检查表并不是包罗万象和面面俱到的,仅仅是一张用于帮助激发分析人员从过去的经验教训中识别潜在危险源的项目列表。典型的危险检查表包括:

　　(1) 能源;

　　(2) 危险的功能;

　　(3) 危险的操作;

　　(4) 危险部件;

　　(5) 危险材料;

　　(6) 相似类型系统的经验教训;

　　(7) 不期望的事故;

　　(8) 考虑的故障模式和故障状态。

　　可参考第 4 章 PHL 分析中每种危险检查表示例。本书附录 C 给出了整套可用于 PHA 的危险检查表。

　　表 5.1 列出并说明了 PHA 过程的基本步骤。该过程包括更进一步分析 PHL 中识别的危险,并对照危险检查表对系统开展详细分析。

表 5.1 PHA 过程

步骤	任务	说 明
1	定义系统	确定系统,明确系统的范围和边界。明确任务、任务阶段和任务环境。了解系统设计、使用以及系统的主要组成
2	制定 PHA 计划	确定 PHA 的定义、分析表、日程安排和流程。明确待分析的系统构成和功能
3	制定安全性准则	建立适用的安全性设计准则、安全性技术规范、安全性设计指南,并明确安全关键因素
4	采集信息	收集所有分析必需的设计、使用和过程相关的信息(如图纸、功能图和使用方案等)。获取危险检查表,收集有关的经验教训以及其他可用的危险信息。收集所有适用的规章资料和信息
5	实施 PHA	① 列出所分析的设备、功能和能源清单; ② 为所分析的每个设备、功能和能源等项准备分析表; ③ 将系统硬件与危险检查表和顶层事故表进行比对; ④ 将系统运行的功能与危险检查表和顶层事故表进行比对; ⑤ 将系统能源与危险检查表和顶层事故表进行比对; ⑥ 将系统软件功能与危险检查表和顶层事故表进行比对; ⑦ 扩充系统关键功能表和顶层事故表,并在分析中加以使用; ⑧ 识别危险的同时理清功能间的关系、时序、并发功能; ⑨ 利用其他系统中关于危险和事故的经验教训
6	评价风险	确认每个被识别的危险在系统设计实施减少危险措施前后的事故风险
7	提出纠正措施建议	对消除或减少被识别危险所需的纠正措施提出建议。与设计部门合作,将建议转化为系统安全要求。同时确认已在设计或规程中已体现减轻危险的安全特征
8	监控纠正措施	审查试验结果,以确保安全性建议和系统安全要求在减小危险方面达到预期的效应
9	跟踪危险	将新识别的危险纳入 HTS,HTS 更新包括 PHA 中识别的危险、危险致因和风险
10	形成 PHA 文档	在 PHA 的报告中记录整个 PHA 过程和所有 PHA 分析表,包括结论和建议

开展 PHA 时,至少要考虑以下因素:

(1) 危险要素(如能源、燃料、推进剂、炸药、压力系统等);

(2) 子系统接口(如信号、电压、时序、人机交互和硬件等);

(3) 系统兼容性限制(如材料兼容性、电磁干扰、瞬时电流、电离辐射等);

(4) 环境限制(如跌落、冲击、极端温度、噪声和健康危险、着火、静电放电、

闪电、X 射线、电磁辐射、激光辐射等);

(5) 不期望的状态(如意外启动、火灾或爆炸的发生与蔓延、影响安全的故障等);

(6) 系统、子系统或计算机系统的误操作;

(7) 软件错误(如程序错误、程序遗漏、逻辑错误等);

(8) 操作、试验、维修和应急规程等;

(9) 人为差错(如操作人员的职责、任务、要求等);

(10) 坠毁和生存安全(如出口、救援、打捞等);

(11) 寿命周期保障(如军转民/报废、排爆、监控、装卸、运输、储存等);

(12) 设施、保障设备,以及培训;

(13) 安全设备和预防措施(如联锁、系统冗余、故障安全设计、子系统保护、灭火系统、个人防护设备、警示标签等);

(14) 防护服、设备和装置;

(15) 系统安全操作和维修相关的培训和认证;

(16) 系统所处各阶段(如试验、制造、使用、维修、运输、贮存、报废等)。

5.6 分 析 表

PHA 是一种结构化和严谨的详细危险分析方法,适合使用分析表开展分析。尽管 PHA 分析表的格式并无严格规定,但重要的是,从 PHA 分析表中至少应能获得以下信息:

(1) 系统危险;

(2) 危险影响(即效应、结果、事故);

(3) 危险致因因素(或潜在致因因素区域);

(4) 事故风险评估(在完成安全性特殊设计前后均应进行);

(5) 安全关键功能和顶层事故;

(6) 消除或降低危险的建议。

图 5.3 所述格式是系统安全大纲中惯用的 PHA 分析表格式。这种分析表格式在许多实际应用中证明是有用和有效的,分析表能提供经 PHA 得到的所有必要信息。

以下说明描述了 PHA 分析表中各栏所需填写的信息:

(1) **系统** 该栏填写所要分析的系统。

(2) **子系统/功能** 该栏填写所要分析的子系统或功能。

系统: ①		初步危险分析						分析人员: ③		
子系统/功能: ②								日期: ④		

序号	危险	原因	影响	模式	IMRI	建议措施	FMRI	备注	状态
⑤	⑥	⑦	⑧	⑨	⑩	⑪	⑫	⑬	⑭

图 5.3 推荐的 PHA 分析表

（3）**分析人员** 该栏填写 PHA 分析人员的姓名。

（4）**日期** 该栏填写分析日期。

（5）**危险序号** 该栏填写在 PHA 中识别的危险序号（如 PHA - 1、PHA - 2 等）。便于将来作为特定危险源来参考或使用，例如在危险措施记录（HAR）和危险跟踪系统（HTS）中。

（6）**危险** 该栏填写假定和分析的具体危险；（务必记录下所有考虑到的危险，即使在后续分析中证明是不危险的）。

（7）**原因** 该栏填写导致危险发生的条件、事件和故障，以及能触发危险要素转变成事故或灾难的事件。

（8）**影响** 该栏填写当危险发生时造成的影响和后果。通常，影响是指事故的最严重后果。影响最终确认和描述所涉及的潜在事故。

（9）**模式** 该栏填写与已识别危险相关的系统运行模式或运行阶段。

（10）**初始事故风险指数（IMRI）** 该栏填写在未采取危险降低技术情况下，已识别危险潜在影响的事故风险严重性的定性度量。风险度量是对事故严酷度和发生可能性的综合评价，MIL - STD - 882 所建议的取值等级如下表所列。

	严酷度		可能性
1	灾难的	A	频繁
2	严重的	B	很可能
3	轻度的	C	有时
4	可忽略的	D	极少
		E	不可能

（11）**建议措施** 该栏填写推荐的消除或减少已识别危险的预防措施。建议通常采用危险存在原因的安全性要求指南形式，或是提议的降低方法，该方法最终转换成为降低危险的新系统安全要求。系统安全要求是在与设计和需求部门协调后制定的。为了生成和完善安全性要求，危险减少技术应该遵循美军军标 MIL－STD－882 建立的优先顺序。该顺序如下表所列。

优先选用顺序	
1	通过选择设计方案消除危险
2	采用安全装置
3	采用告警装置
4	制定专用规程并进行培训

（12）**最终事故风险指数（FMRI）** 该栏填写对危险采取降低技术和系统安全要求的情况下，已识别危险潜在影响的事故风险进行定性的度量。本栏所用风险等级表与第 10 栏所用相同。

（13）**备注** 该栏填写别处未记录的与危险或分析过程相关的必要信息。该栏可用于记录最终的系统安全要求序号，以保证要求的可追溯性。

（14）**状态** 这栏用于标明危险当前所处状态：未闭环处理或已闭环处理。

5.7 指 南

以下是填写 PHA 分析表时应遵循的一些基本原则：

（1）牢记 PHA 的目的是识别系统危险、危险影响、各方面危险致因因素和风险。PHA 的另一个副产品是识别顶层事故和安全关键功能。

（2）先在单独的分析表页上列出并系统地评价系统硬件子系统、系统功能和能源。针对每一类别，识别可能导致由 PHL 确认的顶层事故的危险。同样可以应用危险检查表识别新的顶层事故和危险。

（3）为开展 PHA，PHL 中的危险必须转变为顶层事故。利用顶层事故以及危险检查表和危险识别的经验教训来识别危险。

（4）在评价系统硬件、功能和能源时，可能重复识别到相同危险，对此不必有所顾虑，这样做是为了使分析工作完全覆盖系统以识别出所有的危险。

（5）对识别出的危险深入分析，以确定其致因因素、影响和风险。

（6）当危险的致因因素和影响确定以后，其风险就可以得以确定或估计。

（7）随着 PHA 的进行，继续确定顶层事故和安全关键功能，并将其用到分析当中。

（8）PHA 分析表中记录的危险应清晰易懂,并包含尽可能多的了解危险所必需的信息。

（9）PHA 分析表中的危险栏不一定要包含危险三要素:危险元素（HE）、触发机制（IM）和输出（O）。把 PHA 分析表的若干栏结合起来能够包含危险的所有三要素。例如,可将危险元素写在危险栏中,触发机制写在原因栏中,输出写在影响栏中。将危险、原因和影响三栏综合即可完整地描述危险。

（10）利用分析辅助工具如危险检查表、危险数据库和书籍资料库中的经验教训、事故调查报告等来帮助识别新危险。同样还可用其他相似系统 PHA 的适用危险。

（11）在完成 PHA 后,审查 PHL 中的危险,以确保通过顶层事故过程已涵盖了所有的危险。之所以这样是因为 PHL 中的危险是零散的。

图 5.4 说明了使用 PHA 分析表时如何应用 PHA 的指南。

图 5.4　PHA 指南

5.8　示例:Ace 导弹系统

以第 4 章中假定的 Ace 导弹系统为例,说明 PHA 方法。该系统基本的初步设计见图 5.5。然而,要注意从方案阶段到初步设计阶段,设计方案有少量的变化（在许多研制项目中经常发生）。设计方案从发射筒中的单个导弹系统扩展为多个导弹系统。这些改变将会在 PHA 中反映出来。该系统的主要部分是导弹本体部分和武器控制系统(WCS)部分。

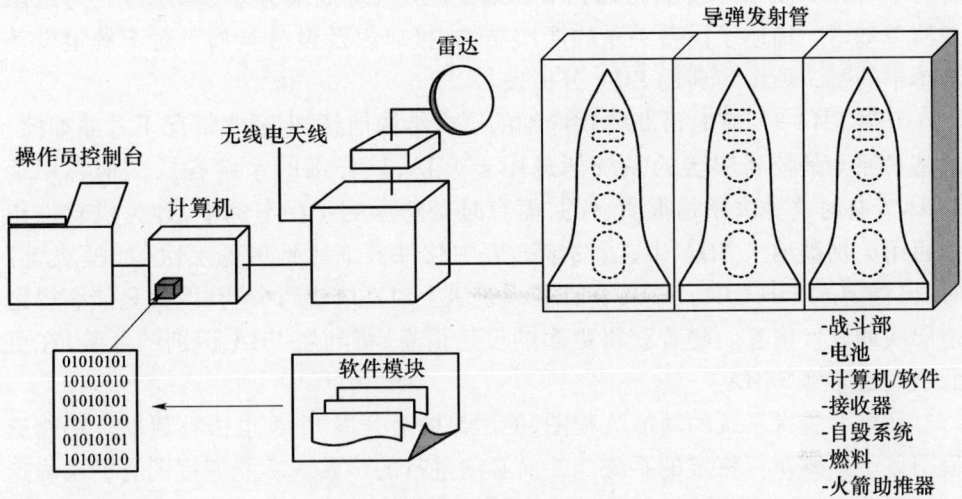

图5.5　Ace 导弹系统

在初步设计研制过程中,该系统的设计进行了以下修改和完善:

(1) 由先前的单个导弹替换为现在的多个导弹。

(2) 导弹现在位于发射筒中。

(3) 对导弹自毁子系统,在武器控制系统设计中增加了无线电发射器。

图5.6 列出了 PHA 中应考虑的主要系统部件、功能、阶段和能源。这是开展该分析的典型可用信息。

图5.6　Ace 导弹系统信息

图 5.6 还给出了用于开展该系统 PHA 的初步约定设备清单(IEL)。表中所列这个层次的信息通常在初步设计时可以获得。随着研制设计的推进,约定设备清单将在深度和广度上得以拓展,以用于子系统危险分析(SSHA)。约定设备清单基本上描述了设备关系的层次结构、接口以及设备类型。对于约定设备清单中的每一项填写新的 PHA 分析表。

开展 PHA 时,有时可获得较详细的层次结构信息,但通常情况下并非如此。最基本原则是较高层次的系统信息用于 PHA,较详细的系统各层次信息用于SSHA。有时这种决断是很明显的,而有时是随意的。在本例中,计算机软件作为通用类别被纳入 PHA 中,当约定列表中软件被细化到更低层次(如模块级)时,也将纳入 SSHA 中。PHA 将在子系统级上对系统进行分析,因为只能获得这个层次的设计信息。随着获得更多的设计信息,将利用 PHA 识别的危险,在更低层次上实施 SSHA。

如果可获得系统的功能流程图,使用该图对开展 PHA 也很有帮助。功能流程图显示出要执行特定的系统功能而必须进行的步骤。功能流程图有助于确定在开展分析时会用到的子系统接口和相互关系。如果项目设计团队没有制定约定设备清单和功能流程图,则安全性分析人员需自行制定。

如图 5.7 所示的功能流程图说明了导弹系统计划的基本使用阶段。随着设计开发的继续,每一个阶段都将得以细化。

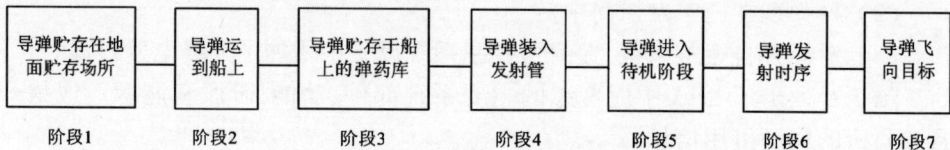

图 5.7　Ace 导弹使用阶段功能流程图

如图 5.8 所示的功能流程图展示了产生导弹发射信号所需的基本要素和事件序列。

如图 5.9 所示的功能流程图展示了产生战斗部点火信号功能所需的基本要素和事件序列。

PHL 分析识别的危险形成了用于 PHA 的初始危险集。由于 PHL 中对危险记录比较概括、简单而混杂,因此最好将这些危险凝练为顶层事故,然后将其作为危险的不同类别,PHA 将从系统设计与使用的各个方面考虑这些危险类别。表 5.2 给出了第四章中 PHL 分析得出的顶层事故表。

图 5.8 的流程图：

+28V 直流电 → 安全保险装置闭合 → 继电器-1闭合 → 继电器-2闭合 → 继电器-3闭合 → 发射信号

计算机 → 计算机 → 计算机

操作员移除安全保险装置的保险销 　 操作员按钮 　 操作员按钮

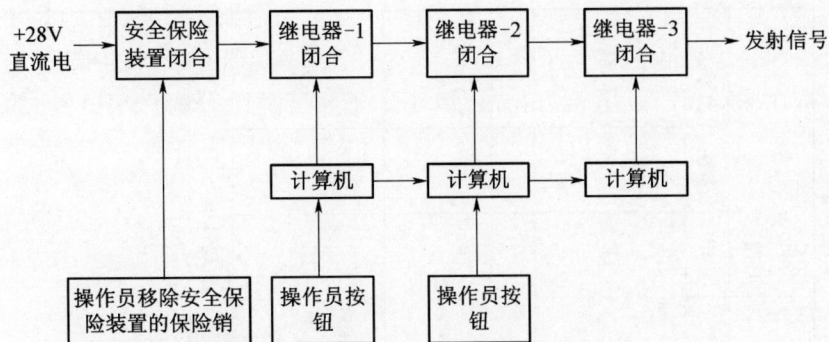

图 5.8　Ace 导弹发射信号功能流程图

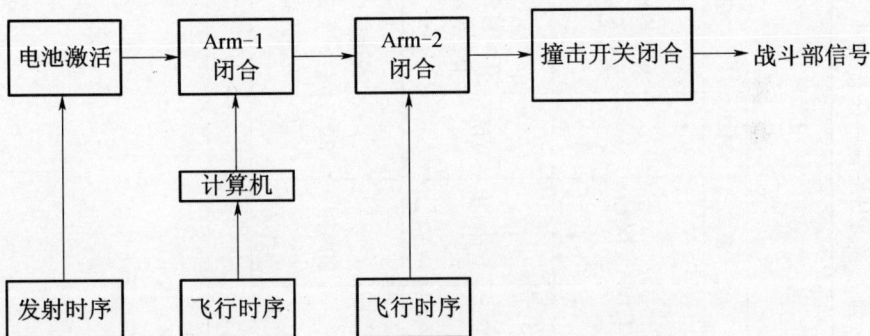

图 5.9 的流程图：

电池激活 → Arm-1闭合 → Arm-2闭合 → 撞击开关闭合 → 战斗部信号

计算机

发射时序 　 飞行时序 　 飞行时序

图 5.9　Ace 导弹战斗部点火信号功能流程图

表 5.2　由 PHL 得到的导弹系统顶层事故表

序号	顶层事故	序号	顶层事故
1	战斗部意外起爆	6	导弹自毁故障
2	导弹意外发射	7	人员伤害
3	导弹意外自毁	8	导弹状态不可知
4	打击目标错误	9	炸药意外爆炸
5	导弹着火		

如果对每个约定设备清单项、系统功能和系统能源单独建立 PHA 分析表，则将至少有 26 张分析表(14 个约定设备清单项 +7 个功能 +5 个能源)。为了避免读者阅读时过于吃力，此处只列出 6 张分析表(5 个约定设备清单项和 1 个功能)。这些例子提供了关于如何开展 PHA 的足够信息。SSHA 同样会使用这些例子。表 5.3～表 5.8 是该例导弹系统 PHA 的 5 个 PHA 分析表示例。

表 5.3 Ace 导弹系统 PHA——分析表 1

系统:Ace 导弹系统
子系统:导弹结构子系统

初步危险分析

分析人:
日期:

序号	危险	原因	影响	模式	IMRI	建议措施	FMRI	备注	状态
PHA-1	导弹结构失效,导致导弹飞行不稳定和坠毁	制造缺陷;设计错误	飞行不稳定,导致导弹坠毁并造成人员伤亡;目标错误	飞行	1D	在结构设计中使用 5 倍安全系数	1E		未处理
PHA-2	弹体破裂导致燃料泄漏;火源引起火灾	制造缺陷;设计错误	导弹着火,造成人员伤亡	地面操作	1D	在结构设计中使用 5 倍安全系数	1E		未处理
PHA-3	装卸时导弹结构失效,导致人身伤害	制造缺陷;设计错误;装卸设备故障	人身伤害	PHS&T①	2D	在结构设计中使用 5 倍安全系数;制定装卸设备的系统安全要求	2E		未处理

页码:1/6

注:1. 该 PHA 分析表的分析对象是导弹结构子系统;
2. 从导弹结构对顶层事故 4(目标错误)影响的角度,得出 PHA-1;
3. 从导弹结构对顶层事故 5(导弹着火)影响的角度,得出 PHA-2;
4. 从导弹结构对顶层事故 7(人身伤害)影响的角度,得出 PHA-3;
① PHS&T:包装、装卸、贮存和运输

表 5.4 Ace 导弹系统 PHA——分析表 2

系统:Ace 导弹系统
子系统:导弹战斗部子系统

初步危险分析

分析人:
日期:

序号	危险	原因	影响	模式	IMRI	建议措施	FMRI	备注	状态
PHA-4	由子错误的激发指令,战斗部意外起爆	硬件故障、软件故障,人为差错产生的错误指令	人员伤亡		1D	在引信设计中使用多个独立的开关。对引信设计进行故障树分析。	1E		未处理
PHA-5	外部环境导致战斗部意外起爆	子弹打击、弹片、热	人员伤亡		1D	使用不敏感弹药。如果可能,加装防护层。	1E		未处理
PHA-6	发出指令,战斗部未起爆	硬件故障;软件故障	哑弹;非安全问题		—		—	非安全问题	已处理

页码:2/6

注:1. 这张 PHA 分析表的分析对象是导弹战斗部子系统;
2. 考虑战斗部对顶层事故 1 的影响和故障状态危险检查表,得出 PHA-4;
3. 考虑战斗部角度考虑顶层事故 1 的影响和不敏感炸药,得出 PHA-5;
4. 将故障状态危险检查表用于战斗部分析,得出 PHA-6

表 5.5　Ace 导弹系统 PHA——分析表 3

系统:Ace 导弹系统
子系统:导弹自毁子系统

初步危险分析

分析人:
日期:

序号	危险	产生原因	影响	模式	IMRI	建议措施	FMRI	备注	状态
PHA-7	飞行中,导弹意外自毁	硬件故障,软件故障、人为差错产生的错误指令	在导弹碎片所落的区域内造成人员伤亡;目标错误	飞行	1D	安装安全联锁装置;在需要自毁前保持抑制信号开启	1E		未处理
PHA-8	在地面作业时,导弹意外自毁	线路短路;炸药爆炸	爆炸和碎片导致人员伤亡	待机,PHS&T	1D	确保安全保险装置具有高可靠性;在连接器设计中隔离关键引脚。	1E		未处理
PHA-9	发出指令,导弹自毁失败	指令错误;无线电信号传输故障	导弹攻击非期望的区域,造成人员伤亡;目标错误	飞行	1D	确保安全保险装置具有高可靠性;进行冗余设计	1E		未处理

页码:3/6

注:1. 该张 PHA 分析表的分析对象是导弹自毁子系统;
2. 考虑自毁子系统对顶层事故 3 的影响,得出 PHA-7;
3. 考虑自毁子系统对顶层事故 3 的影响,得出 PHA-8;
4. 将故障状态危险检查表用于自毁子系统分析,得出 PHA-9

82

表 5.6　Ace 导弹系统 PHA——分析表 4

系统:Ace 导弹系统 子系统:导弹火箭推进器子系统									分析人: 日期:	
初步危险分析										
序号	危险	原因	影响	模式	IMRI	建议措施	FMRI	备注	状态	
PHA – 10	意外点火	硬件故障,软件故障,人为差错,点火器故障产生错误指令	导弹意外发射,在导弹撞击地面时造成人员伤亡	飞行	1D	安装安全联锁装置;在需要发射前保持抑制信号开启;鉴证软件设计	1E		未处理	
PHA – 11	火箭推进剂爆炸	制造缺陷;子弹袭击;火灾	引燃炸药造成人员伤亡	PHS&T	1D	加装防护层;使用安全推进剂	1E		未处理	
PHA – 12	火箭推进器启动失败	指令错误;点火器故障	不能发射导弹,非安全问题	发射	—		—	非安全问题	处理	
PHA – 13	飞行中推进器故障	制造缺陷;安装错误	飞行不稳定导致导弹坠毁,造成人员伤亡;目标错误	飞行	1D	制造和安装质量保证	1E		未处理	
注:1. 该张 PHA 分析表的分析对象是导弹火箭推进器子系统; 2. 考虑火箭助推器对顶层事故 2 的影响,得出 PHA – 10; 3. 考虑火箭助推器对考虑顶层事故 9 的影响和能源,得出 PHA – 11; 4. 用故障状态危险检查表分析火箭助推器,得出 PHA – 12; 5. 用故障状态危险检查表分析火箭助推器,得出 PHA – 13									页码:4/6	

83

表 5.7 Ace 导弹系统 PHA——分析表 5

系统:Ace 导弹系统
子系统:Ace 导弹控制系统雷达子系统
初步危险分析
分析人:
日期:

序号	危险	原因	影响	模式	IMRI	建议措施	FMRI	备注	状态
PHA-14	电磁辐射(EMR)对其中人员造成伤害	人员处于射频(RF)能量过量区域之中	射频能量对人员造成伤害	地面操作	1D	规定人员安全距离并在所有规程中设置告警标识	1E		未处理
PHA-15	电磁辐射引燃炸药	炸药处在射频能量过量区域之中	引燃炸药,造成人员伤亡	地面操作	1D	规定炸药安全距离并在所有规程中都增加告警标识	1E		未处理
PHA-16	电磁辐射引燃燃料	燃料处在射频能量过量的区域之中	燃料燃烧,造成人员伤亡	地面操作	1D	规定燃料安全距离并在所有规程中设置告警标识	1E		未处理
PHA-17	高压雷达电子设备引起火灾	高压雷达电子设备过热引起火灾	火灾导致系统损坏和/或人员伤亡	地面操作	1D	设置温度告警	1E		未处理
PHA-18	维修时,高压电子设备对人员造成伤害	人员接触到带高压的裸露触点	电力危险对人员造成伤害	维修	2D	设计防护装置,避免人员接触到高电压	2E		未处理

页码:5/6

注:1. 该 PHA 分析表的分析对象是武器控制系统雷达子系统;
2. 考虑雷达角度对顶层事故 7 的影响和射频能源,得出 PHA-14;
3. 考虑雷达,射频能源对顶层事故 9,得出 PHA-15;
4. 考虑雷达对顶层事故 5 的影响和射频能源,得出 PHA-16;
5. 考虑雷达对顶层事故 7 的影响和射频电力能源,得出 PHA-17;
6. 考虑雷达对顶层事故 7 的影响和电力能源,得出 PHA-18

表 5.8 Ace 导弹系统 PHA——分析表 6

系统:Ace 导弹系统　　初步危险分析　　　　　　　　　　　　　　　　　　　　　分析人:
子系统:战斗部起爆功能　　　　　　　　　　　　　　　　　　　　　　　　　　　　日期:

序号	危险	原因	影响	模式	IMRI	建议措施	FMRI	备注	状态
PHA-19	战斗部起爆功能意外执行	硬件故障、软件故障、人为差错产生的错误指令	战斗部过早起爆,造成人员伤亡	PHS&T 飞行	1D	安装安全联锁装置,在需要起爆前保持抑制信号开启	1E	非安全问题	未处理
PHA-20	战斗部起爆功能故障	硬件故障、软件故障	当需要时,战斗部起爆失效;哑弹(战斗部)	飞行	—		—		已处理
PHA-21	发出起爆命令后,战斗部不再安全	硬件故障、软件故障	导弹撞击地面时,战斗部爆炸,造成人员伤亡	飞行	1D	高可靠性设计	1E	尽管不在设计资料中,但仍需要安全保险功能;新的顶层事故	未处理

注:1. 该 PHA 分析表的分析对象是战斗部起爆功能。
　2. 考虑战斗部起爆功能对顶层事故 1 的影响,得出 PHA-19;
　3. 对比战斗部起爆功能与故障状态危险检查表,得出 PHA-20;
　4. 对比战斗部起爆安全功能与故障状态危险检查表,得出 PHA-21

页码:6/6

85

Ace 导弹系统的 PHA 中需要说明的几点如下：

（1）建议措施并不总是以系统安全要求的形式给出，可能需要进一步的研究以便将建议转变为有意义的设计要求；

（2）将 PHA 的结果——顶层事故 10 添加到顶层事故表中。新的顶层事故表如表 5.9 所列。

表 5.9　经 PHA 扩展的顶层事故表

序号	顶层事故	序号	顶层事故
1	战斗部炸药意外起爆	6	导弹自毁故障
2	导弹意外发射	7	人员伤害
3	导弹意外自毁	8	导弹状态不可知
4	打击目标错误	9	炸药意外爆炸
5	导弹着火	10	战斗部处于不安全状态

5.9　优缺点

PHA 技术的优点如下所列：

（1）简单易用；

（2）费用较低，仍可提供有意义的结果；

（3）为危险识别和评价提供严谨的方法；

（4）是一种条理化的分析技术；

（5）能识别大多数系统危险并给出系统风险的指示；

（6）可用商业软件辅助进行 PHA 过程。

虽然 PHA 暂无缺点，但如果仅将其作为唯一的危险分析技术加以应用有时并不合理。

5.10　应避免的常见错误

初次学习使用 PHA 时，常会犯一些典型错误。进行 PHA 时所犯的一些常见错误如下：

（1）未列出所有的疑虑或确信的危险。重要的是列出所有可疑的或确信的危险，并在分析时不放过任何一个潜在的问题。

（2）没有记录已识别但发现其并不确信存在的危险。PHA 是一个历史性文件,该文件包含了被考虑的危险识别的所有方面。

（3）未使用某一种结构化的方法。通常使用工作表并且分析中包括设备、能源、功能等所有内容。

（4）没有收集和使用通用的危险源检查表。

（5）没有研究相似系统或装备可借鉴的事故或经验教训。

（6）没有建立正确的系统硬件、功能和任务阶段的清单。

（7）认为读者能够通过充满工程专业术语和缩略词的简短陈述理解对危险的说明。

（8）对已识别危险的不恰当描述（不够详细、过分详细、不正确的危险影响描述、设备约定层次错误、未识别出所有的危险三要素等）。

（9）对危险致因因素描述不恰当（所识别危险的致因因素与危险不符、对危险致因因素描述过于简略、未能识别出所有危险致因等）。

（10）描述危险的事故风险指数不恰当。例如,未标明事故风险指数,或标识不完整;危险严酷度等级与实际危险影响不符;最终事故风险指数高于原始事故风险指数;风险的最终严酷度等级低于原始严酷度等级（有时可能,但通常不会）;危险发生可能性不符合危险产生原因的情况等。

（11）给出的危险降低措施建议未能针对实际的危险致因因素。

（12）错误地闭环处理危险。

（13）在进入初步设计阶段后才开始进行 PHA,或 PHA 持续到初步设计阶段结束后。

（14）未建立和使用顶层事故表和安全关键功能表。

5.11 小　结

本章讨论了 PHA 技术。有助于总结本章所论述内容的基本原理归纳如下:

（1）PHA 是一种识别系统危险、危险致因因素、事故风险并给出安全措施建议的分析工具,是在初步设计信息的基础上开展的。

（2）PHA 的主要目的是在设计研制过程的早期识别并降低危险,以便以最低的费用影响设计。

（3）使用专门的分析表,给出结构化和严谨的 PHA 过程。

（4）功能流程图、可靠性框图和约定设备清单的使用极大地辅助和简化了 PHA 过程。

（5）在对危险进行假定时,不要排除任何想法、观点或疑虑。除了识别真正的危险之外,提出推测和假设的危险也十分重要,即使随后被各种设计理由证明是不可能的,这也证明已考虑了所有可能的情况。

(6) 编写能让读者读得懂而不是只有分析人员能读懂的完整、可信、有意义的危险说明。不要以为读者能够通过充满工程专业术语和缩略词的简短陈述中理解危险说明。

(7) 可以通过 PHA 分析表中的以下几栏确定危险三要素:

① 危险栏——危险元素(源);

② 原因栏——触发机制(机理);

③ 影响栏——威胁对象和目标(输出)。

参考文献

[1] Ericson, C. A., Boeing Document D2 - 113072 - 1, System Safety Analytical Technology: Preliminary Hazard Analysis, 1969.

[2] Layton, D., System Safety: Including DOD Standards, Weber Systems, 1989.

[3] Roland, H. E. and B. Moriarty, System Safety Engineering and Management, 2nd ed., Wiley, New York, 1990.

[4] Stephans, R. A., System Safety for the 21st Century, Wiley, Hoboken, NJ, 2004.

[5] Stephenson, J., System Safety 2000, Wiley, New York, 1991.

[6] System Safety Society, System Safety Analysis Handbook, System Safety Society.

[7] Vincoli, J. W., A Basic Guide to System Safety, Van Nostrand Reinhold, New York, 1993.

第6章 子系统危险分析

6.1 简 介

子系统危险分析(Subsystem Hazard Analysis，SSHA)是一项识别危险、危险致因因素、影响和风险水平并提供改进措施的安全性分析工具。在详细设计信息已经具备之后，即可进行 SSHA，该技术能更深入地分析如先前初步危险分析(PHA)所识别危险的致因因素。SSHA 有助于制定详细的系统安全要求(SSR)，以便把安全性设计方法融入系统设计之中。

6.2 背 景

该分析技术根据详细子系统层次设计信息来评价设计，因此属于详细设计危险分析类型(DD－HAT)。这种分析类型在第3章作了说明。

SSHA 的目的是对先前的危险分析进行扩展，并识别源自于详细设计信息中的新危险。一方面给出了原有危险和新识别危险的详细致因因素，另一方面给出了用于设计的详细系统安全要求。通过对子系统结构和部件的分析，SSHA 从详细子系统角度明确了安全性关注重点。它还有助于验证子系统设计是否满足其设计规范中的安全性要求。

SSHA 适于分析各种类型的系统和子系统，一般是在子系统具体部件层次上开展。通常在详细设计阶段进行，以帮助指导详细安全性设计。

当有经验的安全工作人员将该技术应用到具体系统或子系统时，通过该分析能充分彻底地识别出危险和详细的危险致因因素。对于系统安全概念和危险分析理论的基本了解是必不可少的。分析人员还需具备与特定类型系统和子系统相关的工程经验和专业知识，以便识别和分析所有的危险。该方法并不复杂，易于学习。本章给出了标准的 SSHA 表格和指南。

SSHA 对先前经 PHA 识别的危险进行深入详细的分析，此外还识别新的危险。需要分析人员掌握详细设计信息，并对系统设计与运行有充分的了解。

建议使用该方法来识别子系统层次上的危险，及进一步调查先前已识别危险的详细致因因素。有时故障危险分析(FaHA)或失效故障模式及影响分析

(FMEA)可代替 SSHA,但不建议这么做。这两种方法均重点针对故障模式,因此利用其进行分析可能会遗漏或忽略某些危险。

6.3 历 史

在系统安全领域中,SSHA 技术很早就已出现,它由 MIL – STD – 882 的制定人员正式确立并颁布。用以替代之前采用的对子系统进行危险分析的故障危险分析技术。

6.4 原 理

开展 SSHA 是为了在子系统层次评价先前识别的危险并识别新的危险,同时确定其事故风险。SSHA 能将危险致因因素深入到具体的根原因层次。通过这一细化过程,确保系统安全要求在子系统设计层上充分地控制了危险。SSHA 是一种实用的、严谨的和结构化的分析方法,利用详细设计信息和已知的危险信息来识别危险及其详细致因因素。

将 PHA 识别的危险输入到 SSHA 中,从具体部件设计信息中识别其致因因素。SSHA 根据约定设备清单来组织安排,该清单是 PHA 中使用的约定设备清单详细的扩展。

SSHA 的输出包括:已识别的和疑似的危险、危险致因因素、所导致的事故影响、安全关键因素。此外还包括用来消除和/或降低不可接受风险的危险改进措施和系统安全要求。SSHA 还会确认安全关键功能和顶层事故,以便明确设计过程中的安全关注焦点。

图 6.1 概述了基本的 SSHA 过程,并总结了该过程中涉及的重要关系。

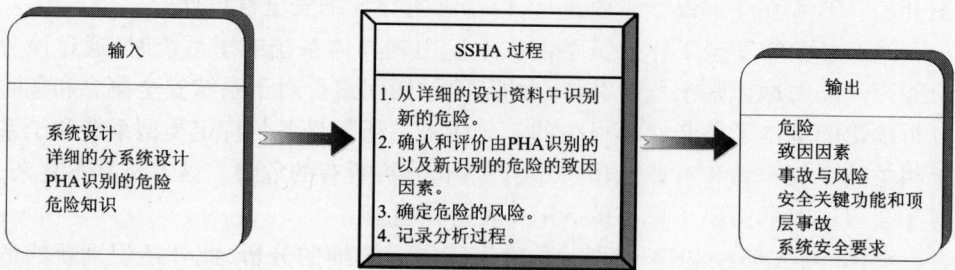

图 6.1 SSHA 概述

6.5 方 法

SSHA 方法如图 6.2 所示。在 SSHA 过程中利用各种不同的设计信息来促进危险的识别。分析从 PHA 所识别的危险入手,然后利用危险检查表(或目录)和不期望事故检查表帮助识别之前未发现的新危险。由系统设计得到的功能流程图、可靠性框图和约定设备清单是辅助分析人员开展分析的有用工具。在 SSHA 中利用系统详细设计信息,更详细地评价危险致因因素。

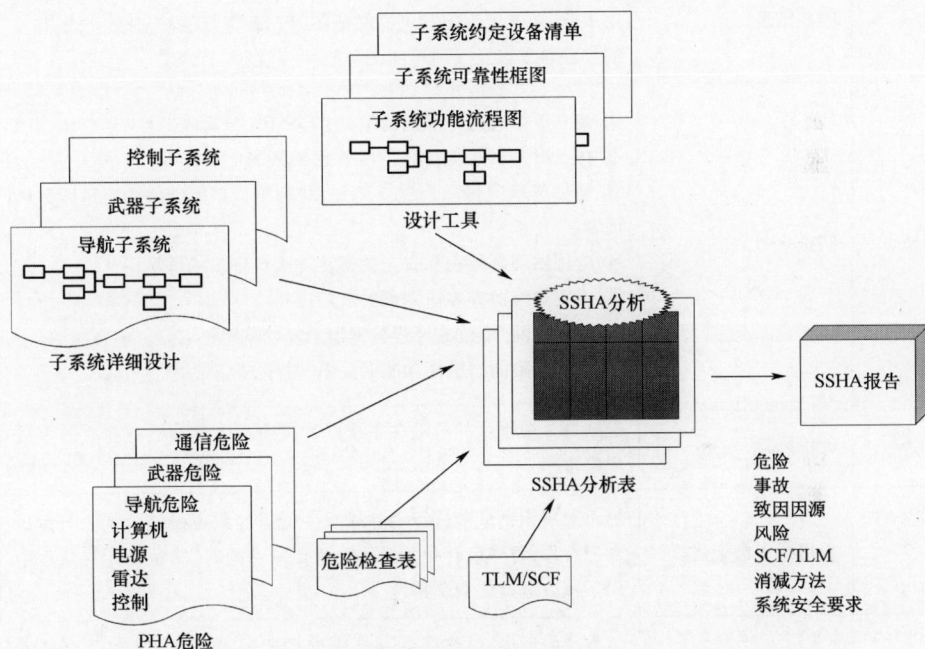

图 6.2 SSHA 方法

功能框图对系统设计和运行方式进行了简化,使得其表述清晰易懂。它表明了各个子系统之间的接口和相互关系,同时展示了系统必须完成的功能。约定设备清单列出了系统设计中的所有硬件和软件。通过将这些设备与已知的危险检查表进行对比,可以很容易地识别出危险。

SSHA 过程的基本步骤如表 6.1 所列。SSHA 过程主要是对所研究系统的每个子系统进行详细的分析。

表 6.1　SSHA 过程

步骤	任务	说　明
1	定义系统	定义系统执行的操作,并明其确范围和边界。了解系统的设计和使用,以及详细子系统设计
2	制定 SSHA 计划	确定 SSHA 的目标、定义、分析表、日程安排和流程。明确待分析的子系统
3	制定安全性准则	建立适用的安全性设计准则、安全性技术规范、安全性设计指南,并明确安全关键因素
4	收集信息	收集分析所需的所有详细设计和使用信息。其中包括:原理图、使用手册、功能流程图和可靠性框图等。制定危险检查表,收集有关的经验教训以及其他可用的危险相关信息
5	实施 SSHA	① 建立子系统各个部件清单,用于 SSHA 分析表; ② 在 SSHA 分析表中填写 PHA 已识别的危险; ③ 评估清单中每一个独立部件,并利用子系统部件确定危险致因因素; ④ 应用顶层事故表和安全关键功能表识别新的危险; ⑤ 应用危险检查表识别新的危险; ⑥ 应用危险/事故的经验教训识别新的危险; ⑦ 识别危险同时梳理功能间关系、时序、并发功能。
6	评价风险	确认每个被识别的危险在系统设计实施减少危险措施前后的事故风险水平
7	提出纠正措施建议	提出对所识别危险进行消除或减少所需的纠正措施建议。与设计部门合作,将建议转化为系统安全要求。同时,确认设计或流程中用于减少危险的安全特性
8	纠正措施监控	审查试验结果,以保证安全性建议和系统安全要求在减小危险方面达到预期的效应
9	跟踪危险	将新识别的危险纳入 HTS,HTS 更新包括 SSHA 中确认的危险致因因素和风险
10	编写 SSHA 报告	在分析表中,记录整个 SSHA 过程。更新新的信息并对指定的纠正措施进行闭环处理

开展 SSHA,至少应考虑以下内容:

(1) 子系统硬件的性能;

92

（2）子系统硬件的性能退化；

（3）子系统硬件的意外运行；

（4）子系统硬件的功能故障；

（5）共模故障；

（6）时序错误；

（7）设计错误或缺陷；

（8）人为差错与人机接口设计；

（9）软件错误与软硬件接口；

（10）构成各子系统的部件和设备之间的接口和功能关系。

6.6 分析表

SSHA 适合用分析表开展分析，以确保分析更加严谨，并有助于记录分析过程和数据，还可使得危险和安全性建议的理由更有说服力。分析表的格式并无严格规定，通常用的是分栏式表格。

从 SSHA 分析表中至少应能获得以下基本信息：

（1）危险；

（2）危险影响（事故）；

（3）具体的危险致因因素（材料、工艺流程、过度暴露、故障等）；

（4）风险评估（在安全性设计实施前后均应进行）；

（5）消除或减小危险的措施建议（这些建议可转化为系统安全要求）。

SSHA 分析表示例如图 6.3 所示。该分析表格式的有效性已在许多实际应用中得以证明，能够列出 SSHA 得到的所有必要信息。

SSHA 分析表中各栏所需填写的信息说明如下：

（1）**系统** 该栏填写所分析的系统。

（2）**子系统** 该栏填写所分析的子系统。

（3）**分析人员** 该栏填写 SSHA 分析人员的姓名。

（4）**日期** 该栏填写分析日期。

（5）**危险序号** 该栏填写 SSHA 中识别的危险序号（如：SSHA-1、SSHA-2等），便于将来作为特定危险源来参考或使用，例如在危险措施记录（HAR）中。

（6）**危险** 该栏填写假定存在的具体危险。（务必记录下所有考虑到的危险，即使在后续分析中证明是不危险的。）SSHA 起始，先将所有 PHA 识别的危险输入 SSHA 中，进行更充分细致的分析。

（7）**原因** 该栏填写导致危险的条件、事件和故障，以及触发危险元素引起

系统： ① 子系统/功能 ②			子系统危险分析				分析人员： ③ 日期： ④		
序号	危险	原因	影响	模式	IMRI	建议措施	FMRI	备注	状态
⑤	⑥	⑦	⑧	⑨	⑩	⑪	⑫	⑬	⑭

图 6.3 推荐的 SSHA 分析表

事故或灾难的事件。开展 SSHA 时，提供可得到的详细设计信息，用以确认特定危险的致因因素。

（8）**影响** 该栏填写如果危险发生，其造成的影响和后果。通常描述最坏情况。

（9）**模式** 该栏填写与已识别危险相关的系统运行模式或任务阶段。

（10）**初始事故风险指数（IMRI）** 该栏填写未采取危险降低技术情况下，已识别危险潜在影响的事故风险严重性的定性度量。风险度量是对事故严酷度和发生可能性的综合评价，MIL－STD－882 所推荐的取值如下表所列。

	严酷度		可能性
1	灾难的	A	频繁
2	严重的	B	很可能
3	轻度的	C	有时
4	可忽略的	D	极少
		E	不可能

（11）**建议措施** 该栏填写建议消除或降低已识别危险的预防措施。建议通常采用从现有资源获得的安全性要求指南形式，或是提议的降低方法，该方法最终转换成为降低危险的新系统安全要求。系统安全要求是在与设计和需求部

94

门协调后制定的。为了生成和完善安全性要求,危险减少技术应该遵循美军军标 MIL – STD – 882 建立的优先顺序。该顺序如下表所列。

优先选用顺序	
1.	通过选择设计方案消除危险
2.	通过设计方法控制危险
3.	采用安全装置控制危险
4.	采用告警装置控制危险
5.	制定操作流程并进行培训以控制危险

(12) **最终事故风险指数(FMRI)** 该栏填写已应用危险降低技术和系统安全要求的情况下,已识别危险潜在影响的事故风险严重性的定性度量。本栏所用风险等级与第 10 栏所用相同。

(13) **备注** 该栏记录对于危险或分析过程有用的相关信息。

(14) **状态** 这列用于标明当前危险所处状态:未闭环处理或已闭环处理。

6.7 指 南

填写 SSHA 分析表时应遵循的基本准则列举如下:

(1) SSHA 的目的是确认已识别危险的具体子系统原因,以及先前未识别的危险。对风险评估和降低方法进行细化。

(2) 隔离子系统,仅查找子系统中的危险。SSHA 中危险影响仅限于子系统内部。SHA 识别 SSHA 接口危险及其致因因素。

(3) SSHA 首先将 PHA 得到的危险填入 SSHA 分析表。通过评价子系统部件,以确定这些危险的具体致因因素。实际上,PHA 中的功能危险和能源危险将被转移到 SSHA 中的导致这些危险的子系统。

(4) 通过评价子系统的硬件部件和软件模块识别新的危险及其致因因素。利用一些分析辅助工具,如顶层事故表、危险检查表、以往的经验教训、事故调查报告以及相似系统中的危险,帮助识别新的危险。

(5) 很多危险是固有危险(接触高压、超重、火灾等)。一些子系统危险可能会造成系统危险(如意外的导弹发射),但通常是多个子系统共同造成该类系统危险(因此需要 SHA)。

(6) 考虑作为子系统危险原因的子系统错误输入(命令错误)。

(7) 利用 PHA 和 SSHA 的危险建立 TLM。TLM 用于 SHA 中识别危险,随着 SSHA 工作的进展,继续制定 TLM 和 SCF,并在分析中加以应用。

（8）SSHA 分析表中的危险记录应清晰易懂,并尽可能多地包含理解危险所必要的信息。

（9）SSHA 分析表中的危险栏未必包含危险三要素:危险元素(HE)、触发机制(IM)和输出(O)。将 SSHA 分析表的若干栏组合起来能够包含危险的所有三要素。例如,将危险元素填入危险栏中,触发机制填入原因栏中,输出填入影响栏中。危险、原因和影响三栏共同完整地描述危险。这三栏的信息提供了危险三角的三边。

（10）SSHA 不对功能进行评价,除非该功能完全包含于该子系统之中。功能一般会跨越子系统的边界,因此应在 SHA 中予以评价。

使用 SSHA 分析表时,如何应用 SSHA 原则如图 6.4 所示。

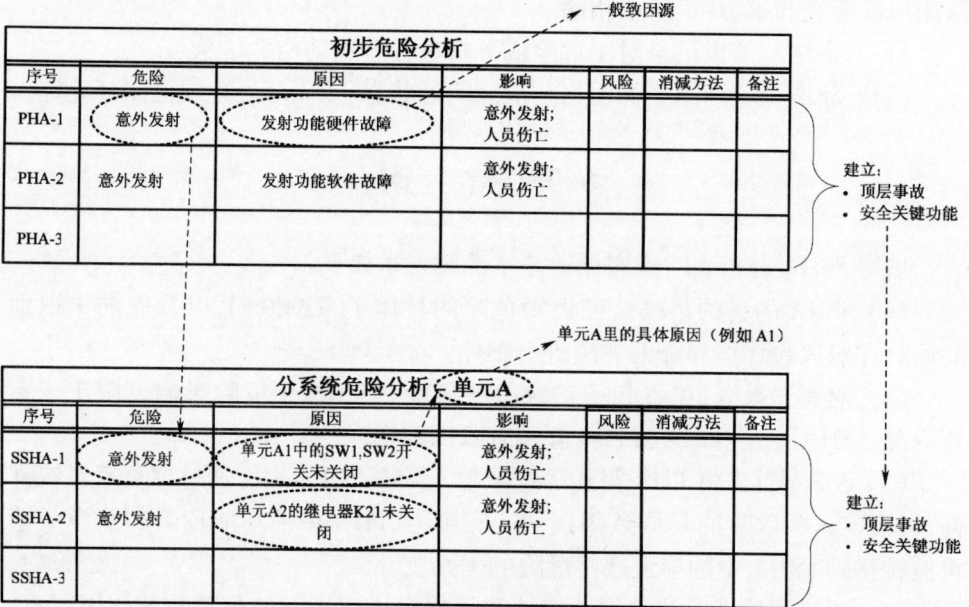

图 6.4　SSHA 指南

6.8　示例:Ace 导弹系统

为了对 SSHA 的方法进行说明,这里将对第 4 章、第 5 章中假定的小型导弹系统进行分析。该系统基本的设计信息如图 6.5 所示。

96

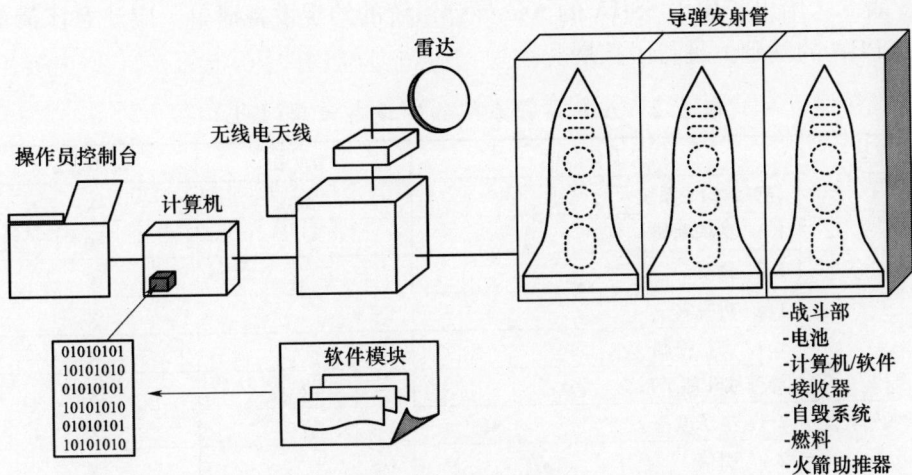

图 6.5　Ace 导弹系统

图 6.6 列出了 SSHA 中应考虑的主要系统部件、功能、阶段和能源。该系统的主要部分是导弹和武器控制系统（WCS）。

约定设备清单(IEL)	功能	能源	阶段
导弹 　结构 　战斗部 　发动机 　燃料子系统 　计算机 　蓄电池 　自毁子系统 　接收器 　火箭助推器 武器控制系统 　控制/显示 　计算机 　发射机 　雷达 　能源	战斗部起爆 导弹发射 导弹自检 导弹自毁 导弹导航 导弹制导 导弹通信 战斗部保险	炸药 电能 电池 燃料 射频能量	制造 试验 包装 装卸 运输 贮存 使用 　待机 　发射 　飞行 维护 修理 爆炸物处置

图 6.6　Ace 导弹系统部件与功能表

图 6.7 给出了导弹系统计划的基本使用阶段。

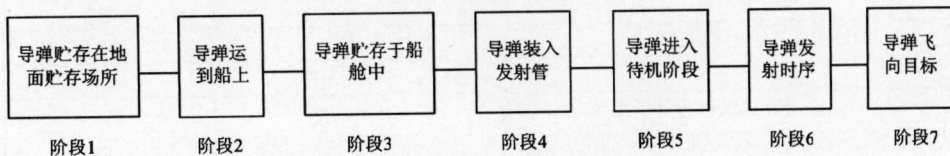

图 6.7　Ace 导弹使用阶段功能流程图

97

表 6.2 给出了用于 SSHA 的 Ace 导弹系统的约定设备清单。应注意该清单已在 PHA 的基础上进行了拓展。

表 6.2 Ace 导弹系统约定设备清单(IEL)

序号	约定设备清单	PHA 级	SSHA 级
1	导弹结构子系统	X	X
	1.1. 结构框架		X
	1.2. 蒙皮		X
	1.3. 折叠翼		X
	1.4. 飞行控制		X
2	导弹战斗部子系统	X	X
	2.1. 电子设备		X
	2.2. 引信		X
	2.3. 安全保险装置		X
	2.4. 高爆炸药		X
3	导弹发动机子系统	X	X
	3.1. 喷气发动机		X
	3.2. 发动机控制		X
4	导弹燃料子系统	X	X
	4.1. 燃料箱		X
	4.2. 燃料		X
5	导弹计算机子系统	X	X
	5.1. 电子设备		X
	5.2. 嵌入式软件		X
6	导弹蓄电池子系统	X	X
	6.1. 蓄电池结构		X
	6.2. 蓄电池电解液		X
	6.3. 蓄电池引爆器		X
7	导弹自毁子系统	X	X
	7.1. 安全保险装置		X
	7.2. 起爆器		X
	7.3. 炸药		X
8	导弹发射机子系统	X	X
	8.1. 电子设备单元		X
	8.2. 电源		X
9	导弹火箭推进器子系统	X	X
	9.1. 点火器		X
	9.2. 固体推进剂		X

序号	约定设备清单	PHA 级	SSHA 级
10	武器控制系统控制与显示子系统	X	X
	10.1. 显示		X
	10.2. 控制		X
11	武器控制系统计算机子系统	X	X
	11.1. 电子设备		X
	11.2. 嵌入式软件		X
12	武器控制系统接收器子系统	X	X
	12.1. 电子设备单元		X
	12.2. 电源		X
13	武器控制系统雷达子系统	X	X
	13.1. 电子设备		X
	13.2. 导波		X
14	武器控制系统能源子系统	X	X
	14.1. 电源		X
	14.2. 断路器		X

当子系统详细设计数据足够多时,可以开始 SSHA。如表 6.2 所列的约定设备清单显示了 PHA 和 SSHA 可用到的信息。约定设备清单表明了系统、子系统、组件、单元和部件所"约定"的所有系统设备。描述了设备的层次结构,并指明了设备之间的关系、接口以及类型。

在确定哪一设备层次应进行 PHA,哪一层次应进行 SSHA 时,最基本的原则是较高层次的进行 PHA,较详细层次的进行 SSHA。有些情况下这种决策是十分明显的,但有些情况下有些随意。本例中,计算机软件作为通用类别包含于 PHA 之中,当约定清单进一步细化到更低层次时,软件同样也可纳入 SSHA。

如果能够获得系统功能流程图,使用该图对开展 SSHA 也有帮助。功能流程图显示出要执行的特定系统功能而必须采取的步骤。功能流程图辅助确定子系统接口和相互关系,这些在开展分析时都会用到。如果工程中尚未建立约定设备清单和功能流程图,系统安全分析人员有必要自行建立。

如图 6.8 所示的功能流程图描述了产生导弹发射信号所需的基本事件和事件次序。

图 6.9 所示的功能流程图描述了产生战斗部点火信号所需的基本事件和事件次序。[①]

在详细设计阶段,对该系统的设计进行修改和完善,主要包括以下几个方面:

---

① 原著为"图 6.9 所示的功能流程图描述了产生导弹发射信号所需的基本事件和事件次序",有误。——译者注

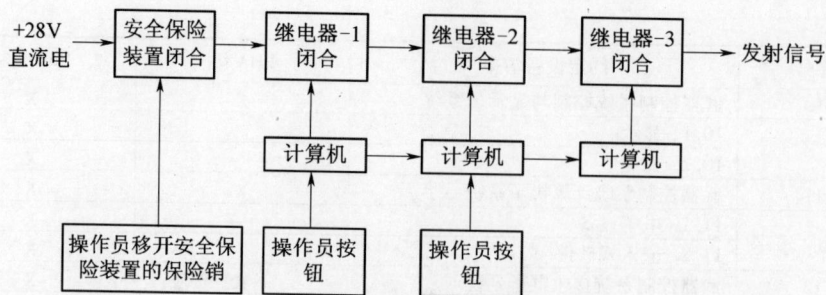

图6.8 导弹发射信号功能流程图

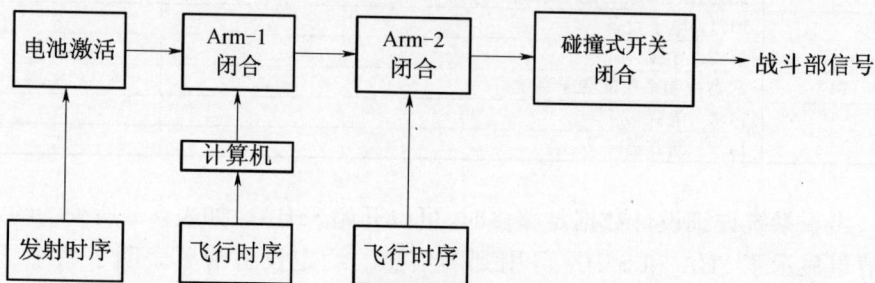

图6.9 战斗部点火信号功能流程图

（1）在导弹弹体上加装了弹簧支撑翼；

（2）弹翼一般收于弹体内，发射后由弹簧打开；

（3）根据PHA的结果，在系统设计和功能表中增加了导弹战斗部安全功能。

SSHA不对功能进行评价，除非该功能完全包含于该子系统之中。功能一般会跨越子系统边界，因此由识别系统接口危险的系统危险分析来评价。

SSHA的第一步是将PHA中的危险填入SSHA分析表。这些危险随后将得到详细评估，以确定其子系统致因因素。另外利用新的详细设计信息，可能会识别到新的危险。要注意，PHA识别的危险将通过SSHA在子系统的每个单元上进行重复分析。然后对单元中的危险致因因素进行评估并采取措施以控制危险。某些情况下单元可能与危险无关，而在其他情况下则可以确定出具体单元上的致因因素。证明单元与危险无关也是SSHA的一个有益的副产品。

应注意系统层次结构表（如：约定设备清单）中低层次的项目适用于SSHA，而高层次的信息适用于PHA。若对每个约定设备清单项都单独填写新的SSHA分析表，则将至少有14张分析表（14个约定设备清单项）。为了方便读者，此处只列出5张分析表（5个约定设备清单项）。这些例子足以提供如何开展SSHA的信息。表6.3～表6.7是该导弹系统的SSHA分析表。

100

表 6.3 Ace 导弹系统 SSHA——分析表 1

系统：
子系统：导弹结构子系统

子系统危险分析
子系统：导弹结构子系统

分析人：
日期：

序号	危险	产生原因	影响	模式	IMRI	建议措施	FMRI	备注	状态
SSHA-1	导弹结构失效，导致坠毁	由于飞行应力，造成结构框架破坏和蒙皮撕裂	飞行不稳定，导致坠毁并造成人员伤亡；打击目标错误	飞行	1D	在结构设计中使用5倍安全系数	1E	来自 PHA-1	未处理
SSHA-2	弹体破裂导致燃料泄漏；遇火源引起火灾	导弹跌落；由于载荷应力，造成结构框架破坏	导弹着火，造成人员伤亡	PHS&T①	1D	在结构设计中使用5倍安全系数	1E	来自 PHA-2	未处理
SSHA-3	在装卸过程中导弹结构失效，导致人身伤害	装卸设备故障；由于载荷应力，造成结构框架破坏	人身伤害	PHS&T	2D	在结构设计中使用5倍安全系数	2E	来自 PHA-3	未处理
SSHA-4	飞行控制系统故障，导致导弹不受控的错误飞行	液压系统故障，机械飞行控制系统卡滞	飞行不稳定，导致坠毁并造成人员伤亡；打击目标错误	飞行	1D	在飞行控制系统设计中，预防卡滞	1E	新识别的危险（PHA无此项）	未处理
SSHA-5	在装卸过程中，弹翼意外展开	调节开关故障；分离机构故障	造成人身伤害	PHS&T	2D	为包装、装卸、贮存、运输过程设计可移除式弹翼展开锁销	2E	新危险（不在PHA中）	未处理

注：1. 在对导弹结构子系统进行 SSHA 时，将评估组成该子系统的结构部件，包括：结构框架、蒙皮、折叠翼、飞行控制器；此外，也可识别到新的危险。
2. 分析 PHA 中同样的危险，不过由于子系统有了部件的信息，可得到具体的危险致因因素。
① PHS&T：包装、装卸、贮存和运输

页码：1/5

101

系统:
子系统:导弹战斗部子系统

表 6.4　Ace 导弹系统 SSHA——分析表 2

子系统危险分析

分析人:
日期:

序号	危险	产生原因	影响	模式	IMRI	建议措施	FMRI	备注	状态
SSHA-6	由于错误的起爆指令、战斗部意外起爆	引信故障;软件错误	造成人员伤亡	飞行、PHS&T	1D	对引信设计进行故障树分析。在引信设计中使用 3 个独立的开关	1E	来自 PHA-4（在控制子系统中的人为差错）	未处理
SSHA-7	因外部环境,战斗部炸药意外爆炸	被枪弹命中、弹片、热	造成人员伤亡	PHS&T	1D	使用不敏感炸药。如果可能,加装防护层。	1E	来自 PHA-5	未处理
SSHA-8	发出起爆指令后,战斗部不再安全	电子设备故障;软件错误;引信开关无法换向	导弹撞击地面战斗部爆炸,造成人员伤亡	飞行	1D	采用冗余设计验证软件代码,使用可换向引信开关	1E	来自 PHA-21	未处理
								页码:2/5	

注:对导弹战斗部子系统开展 SSHA 时,将评估组成该子系统的战斗部部件:电子设备、引信、安全保险装置和高爆炸药

表 6.5　Ace 导弹系统 SSHA——分析表 3

系统：
子系统：导弹自毁子系统

分析人：
日期：

子系统危险分析

序号	危险	产生原因	影响	模式	IMRI	建议措施	FMRI	备注	状态
SSHA－9	飞行过程中，导弹发生意外自毁	起爆器故障，由于短路，使起爆器通电	在导弹碎片所落入区域内造成人员伤亡；打击目标错误	飞行	1D	安装安全联锁装置；在需要自毁前保持抑制信号开启	1E	来自 PHA－7（计算机造成指令故障）	未处理
SSHA－10	在地面操作，导弹意外发生自毁	安全保险装置故障，且有电源供电；起爆器故障，线路短路	爆炸和碎片起人员伤亡	待机、PHS&T	1D	确保安全保险装置具有高可靠性；在设计连接器时，隔离关键引脚。	1E	来自 PHA－8	未处理
SSHA－11	当发出指令后，导弹自毁失败	安全保险装置的保险销未被移开；安全保险装置为处于安全模式	导弹攻击目标外地区，造成人员伤亡；打击目标错误	飞行	1D	确保安全保险装置具有高可靠性	1E	来自 PHA－9（指令错误；无线电信号传输故障）	未处理
SSHA－12	高爆炸药意外爆炸	被枪枪命中、弹片、热	爆炸和碎片引起人员伤亡	地面操作	1D	使用不敏感炸药	1E	新识别的危险（PHA 中无此项）	未处理

注：1. 对导弹自毁子系统开展 SSHA 时，将评估组成该子系统的自毁部件——安全保险装置、起爆器和高爆炸药；
2. 分析 PHA 中同样的危险，不过由于有了部件的信息，可得到具体的危险致因因素。此外，也可识别到新的危险

页码：3/5

103

表 6.6　Ace 导弹系统 SSHA——分析表 4

系统：
子系统：导弹火箭推进器子系统

分析人：
日期：

子系统危险分析

序号	危险	产生原因	影响	模式	IMRI	建议措施	FMRI	注释和建议	状态
SSHA-13	意外点火	硬件故障、软件故障，人为差错、点火器故障产生的错误命令	导弹意外发射，在导弹撞击地面时会造成人员伤亡	飞行	1D	安装安全联锁装置；在需要发射前保持抑制信号开启；验证软件设计	1E	来自 PHA-10	未处理
SSHA-14	火箭推进剂爆炸	制造缺陷；敌枪弹击中；着火	引燃炸药，造成人员伤亡	PHS&T	1D	加装防护层；使用安全推进剂	1E	来自 PHA-11	未处理
SSHA-15	在飞行过程中助推器故障	制造缺陷；安装错误	无法稳定飞行，导弹坠毁，造成人员伤亡；打击目标错误	飞行	1D	对制造和安装进行质量保证	1E	来自 PHA-13	未处理
									页码:4/5

注：对导弹火箭助推器子系统进行 SSHA 时，将评估组成该子系统的火箭助推器部件——点火器和固体推进剂。

表 6.7　Ace 导弹系统 SSHA——分析表 5

系统：
子系统：武器控制系统雷达子系统

分析人：
日期：

子系统危险分析

序号	危险	产生原因	影响	模式	IMRI	建议措施	FMRI	注释和建议	状态
SSHA-16	电磁辐射（EMR）对暴露在其中的人员造成伤害	人员处于射频（RF）能量过量区域中	射频能量对人员造成伤害	地面操作	1D	规定人员安全距离并在所有规程中都有警告说明	1E	来自 PHA-14	未处理
SSHA-17	电磁辐射引燃炸药	炸药处于射频能量过量区域中	引燃炸药，造成人员伤亡	地面操作	1D	规定炸药安全距离并在所有规程中都有警告说明	1E	来自 PHA-15	未处理
SSHA-18	电磁辐射引燃燃料	燃料处于射频能量过量区域中	引燃燃料，造成人员伤亡	地面操作	1D	规定燃料安全距离并在所有规程中都有警告说明	1E	来自 PHA-16	未处理
SSHA-19	高压雷达电子设备引起火灾	高压雷达电子设备过热引起火灾	火灾引起系统损坏或成人员伤亡	地面操作	1D	设置温度告警	1E	来自 PHA-17	未处理
SSHA-20	在维修过程中高压电子设备对人员造成伤害	人员接触到带有高压雷达的裸露触点	电力危害造成人身伤害	维修	2D	设计专门装置，以防人员接触到带电触点	2E	来自 PHA-18	未处理

页码:5/5

注：1. 对武器控制系统雷达子系统进行 SSHA 时，将评估组成该子系统的雷达部件——电子设备、波导、电源和机械控制；
2. 分析 PHA 中同样的危险，不过由于有了部件的信息，可得到对具体的危险致因因素。此外，也可识别到新的危险。

105

由 Ace 导弹系统的 SSHA,得出应注意的要点如下:

(1) 建议措施并不总是以系统安全要求的形式给出,可能有必要开展进一步的研究以便将改进建议转变为有意义的设计要求;

(2) 经 PHA 识别的每一个危险都应纳入 SSHA 中,以便进一步分析和研究;

(3) 通过 SSHA,识别出在 PHA 中未被识别出的三个新危险;

(4) 通过 PHA 得到的 10 个顶层事故没有更改,可继续沿用。

6.9   优 缺 点

SSHA 优点如下:

(1) 提供了针对危险及其具体致因因素的严谨识别过程;

(2) 着眼于危险,而不是像故障模式及影响分析那样仅着眼于故障模式;

(3) 以高的效费比获得有意义的结果。

SSHA 暂无缺点。

6.10   应避免的常见错误

初次学习使用 SSHA 时,常会犯一些典型错误。进行 SSHA 时常犯的错误如下:

(1) 未列出所有疑虑点或确信的危险。重要的是列出所有可疑或确信的危险,并在分析时不放过任何一个潜在的问题。

(2) 没有记录已识别但发现其并不确信存在的危险。SSHA 是一个历史性文件,该文件包含了被考虑的危险识别的所有方面。

(3) 未使用某一种结构化的方法。通常使用工作表并且分析中包括设备、能源、功能等所有内容。

(4) 没有收集和使用通用的危险检查表。

(5) 没有研究相似系统或装备可借鉴的事故或经验教训。

(6) 没有建立正确的系统硬件、功能和任务阶段的清单。

(7) 认为读者能够从充满工程专业术语和缩略词的简短陈述中明白对危险的说明。

(8) 对已识别危险的不恰当描述(不够详细、过分详细、不正确的危险影响描述、设备约定层次错误、未识别出所有的危险三要素等)。

(9) 对危险致因因素描述不恰当(所识别危险的致因因素与危险不符、对危险致因因素描述过于简略、未能识别出所有危险致因等)。

(10) 对危险的事故风险指数描述不恰当。例如,未标明事故风险指数,或标识不完整;危险严酷度等级与实际危险影响不符;最终事故风险指数高于初始事故风险指数;风险的最终严酷度等级低于原始严酷度等级(有时可能,但通常不会);危险可能性不符合危险致因因素情况等。

（11）给出的危险降低措施建议未能针对实际的危险致因因素。

（12）错误地闭环处理危险。

（13）未制定和使用顶层事故表和安全关键功能表。

6.11 小 结

本章讨论了 SSHA 技术。有助于总结本章所论述内容的基本原则归纳如下：

（1）SSHA 是一种识别系统危险、致因因素、事故风险并提出降低风险建议的分析工具。是基于详细设计信息的技术。

（2）SSHA 的主要目的是在设计研制过程中识别并降低危险,以最低成本影响设计。

（3）使用专门的分析表,建立结构化和严谨的 SSHA 过程。

（4）功能流程图、可靠性框图和约定设备清单的使用极大地辅助和简化了 SSHA 过程。

（5）假设危险时,不要排除任何想法、观点或者疑虑。除了识别真实的危险之外,提出猜测和假设的危险也十分重要,即使随后被各种设计理由证明不可能。这证明已考虑了所有可能的情况。

（6）编写能让读者读得懂而不是只有分析人员能读懂的完整、可信、有意义的危险说明。不要以为读者能够从充满工程专业术语和缩略词的简短陈述中明白危险说明。

（7）可用 SSHA 分析表中的以下几栏确定危险三要素：

① 危险栏——危险元素（源）；

② 原因栏——触发机制（机理）；

③ 影响栏——威胁对象和目标（输出）。

参考文献

［1］Layton, D., System Safety: Including DOD Standards, Weber Systems, 1989.

［2］Roland, H. E. and B. Moriarty, System Safety Engineering and Management, 2nd ed., Wiley, 1990.

［3］Stephans, R. A., System Safety for the 21st Century, Wiley, Hoboken, NJ, 2004.

［4］Stephenson, J., System Safety 2000, Wiley, New York, 1991.

［5］System Safety Society, System Safety Analysis Handbook, System Safety Society.

［6］Vincoli, J. W., A Basic Guide to System Safety, Van Nostrand Reinhold, New York, 1993.

第7章　系统危险分析

7.1　简　介

系统危险分析(System Hazard Analysis，SHA)是一项在系统层面上评价风险和安全符合性(safety compliance)的分析技术，其焦点集中在子系统间的接口和安全关键功能。通过 SHA 能确保在系统层面充分了解已识别的危险；识别并减少所有危险致因因素；以及了解整个系统的风险使其处于可接受水平。SHA 同时提供了一种识别先前未发现的子系统接口危险并深入地评价危险致因因素的手段。

SHA 是对由系统集成所造成危险的详细研究。这意味着评价所有由子系统接口造成的已识别危险和危险致因因素。SHA 是 SSHA 的扩展，并利用其他分析技术如故障树分析在系统层面上评估特定危险的影响。系统层面的评价应包括从源头上(如设计缺陷、硬件故障、人为差错、软件缺陷等)对所有可能致因因素的分析。

SHA 总体上包括以下几方面：

(1) 验证系统是否符合系统规范和其他适用文件中的系统安全性要求；

(2) 识别与子系统间接口和系统功能故障相关的危险；

(3) 评价包括软件和具体子系统接口在内的整个系统设计相关的风险；

(4) 推荐必要的措施以消除已识别的危险和/或控制相关的风险，使其达到可接受的水平。

7.2　背　景

该分析技术归属于在第 3 章中所描述的系统设计危险分析类型(SD - HAT)。该技术没有其他的名称，然而某些安全性分析方法，如故障树分析有时可替代 SHA。

SHA 通过评价集成后的系统，来评估整个系统设计的安全性。SHA(包括硬件、软件和人机综合)主要强调验证产品在系统层次上是否符合规定的系统安全要求，其中也包括是否符合可接受事故风险水平。SHA 通过综合 SSHA 的基本输出,对整个系统进行审查。分析的重点是子系统间的接口和相互作用。

SHA 对如下有关子系统间的相互关系进行评价:

(1) 符合规定的安全性设计准则;

(2) 可能是独立的、相关的和同时发生危险的事件,包括系统故障、安全装置故障和可能造成危险或导致事故风险增加的系统交互作用;

(3) 因某一子系统的正常使用导致其他子系统或整个系统的安全性下降;

(4) 影响子系统的设计变更;

(5) 人为差错的影响;

(6) 由于使用货架产品(硬件或软件)导致整个系统的安全性下降;

(7) 从系统整体角度确保安全关键功能充分安全,并对所有接口和共因故障情况做出评价。

SHA 适于分析各种类型的系统,在详细设计阶段或之后开展,以识别和解决子系统接口的问题。当由有经验的安全工作人员对给定系统开展 SHA 时,能深入详细地评价系统级危险及其致因因素,并确保系统集成的安全性。SHA 的成效高度依赖于其他系统安全性分析的完成,其中包括:初步危险分析(PHA)、SSHA、安全性要求/准则分析(SRCA)以及使用和保障危险分析(O&SHA)。

对于系统安全概念和危险分析理论的基本了解是必不可少的。而要识别和分析某一特定系统的所有危险,分析人员还应具备该类型系统的相关工程经验和专业知识。SHA 并不复杂,且易于学习。本章给出了标准的 SHA 格式和用法说明。

SHA 总的目的是在系统整体层次上确保安全。理想的途径是利用本章所介绍的 SHA 分析表。对于一些特殊的涉及接口的问题和/或顶层事故(TLM),可能需要单独进行分析(如故障树分析),来识别顶层事故的所有特定细节和致因因素。对于后果严重的顶层事故,可能还需要进行共因故障分析(CCFA),以确保所有的冗余设计真正具有相互独立性和有效性。

建议使用该方法识别系统层次上的接口危险。其他危险分析技术皆不可替代 SHA,诸如故障树分析和共因故障分析等其他危险分析技术,可用作对 SHA 的补充,但不建议作为其替代手段。

7.3　历　史

在系统安全领域,很早就提出了 SHA 技术,它是由 MIL – STD – 882 的制定人员正式制定并颁布,目的是为了确保在系统整体层次的安全性。

7.4 原 理

SHA目的是确保在系统层次上降低危险并证明系统符合系统层次的安全性要求。与SHA密切相关的两个重要概念是"安全关键功能"和"安全关键功能线索"。

图7.1概括了SHA的基本过程,并总结了该过程中涉及的重要关系。SHA提供了一种确定系统层次上所有危险致因因素和危险减轻措施的方法。此外还提供了一种针对危险致因因素,评价子系统间所有接口的手段。

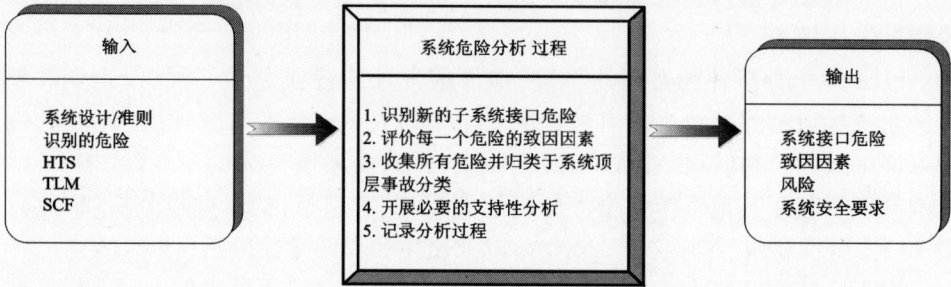

图7.1 SHA概述

在SHA一开始要考虑的是系统设计、设计准则和先前已识别的危险。来自于危险跟踪系统(HTS)的危险纠正措施记录(HAR),包含PHA、SSHA、O&SHA和HHA输出的先前识别的危险、危险致因因素以及纠正措施。通过审查可能与接口相关的危险,SHA识别先前未发现的或由接口致因因素造成的接口相关的危险。

作为SHA的一部分,在TLM下组合所有已识别的危险。SHA评价每个TLM,确认是否所有的致因因素均被识别,系统风险是否被充分地降低到可接受水平。SHA中对TLM的审查可指明其他附加的深入分析是否必要,例如对安全关键危险或接口问题进行分析。

7.5 方 法

当可获得详细设计数据时,便可开展SHA。通常SHA在SSHA基本完成以及O&SHA已开展(不一定完成)时,开始进行。O&SHA信息可用于SHA。图7.2概述了SHA的方法。

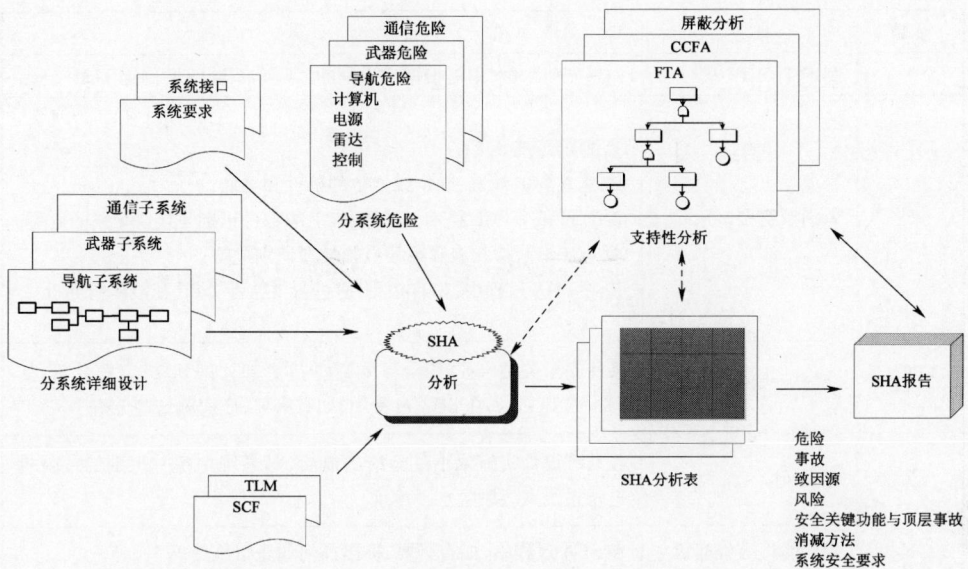

图 7.2 SHA 方法

　　SHA 过程包括审查和使用先前识别危险的结果。审查主要集中在子系统接口的评估,以识别尚未识别出的潜在危险。SHA 可利用系统和子系统安全性设计要求,对系统的符合性做出评价。SHA 还可利用子系统接口信息(主要来自于 SSHA 和接口规范)帮助识别与接口相关的危险。

　　如果在先前所进行的 PHA 和 SSHA 中尚未建立顶层事故表,则该项工作在 SHA 中必须完成。该项工作可通过审查所有识别的危险及其造成的事故后果来完成,而设计要求和设计指南文件也有助于建立顶层事故表,例如,顶层事故:"导弹意外发射"。SHA 过程的基本步骤如表 7.1 所列。

表 7.1 SHA 过程

步骤	任务	说　明
1	定义系统	定义系统,明确系统边界和范围。明确任务、任务阶段和任务环境。了解系统的设计和运行原理
2	制定 SHA 计划	确定 SHA 的目标、定义、分析表、日程安排和流程。明确要分析的子系统和接口。SCF 和 TLM 很可能提供非常重要的接口
3	制定安全性准则	建立适用的安全性设计准则、安全性技术规范、安全性指南和安全关键因素

步骤	任务	说　明
4	制定 TLM 和 SCF	如果先前未做,则需根据已识别的危险和系统 SCF 制定 TLM
5	识别系统接口危险	① 确定系统 SCF; ② 建立 SCF 线索,确定线索中的部件和功能; ③ 评价每个 SCF 线索,根据线索上的部件识别与接口相关的危险; ④ 利用危险检查表和事故经验教训识别危险; ⑤ 在 SHA 过程中,如有必要,应进行支持性分析,如故障树分析
6	实施支持性分析	某些安全关键(SC)危险可能需进行更加详细和/或定量分析,如 FTA 或 CCFA。在 SHA 过程中,如有必要,应实施这些分析
7	评价风险	在系统设计实施减小危险措施前后,对系统中每一识别的危险均进行系统事故风险水平评价
8	提出纠正措施建议	在 SHA 过程中,如有必要,提出任何纠正措施建议
9	纠正措施监控	审查试验结果,以确保安全性措施建议和系统安全性要在减小危险方面达到预期的效应
10	跟踪危险	将新识别的危险纳入 HTS,HTS 更新包括 SHA 中识别的危险、危险致因因素和风险
11	生成 SHA 文档	在分析表中记录整个 SHA 过程。及时更新的信息并对指定的纠正措施进行闭环处理

　　许多危险极有可能在 PHL、PHA、SSHA 和 O&SHA 完成时就已被识别出,由于 SHA 侧重于接口危险和致因因素,因此该分析通常不大能够识别出大量的危险。

7.6　分　析　表

　　SHA 适合用分析表开展分析。通过使用分析表使分析更加严谨,有助于记录分析过程和数据,还可为已识别危险和安全性建议提供证据支持。分析表的格式并无严格规定,通常使用的是分栏式分析表。
　　SHA 分析表至少应包括以下基本信息:
　　(1) 接口或系统危险;
　　(2) 危险致因因素;

（3）危险的风险；

（4）用于决定对特定危险是否有必要进行深入的致因分析的信息。

推荐的 SHA 分析表如图 7.3 所示。

系统： ①	系统危险分析				分析人： ② 日期： ③		
序号	TLM / SCF	危险	原因	影响	IMRI	建议措施	FMRI	状态
④	⑤	⑥	⑦	⑧	⑨	⑩	⑪	⑫

图 7.3　推荐的 SHA 分析表

SHA 分析表中各栏所需填写的信息说明如下：

（1）**系统**　该栏填写所要分析的系统。

（2）**分析人**　该栏填写 SHA 分析人员的姓名。

（3）**日期**　该栏填写分析日期。

（4）**危险序号**　该栏填写在 SHA 中已识别危险的序号（如：SHA－1、SHA－2 等），便于将来作为特定某种危险源来参考或使用，例如在危险活动记录（HAR）和危险跟踪系统（HTS）中；

（5）**TLM/SCF**　该栏填写针对可能的接口危险而开展分析的 TLM 或 SCF。

（6）**危险**　该栏填写假定存在的具体危险（应记录所有考虑到的危险，即使后来证明是不危险的）。

（7）**原因**　该栏填写导致危险的条件、事件和故障，以及能触发危险元素引起事故或灾难的事件。

（8）**影响**　该栏填写假定该危险发生所造成的影响和后果，通常描述最坏情况。

（9）**初始事故风险指数（IMRI）**　该栏填写在未采取危险降低技术情况

下,对已识别危险潜在影响的事故风险严重性的定性度量。风险度量是对事故严酷度和发生可能性的综合评定,MIL-STD-882中建议的取值如下。

严酷度		可能性	
1	灾难的	A	频繁
2	严重的	B	很可能
3	轻度的	C	有时
4	可忽略的	D	极少
		E	不可能

（10）**建议措施** 该栏填写建议消除或降低已识别危险的预防措施。建议通常采用从现有资源获得的安全性要求指南形式,或是提议的降低方法,该方法最终转换成为降低危险的新系统安全要求。系统安全要求是在与设计和需求部门协调后制定的。为了生成和完善系统安全要求,危险减少技术应该遵循美军军标 MIL-STD-882 建立的优先顺序。该顺序如下表所列。

优先选用顺序	
1	通过选择设计方案消除危险
2	采用安全装置
3	采用告警装置
4	制定专用规程并进行培训

该栏还应包括如用其他技术进行深入详细分析,以确定是否需要和在哪里开展其他的危险降低工作。

（11）**最终事故风险指数（FMRI）** 该栏填写已应用危险降低技术和系统安全性要求的情况下,已识别危险潜在影响的事故风险的定性度量。本栏所用风险等级表与第9栏所用相同。在接受最终事故残余风险之前,应对所危险降低措施建议的实施情况进行验证与确认。

（12）**状态** 该栏用于标明当前危险的处理状态——已处理或未处理。

7.7 指 南

填写 SHA 分析表时应遵循如下基本准则:
（1）SHA 识别的是由子系统接口因素、环境因素和共因因素导致的危险。

114

（2）SHA 不是子系统危险的延续分析（如人员接触到单元 B 中的高压等），因为此类危险已在 SSHA 中得到恰当的处理。切勿将所有 SSHA 中的危险全部纳入 SHA 之中。

（3）为识别系统接口危险，从考虑 TLM 和安全关键功能（SCF）开始 SHA。它们是为识别系统接口危险提供信息资料的重要安全方面。

（4）针对每个 SCF 确定其危险的不期望事件。例如，SCF 的"导弹发射功能"可能由若干不同的接口危险组合而产生不期望事件"意外发射"。

（5）每一个 SCF 均对应于一个 SCF 线索。该线索包含了使 SCF 能够安全运行的必要环节。

（6）评价和分析 SCF 线索中的每个环节，确定导致不期望事件发生的系统接口危险致因因素。

（7）对于与 SCF 并不直接相关的 TLM，有必要制定相应的伪 SCF，然后可对伪 SCF 线索用相似的方法进行评价。

（8）除非功能整体含于子系统之中，否则 SSHA 不对该功能进行评价。如果功能跨越子系统边界，则通过 SHA 评价。

（9）进行必要的支持性分析（如 FTA、弯针分析和 CCFA 等）。

SCF 和 TLM 强调安全关键区域，分析时应特别注意该区域。许多情况下，SCF 和 TLM 有直接的联系，有些 TLM 就是 SCF 的反面表述，这也是 SHA 分析表中设置"SCF/TLM"栏的原因。

图 7.4 描述了在正常的预期条件下，导弹发射过程中的 SCF 线索。

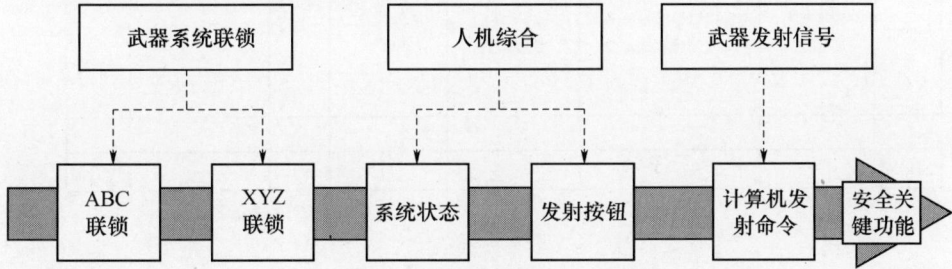

图 7.4　有预期结果的 SCF 线索

图 7.5 说明评价线索中的不期望事件时，如何应用该线索来理解线索中的危险致因因素。

图 7.6 描述了在 SHA 中，如何使用 SCF 线索。

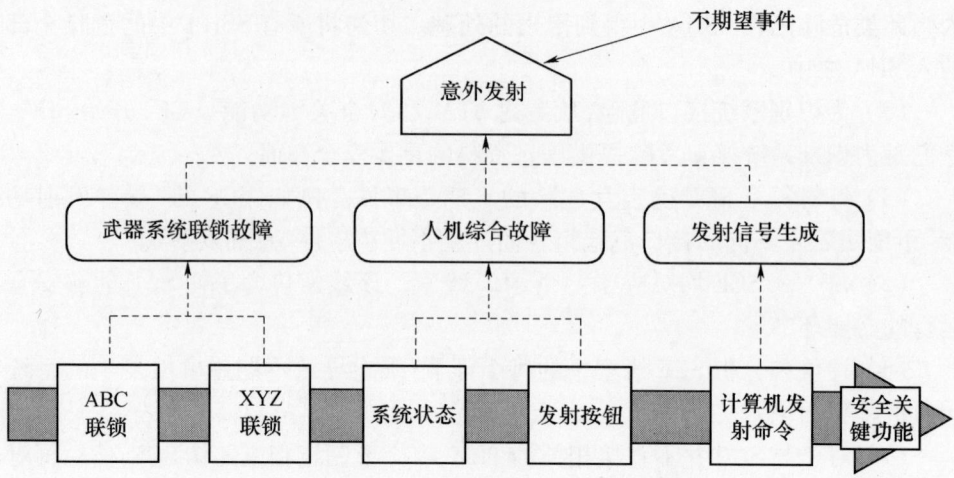

图 7.5 有意外结果的安全关键功能线索

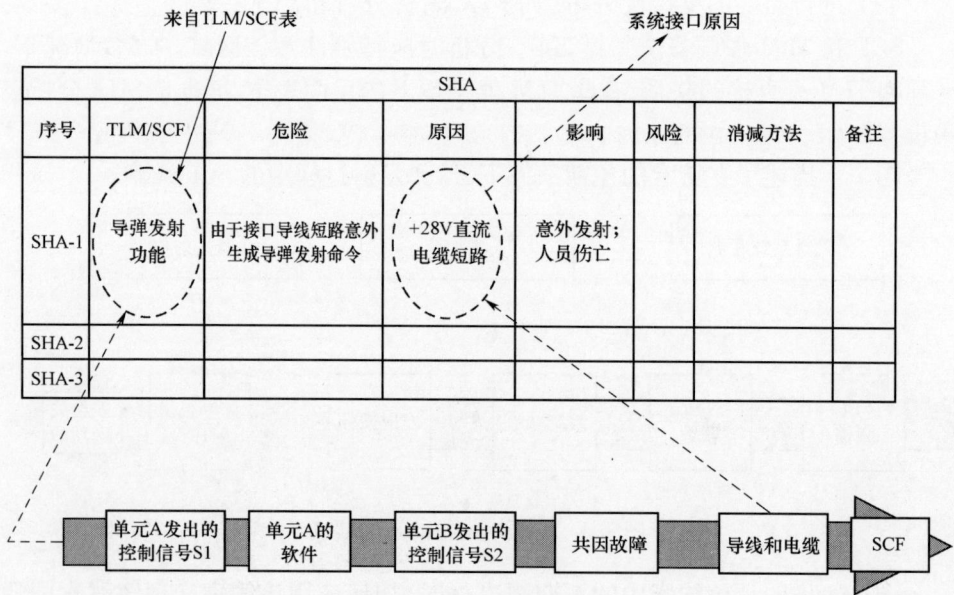

图 7.6 SCF 线索在 SHA 中的应用

7.8   示例:Ace 导弹系统

为了说明 SSHA 方法,以第 4 章、第 5 章中假定的小型导弹系统为例进行分析。该系统的基本的设计信息如图 7.7 所示。

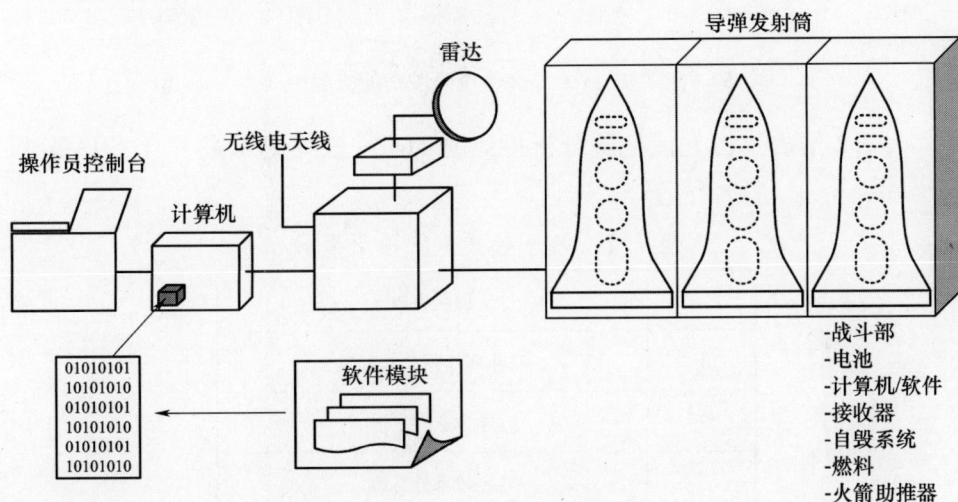

图 7.7   Ace 导弹系统

图 7.8 给出了 SHA 中应考虑的主要系统部件、功能、阶段和能源。该系统的主要组成是导弹部分和武器控制系统(WCS)部分。

图 7.8   Ace 导弹系统部件列表与功能表

图 7.9 给出了导弹系统计划的基本操作阶段。

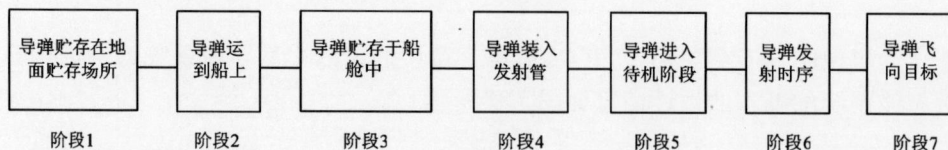

导弹贮存在地面贮存场所	导弹运到船上	导弹贮存于船舱中	导弹装入发射管	导弹进入待机阶段	导弹发射时序	导弹飞向目标
阶段1	阶段2	阶段3	阶段4	阶段5	阶段6	阶段7

图 7.9　Ace 导弹使用阶段功能流程图

表 7.2 给出了由先前危险分析得到的 TLM。这些 TLM 将用于 SHA 分析表中。

表 7.2　Ace 导弹系统顶层事故

序号	顶层事故
1	战斗部炸药意外起爆
2	导弹意外发射
3	导弹意外自毁
4	打击目标错误
5	导弹着火
6	导弹自毁故障
7	人员伤害
8	导弹状态不可知
9	炸药意外爆炸
10	战斗部处于不安全状态

整个 Ace 导弹武器系统的 SHA 分析表如表 7.3 和表 7.4 所列。

由于 TLM1 和 TLM2 是安全关键事故,在分析表 SHA-1 和 SHA-2 中建议对这两个 TLM 进行故障树分析,以确保所有的致因因素均被识别并且没有遗漏的接口问题或共因故障。

118

表 7.3 Ace 导弹系统的 SHA——分析表 1

系统：
系统危险分析　　分析人：
　　　　　　　　日期：

危险序号	TLM/SCF	危险	产生原因	影响	IMRI	建议措施	FMRI	状态
SHA－1	导弹发射功能	导弹接口电缆短路生成意外导弹发射信号	在导弹装入发射筒后，安全保险装置解除保险。武器控制系统与导弹的接口电缆短路。该电缆向导弹发射点火器提供+28V电流	导弹意外发射，造成人员伤亡	1D	设计连接器时，使导弹发射信号引脚与供电引脚隔开；用FTA详细研究导弹意外发射事件	1E	未处理
SHA－2	战斗部引爆功能	振动环境共因，损坏引信和脉冲开关，使战斗部引爆信号过早产生	由于导弹跌落，造成脉冲开关和3个引信开关错误地闭合。在导弹发射，战斗部得到供电后，起爆信号立刻传送到战斗部	战斗部意外引爆，造成人员伤亡	1D	通过设计克服振动敏感性；禁止使用跌落过的导弹；用FTA详细研究战斗部引爆	1E	未处理

页码：1/2

119

表 7.4　Ace 导弹系统的 SHA——分析表 2

系统：　　　　系统危险分析　　　　分析人：
　　　　　　　　　　　　　　　　　日期：

危险序号	TLM/SCF	危险	产生原因	影响	IMRI	建议措施	FMRI	状态
SHA-3	导弹自毁功能	无线电链路发生错误，意外生成导弹自毁信号	由于天气原因，无线电链路故障，导弹计算机误将无线电传输信号解释为导弹自毁请求	意外启动导弹自毁，造成人员伤亡	1D	将自毁命令设计为一个专有指令，使其不能轻易生成；通过设计实现仅当发送两个不同的自毁命令并由计算机解释合并后，才能执行导弹自毁	1E	未处理
SHA-4	导弹自毁功能	当操作员发出自毁命令后，由于射频干扰或阻隔，使导弹自毁失败	在一定区域内的射频干扰或阻隔，阻止了导弹进行正常的无线电通信，造成自毁命令丢失	无法摧毁错误导弹，造成人员伤亡	1D	采用有多个射频通道可用的设计	1E	未处理

图7.10 是导弹战斗部引爆功能框图。该图展示了为实现导弹起爆而必须执行的任务和功能。

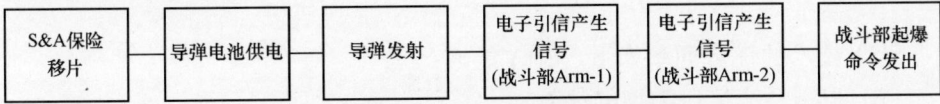

图7.10 导弹战斗部引爆功能框图(FBD)

正如在 SHA 分析表中所建议的,作为 SHA 的一部分,应对 TLM1 和 TLM2进行故障树分析。为了继续案例分析,对 TLM2——"战斗部意外引爆"建立顶层故障树。在故障树分析中,安全性分析人员将用到功能框图、详细的原理图、软件代码等资料。

图7.11 是 TLM2 的顶层故障树。本例中,由于设计信息不足,所以故障树分析无法完成。此处的顶层故障树是为了说明 SHA 过程。通过完整的故障树分析可以找到使冗余设计不起作用的共因故障。关于故障树分析的详细介绍见第 11 章。

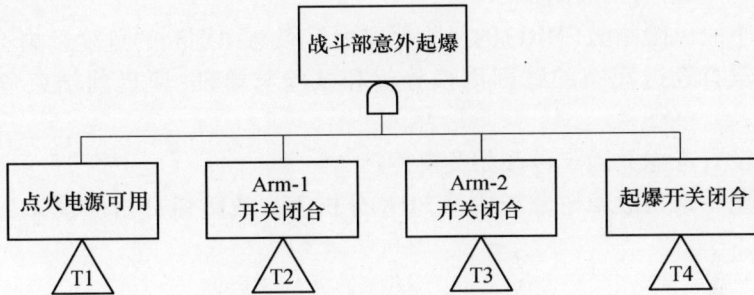

图7.11 战斗部意外引爆故障树

由 Ace 导弹系统的 SHA,应注意事项如下:

(1) 所有识别的危险都分别归属于 10 项顶层事故之一。

(2) 建议措施未必总能直接以系统安全要求的形式表达,可能需要补充研究以便将建议措施转化为有意义的设计要求。

(3) 在 SHA 中,通常建议对某项危险、TLM 或安全问题做进一步的详细分析。在本例中,SHA 建议对 TLM1 和 TLM2 进行故障树分析。分析完成以后,由这两个故障树分析应能得到以下结论:两个不期望事件的发生概率处于可接受水平,且没有关键的共因故障存在。如果故障树分析结果显示风险不可接受,那么将要识别尚未采取降低措施的新接口危险致因因素。

7.9   优 缺 点

SHA 技术的优势列举如下。SHA 能够：

（1）识别系统接口类型的危险；

（2）强化危险分析,确保所有危险致因因素都得到充分彻底的分析和降低；

（3）识别必须使用其他分析技术详细评价的系统层关键危险；

（4）为整个系统风险的评价奠定基础。

SHA 暂无缺点。

7.10   应避免的常见错误

初次学习使用 SHA 时,常会犯一些典型错误。进行 SHA 时常犯的错误如下：

（1）危险致因因素未彻底调查；

（2）事故风险指数（MRI）的风险严酷度等级与识别到的危险影响不符；

（3）没有经过完整的致因因素分析和试验与验证,便提前结束危险处理过程；

（4）没有考虑共因事件和相关事件；

（5）用一系列故障树分析代替 SHA 分析表。故障树分析应仅作为一种支持性分析。

7.11   小   结

本章讨论了 SHA 技术,有助于总结本章所论述内容的基本原则归纳如下：

（1）SHA 的主要目的是确保整个系统的安全,其中包括确保系统风险处于可接受水平。SHA 通过危险的可追踪性和系统安全要求的验证,评估系统是否符合安全性要求和准则。

（2）SHA 能识别其他分析所忽略的危险,特别是由于子系统接口不兼容所引起的危险。

（3）SCF 和安全关键 TLM 可能需要应用其他技术（如 FTA、CCFA 等）,进行更加详细的分析,以确保所有危险致因因素均被识别和降低。

（4）用分析表可确保 SHA 过程的结构化和严谨性。

参 考 文 献

[1] Layton, D., System Safety: Including DOD Standards, Weber Systems, 1989.

[2] Roland, H. E. and B. Moriarty, System Safety Engineering and Management, 2nd ed., Wiley, 1990.

[3] Stephans, R. A., System Safety for the 21st Century, Wiley, Hoboken, NJ, 2004.

[4] Stephenson, J., System Safety 2000, Wiley, New York, 1991.

[5] System Safety Society, System Safety Analysis Handbook, System Safety Society.

[6] Vincoli, J. W., A Basic Guide to System Safety, Van Nostrand Reinhold, New York, 1993.

第8章 使用与保障危险分析

8.1 简 介

使用与保障危险分析(Operating and Support Hazard Analysis，O&SHA)是一项用于识别系统操作使用任务中的危险以及其致因因素、影响、风险并给出风险降低措施的分析技术。该技术通过对使用程序、系统设计和人机综合(HSI)接口的综合评估，从而对使用安全进行专门的评价。

O&SHA 范围包括正常使用、试验、安装、维修、修理、培训、贮存、装卸、运输、应急/救援行动等。该分析考虑系统设计、使用方式设计、硬件故障模式、人为差错和任务设计等因素。此外，由于人为因素和人机综合设计对系统使用影响极大，因此也应纳入 O&SHA。O&SHA 在系统研制阶段开展，以便影响将来安全使用的设计。

8.2 背 景

由于 O&SHA 主要评估人员执行的流程和任务，因此将其归属于使用设计危险分析类型(OD-HAT)，该分析类型详见第3章的介绍。O&SHA 也称为使用危险分析(OHA)。

O&SHA 目的是确保在系统使用过程中人员和系统的安全。使用危险可能由系统设计、流程设计、人为差错和/或环境等问题引入，O&SHA 的目标是：

(1) 从使用和操作任务的角度确定安全重点；

(2) 确定由于设计、硬件故障、软件错误、人为差错、时序等引起的任务或操作方面的危险；

(3) 评价操作事故风险；

(4) 制定系统安全要求(SSR)，以减轻操作任务的危险；

(5) 确保所有操作流程都是安全的。

O&SHA 在系统研制阶段开展，以开发安全的设计和流程来增强使用和维修过程中的安全。O&SHA 确定可能对人员造成危害或由于人员的差错对设备或/

和人员造成危害的功能和流程。通过该分析得到的纠正措施通常以设计要求的形式，以及对使用、维修和培训手册的规程要求形式给出。许多系统安全方面的规程要求是以注意事项和警告的形式提出。

O&SHA 适用于分析各种类型系统的使用、流程、任务和功能，可针对流程说明草案或详细的操作手册开展。O&SHA 是特别针对系统的使用、维修、修理、试验和排故等工作的危险分析技术。

当有经验的安全性分析人员对指定系统或子系统开展 O&SHA 时，通过该技术可充分地识别和减少使用与保障类型的危险。安全性分析人员应具备关于系统安全等概念和知识，以及对危险分析理论的基本理解。而要识别和分析可能存在于流程说明和使用指南中的危险，还应具备对于这一特定类型系统和子系统的工作经验和专业知识。该方法并不复杂，易于学习，本章对使用与保障分析的形式和用法进行了介绍。

O&SHA 评价系统设计和操作流程，以识别危险并消除或降低操作任务中的危险。O&SHA 同样可以洞察由于设计更改对操作任务和流程安全带来的不利影响。O&SHA 应尽可能在系统研制早期开展，以便在系统试验和使用之前为设计提供输入。O&SHA 分析表提供了一种记录完成任务所必需的操作、流程、作业和步骤的形式化表格。该分析表还提供了分析顺序的结构化表格，从而对其危险和控制措施给出合理的评价。

尽管在某些系统安全大纲(SSP)中试图以初步危险分析(PHA)代替使用与保障危险分析(O&SHA)，但不提倡这样做，因为初步危险分析并不是专门针对操作任务的分析，故建议采用 O&SHA 以识别和减轻操作和流程危险。

8.3 历 史

在系统安全领域中，很早就提出了 O&SHA 技术，它是由美军军标 MIL - STD - 882 的制定人员正式制定并颁布，目的是为了确保集成系统的安全使用。最初称为使用危险分析(OHA)，后来随着分析范围的扩展更名为 O&SHA，以便更准确地反映所有的使用保障活动。

8.4 定 义

为了更好地理解 O&SHA，对专用术语定义如下：

操作 是若干流程的实施，以实现总体目标。例如"更换导弹电池"就是一个与导弹维修相关的操作，其目标是实施所有必需的流程和作业以完成电池更换。

流程　是为完成操作必须实施的一组作业。在设计中,要求流程中的作业应按照一定的顺序进行,以确保正确、安全地完成操作。例如,上述更换电池操作由两个基本流程组成:(1)卸下旧电池;(2)换上新电池,每个流程都包含了一组特定的、必须执行的作业。

作业　一个作业就是工作的一个基本单元,该作业与工作的其他单元共同组成流程。例如,"卸下旧电池"包括一系列有序组合的工作基本单元,如关闭电源、移除容器壳盖、断开电气接线端、取下电池紧固螺栓和拿出电池。

这些定义及其之间的关系如图8.1所示。应注意,作业可以进一步分解为子作业、子子作业等。

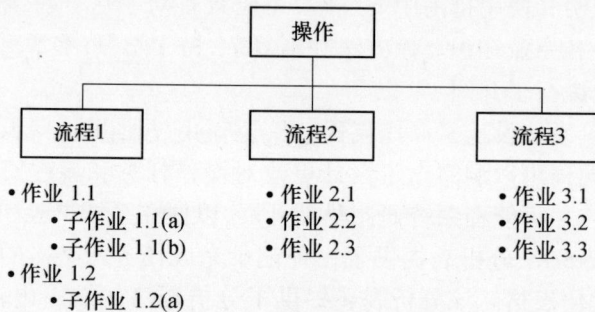

图8.1　操作定义

8.5　原　理

图8.2概述了O&SHA的基本过程,并总结了该过程中涉及的重要关系。O&SHA目的是识别和减少与系统使用阶段(如部署、维修、校准、试验、培训等)相关的危险。该过程包括利用设计信息和已知的危险信息来验证对安全问题考虑的完备性及危险控制的全面性。通过对系统使用或保障阶段应执行的具体流程进行仔细分析,可识别操作作业中的危险。

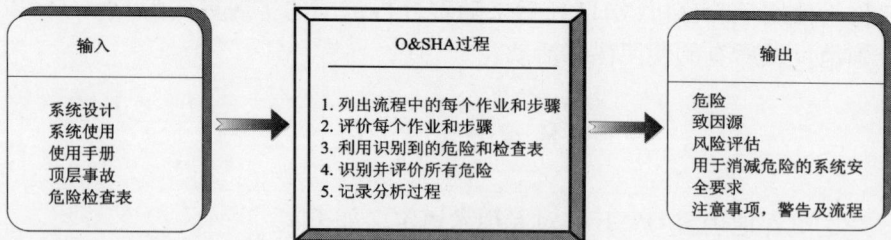

图8.2　O&SHA概述

系统： ① ②		使用与保障危险分析						分析人员： ③ 日期： ④		
作业	危险序号	危险	原因	影响	IMRI	建议措施	FMRI	备注	状态
⑤	⑥	⑦	⑧	⑨	⑩	⑪	⑫	⑬	⑭

图 8.4　推荐的 O&SHA 分析表

（6）**危险序号**　填写在 O&SHA 中已识别危险的序号（如：O&SHA – 1、O&SHA – 2 等），便于将来对某种危险源的参考或使用，如在危险活动记录（HAR）中。危险序号在最后填写，因为所列的作业并非全部都与危险相关，因此如果一开始就填写该栏容易混淆和出错。

（7）**危险**　填写可能由作业导致的特定危险（注意：记录所有疑似的危险，即便随后证明其并非危险）。

（8）**原因**　填写可能造成危险的状态、事件或故障，以及可能触发危险要素转化为事故的事件。

（9）**影响**　填写危险发生造成的影响和后果，通常描述最坏的情况。

（10）**初始事故风险指数（IMRI）**　填写在未采取危险降低技术的情况下，事故风险的定性度量，以确定其潜在影响。风险度量是对事故严酷度和发生可能性的综合评价，MIL – STD – 882 的建议取值如下表所列。

严酷度		可能性	
1	灾难的	A	频繁
2	严重的	B	很可能
3	轻度的	C	有时
4	可忽略的	D	极少
		E	不可能

131

（11）**建议措施** 填写推荐的消除或降低已识别危险的预防措施,建议措施通常采用安全性要求准则的形式,来源于现有资源或建议的危险降低措施,并最终转化为新的安全性要求来减轻危险。应与设计部门和要求制定部门协调后制定系统安全要求,为了生成或完善安全性要求,危险降低技术应遵循MIL-STD-882中提出的优先顺序。该顺序如下表所列。

优先选用顺序	
1	通过选择设计方案消除危险
2	借助设计方法控制危险
3	采用安全装置控制危险
4	采用告警装置控制危险
5	制定专用规程并进行培训以控制危险

（12）**最终事故风险指数(FMRI)** 填写在采取危险降低技术和落实系统安全要求的情况下,已识别危险潜在影响的事故风险严重性的定性度量。本栏所采用风险取值与第10栏所用相同。

（13）**备注** 记录别处未提及的与危险或分析过程相关的必要信息。

（14）**状态** 用于标明危险的当前处理状态:未闭环处理或已闭环处理。

注意,在该分析中,应列出所有作业项目,并逐一分析。由于并非所有作业都是危险的,所以 O&SHA 分析表中并非每栏都与危险相关。该过程记录了 O&SHA 考查的所有的作业项目。

8.8　危险检查表

危险检查表提供了能快速识别危险的通用资源。由于仅通过单个检查表无法保证分析的充分性,故有必要制定和使用多种不同的检查表。使用多种检查表可能会产生重复,但这样可确保分析对危险要素覆盖的全面性。若某一危险重复出现,将其挑出并合并为一项危险。注意,检查表并非完整的最终的列表,仅是促进危险识别的一种"催化剂"。

在第4章初步危险表分析中给出了一些可用于系统设计的通用危险检查表范例。可用于操作作业的危险检查表范例如图 8.5 所示,仅为 O&SHA 提供了需考虑的典型方面,并未描述所有的危险源。

1. 工作区
   绊倒、滑倒、棱角
   照明
   底板载荷、堆积
   通风
   移动的物体
   裸露的表面——热、电
   狭小的作业区
   紧急出口
2. 物料装卸
   重的、粗糙的、锋利的
   易爆的
   易燃的
   难操作的、易碎的
3. 着装
   松垮的、破烂旧、脏的
   领带、首饰
   鞋、高跟鞋
   防护服

4. 机器
   切割、冲压、成型
   旋转轴
   夹点
   飞屑
   凸起
   防护装置
5. 工具
   无工具
   用错工具
   损坏的工具
   超差的工具
6. 紧急情况
   计划、流程、数量
   设备
   人员
   训练
7. 安全装置
   丧失功能
   不充分

图 8.5　操作危险检查表

8.9　支持工具

功能流程图(或功能框图)是系统设计和操作的简化表达,有助于清晰地理解系统对象。建议 O&SHA 对流程和作业评价时应用功能流程图。

在第 1 章中已阐释的约定设备清单是了解系统和开展危险分析的有力辅助工具,也用于辅助操作设计和研究。

操作顺序图(Operational Sequence Diagrams,OSD)是一类特殊的图,通常利用图形的方式定义和描述一系列操作和作业。操作顺序图用标准的符号表示有关的活动,刻画出操作化定义的系统中与时间(真实的或序贯的)有关的信息流、数据流或能量流。操作顺序图中的活动包括:检验、数据发送/接收、贮存、修理和决策等,有助于显示和简化高度复杂系统的活动,并识别流程相关的危险。

操作顺序图中使用的符号是选自美国机械工程师协会(ASME)的流程图标准改进而来,如图 8.6 所示。操作顺序图方法最初在 MIL－H－46855 中提出。

以导弹系统为例建立的操作顺序图如图 8.7 所示,子系统单元在第一横行中依次标出,时间则标于左侧纵列。

133

符号		联系
◇	决策	M - 机械
○	操作	E - 电气
⇨	传递	D - 数字
◗	接收	S - 声音
⊔	延迟	V - 视觉
□	检查/监测	

图 8.6　操作顺序图符号

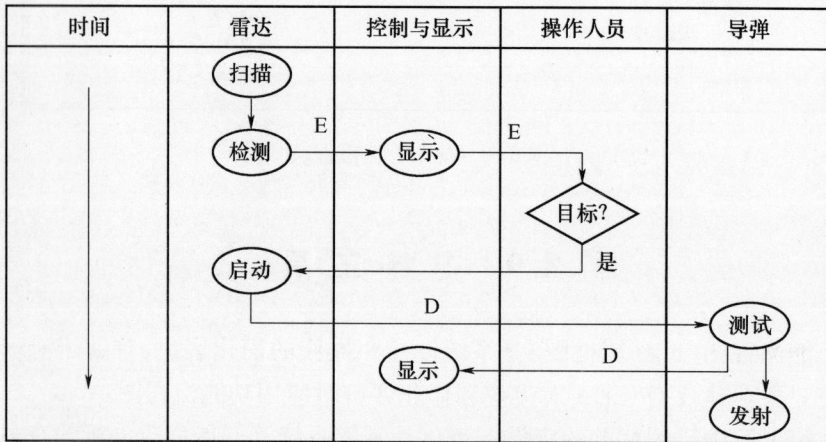

图 8.7　操作顺序图示例

8.10　指　南

填写 O&SHA 分析表时应遵循如下基本原则:

（1）O&SHA 目的是评价系统设计与操作流程,以识别危险并消除或减少作业危险。

（2）分析工作从将被分析的具体作业单元填入 O&SHA 分析表开始。

（3）O&SHA 分析表中所记录的危险应明确且易于理解,并且包含尽可能多的必要信息以理解危险。

（4）O&SHA 分析表中危险一栏无需包含所有的危险三要素:危险元素

（HE）、触发机制（IM）和输出（O），分析表中的若干栏组合即可包含危险的所有三要素。例如，可将危险元素列入"危险"一栏，将触发机制列入"原因"一栏，将输出结果列入"影响"一栏。这三栏组合起来可对危险进行完整的描述，分别表示了构成了危险三角形的三边（见第2章）。

8.11　示　例

8.11.1　示例一

为了说明 O&SHA 的方法，以一个假设的流程即"更换武器维修设施上的电源插座"为例进行分析。由于插座带有 220V 交流电压，所以这一流程是危险的操作。完成该流程的一系列具体作业如表8.2所列。

表8.2　更换电源插座流程

步骤	作业活动说明
1	确定断路器位置
2	断开断路器
3	对该断路器进行标识
4	卸下插座面板——2 颗螺丝
5	卸下原插座——2 颗螺丝
6	将原插座与线路断开——断开 3 根线
7	将新插座接入线路——连接 3 根线
8	安装新插座——2 颗螺丝
9	安装原面板——2 颗螺丝
10	闭合断路器
11	去除对断路器的标识
12	电路测试

表8.3～表8.5是该示例的 O&SHA 分析表。由该案例分析可知应注意以下几个方面：

（1）每一个流程作业均应列入分析表中，并进行评估；

（2）并非所有作业都和危险相关；

（3）即便某个作业没有危险，这些作业仍应记录在分析表中，以表明已分析了该作业。

表 8.3 O&SHA 示例 1——分析表 1

系统:导弹维护设施
操作活动:更换 220V 电源插座

O&SHA

分析人:
日期:

	作业	危险序号	危险	产生原因	影响	IMRI	建议措施	FMRI	注释和建议	状态
1	确定断路器位置;正确确定断路器板以及断路器在板上的位置	OHA-1	断路器误选	人为差错	线路未断电,在后续流程中接触到带电触点,造成触电	1D	设定警告标识;应在作业 6 接触电线前测试触点	1E		未处理
2	断开断路器;手动打开断路器手柄	OHA-2	断路器未能真正断开	断路器内部触点无法闭合;人为差错	线路未断电,在随后流程中接触到带电触点,造成触电	1D	设定警告标识;应在作业 6 接触电线前测试触点	1E		未处理
3	对断路器进行标识指明:维修期间请勿触碰	OHA-3	标签设在错误的断路器上;未设置标签的断路器被错误地闭合	有其他人闭合了无标识的断路器	线路未断电,造成触电	1D	设定警告标识;应在作业 6 接触电线前测试触点	1D		未处理
4	卸下插座面板;拧下插座面板上的 2 颗螺丝;摘下面板	—	无							

页码:1/3

136

表 8.4 O&SHA 示例 1——分析表 2

系统:导弹维修设施
操作活动:更换 220V 电源插座

分析人:
日期:

	作业	危险序号	危险	产生原因	影响	IMRI	建议措施	FMRI	注释和建议	状态
5	卸下原插座;拧下原插座上的 2 颗螺丝;将插座从面板上拔出	一	无							
6	将原插座与线路断开;将 3 根线从原插座接线端上断开	OHA-4	电路中仍存在高压电(220V)	断路器未断开;线路仍处于通电状态	触电	1D	设置警告标识;接触电线前测试触点	1E		未处理
7	将新插座接入线路;将 3 根线与新插座接线端相连	一	电线连接在错误的接线端上	人为差错;操作手册错误	由于使用交流电,不会造成危害					
8	安装新插座;将新插座装入面板;拧紧插座上的 2 颗螺丝	一	无							

页码:2/3

137

表 8.5 O&SHA 示例 1——分析表 3

系统：导弹维护设施
操作活动：更换 220V 电源插座

O&SHA

分析人：
日期：

序号	作业	危险序号	危险	产生原因	影响	IMRI	建议措施	FMRI	注释和建议	状态
9	安装原面板；拧紧 2 颗面板螺丝，新插座安装在原面板上	—	无							
10	闭合断路器	OSHA-5	电弧/电火花	电线安装有误，并且部分接地	人员受伤	2D	设置警告标识：对安装进行目视检查；要求在通电前进行安装质量保证检查	2E		未处理
11	去除标识；去除断路器上标识	—	无							
12	电路测试；用仪表测试新装插座的电压	OSHA-6	仪表设置有误，造成仪表损坏	人为差错	测试设备损坏	3D	在手册中应对可能发生的仪表损坏予以警告	3E		未处理

页码:3/3

138

8.11.2 示例二

为了进一步说明 O&SHA 的方法,对第 4 章、第 5 章和第 6 章中假定的小型导弹系统进行分析。再次对其系统设计进行表示,如图 8.8 所示。

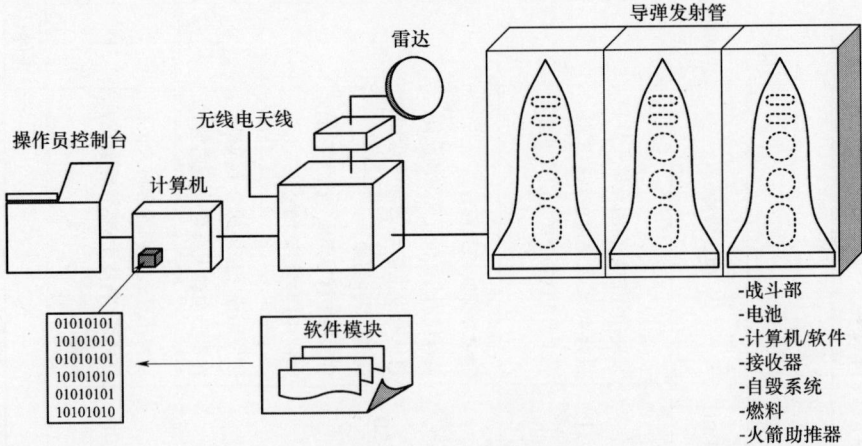

图 8.8 Ace 导弹系统

Ace 导弹系统计划的使用阶段如图 8.9 所示。在本例中选取第 4 阶段用于开展 O&SHA。完成第 4 阶段流程的一系列具体作业如表 8.6 所列。

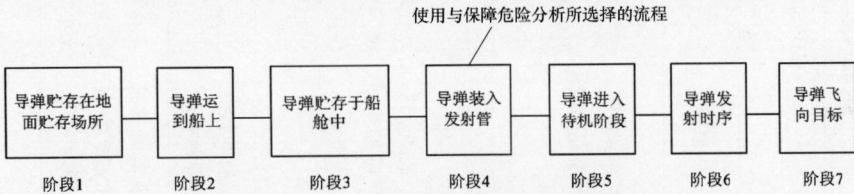

图 8.9 Ace 导弹系统使用阶段功能流程图

表 8.6 导弹装入发射管流程

步骤	作业活动说明	步骤	作业活动说明
1	从舰艇密闭舱中取出导弹	5	对导弹进行检测
2	将导弹装入手推运输车	6	安装导弹电缆
3	将导弹运至发射管	7	取下安全保险装置的保险销
4	吊装导弹装入发射管	8	将导弹置于待机状态

应注意,在真实系统中,表 8.6 列出的步骤可能更加细化,可分解为多个更具体和详细的步骤。为了说明 O&SHA 技术,表 8.6 中的步骤已经经过简化处理。Ace 导弹系统的 O&SHA 分析表如表 8.7 ~ 表 8.10 所列。

表 8.7　O&SHA 示例 2——分析表 1

系统：Ace 导弹系统

操作活动：导弹装入发射筒

分析人：

日期：

作业	危险序号	危险	产生原因	影响	IMRI	建议措施	FMRI	注释和建议	状态
				O&SHA					
作业 4.1 从舰艇药车中取出导弹	OHA－1	导弹跌落引起爆炸	人员装卸差错，对导弹造成剧烈冲击	冲击引起战斗部炸药起爆	1D	须使用经过培训的合格人员；进行 40 英尺高度的跌落试验；在手册中就易爆物危险提出警告	1E		未处理
	OHA－2	导弹跌落造成导弹损坏	人员装卸差错，跌落时导弹碰撞尖锐表面	导弹蒙皮产生凹痕，导致导弹无法使用	2D	制定导弹装卸规程；确保使用合适的导弹装卸设备；将所有发生跌落的导弹运回弹药库，不再使用；在手册中就导弹损坏提出警告；须使用经过培训的合格人员	2E		未处理
作业 4.2 将导弹装入手推运输车	OHA－3	导弹跌落，造成人员受伤	人员装卸差错，且导弹砸中人	人员受伤	2D	须使用经过培训的合格人员；在手册中就人员危险提出警告	2E		未处理
	OHA－4	导弹跌落造成导弹损坏	手推车超载造成轮轴故障，导致导弹倾覆	导弹蒙皮产生凹痕，造成多个导弹无法使用	2D	须使用经过培训的合格人员；在手册中就手推车超载载重提出警告	2E		未处理

页码：1/4

140

表 8.8 O&SHA 示例 2——分析表 2

系统:Ace 导弹系统
操作活动:导弹装入发射管

分析人:
日期:

作业	危险序号	危险	产生原因	影响	IMRI	建议措施	FMRI	注释和建议	状态
				O&SHA					
作业 4.3 将导弹运至发射管	OHA-5	导弹从手推车中滑落造成导弹损坏	人员装卸差错,且滑落后导弹碰撞尖锐表面	导弹蒙皮产生凹痕,造成导弹无法使用	2D	制定导弹装卸规程;使用合适的导弹装卸设备;将所有发生滑脱的导弹运回弹药库,不再使用;在手册中就导弹损坏提出警告;须使用经过培训的合格人员	2E		未处理
	OHA-6	导弹从手推车中滑落,造成人员受伤	人员装卸差错且导弹砸中人员	人员受伤	2D	须使用经过培训的合格人员;在手册中就人员危险提出警告	2E		未处理
	OHA-7	导弹被枪弹或弹片击中,引起爆炸	恐怖分子或战争活动	战斗部炸药起爆,造成人员伤亡	1D	使用不敏感炸药(IM)	1E		未处理
作业 4.4 吊装导弹进入发射管	OHA-8	导弹跌落造成燃料起火	人员装卸差错,起重机故障	燃料箱破裂,同时周围存在火源,引起火灾,造成人员伤亡	1D	制定消防设备使用规程(适用于人员培训);在手册中就火灾危险及应对措施提出警告;使用前检查起重机;须使用经过培训的合格人员	1E		未处理

页码:2/4

141

表8.9 O&SHA 示例2——分析表3

系统:Ace导弹系统
操作活动:导弹装人发射管

分析人:
日期:

作业	危险序号	危险	产生原因	影响	IMRI	建议措施	FMRI	注释和建议	状态
						O&SHA			
作业4.5 对导弹进行测试	OHA-9	导弹测试引起导弹发射	测试设备故障,测试线上带有寄生电压	导弹意外发射,造成人员伤亡	1D	制定测试设备使用规程,加强使用经过培训的合格人员;提出注意事项:确保安装了安全保险装置的保险销	1E		未处理
	OAH-10	导弹测试引起自毁系统启动	测试设备故障,测试线上带有寄生电压	导弹意外发生自毁,造成人员伤亡	1D	制定测试设备使用规程,加强使用经过培训的合格人员;提出注意事项:确保安装了安全保险装置的保险销	1E		未处理
作业4.6 安装导弹电缆	OHA-11	电缆安装有误,造成连接器配合错误,造成导弹发射电路电压错误	人为差错造成连接器配合错误,造成连接器的关键针脚电压错误	导弹意外发射,造成人员伤亡	1D	须使用经过培训的合格人员;提出注意事项:确保安全保险装置安装了在导弹上;改进连接器设计以防止配合错误	1E		未处理

表 8.10 O&SHA 示例 2——分析表 4

系统:Ace 导弹系统
操作:导弹装入发射管

O&SHA

分析人:
日期:

作业	危险序号	危险	产生原因	影响	IMRI	建议措施	FMRI	注释和建议	状态
作业 4.7 取下安全保险装置的保险销	—	导弹发射安全保险装置的保险销未取下	人为差错	导弹无法发射;非安全问题;哑弹	—		—		
	OHA-12	导弹自毁安全保险装置的保险销未取下	人为差错	无法使错误导弹自毁,造成人员伤亡	1D	须使用经过培训的合格人员;提出注意事项:确保已去除安全保险装置的保险销	1E		未处理
作业 4.8 将导弹置于待机状态	OHA-13	导弹被置于错误训练模式,且向错误目标发射	人为差错	导弹打击错误的目标,造成人员伤亡	1D	须使用经过培训的合格人员;在手册中就系统模式危险提出警告	1E		未处理

由 Ace 导弹系统的 O&SHA 中应注意以下几点：

（1）由导弹装入发射管流程步骤，共识别得到 12 个操作方面的危险；

（2）所有识别的危险均与先前建立的顶层事故相符（见第 5 章初步危险分析）。

8.12　优　缺　点

O&SHA 这项技术的优点列举如下：

（1）提供了针对操作和流程危险的严谨分析；

（2）以较高的费效比获得有价值的安全相关结果。

O&SHA 技术无缺点。

8.13　应避免的常见错误

进行 O&SHA 时，会犯的常见错误列举如下：

（1）某些流程作业未得到确定、确定不完整或被遗漏；

（2）对危险的描述不完整、含糊不清或太过详细；

（3）未能充分识别、分析调研或描述危险致因因素；

（4）事故风险指数未得到说明、说明不完全或与所提供的危险信息不相符；

（5）危险减少措施与最终事故风险指数的界定不符。

8.14　小　结

本章讨论了 O&SHA 技术。有助于总结本章所论述内容的基本原则归纳如下：

（1）O&SHA 是一种识别系统操作危险、致因因素、事故风险并提出系统安全要求以降低风险的分析工具；

（2）O&SHA 的主要目的是识别在操作和保障作业过程中可能导致不期望事件或危险的危险地流程、设计状态、故障模式及人为差错；

（3）采用专用的分析表可确保 O&SHA 过程的结构化和严谨性；

（4）利用功能流程图、操作顺序图和约定作业清单可极大地帮助和简化 O&SHA 过程。

参 考 文 献

[1] MIL-H-46855, Human Engineering Requirements for Military Systems, Equipment and Facilities.

参考书目

[1] Ericson, C. A. , Boeing Document D2 – 113072 – 4, System Safety Analytical Technology: Operations and Support Hazard Analysis, 1971.

[2] Layton, D. , System Safety: Including DOD Standards, Weber Systems, 1989.

[3] Roland, H. E. and B. Moriarty, System Safety Engineering and Management, 2nd ed. , Wiley, New York, 1990.

[4] Stephans, R. A. , System Safety for the 21st Century, Wiley, Hoboken, NJ, 2004.

[5] Stephenson, J. , System Safety 2000, Wiley, New York, 1991.

[6] System Safety Society, System Safety Analysis Handbook, System Safety Society.

[7] Vincoli, J. W. , A Basic Guide to System Safety, Van Nostrand Reinhold, New York, 1993.

第9章 健康危险评价

9.1 简 介

健康危险评价(Health Hazard Assessment, HHA)是一项从人员健康方面评价系统设计的分析技术。这些方面包括考虑人机工效、噪声、振动、温度、化学物品、危险材料等。HHA目的是识别系统设计中的人员健康危险并通过设计消除这些危险。如果不能消除健康危险,则就必须采取保护措施将相应风险降低到可接受水平。在制造、使用、试验、维修和报废阶段都要考虑健康危险。

表面上看HHA和O&SHA非常相似,但是问题是两者的目标是否相同。事实上,O&SHA评价操作人员作业和活动来进行危险的识别,而HHA重点关注的是人员健康问题。这两种方法偶尔地有部分重叠,但它们的关注点不同。

9.2 背 景

该分析技术属于健康设计危险分析范畴(HD-HAT)。这种分析类型已在第3章中阐述。HHA应持续开展,并随着获得更多设计信息而不断地更新和完善。

HHA的目的是:

(1)从人员健康角度,提出安全性设计所关注的问题;

(2)从人员健康的角度识别直接影响操作人员的危险。

HHA旨在识别人员健康危险并给出设计变更和/或保护措施建议,将其风险降低到可接受的水平。人员健康危险可能是由暴露于人机控制的应力、化学物品、物理应力、生物因子、危险材料等原因造成。如前所述,在系统的制造、使用、试验、维修和报废等阶段中操作人员可能面临健康危险。

HHA适用于分析各种类型的涉及操作人员的系统、设备和设施。HHA评价生产、使用、维修和报废等阶段中操作人员健康安全。当由有经验的安全性分析人员对某一系统开展HHA时,能够彻底全面地识别出给定系统中的人员健康危险。对于系统安全概念和危险分析理论的基本了解是必不可少的。而针对特定类型系统的相关经验有助于生成完整的潜在危险表。该项技术并不复杂,易于学习。本章给出了标准的很容易学习的HHA分析表和用法说明。

HHA 关注系统生产、试验和使用阶段中的人员健康危险,通过系统设计消除或降低人员健康危险。在生产和使用开始之前,应完成 HHA 并掌握系统风险。尽管 HHA 识别的一些危险可能在初步危险表(PHL)、初步危险分析(PHA)和子系统危险分析(SSHA)等分析技术中被识别,但 HHA 仍不应省略,因为它可能识别出其他危险分析忽略的危险。强烈推荐在系统安全大纲(SSP)中使用此项技术。

9.3 历　　史

在系统安全领域中很早就提出了 HHA 技术。它由美军军标 MIL – STD – 882 的制定人员正式制定并颁布。

9.4 原　　理

HHA 重在识别潜在人员健康危险,这些危险是由于系统操作人员暴露在已知人员健康危险源中产生的。总的来说,这些危险源来自系统任务、流程、环境、化学物品原材料。在 HHA 中,将对具体的健康危险及其对人员的影响进行评价。

图 9.1 概述了 HHA 的基本过程,并总结了该过程中涉及的重要关系。该过程主要是通过利用设计信息和已知的危险信息来识别危险。将系统设计与已知的危险元素和事故经验教训进行对比,以确定设计方案中是否包含这些潜在危险元素。

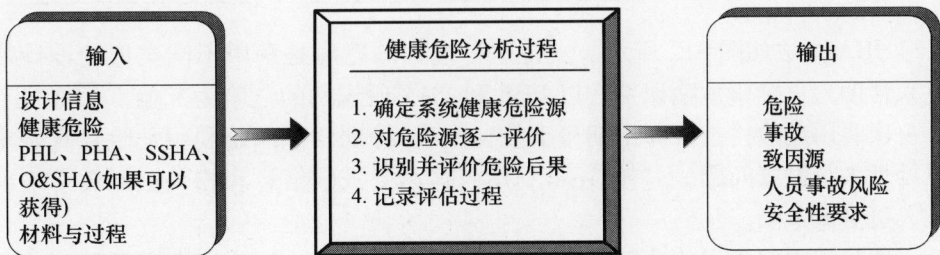

图 9.1　HHA 概述

HHA 过程包括:
(1) 识别与系统及其保障相关的人员危险源(噪声、辐射、热应力、冷应力等);
(2) 依据物质/介质的用途、用量和类型确定所涉及的临界量或临界暴露水平;
(3) 提出设计方法以消除或降低暴露量至可接受水平。

9.5 方 法

表9.1列出并描述了HHA过程,该过程包括对所有潜在的人员健康危险源开展详细的分析。

表 9.1 HHA 过程

步骤	任务	说 明
1	获取设计信息	获取关于系统的所有设计、使用和制造数据
2	制定健康危险检查表	获取已知健康危险检查表,如化学物品、材料和流程等。同时,获取系统操作中人的已知承受极限检查表,如噪声、振动和热
3	收集规章信息	获取所有可应用于人员健康危险的规章资料和信息
4	识别健康危险源	利用检查表,检查系统,识别系统中所有可能的健康危险源和过程,如果可能应确定其数量和位置
5	识别危险	识别并列出系统设计中由健康危险源造成的潜在危险
6	设置安全屏障	制定设计消减措施或在健康危险源路径上设计屏障。同时,确定出已使用的用于消除或减小危险的设计属性
7	评价系统风险	确定在系统设计中采用设计控制前后,对人员健康的事故风险水平
8	提出纠正措施建议	确认当前的设计控制措施是否充分,否则应补充增加减小事故风险的控制措施建议
9	跟踪危险	将新识别的危险纳入HTS,HTS更新包括在HHA中识别的危险、危险致因因素和风险
10	生成HHA记录文件	在分析表中记录整个HHA过程。根据需要不断更新信息

HHA方法如图9.2所示。支持这一过程的思想是利用不同类型的设计信息来帮助人员健康危险识别。以PHL和PHA所识别的危险为起始点,下一步,是再次利用危险检查表和不期望事故检查表,特别注意的是利用危险检查表重点处理人员健康问题。另外,还可利用人体承受极限信息和相关法规要求来识别人员健康危险。

HHA很大程度上依赖于健康危险检查表的使用。危险检查表是已知危险项和潜在的危险设计或状态的通用表,切勿认为该检查表足够完整,面面俱到。检查表是启发分析人员根据过去经验教训来识别潜在危险源的起始点。

典型的健康危险检查表包括以下几类:

(1)人机工效;

(2)噪声;

(3)振动;

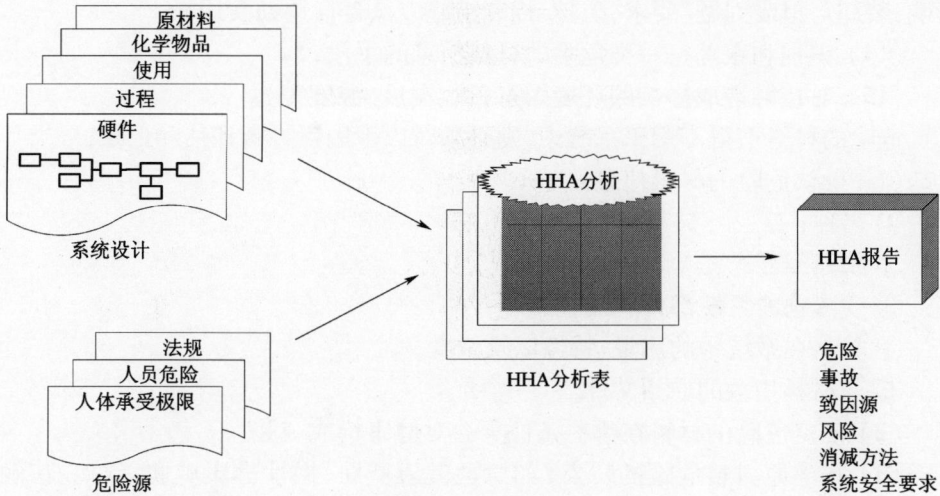

图 9.2　HHA 方法

（4）温度；

（5）化学物品；

（6）生物制剂；

（7）危险材料；

（8）物理应力。

当进行 HHA 时，应考虑以下因素：

（1）毒性，数量以及材料的物理状态；

（2）危险的原材料和物理因子的例行或计划的使用与释放；

（3）意外暴露的可能性；

（4）产生的危险废料；

（5）危险的原材料装卸、转移和运输要求；

（6）所需要的防护服和防护设备；

（7）量化暴露程度所需要的检测和度量设备；

（8）可能处于风险中的人员数量；

（9）可能用到的设计控制措施，如隔离、防护罩、通风、噪声或辐射屏蔽等；

（10）用以减小对用户/操作人员相应风险的可能替代材料；

（11）人员接触相应健康危险的程度；

（12）确保安全使用和维修的系统、设施和人员防护设备的设计要求（如通风、减噪或辐射屏障等）；

（13）危险的材料及其长期影响（如原材料对接触人员和所处环境的潜在

影响,装卸与报废问题/要求,防护/控制措施以及寿命周期费用);

（14）识别和跟踪每一种危险的材料信息的手段;

（15）对接触造成影响的环境因素（风、温度、湿度等）。

危险的材料不得不用于系统中,则必须对以下因素进行评估和记录:

（1）确认危险的材料信息:

① 名称;

② 物料编号;

③ 受影响的系统部件和流程;

④ 材料在系统中的用量、特性以及浓度;

⑤ 与材料相关的原始文件。

（2）确定危险的材料在哪些条件下会对健康构成威胁。

（3）描述原材料危险的特点（如急性健康威胁、慢性健康威胁、致癌、接触传染、易燃、放射性以及环境危害等）,同时确定参考用量和危险等级。

（4）估计每种危险的材料的预期使用率。

（5）对所认别的每一种危险的材料提出处理建议（销毁、回收等）。

如果可行的工程设计仍无法将危险降低到可接受水平则必须规定替代的保护措施（例如采用防护服、专门的使用和维护等措施将风险降低到可接受水平）。确认是否有无危险或低危险的材料来替代危险的材料,如果存在应给出不使用这种替换材料的理由。

9.6 分 析 表

HHA 是一种结构化和严谨的详细危险分析方法,适合用专门的分析表开展分析。尽管分析所用分析表的格式并不严格,但通常用矩阵或分栏式分析表,以确保分析重点突出、结构清晰。但有时也会使用文本文档式的分析表。从 HHA 至少应包含以下基本信息:

（1）人员健康危险;

（2）危险影响（事故）;

（3）危险致因因素（材料、工艺流程、过度暴露等）;

（4）风险评估（在安全性设计措施采用前后）;

（5）生成消除或减小危险的安全性要求。

图 9.3 是推荐使用的 HHA 分析表。该分析表采用分栏格式,它的有效性已在许多应用中得到了证明。但允许根据系统安全大纲的需要对该格式进行适当修改。

系统: ① 子系统: ② 操作: ③ 模式: ④				健康危险评价				分析人: ⑤ 日期: ⑥		
危险类型	序号	危险	原因	影响	IMRI	建议措施	FMRI	备注	状态
⑦	⑧	⑨	⑩	⑪	⑫	⑬	⑭	⑮	⑯

图 9.3 推荐的 HHA 分析表

分析表各栏所需填写信息如下：

（1）**系统** 该栏填写所要分析的系统。

（2）**子系统** 该栏填写所要分析的子系统。

（3）**操作** 该栏填写所要分析的操作活动。

（4）**模式** 该栏填写所要分析的系统模式。

（5）**分析人员** 该栏填写 HHA 分析人员的姓名。

（6）**日期** 该栏填写分析日期。

（7）**危险类型** 该栏填写所要分析的人员健康相关危险类型,如振动、噪声、热、化学物品等。

（8）**危险序号** 该栏填写在 HHA 中已识别危险的序号(如 HHA － 1、HHA － 2 等)。便于将来作为特定危险源来参考或使用,例如在危险活动记录(HAR)和危险跟踪系统(HTS)中。

（9）**危险** 该栏填写具体的人员健康危险。应对危险源、触发机制和结果加以描述。所涉及的特定系统模式和阶段也应有所确定。

（10）**原因** 该栏填写导致危险的条件、事件或故障,以及能触发危险元素演变成事故或灾难的事件。

（11）**影响/事故** 该栏填写假如危险发生可能造成的影响和后果,通常描述最坏的情况;

（12）**初始事故风险指数(IMRI)** 该栏填写在未采取危险降低技术的情况下,对已识别危险潜在影响的事故风险严重性的定性度量。风险度量是对事故严重性和发生可能性的综合评价,建议取值如下表所列。

151

	严酷度		可能性
1	灾难的	A	频繁
2	严重的	B	很可能
3	轻度的	C	有时
4	可忽略的	D	极少
		E	不可能

（13）**建议措施**　该栏填写用于消除或降低已识别危险的预防措施建议。这种情况下的安全性要求通常会考虑增设一道或多道屏障,使能源远离威胁目标。安全性设计要求的优先顺序如下表所列。

	优先选用顺序
1	通过选择设计方案消除危险
2	通过设计方法控制危险
3	采用安全装置控制危险
4	采用告警装置控制危险
5	制定专用规程并进行培训以控制危险

（14）**最终事故风险指数(FMRI)**　该栏填写已应用危险降低技术和系统安全要求的情况下,事故风险显著性的定性度量结果,以确定已识别危险的潜在影响。本栏所采用风险取值与第12栏所用相同。

（15）**备注**　该栏填写别处未记录的与危险或分析过程相关的有用信息。

（16）**状态**　该栏用于标明危险当前所处状态:已闭环处理或未闭环处理。遵循系统安全大纲中制定的危险跟踪方法。只有当通过分析、检查和/或试验被证实安全性要求已在设计中得以贯彻并且其有效性成功得到验证时,该危险才可视为"已闭环处理"。

9.7　检　查　表

在开展 HHA 时应该考虑的典型健康危险源如表9.2所列。

表9.2　典型人员健康危险源

HHA 分类	示例
声能 压力波中的势能通过空气传输作用于人体,造成听力丧失和内脏损伤	发动机的稳态噪声 肩射武器的脉冲噪声

HHA 分类	示例
生物物质 包括所接触的微生物及其毒素和酶	与废弃物处理有关的卫生问题
化学物质 所接触的有毒液体、雾、气体、蒸汽、烟或粉尘等	武器射击的燃烧产物 发动机废气 脱脂溶剂
缺氧 当某一狭小或封闭空间内氧气被大量消耗,空气中氧含量下降到21%以下时,可能发生这种危险。也用于表述人员活动环境缺乏足够通风而造成的危险	与掩体、储油罐和装甲车有关的狭小或封闭空间 飞机驾驶舱和座舱内氧气不足和气压过低 履带式装甲车中的一氧化碳
电离辐射能量 作用于生命体时足以引起电离的任何形式的辐射	仪器面板和光学瞄准镜上光源所采用的辐射性化学物品
非电离辐射 能量尚不足以引起电离的电磁波谱辐射,如激光、紫外线以及无线电频率辐射源	武器系统中使用的激光测距仪;雷达和通信设备中使用的微波
冲击 传递至人体的机械脉冲或冲击。表现为迅速地加速或减速	降落伞背带的开伞力 手持式武器射击时的后坐力
极端温度 高温和低温对人体健康造成的影响	身着全封闭式防化服所造成的人体热负担加重 飞机和装甲车内人员活动环境通风不畅造成的热应力
外伤 对眼睛或身体造成的冲击性或扭曲性外伤	钝器或锐器物撞击所造成的人身伤害 提举过度造成的肌肉骨骼损伤
振动 由于人体与机械振动表面接触,造成对健康的不利影响(如背痛、手—臂振动综合症(HAVS)、腕骨隧道症候群等)	乘车和/或驾驶装甲车或飞机 手持电动工具 重型工业设备
人机接口 于人与系统部件之间的物理交互活动而造成的各种疾病,例如:肌肉骨骼损伤、腰椎间盘突出、腕骨隧道综合症等	重复性人机运动 物料人工装卸——举起装配件或组件 加速度、压力、速度和力
危险材料 接触对人有毒有害的材料	铅 汞

9.8 示 例

为了说明 HHA 方法,以假定的柴油潜艇系统为例。对该系统的柴油发动机舱开展 HHA。该例的 HHA 分析表如表 9.3～表 9.5 所列。

表 9.3　HHA 示例——分析表 1

系统：
子系统：
操作：
模式：

分析人：
日期：

健康危险类型	危险序号	危险	HHA原因	影响	IMRI	建议措施	FMRI	注释和建议	状态
噪声	HH-1	过度暴露在发动机噪声中，造成操作人员听力损伤	发动机噪声稳定在××分贝以上	听力损伤；听力丧失	3C	耳部防护；限制时间	3E		未处理
振动	—	无危险；在限制范围内	发动机振动	无	4E	无	4E		已处理
温度	—	无危险；在限制范围内	发动机舱内温度	无	4E	无	4E		已处理
缺氧	HH-2	发动机舱内丧失氧气，造成操作人员死亡	舱室封闭和故障造成氧气丧失	操作人员死亡	1C	传感器和告警装置	1E		未处理

页码：1/3

154

系统：
子系统：
操作：
模式：
分析人：
日期：

表 9.4　HHA 示例——分析表 2

HHA	危险序号	危险	原因	影响	IMRI	建议措施	FMRI	注释和建议	状态
健康危险类型									
生物物质	—	不存在；无危险	无	无	4E	无	4E		已处理
化学物质	HH-3	接触柴油废气，造成操作人员患病	接触柴油废气	操作人员患病	3B	传感器与气净化	3E		未处理
人机工效危险	—	不存在；无危险	无	无	4E	无	4E		已处理
物理应力	HH-4	由于提举重物，操作人员受伤	提举重物	操作人员受伤	3C	所有物品举不得超过单人提举重量极限	3E		未处理

页码:2/3

系统：
子系统：
操作：
模式：
分析人：
日期：

表 9.5　HHA 示例——分析表 3

HHA	危险序号	危险	原因	影响	IMRI	建议措施	FMRI	注释和建议	状态
危险类型									
电离辐射	—	不存在；无危险	无	无	4E	无	4E		已处理
非电离辐射	—	不存在；无危险	无	无	4E	无	4E		未处理
危险材料	HH-5	接触石棉，造成操作人员死亡	接触石棉微粒	操作人员死亡	1C	在系统中禁止使用石棉	1E		未处理

页码:3/3

9.9 优缺点

HHA 的优点如下：

（1）该分析非常容易且能较快速地开展；

（2）开展该分析对专业知识要求不高；

（3）该分析费用较低，但能提供有意义的结果；

（4）可提供着重对系统中健康危险进行分析的严谨过程；

（5）能迅速指出系统中主要健康危险的所在之处。

HHA 技术无不足。

9.10 应避免的常见错误

初次学习如何使用 HHA 时，常会犯一些典型的错误。进行健康危险分析时的一些常见错误如下：

（1）识别的危险并不是人员健康危险；

（2）对危险的描述不够详细；

（3）未说明或给出设计上的危险减小措施；

（4）未针对实际的致因因素提出危险减小措施要素；

（5）过度使用工程专用术语和缩写。

9.11 小 结

本章讨论了 HHA 技术。有助于总结本章所论述内容的基本原则归纳如下：

（1）HHA 主要目的是识别人员健康危险；

（2）人员健康危险检查表的使用极大地帮助和简化了 HHA 过程；

（3）使用所推荐的 HHA 分析表有助于开展分析并进行记录。

参考书目

目前，暂无对 HHA 进行详细描述的重要参考资料。许多关于系统安全的教科书仅仅对这种方法进行粗略的讨论，而未以实例给出详细的解释。参见 System Safety Society 出版的 Safety Analysis Handbook 中对 HHA 所作的简短描述。另外，美国国防部的数据资料——DI - SAFT - 80106 和 Occupational Health Hazard Assessment Report 提供了 HHA 的信息。

第10章　安全性要求/准则分析

10.1　简　介

安全性要求/准则分析(Safety Requirement/Criteria Analysis, SRCA)是一种评价系统安全要求(SSR)的分析方法。顾名思义,SRCA用于评价SSR及其支持准则。SRCA有两个目的:(1)确保每个已识别的危险至少有一个相对应的安全性要求;(2)核实所有的安全性要求成功地贯彻实施和验证。SRCA本质上是一种追溯性分析方法,确保安全性要求没有缺陷和漏项,确保有恰当和经过验证的设计措施来消减所有已识别的危险。可用于硬件、软件、固件和试验要求等方面。

SRCA也应用于SSR对设计准则和指南的跟踪,例如在美国国防部(DoD)的《软件接口系统安全手册》(DoDJSSH)[1]、美国电子工业协会的《软件开发的系统安全工程》(SEB6-A)[2]和美军军标《引信安全性设计准则》(MIL-STD-1316)[3]中规定的那样。指南的可跟踪性确保了合适的安全性指南和准则已纳入SSR中。

10.2　背　景

SRCA分析技术属于要求设计危险分析类型(RD-HAT)。这种分析类型已在本书第3章中论述。SRCA技术又称为要求危险分析(RHA)和要求跟踪性分析。

SRCA目的是保证所有已识别的危险都有相应的安全性设计要求,以消除或减轻危险,并确保安全性要求在系统设计和使用中成功地得到确认和验证。确保系统要求没有"安全"缺陷(即完全没有残留危险),验证所有的安全性要求已得到充分的实施或在必要时制定。

SRCA适用于分析各种类型的在研制过程中涉及危险和安全性要求的系统、设施和软件。在软件安全大纲中尤为有效。当由有经验的安全性分析人员对给定系统开展SRCA时,可以充分地对安全性要求的验证和安全试验要求的确认进行准确的跟踪。

对系统安全与设计要求过程有基本的理解是必不可少的。特定类型系统的经验是很有帮助的。SRCA技术并不复杂,简单易学。本章将介绍标准的且易于遵循的 SRCA 分析表以及其用法说明。

SRCA 对保证安全性要求覆盖所有的危险和安全性要求包含在设计和试验规范中是非常用的。SRCA 保证对所有已识别的危险都提出了安全性要求和所有的安全性要求都已纳入设计和试验规范中。在软件开发中应用 SRCA,已被证明能十分有效、成功地评价软件以确保其符合安全性要求。

10.3 历　史

在系统安全领域,很早便已提出了 SRCA 技术,它是由美军军标 MIL – STD – 882 的制定者正式制定并颁布。

10.4 原　理

如前所述,SRCA 目的是确保对所有已识别的危险都提出安全性要求,所有安全性要求已纳入设计和试验规范中并且得到成功的验证。图 10.1 概述了 SRCA 的基本过程,并总结了该过程中涉及的重要关系。该过程包括了 SSR 和设计要求以及已识别危险的对比分析。采用该方法,能够识别任何遗漏的安全性要求。此外,SSR 跟踪试验要求,以确保所有的 SSR 得到测试。

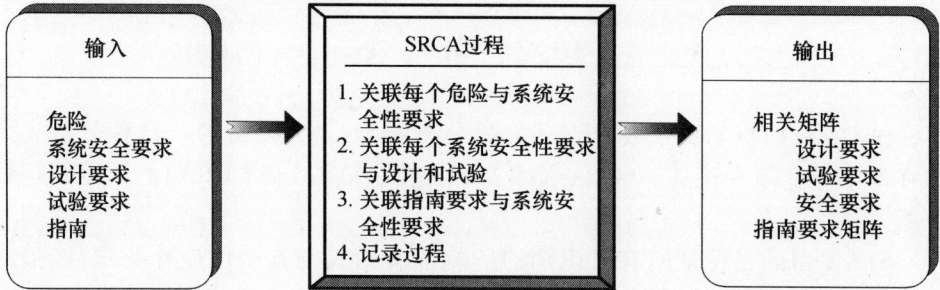

输入	SRCA过程	输出
危险 系统安全要求 设计要求 试验要求 指南	1. 关联每个危险与系统安全性要求 2. 关联每个系统安全性要求与设计和试验 3. 关联指南要求与系统安全性要求 4. 记录过程	相关矩阵 　设计要求 　试验要求 　安全要求 　指南要求矩阵

图 10.1　SRCA 概述

10.5 方　法

图 10.2 概括地描述了 SRCA 技术的思路。该思路的主要思想是用一个矩阵分析表把安全性要求与设计要求、试验要求和已辨识危险相关联。如果某个危险缺乏相应的安全性要求,在安全性要求上就会存在一个明显的漏洞。如果安全性要求未能包括在设计要求中,设计要求上则会存在一个缺陷。如果在试

158

验要求中遗漏了安全性要求,那么该安全性要求无法得到验证和确认。如果一个 SSR 未能通过试验验证,则与其相关的危险未得到闭环处理。

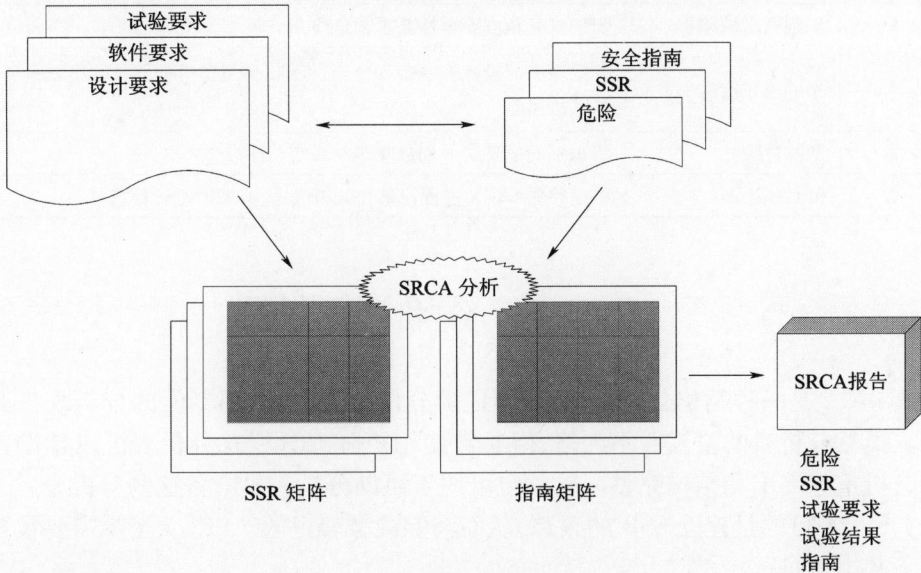

图 10.2　SRCA 方法

　　SRCA 是一种详细的相关性分析,利用结构化的、严谨的工具提供对所有 SSR 的跟踪。SRCA 从获取系统危险、SSR、设计要求和试验要求开始,通过建立一个跟踪矩阵将系统危险、SSR、设计要求和试验要求相关联。完整的跟踪矩阵确保每个危险均有安全性要求与之对应,并确保每个安全性要求有相应的设计和试验要求。

　　SRCA 包含两个独立的相关性跟踪分析:①SSR 相关分析;②指南符合性相关分析。指南相关性分析仅用于有指南且已将其用于设计的系统。例如,DoD-JSSSH 中的安全性指南要求通常用于软件设计,MIL－STD－1316 中的指南要求用于引信系统设计。SRCA 过程的基本步骤和说明见表 10.1。

表 10.1　SRCA 过程

步骤	任务	说　明
1	获取要求	获取系统所有的设计(硬件和软件)和试验要求
2	获取安全资料	获取系统所有的危险和 SSR
3	获取安全性指南	获取系统中所有可用的安全性指南
4	建立 SSR 跟踪矩阵	将 SSR 与危险、设计要求、试验要求相关联
5	建立指南跟踪矩阵	将安全性指南和准则与 SSR 相关联

步骤	任务	说 明
6	识别要求缺陷	识别没有相应安全性要求的危险
7	推荐改正措施	判定现有的设计控制是否恰当,否则,必须提出推荐控制措施来降低事故风险
8	跟踪危险	将识别的危险纳入到危险跟踪系统(HTS)中
9	SRCA 记录	将完整的 SRCA 过程记录在分析表中,必要时进行信息更新

10.6 分 析 表

SRCA 是一种结构化、严谨的详细危险分析方法,适合用专门的分析表来开展。虽然分析表的格式并不严格,但通常使用矩阵或分栏式分析表可以帮助保持分析重点突出和结构完整。软件包可用于协助分析人员准备这些分析表。

SRCA 目的是建立 SSR 的跟踪,从而消除或减轻危险。SRCA 至少需要包含以下基本信息:

（1）与 SSR 对应的所有已识别危险的跟踪矩阵;

（2）与试验要求和试验结果对应的所有安全性设计要求的跟踪矩阵;

（3）对于上述由第 1 和第 2 步骤发现的漏洞,确定新的安全性设计要求和试验要求;

（4）与 SSR 对应的所有安全性指南和准则的跟踪矩阵;

（5）上述四项中支持危险闭环处理的信息。

具体分析表的使用可由管理者、安全性工作团队、安全性小组或是安全性分析人员来决定。图 10.3 是一个跟踪 SSR 的 SRCA 要求相关分析表示例。

系统:　①　　　分系统:　②		SSR跟踪矩阵					SRCA		
SSR 序号	系统安全要求(SSR)	SC	HAR 序号	TLM 序号	设计要求 序号	试验要求 序号	试验		
							M	C	R
③	④	⑤	⑥	⑦	⑧	⑨	⑩		

图 10.3　SRCA 要求相关矩阵分析表

相关矩阵分析表中每一栏所需信息描述如下：

（1）**系统** 本栏填写所分析的系统。

（2）**子系统** 本栏填写所分析的子系统。

（3）**系统安全要求（SSR）序号** 本栏填写 SSR 的序号。

（4）**SSR** 本栏填写 SSR 的具体描述。

（5）**安全关键（SC）** 如果 SSR 是安全关键要求，在本栏中填写"是"。

（6）**危险措施记录（HAR）序号** 本栏填写与 SSR 相关的 HAR。SSR 可能给出如何消除一个或多个危险。

（7）**顶层事故（TLM）序号** 本栏填写与 SSR 相关的 TML。

（8）**设计要求序号** 本栏填写实施 SSR 的具体设计要求。

（9）**试验要求序号** 本栏填写具体的试验要求或试验 SSR 的要求。

（10）**试验** 本栏提供关于 SSR 试验的信息，可分为以下三类：

① M 填写所采用的试验方法：试验（T），分析（A），检查（I），不做试验（N）；

② C 填写试验覆盖范围：采用专项试验的确定性试验（E），通过其他试验的隐含性试验（I）；

③ R 填写试验结果：通过（P），不通过（F）。

图 10.4 是推荐使用的 SRCA 相关性分析表，以描述 SSR 对安全指南和准则符合性的跟踪。

系统：　① 子系统：　②		SSR 跟踪矩阵		SRCA		
指南序号	指南要求	SSR 序号	注释	执行情况		
				F	P	N
③	④	⑤	⑥		⑦	

图 10.4　指南相关矩阵工作表

指南相关矩阵分析表各栏所需的信息描述如下：

（1）**系统** 该栏填写所要分析的系统。

（2）**子系统** 该栏填写所要分析的子系统。

（3）**指南序号** 该栏填写指南和准则文件中的要求序号。

（4）**指南要求** 该栏填写指南要求的实际文本。

（5）**SSR 序号** 该栏填写执行设计指南要求的具体 SSR。

（6）**注释** 该栏填写与指南要求相关的任何必要的说明。例如，若该指南仅有部分被执行或没有被执行,则必须给出充分、合理的理由。

(7) **执行情况** 该栏填写贯彻设计指南的信息。检查指定栏的实施情况:

① 完全依照 SSR 实施(F);

② 部分依照 SSR 实施(P);

③ 未实施(N)(不适合或不可能)(N)。

10.7　示　例

本示例是一个导弹武器系统的引信子系统,包括硬件和软件两方面。在本示例中,并未包括所有的 SSR 或设计要求,而仅以其部分为例,说明分析技术。

注意本示例中某一特定危险可能有不止一个安全性要求,同时每个危险均应有相应的危险纠正措施记录(HAR)序号。确认的设计要求来源于程序设计规范文件,试验要求来源于程序测试需求文件。

表 10.2 是本示例系统的一个 SRCA 要求跟踪矩阵。注意该示例仅有一页。典型的 SRCA 将包含很多页。

表 10.2　SRCA 要求跟踪矩阵示例

系统:麻雀导弹 子系统:火控系统		SSR 跟踪矩阵				安全性要求/准则分析			
SSR 号	系统安全要求(SSR)	SC	HAR 号	TLM 号	设计要求号	试验要求序号	试验		
							T/A/I/N	E/I	P/F
SSR 31	无单点故障会引起导弹发射	是	21	1	SS7.7.21	TS4.7.21	T	E	P
SSR 32	导弹装药应具有三种分离和独立的导弹解除保险方法	是	81,95	1	SS7.7.22	TS4.7.22	T	E	P
SSR33									
SSR 34									
								页码:	

表 10.3 是对 DoDJSSSH《软件接口系统安全手册》[1]中软件指南提供的一个符合性矩阵。软件 SRCA 相关符合应包括对每条指南的审查,判定其是否适用于系统设计,不适用的指南要说明原因,对适用的指南,在规范中给出相应的安全性要求引文。

表 10.4 是针对本案例给出的一个 MIL – STD – 1316(系列)中符合性矩阵。表 10.5 是针对本案例给出的一个 MIL – HDBK – 454(系列)符合性矩阵。

表 10.3 DoDJSSSH 符合性矩阵示例

系统:						
子系统:						
DoDJSSSH 软件符合性矩阵			安全性要求/准则分析			
				执行情况		
DoDJSSSH 号	DoDJSSSH 要求	SSR 号	注释	F	P	N
E.4.3	主计算机故障。系统设计应该保证主控计算机故障可被检测到且系统能恢复到安全状态	SSR 71		X		
E.5.2	CPU 的选择。优选可以完全用数学表示的 CPU、微处理器、计算机		对程序而言,不可能得到一个满足这个要求的 CPU。已经选定和批准英特尔奔腾 II 处理器。此要求过于严格			X
E.6.4	操作检查。可测试安全关键系统元素的操作检查应在相关安全操作执行前立即进行	SSR 72		X		
E.9.4	安全关键显示。用于安全关键操作(员)的显示、说明和其他接口功能应能清楚、简洁、不含糊,如果可能,使用双份分离显示设备	SSR 73		X		
E.11.2	模块化代码。软件设计和编码应该模块化。每个模块应仅有一个入口和出口	SSR 74		X		
E.11.18	变量说明。用于安全关键功能的变量或常量应在最可能低的层次说明/初始化	SSR 75		X		
E.11.19	未使用的可执行代码。运行程序的加载不得包含未使用的可执行代码	SSR 76		X		
					页码:	

表 10.4 MIL－STD－1316E 符合性矩阵示例

系统: 子系统: MIL－STD－1316E 符合性矩阵		安全性要求/准则分析		执行情况		
1316E号	MIL－STD－1316E 要求	SSR 号	注释	F	P	N
4.2.2	解除保险延时。引信的一个安全性特点是提供解除保险延时，以确保对所有规定的使用条件能达到安全的隔离距离	SSR 47		X		
4.2.3	手动解除保险。装配的引信不应手动操作解除保险	SSR 48		X		
4.3	安全系统故障率。从生产到安全分离的所有保障和战术阶段都应计算引信安全系统的故障率。安全系统的故障率的实际程度，通过引信评估中的试验和分析得到验证，且故障率不得超过以下阶段给出的值：解除保险序列正常触发前:	SSR 49	由 FTA 验证	X		
4.3a	阻止解除保险或运行:1×10^{-6} 离开出口之前（装稿发射的弹药）					
4.3b	阻止解除保险:1×10^{-4} 阻止运行:1×10^{-6}					
4.3c	在解除保险和安全分离之间: 阻止解除保险:1×10^{-3} 阻止运行按 ALARP① 原则确定					

页码:

注:①ALARP:实际合理可行的尽可能低

表10.5 MIL-HDBK-454 符合性矩阵示例

系统:
子系统:

MIL-HDBK-454 符合性矩阵			安全性要求/准则分析			
454号	MIL-HDBK-454 要求	SSR号	注释	执行情况		
				F	P	N
4.1	设备在安装、操作、维修和修理，或更换完整的组件或其他部件时，对人员应提供故障安全特性	SSR 101		X		
4.2	电气设备应与 MIL-B-5087 中的等级 R/L/H 保持一致	SSR 102		X		
4.3a	在25℃的环境温度下，控制面板和操作控制机构的操作温度不得超过49℃（120℉）	SSR 103		X		
4.3b	在25℃（77℉）的环境温度下，易于被人员接触的裸露部件的温度（除了控制面板和操作控制机构）不得超过60℃（140℉）	SSR 104		X		
				页码:		

注:MIL-HDBK-454M,电气设备通用指南,指南1——对于人员危险的安全性设计准则

10.8　优 缺 点

以下是 SRCA 技术的优点：

(1) SRCA 实施简易、快捷；

(2) SRCA 把 SSR 与危险、设计要求和规范相关联；

(3) SRCA 通过试验结果的关联性验证和确认 SSR；

(4) 有一些软件包能够帮助分析人员制定 SRCA 分析表。

SRCA 技术没有明显的缺点。

10.9　应避免的常见错误

当初次学习和使用 SRCA 时，常会犯一些典型错误。SRCA 实施过程中常见错误如下：

(1) 未能将所有的安全性指南和要求列入 SSR；

(2) 未能对所有的安全性指南和 SSR 要求实施跟踪符合性分析。

10.10　小　　结

本章主要讨论了 SRCA 技术。有助于总结本章所论述内容的基本原则归纳如下：

(1) SRCA 主要目的是评价 SSR 和：

① 识别未与 SSR 关联的危险（SSR 设计的缺陷）；

② 识别系统设计要求中未包含的要求；

③ 识别未经有效试验和验证的要求；

④ 识别没有在 SSR 中实施的安全指南和要求。

(2) SRCA 将已识别的危险和设计 SSR 联系起来，确保所有识别的危险至少有一个安全性要求，该要求的实施可以消减危险。

(3) SRCA 将设计 SSR 和试验要求相关联，确保所有的安全性要求可通过试验得到验证和确认。

(4) SRCA 同样用于整合那些与安全特别相关，但不仅与一个危险相关的安全指南和要求。

(5) SRCA 过程确保所拟定的设计安全性要求是正确的并转换到系统硬件和软件要求文件中。

（6）推荐的 SRCA 分析表简化了分析过程并提供了分析的文件材料。

参考文献

［1］DoD, DoD Joint Software System Safety Handbook（DoDJSSSH）, Appendix E – Generic Requirements and Guidelines, 1999.

［2］Electronic Industries Association, EIA SEB6 – A, System Safety Engineering in Software Development, Appendix A – Software System Safety Checklist, Electronic Industries Association, 1990.

［3］MIL – STD – 1316（Series）, Safety Criteria for Fuze Design – DoD Design Criteria Standard.

［4］MIL – HDBK – 454M（Series）, General Guidelines for Electronic Equipment, Guideline 1 – Safety Design Criteria for Personnel Hazards.

第11章 故障树分析法

11.1 简 介

故障树分析(Fault Tree Analysis，FTA)是一种用于确定特定不期望事件的根原因和发生概率的系统分析技术。FTA 用于评价大型复杂动态系统，以便掌握和预防潜在问题。通过使用严谨的和结构化的 FTA 方法，系统分析人员可以建立能导致不期望事件发生的故障事件组合模型。该不期望事件可能是值得关注的系统危险或者正在调查的事故。

故障树(Fault Tree，FT)是一种表现系统中可能发生事件的各种组合的具有逻辑性的图形化模型，这些事件，无论是故障事件还是正常事件，在系统中发生就会产生不期望的事件或者状态。该分析属于演绎方法，从一般的问题推出具体的原因。故障树建立了从一个顶层的不期望事件到所有可能的底层根本原因的故障逻辑路径。FTA 的优势在于该方法易于开展，容易理解，有助于更全面深入地了解系统，揭示出被调查问题的所有可能原因。

故障树是图形化的模型，利用逻辑门和故障事件来建立导致不期望事件发生的因果关系模型。图形化模型可以转化为数学模型来计算失效概率和系统重要度。故障树的建立是一个迭代的过程，其初始结构会持续更新，以便与设计的进展保持一致。

在系统分析中，FTA 有两种应用。最常用的是主动式 FTA(事前 FTA)，在系统的设计阶段进行，通过预测和避免将来可能发生的问题来影响设计。另外一种应用是被动式 FTA(事后 FTA)，在意外事件或事故发生后进行。这两种应用中采用的技术都是相同的，只是在被动式 FTA 中还包括事故证据和证据事件门。

当被用作一个系统安全分析工具时，故障树用图形或逻辑表示一个系统内可能事件的多种组合，这些可能事件，不论故障的还是正常的事件，一旦在系统内发生就会引起预定义的不期望事件。不期望事件可以被认为是有害的和不希望的任何事件，例如潜在事故，危险状态或者不期望的失效模式。这种图形化的表达揭示出系统事件间的联系和相互依赖关系，这些系统事件组合能导致不期

168

望事件的发生。

完整的故障树结构可以用于确定故障事件的重要性和发生概率。在某些情况下,通过量化的故障树和一定的数值计算,有助于提高消除或控制故障事件措施的有效性。量化和数值计算得到了与风险可接受性和预防措施的决策制定相关的三个基本指标:

(1) 不期望事件的发生概率;

(2) 引起不期望事件的故障事件(割集)的发生概率和重要度;

(3) 风险的重要性和部件的重要度。

在大多数情况下,故障树的定性评价能以较低的费用得到有效的结果。在选择使用定量还是定性的 FTA 时一定要慎重。定量方法提供了更多有用的结果,但是这需要更多的工作时间和经验丰富的分析人员。定量方法还需要收集部件失效率数据作为故障树的输入信息。

由于故障树能以图形化和逻辑化的方法表示导致不期望事件发生的原因或系统故障,可用于沟通与支持分配资源来消除危险的决策。因此,以一种简单且高度可视化的形式验证风险可接受性和预防措施要求决策的有效性。

故障树过程可以适用于系统寿命周期的任何阶段——从方案阶段到使用阶段。但是,FTA 应该尽可能早地应用于设计过程中,因为越早进行必要的设计更改,就越能节省费用。

故障树技术高效率低成本的重要特性体现在只需分析那些可能引起不期望事件的系统元素。在分析过程中,无关元素被排除在分析范围之外。这就意味着,绝大多数的努力都是直接针对消除或控制问题源头。但是,与某个不期望事件的发生不相关的系统元素可能会涉及其他不期望事件的发生。

总之,故障树以一种有序简洁的方式探查所关注的系统,来识别和描述不期望事件的关系和原因。可以在定性评价的基础开展定量评价,计算顶层事件发生概率,分析导致顶层事件发生的主要故障。分析人员可以将 FTA 结果用于以下工作:

(1) 验证设计是否符合确定的安全性要求;

(2) 识别现有要求之外的安全性设计缺陷(显性或隐性);

(3) 识别共模故障;

(4) 制定预防措施以消除或减少已识别的安全性设计缺陷;

(5) 评价已制定的预防措施的合理性;

(6) 制定或修改适用于下一阶段的安全性要求。

11.2 背 景

FTA 技术属于系统设计风险分析类型（SD – HAT）。该分析类型的说明参见第 3 章。FTA 技术也被称为逻辑树分析和逻辑图分析。

FTA 有如下几个基本目的：

（1）在研制过程中查找危险或不期望事件的根原因，以便将其消除或减少；

（2）确定已经发生事故的根原因，避免再次发生；

（3）识别不期望事件致因因素组合和相应概率；

（4）确定高风险故障路径及其机理；

（5）确认部件和故障事件的风险重要度；

（6）支持对系统设计的概率风险评价（PRA）。

FTA 技术可以对整个系统建模，分析范围包括子系统、组件、部件、软件、流程、环境和人为差错。FTA 可用于不同的抽象层次，例如方案设计、顶层设计和具体部件设计。FTA 已成功应用于各类系统，例如导弹、船舶、航天器、火车、核电站、飞机、鱼雷、医疗设备和化工厂等。该技术可在系统的研制初期开展，从而在设计阶段尽早识别安全问题。尽早开展该分析有助于系统研制人员在研制早期将安全性设计到系统中，而不是等到试验失败或事故后再被迫采取纠正措施。

对于建立小型简单系统的故障树，首先要对 FTA 理论有基本的理解。此外，不论系统复杂与否，分析人员详细了解系统是至关重要的。随着系统复杂度的增加，也需要更加丰富的 FTA 相关知识和经验。总而言之，FTA 相当简单易学易懂。正确的应用取决于系统的复杂程度和分析人员的技术水平。

应用 FTA 对系统设计进行分析并不是一个很困难的过程。但比 PHA 等方法要难得多，主要是因为开展 FTA 需要逻辑思维过程，并且要了解 FTA 的构建方法以及系统设计与使用的详细知识。与马尔科夫（Markov）分析或者 Petri 网分析相比，FTA 不需要复杂的数学知识。

在所有使用 FTA 技术的行业中，FTA 技术在系统安全分析人员中享有很高的声誉。在某些行业中，FTA 是能够提供必要的概率计算以验证数值要求是否满足要求的唯一工具。很多商业化计算机软件可以辅助分析人员建立、编辑和精确地评价故障树。

有些分析人员也在批评 FTA 工具，因为对于某些设计建模时，不能始终给出小数点后 6 位精度的概率值。但是，把 FT 模型结果与其他工具（如马尔科夫分析）比较，可以看出 FTA 能够提供基本相当的结果而其建模的难度要低得多。

170

此外,当输入数据并不精确时,6位小数的精度有时是毫无意义的。

尽管FTA被归为危险分析技术,但主要是分析事故发生根原因的工具,以识别和评价危险致因因素。此外,还可用于概率风险评价(PRA)。

马尔科夫分析在概率计算方面可替代FTA。但是,马尔科夫分析比起FTA有一定的局限性(参考第18章)。例如,用马尔科夫分析对大型复杂系统建模是非常困难的,数学求解更困难;在马尔科夫模型中难以看到故障路径,且无法生成割集。

11.3 历 史

FTA技术由贝尔试验室的H Watson和Allison B Mearns发明并提出,用于民兵导弹导航系统。波音公司的Dave Haasl认识到了FTA的能力,将其用于整个民兵导弹武器系统的定量安全性分析工作中。FTA的分析能力和成功应用得到了民用航空工业和核电工业的关注,他们开始将这个技术用于安全评价。这些行业中的很多个人都对故障树数学、图形结构和计算机算法的发展做出了贡献。

11.4 原 理

FTA方法是一个健壮、严谨和结构化的分析方法,运用了布尔代数、逻辑和概率论的一些规则。故障树本身是一个能够导致顶层不期望事件(顶层事件)发生的所有事件(失效模式、人为差错和正常状态)的逻辑图。

故障树完成时,通过计算得到关键割集(CS)和失效概率。割集就是引起顶层事件发生的失效事件组合。故障树评价提供支持风险管理决策的必要信息。

如图11.1所示,FTA的原理是以一个顶层不期望事件(例如危险)为起始点,建立所有引起该顶层事件的系统故障模型。故障树模型是从故障状态角度对系统设计的反映。在这个例子中,不期望事件就是"系统故障引起的战斗部意外起爆"。

通过迭代分析过程,可以在不同层次、水平和分支上建立故障树。图11.2是按照层次建立的故障树,其中每个主要层次代表了系统的一个重要方面。例如,顶层故障树结构通常建立系统功能和阶段模型,中层故障树结构建立子系统的故障流模型,而底层故障树结构建立的是组件和部件故障流模型。

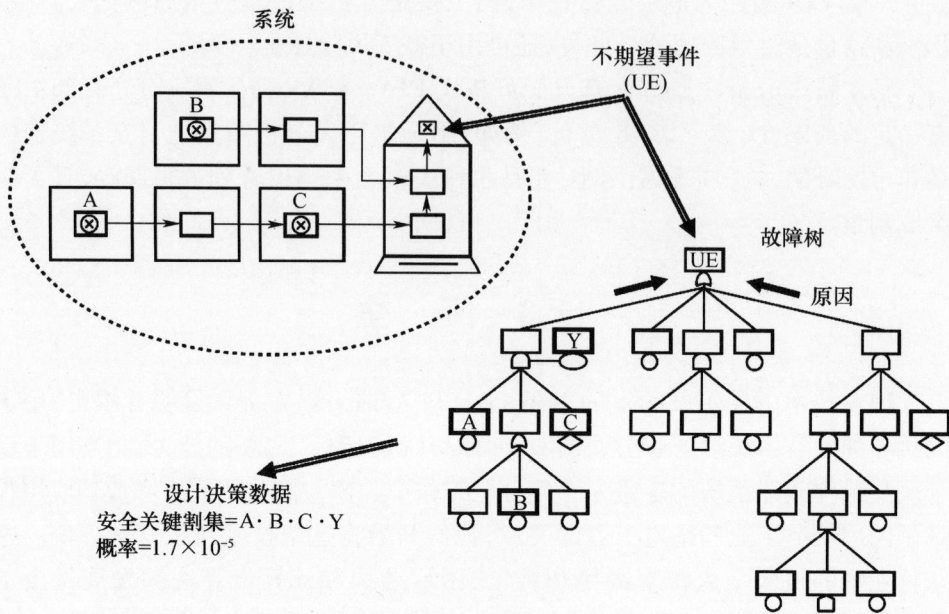

系统

不期望事件
(UE)

B

A

C

故障树

UE

原因

设计决策数据
安全关键割集=A·B·C·Y
概率=1.7×10⁻⁵

Y

A

C

B

图 11.1　FTA 概述

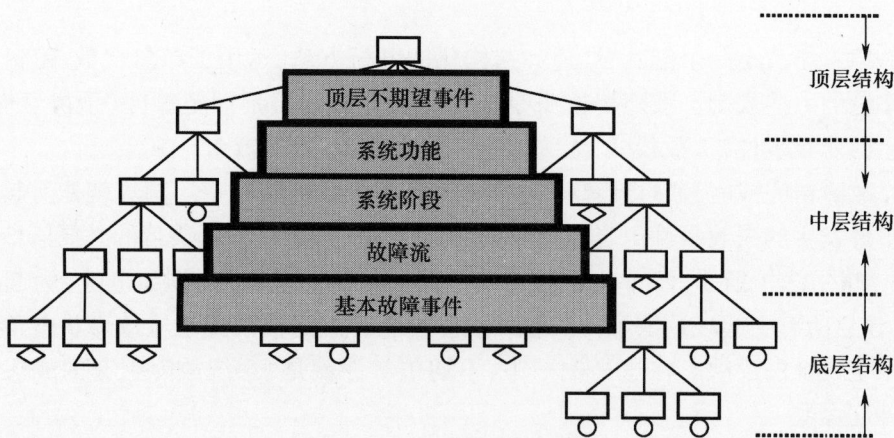

顶层不期望事件

系统功能

系统阶段

故障流

基本故障事件

顶层结构

中层结构

底层结构

图 11.2　故障树的主要层次

11.5 方 法

如图 11.3 所示,FTA 过程包括八个基本步骤。这些都是进行完整和精确的 FTA 所必要的步骤。有些分析人员可能会组合或扩展其中的某些步骤,但是这些基本流程是必须遵循的。

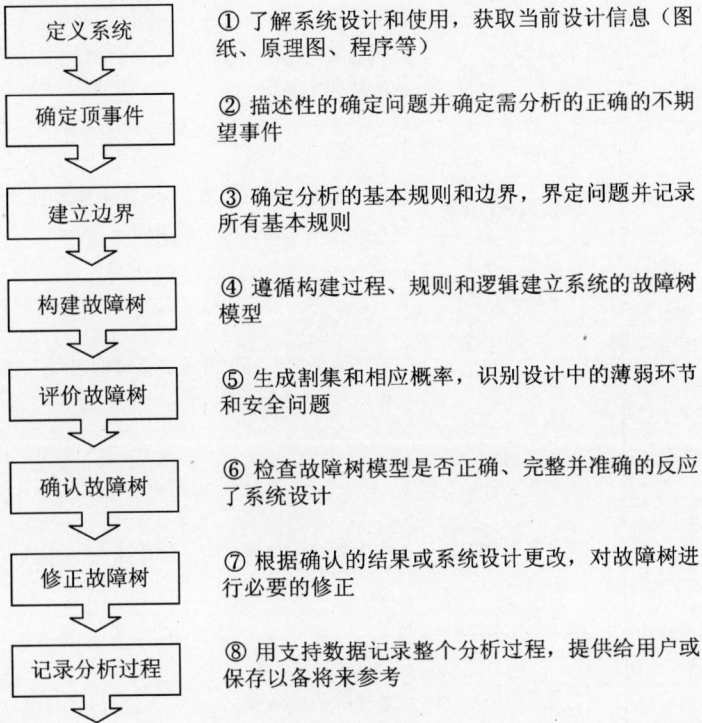

定义系统	① 了解系统设计和使用,获取当前设计信息(图纸、原理图、程序等)
确定顶事件	② 描述性的确定问题并确定需分析的正确的不期望事件
建立边界	③ 确定分析的基本规则和边界,界定问题并记录所有基本规则
构建故障树	④ 遵循构建过程、规则和逻辑建立系统的故障树模型
评价故障树	⑤ 生成割集和相应概率,识别设计中的薄弱环节和安全问题
确认故障树	⑥ 检查故障树模型是否正确、完整并准确的反应了系统设计
修正故障树	⑦ 根据确认的结果或系统设计更改,对故障树进行必要的修正
记录分析过程	⑧ 用支持数据记录整个分析过程,提供给用户或保存以备将来参考

图 11.3 FTA 过程

11.5.1 构成单元

故障树是由树状结构的互联节点构成的。这些节点代表了故障或失效路径,并通过布尔逻辑和符号连接起来。故障树符号就是 FTA 的基本构成单元,有以下四种:

(1)基本事件;

(2)门事件;

(3)状态事件;

(4)转移事件。

图 11.4 说明了在故障树中出现的基本事件(BE)、条件事件(CE)和转移事件(TE)的标准符号及其定义。值得注意的是长方形符合仅仅是一个记录文字的空间而已。在最早提出 FTA 技术时,文字是直接写入到基本事件符号内的,长方形符号只作为门节点,但是随着计算机绘图法的出现,这种方式就显得很麻烦,因此长方形被改为所有节点的标识。

符号	类型	描述
	节点文本框	包含 FT 节点的文本内容。内容写在框内,节点符号位于框的下方
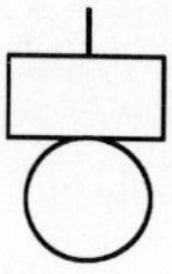	原发失效(BE)	一个基本的部件失效;一个部件基本的、固有的失效模式。是一个随机的失效事件
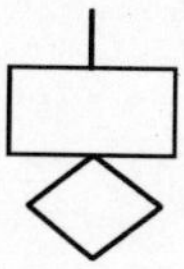	诱发失效(SE)	外部原因引发的失效或者需要时可进一步细化的失效模式
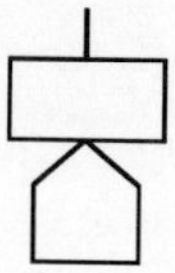	正常事件(NE)	作为系统正常运行的一部分,期望发生的事件
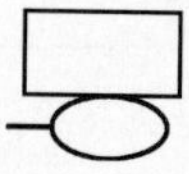	条件(CE)	条件限制或概率
 In Out	转移(TE)	表明树中某一个分支或子树在树中其他位置重复使用。有 In 和 Out 或者 To/From 符号

图 11.4　故障树符号(基本事件,状态和转移)

门事件符号,定义和概率计算公式如图 11.5 所示。故障树的逻辑构成和树的宽度与深度的逐渐增加都是通过门来实现的。故障树的标准符号如图 11.4 和图 11.5 所示,但是某些故障树软件程序确实也会使用略有不同的符号。图 11.6 给出了一些可能会遇到的替代和附加的符号。

174

符号	门类型	描述
	与门	只有所有的输入同时发生,输出才发生。 $P = P_A \cdot P_B = P_A P_B$(2 输入门) $P = P_A \cdot P_B \cdot P_C = P_A P_B P_C$(3 输入门)
	或门	至少有一个输入发生,则输出发生。 $P = P_A + P_B - P_A P_B$(2 输入门) $P = (P_A + P_B + P_C) - (P_{AB} + P_{AC} + P_{BC}) + (P_{ABC})$(3 输入门)
	优先与门	只有所有的输入同时发生,且 A 必须在 B 之前发生,输出才发生。优先次序的说明包含在条件符号中。 $P = (P_A P_B) / N!$ 已知 $\lambda_A \approx \lambda_B$ 且 N = 门输入数
	异或门	当输入发生但输入不同时发生,输出才发生。异或说明包含在条件符号中。 $P = P_A + P_B - 2(P_A P_B)$
	禁止门	只有输入发生且满足附加条件时输出才发生。 $P = P_A \cdot P_Y = P_A P_Y$

图 11.5 门事件的故障树符号

典型符号	门类型	描述	可替代的符号
	异或门	只有一个输入发生,且所有输入不同时发生。不相交事件	
	优先与门	从左到右,所有输入必须按照给定的顺序发生	
	M/N 表决门	N 中发生 M 个事件组合才能引起输出发生,表决门	
	双菱形	用户为特殊用途而自定义的事件。	

图 11.6 故障树的备用符号

11.5.2 定义

除了故障树的符号定义,以下是在 FTA 中会用到的重要概念的定义:

割集(CS)   引起 FTA 发生的事件集合。也指故障路径。

最小割集(MinCS 或 MCS)   引起 FTA 发生的最小数量事件组成的割集。为了保证 FTA 的发生,该割集不能再缩小了。

割集阶数   割集中元素的数量。一阶割集就是一个单点失效(SPF)。二阶割集包含有两个由与门连接的事件。

多发事件(MOE)   在故障树中多个位置出现的基本事件。

多发分支(MOB)   在故障树中多个位置使用的故障树分支。这就是故障树中要用到转移符号的地方。MOB 下的所有基本事件本身都是 MOE。

失效(failure)   一个基本固有部件失效的发生。例如,"电阻器未能打开"。

故障(fault)   一个部件、子系统或者系统的不期望状态的发生或存在。例如,"灯灭"就是一个不期望的失效状态,可能是因为灯泡坏了,没有电或者操作员的行为引起的。(注意:一切失效都是故障,但并非一切故障都是失效。)

原发故障/失效   不能在较低层次上进一步确定的独立部件失效。例如,"计算机内二极管故障(由于材料缺陷)"。

诱发故障/失效   由作用在系统上的外力导致的独立部件失效。例如,"因为系统内的射频/电磁干扰能量过大引起的二极管故障"。这些故障是因为超过容限使用或者环境条件引起的。

指令故障/失效   指令引起的故障或由系统设计迫使进入故障状态。例如,"灭灯"是灯的指令故障,也就是如果某个系统故障导致电力丧失时,灯受到指令而熄灭。指令故障可能是正常的使用状态,但是出现在错误的时间,有时会在期望或要求时偏离正常状态。(这就是需要在分析中找到的"过渡"。)

暴露时间(ET)   在系统使用过程中,部件有效地暴露直至失效的持续时间。暴露时间对故障树概率计算有很大的影响($P = 1.0 - e^{-\lambda T}$)。可以通过设计、修理、规避、试验和监督等方式来控制暴露时间。

关键路径   导致顶层不期望事件发生的具有最大发生概率的割集。最有效的系统改进往往就是减小此类割集的发生概率。

重要度   在整个故障树中,基本事件或割集的相对重要度(敏感性)的度量。

FT 转移符号的用法以及 MOE/MOB 的内涵如图 11.7 所示。该图中给出了三页故障树示例。在第一页中,底部有三角形的 A 节点代表一个转移。这意味着沿 A 向下还存在一个分支,只是绘制在别的地方,在本例中是绘制在第二页。在本例中,A 并不是一个 MOB,而仅仅是因为第一页空间不足而将其转入新的

176

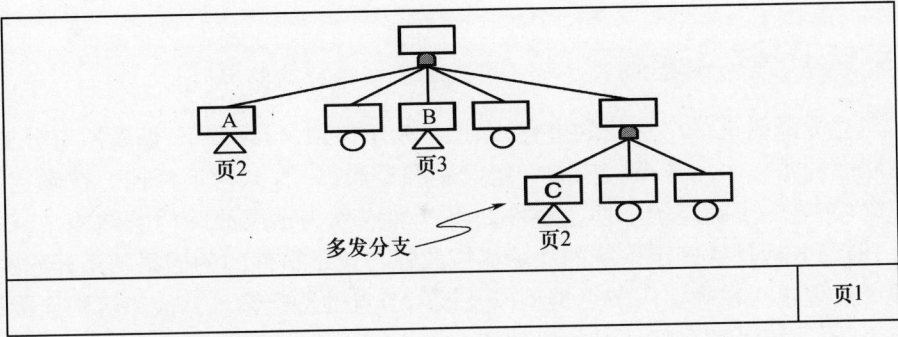

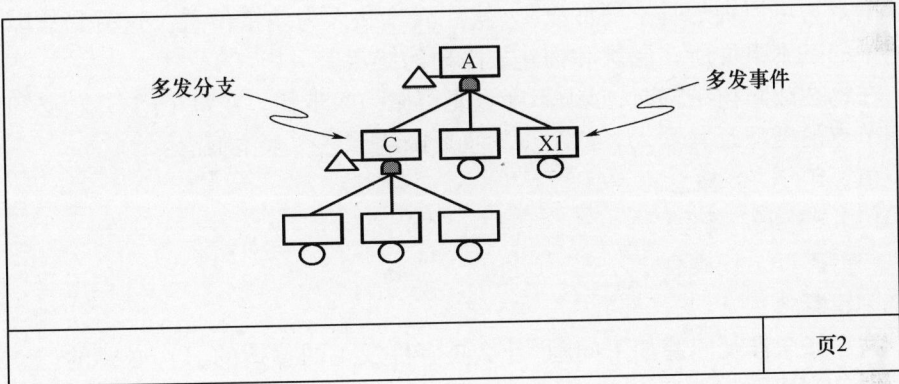

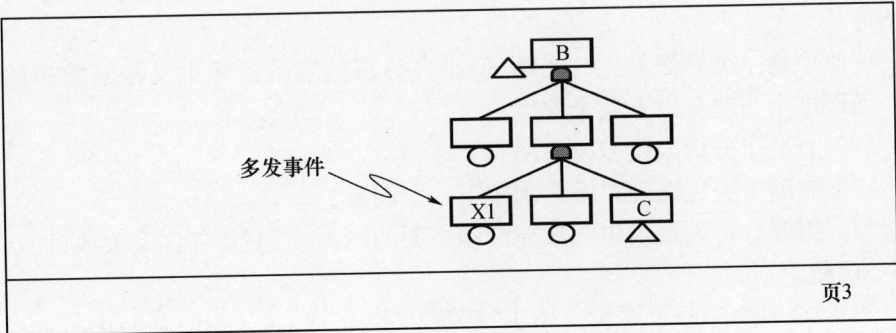

图 11.7　故障树转移和 MOE/MOB

一页。转移 C 则表示了一个 MOE，因为它在故障树中的两个不同位置出现重复。

11.5.3 构建——基础

建立故障树是一个迭代的过程，该过程始于树顶，延续向下，遍及所有分支。在树状图的每一个门节点应用同一组问题和逻辑，一直向树下延伸。在确定了 FTA 之后，进一步确定子不期望事件并将其加入称为顶层故障树的结构中。实际上，演绎分析是从确定系统的故障流或故障与正常事件间的因果关系开始的。该演绎推理包括在确定门节点类型以及该门节点的特定输入。故障流则连接了系统级、子系统级直至部件级的事件流。

故障树构建是从系统正常事件和故障事件的识别与组合开始，直到所有事件都确定为可识别的基本硬件故障、软件故障和人为差错位置。这就是故障树结构中的基本事件所在层次和构建故障树的终点。

在构建故障树结构时，必须不断重复遵循一些步骤。在每个门节点，必须确定门节点的类型及其输入。这个步骤主要围绕着三个基本概念：

(1) I – N – S 概念；

(2) SS – SC 概念；

(3) P – S – C 概念。

I – N – S 概念

这一概念涉及回答如下问题"什么是事件发生的直接的(I)、必要的(N)和充分的(S)原因？"I – N – S 问题确定了事件的最直接的、绝对必要的和充分的原因。例如，水是保养一片绿地的必要条件，而雨或者洒水装置则是提供水的充分条件。

这似乎是一个显而易见的问题，但是在分析的混乱过程中又是经常被遗忘的。强调这个问题有以下几个原因：

(1) 有助于分析人员减少遗漏；

(2) 有助于关注在因果链中确定下一个因素；

(3) 提醒分析人员仅包含最充分和必要的原因，而不要包含无关项目。

SS – SC 概念

SS – SC 概念区分了系统发生于"系统状态"(state – of – the – system，SS)和"部件状态"(state – of – the – component，SC)。如果在事件框中的一个故障可能是由部件失效引起的，则将此事件归类为 SC 故障；如果在事件框中的一个故障不是由部件失效引起的，则将此事件归类为 SS 故障。如果故障事件被归类为 SC，那么这个事件将有一个包含 P – S – C 输入的或门；如果故障事件被归类为

SS,那么此事件需要使用 I – N – S 逻辑进一步研究以确定输入和门的类型。

P – S – C 概念

这个概念回答的是"引发事件的原发(P)、诱发(S)和指令(C)原因是什么?"的问题。P – S – C 问题要求分析人员关注特别的致因因素。这个问题所包含的基本原理是每个部件故障事件只有 3 种故障方式:原发失效模式,诱发失效模式,或者指令路径故障。图 11.8 解释了这个概念。如果同时出现两个或两个以上的 P – S – P 原因,则自动确定了用或门。

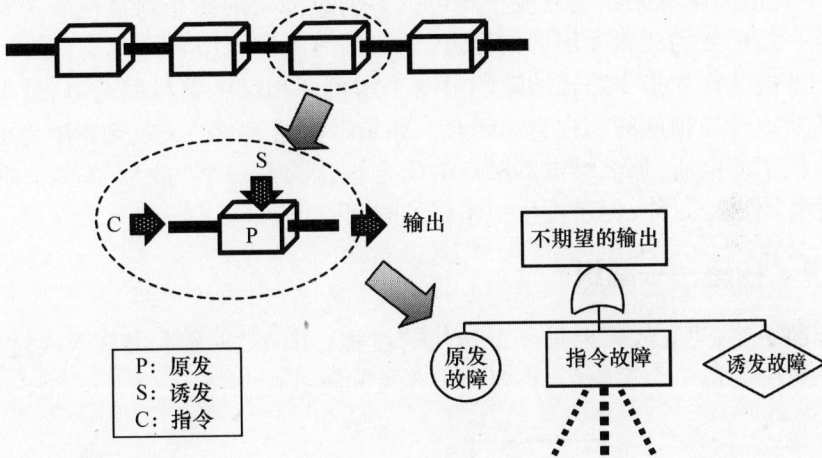

图 11.8   P – S – C 概念

图 11.8 描述了如何将系统元素细分为故障树结构中的原发、诱发和指令事件。有两类系统事件类型:可预期的和不可预期的。可预期的事件遵循期望的预期的系统运行模式,而指令路径故障则遵循不可预期的运行模式。

原发失效是系统元素的固有失效(例如电阻器开路)。原发失效只是会直接导致故障时间的内部部件失效。假定一个部件的失效与其他部件的失效无关(即独立的)。

诱发失效是外力作用在部件上的结果(例如电阻器开路是由于暴露于外部过热的环境中)。为了找出诱发失效事件需要全面了解影响系统部件的所有外部影响(例如过热、振动、电磁干扰等)。一个部件的失效可能与其他部件的失效有关系(即相关的)。该类型的部件失效是由其自身原发失效以外的其他原因导致的。

指令失效是由于特定失效而在不期望时间发生的一种可预计或预期的事件。例如,导弹发射是一个在任务某个时刻的可预期事件。但是,该事件可能会由于导弹解除保险和发射功能中的某些失效而"指令"提前发生。这个事件链中的失效和故障被称为指令路径故障。

指令路径是一个描绘系统中指令失效事件路径的事件链。通过对指令路径事件的分析得到了一种在故障树各层次识别故障的有序逻辑方式。在查找指令事件时,对于每个被分析的事件都要提问"哪些下游事件指令此事件发生?"的问题。在每个故障树分支结束时,指令路径将会以原发和/或诱发事件终止。

需要注意,指令路径是分析故障事件在系统中发展的基本原则。一旦分析完成,对比故障树和系统信号流程图可以看出故障树的指令路径代表了在系统中沿着一条单独的线索发展的信号流。

把继电器作为指令路径故障的另一个示例。当继电器线圈通电,继电器触点将按照设计与预期的那样自动闭合。如果继电器下游的失效无意中为继电器线圈提供了的电流,那么继电器触点的闭合被认为是一个"指令"失效。继电器按设计意图进行工作,但是发生在错误的时间。

11.5.4 构建——高级

如前所述,建立故障树是一个迭代的过程。图 11.9 显示出该迭代过程,对于故障树中的每一个逻辑门,都要提出 3 组问题:I–N–S、P–S–C 和 SS–SC。

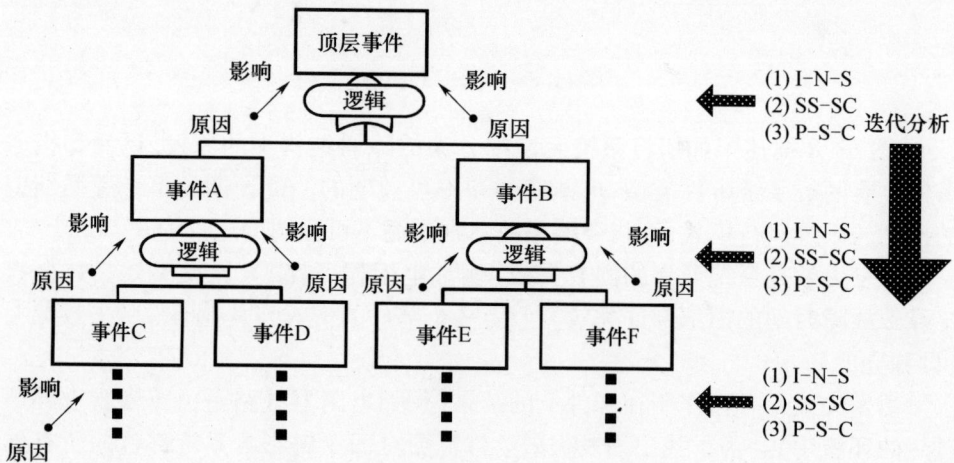

图 11.9 故障树构建步骤

回答这些问题可以得到门节点的输入事件和门节点所涉的逻辑。如图中所示,随着迭代分析的向下开展,因果关系以向上的方式连接在一起。

构建故障树所遵循的基本步骤包括：

（1）审查和理解需要调查的故障事件；

（2）通过以下问题识别该事件所有可能的原因；

① 直接的、必要的和充分的原因？

② 系统状态或部件状态？

③ 原发、诱发还是指令失效？

（3）确定因果事件的关系和逻辑；

（4）利用已确认的门节点输入事件和门节点逻辑构建故障树；

（5）仔细检查逻辑关系，以确保没有逻辑上的跳跃；

（6）追溯检查以确保识别的事件没有重复；

（7）对下一个故障事件（即门节点）重复上述步骤。

在进行该过程时，要记住如下一些关键事项：

（1）有可能时，从设计中不期望事件发生处开始分析；

（2）沿着信号或者逻辑流逆向工作（贯穿整个系统）；

（3）确保节点用词清晰、精确和完整；

（4）检查以确保所有的文本框有唯一的正文，没有重复；

（5）保证没有遗漏可能的故障事件；

（6）查找部件或故障事件转移状态（例如，"部件 A 没有输出信号"，"阀门 V1 没有输入流"）。

11.5.5　构建规则

构建和完善故障树的一些基本规则包括：

（1）为每个故障树节点提供完整的基本需求信息（节点类型、节点名称和说明文本）；

（2）为每个节点指定唯一的标示名称；

（3）不允许门节点与门节点的直接连接（总要有文本框）；

（4）通常都需在文本框中填入适当的内容，不允许空白；

（5）精准而正确地说明事件故障状态、使用状态转移用语；

（6）在继续下一步分析之前完成对于一个门节点所有输入的确定；

（7）将事件放置于相应的层次以便保持关系清晰；

（8）使用有实际意义的命名方式；

（9）不要从两个门节点引线到一个单一的输入（用 MOE 方法）；

（10）假设没有奇迹出现（即不可思议的部件失效防止了其他故障引起不期望事件）；

（11）I−N−S、P−S−C 和 SS−SC 是分析过程中使用的概念，不要在文本框中使用这些内容。

图 11.10 显示了一些违反故障树构建规则的典型案例。违反这些规则会产生许多问题。例如，如果漏掉了文本框或者框中无文本，那么查看故障树的人员就无法理解其中所涉及的逻辑关系。

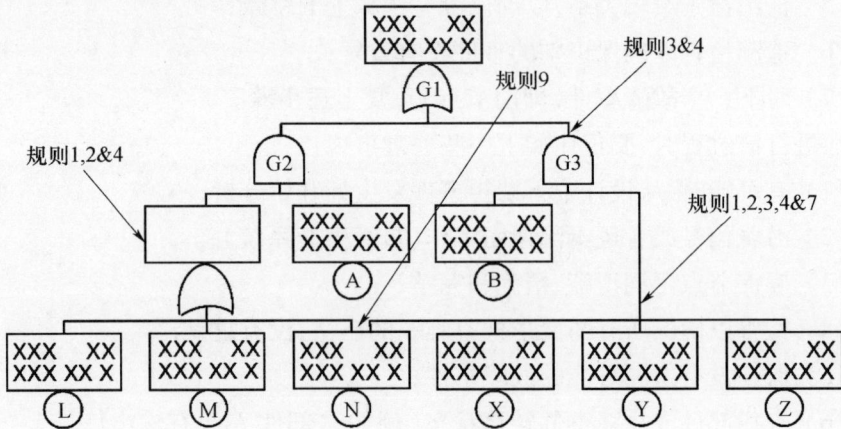

图 11.10　FT 构建错误

11.6　功能框图

当构建故障树时，要记住的一个重要思想就是功能框图（FBD）的使用。功能框图是对系统设计和运行的简化模型，以便于系统清晰易懂。功能框图表明了子系统接口和部件关系。还表明了系统要成功运行所必须执行的功能，因此也就指出了潜在的错误运行模式。构建故障树时，基于功能框图开展工作要比基于大型复杂电路图简单得多。首要的一般规则是：如果分析人员不能画出被分析系统的功能框图，那么分析人员并没有对这个系统的设计与运行有足够的认识。如图 11.11 所示，在很多例子中，功能框图直接为 FTA 形成了层次和事件。

182

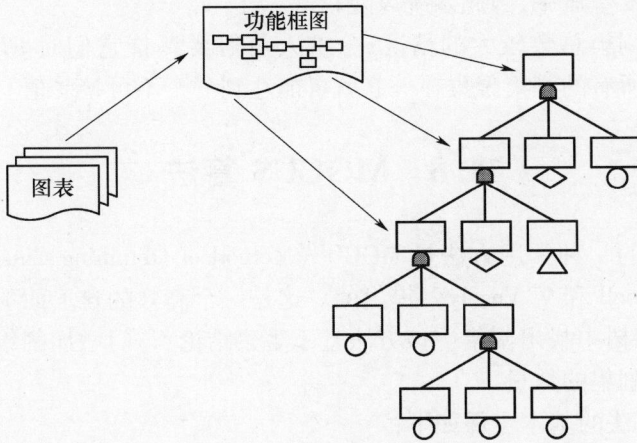

图 11.11　功能框图的应用

11.7　割　集

割集(CS)是 FTA 的关键产物之一,确定了可以导致 FTA 发生的部件失效和/或事件组合。割集还为概率计算提供了途径。本质上,割集通过确认有安全问题的部件、具有高概率的割集和被忽略的安全和冗余特性,揭示系统设计中的关键的和薄弱的环节。

图 11.2 是一个故障树示例,该图右边是其割集。依据割集的定义,每个割集都可以引起顶层不期望事件的发生。割集是依据布尔代数规则产生的,有多种不同的割集计算算法。

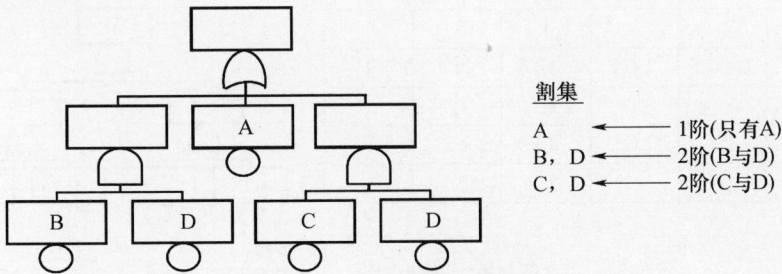

图 11.12　故障树割集示例

总之,对于割集有以下结论:

(1) 低阶割集表明高的安全脆弱性。一阶割集(也就是单点故障)有导致最大风险的趋势。

(2) 高阶割集表明低的安全脆弱性。高阶割集(例如五个输入的与门)往往有比较小的发生概率,因此系统风险较低。

（3）对于割集总数较大的情况,分析人员需要评价它们对 FTA 的共同风险。这是因为所有的割集聚集在一起就可能达到一个不可接受值。

11.8　MOCUS 算法

计算割集的一种常用方法是 MOCUS(Method of Obtaining Cutsets)算法,该方法是由 J Fussell 和 W Vesely[1] 提出的。这是一个高效的自上而下的门替换方法,可以从故障树中找出割集。该方法基于观察结论:与门增加割集中元素的数量和或门增加割集的数量。

MOCUS 算法的基本步骤如下:

（1）给所有的门节点和事件节点命名或编号;

（2）将最顶上的门列举在在矩阵的第一行;

（3）用如下标记法,将上端门替换为它的输入:

① 用其输入代替门,每个输入用逗号分开;

② 或门替换为垂直列,每个输入都新起一行;

（4）沿着故障树向下,迭代用每个门的输入替代门自身;

（5）当矩阵中只剩下基本输入时,替换过程就完成了,所有割集的列表就建立了;

（6）使用布尔代数运算,删除列表中所有非最小割集和重复割集;

（7）最终列表就包含了所有最小割集。

在故障树中应用 MOCUS 算法的示例如图 11.13 所示。图 11.14 是改进的 MOCUS 算法示例。

1.	2.	3.	4.	5.	6.
G1	G2,G3	1,G3	1,1	1	1
			1,3	1,3	
		2,G3	2,1	1,2	
			2,3	2,3	2,3

全部割集　最小割集

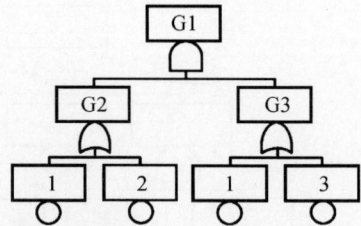

步骤:
① 顶层门事件
② 用G1的输入代替G1，G2和G3
③ 用G2的输入代替G2，1和2
④ 用G3的输入代替G3，1和3
⑤ 全部割集，有些不是最小割集
⑥ 消除最小割集

图 11.13　MOCUS 示例 1

G1 → G2,G3 → A,G3 → A,C
                      A,G5 → A,A,B → A,B
G4,G3 → B,G3 → B,C
                B,G5 → B,A,B → A,B
C,G3 → C,C → C
          C,G5 → C,A,B → A,B,C

$$\left.\begin{array}{l} A,C \\ A,B \\ B,C \\ A,B \\ C \\ A,B,C \end{array}\right\} \quad \begin{array}{l} C \\ A,B \end{array}$$

最小割集

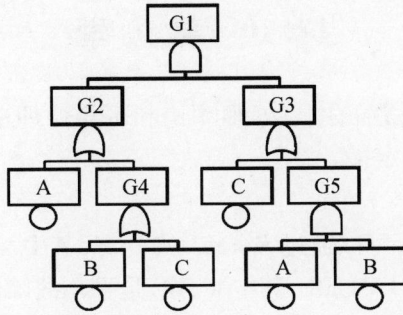

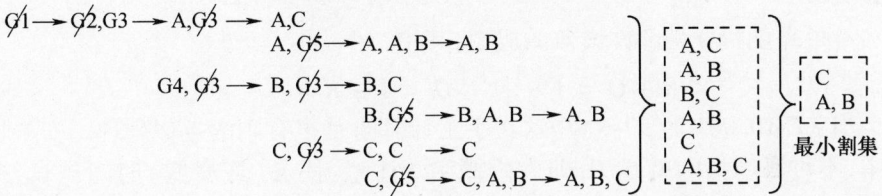

图 11.14 MOCUS 示例 2

11.9 自底向上算法

另外一种割集求解算法是自底向上算法,它只是反向的 MOCUS 算法。图 11.5 给出了如何使用该算法计算图 11.4 中故障树割集。可以看出,使用两种算法获得的结果是一样的。

$$G5 = A \cdot B = AB$$
$$G3 = C + G5 = C + AB$$
$$G4 = B + C$$
$$G2 = A + G4 = A + B + C$$
$$G1 = G2 \cdot G3$$
$$\quad = (A + B + C)(C + AB)$$
$$\quad = AC + AAB + BC + BAB + CC + CAB$$
$$\quad = AC + AB + BC + AB + C + ABC$$
$$\quad = C + AC + BC + AB + ABC$$
$$\quad = C + AB$$

图 11.15 自下而上算法示例

11.10 数 学

故障树的数学基础是布尔代数、概率论和可靠性理论。以下是 FTA 中经常用到的部分数学术语的定义。

1. 成功概率

部件的可靠度(R),可以通过 $R = e^{-\lambda T}$ 来计算,其中 λ 为部件故障率,T 为部件暴露时间。此外,$\lambda = 1/\mathrm{MTBF}$,其中 MTBF 是平均故障间隔时间。

失效概率

不可靠度(Q)是部件失效的概率,其中

$$R + Q = 1 \quad 且 \quad Q = 1 - R = 1 - e^{-\lambda T}$$

当 $\lambda T < 0.001$ 时,$Q \approx \lambda T$,这在手工计算时是很有用的近似处理。安全性工作中,不可靠度指的就是 P,即失效概率。注意:任务(或暴露)时间越长,失效的概率越高;并且,失效率越小,失效的概率越低。

2. 故障树的布尔规则

以下是直接应用于 FTA 中简化割集以得到最少部件集的布尔规则。为了简化具有 MOE 的故障树,必须遵守这些规则。

$$a \cdot a = a \qquad a + ab = a$$
$$a + a = a \qquad a(a + b) = a$$

3. 与门概率展开式

与门的概率为

$$P = P_A P_B P_C \cdots P_N$$

其中 N 为与门的输入总数

4. 或门概率展开式

或门的概率为

$$P = \left(\sum 一阶项 \right) - \left(\sum 二阶项 \right) + \left(\sum 三阶项 \right)$$
$$- \left(\sum 四阶项 \right) + \left(\sum 五阶项 \right) - \left(\sum 六阶项 \right) \cdots$$

以三个输入的或门为例

$$P = (P_A + P_B + P_C) - (P_{AB} + P_{AC} + P_{BC}) + (P_{ABC})$$

5. 故障树概率展开

整个故障树的布尔公式就是将所有的割集用或门连接在一起。这意味着概率计算就是所有割集的或运算展开式。

$$CS = \{ CS1 ; CS2 ; CS3 ; CS4 ; CS5 ; CS6 ; CS7 ; CS8 ; CS9 ; CS10 ;$$
$$CS11 ; CS12 ; CS13 ; CS14 ; \cdots \}$$

$$P = \left(\sum 一阶项 \right) - \left(\sum 二阶项 \right) + \left(\sum 三阶项 \right)$$
$$- \left(\sum 四阶项 \right) + \left(\sum 五阶项 \right) - \left(\sum 六阶项 \right) \cdots$$
$$P = \left(P_{CS1} + P_{CS2} + \cdots \right) - \left(P_{CS1} \cdot P_{CS2} + P_{CS1} \cdot P_{CS3} + \cdots \right)$$
$$+ \left(P_{CS1} \cdot P_{CS2} \cdot P_{CS3} + P_{CS1} \cdot P_{CS2} \cdot P_{CS4} + \cdots \right) - \cdots$$

6. 容—斥近似

大多数故障树都有大量的割集。用公式准确的表示大量的割集将会导致公式过于庞大,即使计算机也非常难以处理。容—斥近似法就是用于解决这个数值问题。这种近似方法表明或门展开式的第一部分是树的概率上限。这意味着真实的概率不会比这个值更大。展开式的第一部分和第二部分的代数和是树的概率下限。这意味着真实的概率不会比这个值更小。随着后续部分陆续加入计算,树的概率将会逼近精确值。

图 11.16 显示了具有四个割集的或门运算展开式以及式中的各个部分。

$$P = P_A + P_B + P_C + P_D - (P_{AB} + P_{AC} + P_{AD} + P_{BC} + P_{BD} + P_{CD}) + (P_{ABC} + P_{ABD} + P_{ACD} + P_{BCD}) - (P_{ABCD})$$

图 11.16　与门的展开式

图 11.17 则显示了如何通过把每个后续部分加入计算从而得到精确的概率。

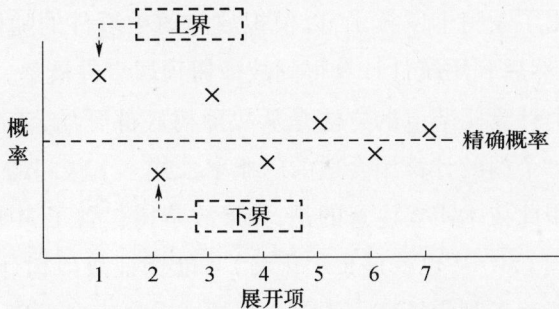

图 11.17　第一部分和第二部分界定的故障树概率

11.11 概　　率

顶层故障树概率是对计算的顶层不期望事件概率的通用术语。顶事件概率是通过故障树中的概率计算得到的,这些概率作为基本事件的输入,可以采用失效率与暴露时间的形式,也可以直接是概率值。根据特定顶层事件的定义,顶层事件概率可以是任务过程中顶层事件发生概率、给定时间段内顶层事件发生概率、顶层事件的纯粹概率数值或者顶层事件的不可用度。

门概率有时称为中间事件概率,因为该概率计算的是故障树顶层事件之下的中间事件概率。门节点可作为其下分支的顶层事件。中间门事件的概率分析有时在 FTA 中是很有用的。不论使用什么方法计算门概率(自上至下或者自下至上),如果 MOE 不能正确地通过数学方法得出(或者说求解出),那么最终结果就可能是错误的。

有多种不同的方法来计算故障树顶层事件概率,其中最常用的方法有以下几种:

(1) 用故障树割集直接解析求解;

(2) 自底向上逐个计算每个门节点;

(3) 仿真。

割集直接解析求解方法只是利用前述的或门展开式对所有割集求和。当割集的数量非常多时,计算起来就非常耗时而且很难得到准确的结果,这时就需要利用前述的"容—斥"近似法。

仿真方法采用了蒙特卡罗技术,以模拟故障树中事件的随机失效。经过数百万次运行试验,然后利用统计计算得到故障树顶层事件概率。

自底向上逐个计算门节点的方法是从故障树底部开始,依次向上计算树中的每个门节点。每个门的计算用合适的门概率公式。下级门的计算结果用于上级门的输入。使用此技术需要注意的是,如果故障树包含了 MOE 或者 MOB,必须正确处理 MOE 和 MOB(也就是布尔化简)才能保证故障树计算的正确性,这通常意味着需要依赖于割集计算。图 11.18 是一个自底向上逐个计算门节点的示例。

188

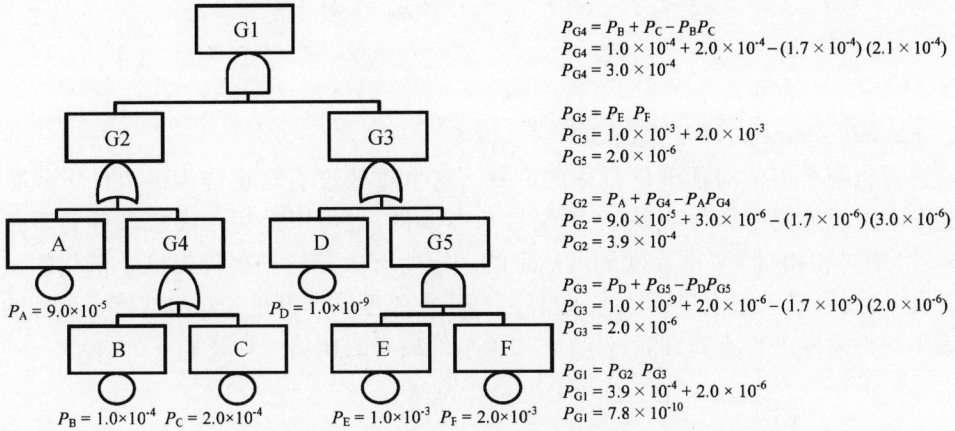

$P_{G4} = P_B + P_C - P_B P_C$
$P_{G4} = 1.0 \times 10^{-4} + 2.0 \times 10^{-4} - (1.7 \times 10^{-4})(2.1 \times 10^{-4})$
$P_{G4} = 3.0 \times 10^{-4}$

$P_{G5} = P_E \ P_F$
$P_{G5} = 1.0 \times 10^{-3} + 2.0 \times 10^{-3}$
$P_{G5} = 2.0 \times 10^{-6}$

$P_{G2} = P_A + P_{G4} - P_A P_{G4}$
$P_{G2} = 9.0 \times 10^{-5} + 3.0 \times 10^{-6} - (1.7 \times 10^{-6})(3.0 \times 10^{-6})$
$P_{G2} = 3.9 \times 10^{-4}$

$P_{G3} = P_D + P_{G5} - P_D P_{G5}$
$P_{G3} = 1.0 \times 10^{-9} + 2.0 \times 10^{-6} - (1.7 \times 10^{-9})(2.0 \times 10^{-6})$
$P_{G3} = 2.0 \times 10^{-6}$

$P_{G1} = P_{G2} \ P_{G3}$
$P_{G1} = 3.9 \times 10^{-4} + 2.0 \times 10^{-6}$
$P_{G1} = 7.8 \times 10^{-10}$

$P_A = 9.0 \times 10^{-5}$

$P_D = 1.0 \times 10^{-9}$

$P_B = 1.0 \times 10^{-4}$ $P_C = 2.0 \times 10^{-4}$

$P_E = 1.0 \times 10^{-3}$ $P_F = 2.0 \times 10^{-3}$

图 11.18　自底向上的门到门计算示例

11.12　重　要　度

FTA 的一个很重要的输出就是故障树事件和割集的重要度。重要度指标有助于识别系统设计和部件中的薄弱环节,从而提供最佳费效比的风险降低措施。故障树重要度依据故障树中所有事件对于顶事件概率的贡献来确定它们的重要性。中间门事件和基本事件都可以根据它们的重要度区分优先次序。顶事件重要度也可以计算,它给出了顶事件概率对于故障树中任何事件概率增加或减少的敏感程度。绝对和相对重要度都可以求解。

顶事件重要度的作用是通常可以表明相对较少的事件对于顶事件概率有重大影响。在很多故障树中,只有不到 20% 的基本事件是重大贡献事件,贡献了顶事件概率的 80% 到 90%。此外,故障树中事件的重要度通常可分组,不同组的指标会有显著差别。在这种情况下,重要度指标的差别是如此显著,以至于它们的值往往与 FTA 所使用的数据的精度关系不大。

故障树顶层重要度可用于对确认的重要区域分配项目资源以改进设计。可以进行权衡分析得到不同的设计更改费用下概率能改善多少。

对故障树中每个事件可计算出的基本重要度有:

1. 割集重要度

评价每个最小割集对故障树顶事件概率的贡献。该重要度提供了一种割集影响排序方法。割集重要度是通过计算割集概率与顶事件概率的比率而得到的。计算如下所示。

已知下列最小割集

1[①]

2,3

---

① 原著为"2",有误。——译者注

$$2,4 \quad \ggg \quad I_{2.4} = (P_2 \cdot P_4)/P_{\text{TOP}} \quad (\text{对于割集 } 2,4)$$

7

8,9

2. Fussell – Vesely（FV）重要度

评价每个事件对顶事件概率的贡献。这个重要度有时也称为顶事件贡献重要度。对故障树中的每个事件(不仅是基本事件,也可以是每个高层事件和贡献事件)绝对和相对 FV 重要度是可确定的。给所有故障树中事件提供了量化的重要度,从而可以对它们进行优先级排序。FV 重要度的计算是先对包括特定事件的最小割集概率进行求和,然后计算它与顶事件概率的比值。计算如下所示。

已知下列最小割集

$1^①$

$$2,3 \quad \ggg \quad I_2 = [P_2 \cdot P_3 + P_2 \cdot P_4]/P_{\text{TOP}}^② (\text{对于事件 } 2)$$

$2,4 \quad \ggg$

7

8,9

3. 风险降低价值(Risk Reduction Worth,RRW)

评价在一个特定事件确定不发生时,顶事件概率的减小情况。这个重要度也可称为顶事件降低灵敏度。该指标与前述的 FV 重要度相关。一个基本事件的 RRW 表明如果低层事件(即失效)不发生,顶事件概率的减少程度。因此它给出了改进一个项目对于顶事件概率的最大减少程度。对故障树中的每个事件和有贡献事件而言其 RRW 绝对值和相对值都是可确定的。RRW 的计算一般是将特定事件的概率设为 0.0,然后重新计算故障树或最小割集。该指标的计算以及风险实现值、Birnbaum 重要度(见下文)都与偏导数类似,计算时所有其他事件的概率保持不变。

4. 风险实现价值(Risk Achievement Worth,RAW)

评价一个特定事件发生时,顶事件概率的增加情况。这个重要度也可称为顶事件增加灵敏度。RAW 说明了预防活动关注的焦点应该在什么位置以确保失效不会发生。由于具有最大 RAW 值的失效对系统具有最大的影响,就应当避免发生这些失效。RAW 还能给出对应急预案最重要的事件。在故障树中的每个事件和贡献事件的绝对 RAW 和相对 RAW 都是可获得的。RRW 的计算一般是将特定事件的概率设为 1.0,然后重新计算故障树或最小割集。

---

① 原著为"2 $\ggg$",有误。——译者注

② 原著为"$I_2 = [(P_2) + (P_2P_3)(P_2P_4)]/P_{\text{TOP}}$",有误。——译者注

5. Birnbaum 重要度(BB)

评价一个特定事件的概率改变时,顶事件概率的变化率。BB 计算相当于敏感度分析,可以通过计算给定事件的概率分别是 1.0 和 0.0 时的顶事件概率之差得到。因为 BB 计算有其特定的计算方式,所以不用考虑事件的发生概率。BB 与 RAW 和 RRW 相关,当它们表达在一个区间范围(绝对值)时 BB = RAW − RRW。[①]

以上重要度和敏感度指标不但可用于故障树的计算,而且可以用于与其等价的成功树的计算。当用于成功树时,这些指标给出了一个没有发生事件的重要度。这里的顶事件是不发生不期望事件,树中每个事件是不发生的事件。因此,当用于成功树中的一个事件时,FV 重要度给出了该事件不发生对顶事件不发生的贡献。RRW 给出了如果该事件不发生的概率为 0 时(即该事件发生)不发生顶事件的概率减小情况。RAW 给出了如果该事件不发生的概率为 1.0(即该事件确定不发生)时顶不发生事件的概率增加情况。成功树的重要度给出了与故障树等价的信息,只是其出发点是不发生或成功。

11.13   示 例 1

图 11.19 是一示例的汇总,包括相应的故障树、割集和概率计算。

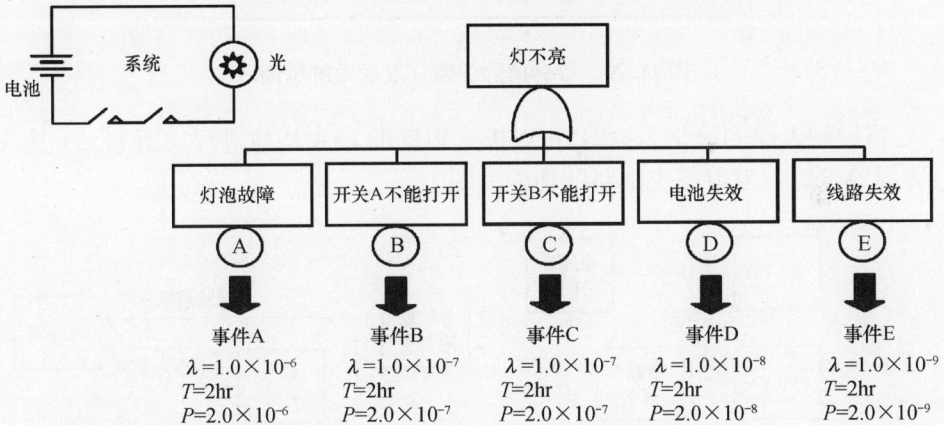

图 11.19   故障树、割集和概率计算示例

---

① 原著为"BB = RAW + RRW",有误——译者注

11.14 示 例 2

图 11.20 是一个导弹系统发射与解除保险电路的示例,其中为了显示故障树结构,进行了一定的简化。该图显示了此系统功能的基本电路图。注意该示例是特意简化的系统,仅为了演示故障树的构建。其目的是说明如何在设计阶段开展主动式 FTA 的构建和评价。

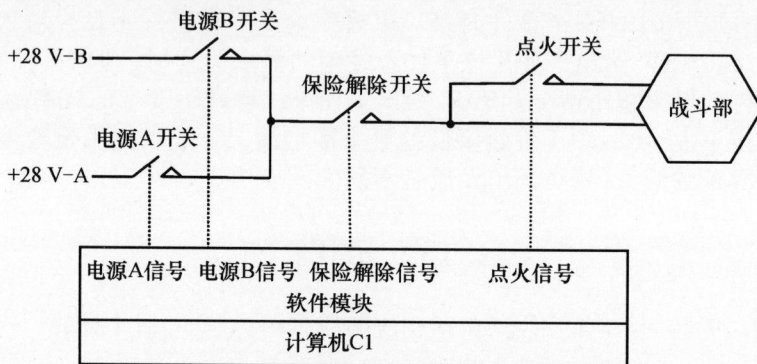

图 11.20 导弹解除保险 – 发射系统示例

将详细电路图简化为框图,可以极大地辅助 FTA 构建进程。图 11.21 是该导弹解除保险 – 发射系统电路的功能框图。

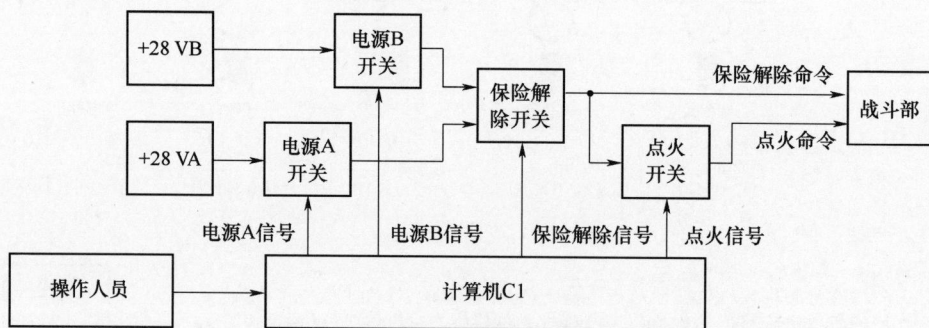

图 11.21 系统功能框图

由功能框图构建故障树前三层的过程如图 11.22 所示。FTA 由战斗部开始,沿着系统的指令路径追溯开展。

192

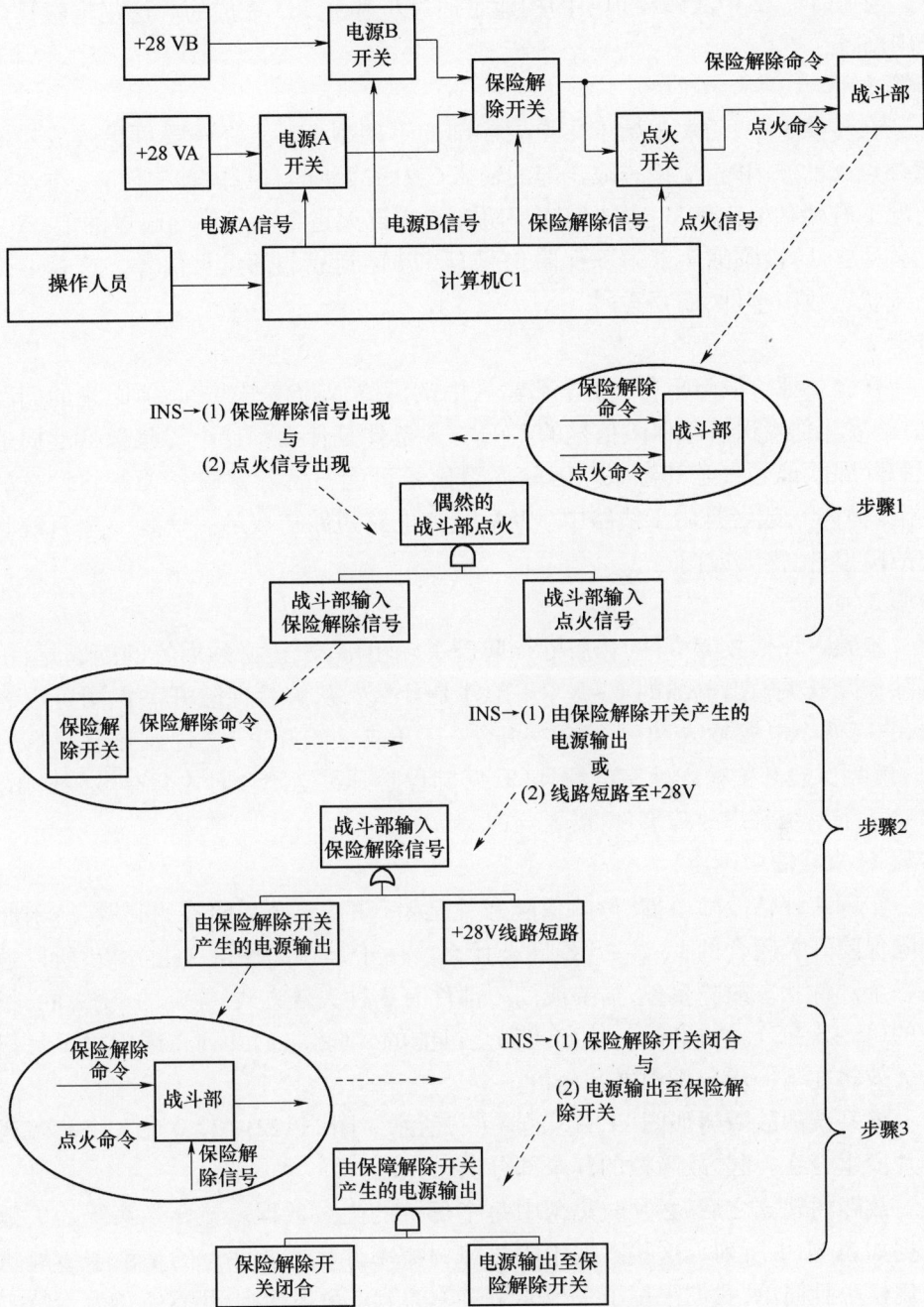

图 11.22　系统 FBD 和 FT 构建步骤

在图 11.22 中故障树顶层的构建是通过步骤 1,2,3 完成的。这些步骤具体解释如下:

步骤 1

在步骤 1 中,FTA 起始于导弹战斗部的不期望事件。在查找可导致战斗部意外点火的原因时,应检查战斗部的输入(忽略战斗部自身内部构件)。在这种情况下有两种输入信号:弹头解除保险和弹头点火指令。战斗部起爆的 I－N－S 原因是(1)接到战斗部解除保险信号且(2)接到战斗部点火信号。这是一个系统状态故障事件,需要与门。

步骤 2

步骤 2 评价故障事件"战斗部输入中的解除保险信号"。必须回答的问题是:给战斗部发送解除保险信号的 I－N－S 条件是什么? 这个步骤包括反向追踪解除保险信号直至其源头。解除保险信号可能是解除保险开关意外发送的(指令故障),或者是由于线路中 +28V 直流电路短路造成的。这是一个系统状态故障事件,需要或门。

步骤 3

步骤 3 评估故障事件"由解除保险开关输出电源"。必须回答的问题是:由解除保险开关输出电源的 I－N－S 条件是什么? 从解除保险开关框图可以看出,它有两个电源输入和一个输入指令(打开或关闭开关)。这意味着只有在(1)解除保险开关输入处有电源且(2)解除保险开关是闭合时才会有电源输出。这是一个系统状态故障事件,需要与门。

步骤 4(未在图中画出)

步骤 4 评估故障事件"解除保险开关是闭合的"。必须回答的问题是:引起解除保险开关闭合的 I－N－S 条件是什么? 由于是在部件层次上分析,所以这是一个部件状态故障事件,需要或门。部件有 3 种失效方式:原发的,诱发的,指令的(P－S－C)。如果每一种方式都是可能的,则将它们并列在或门之下。指令失效将在下一步分析中展开分析。

该系统的故障树如图 11.23(a)~(c)所示。图 11.22 中建立的 3 个故障树分片段组合在一起,故障树的其余部分也已完成。

故障树建立之后,必须收集树中每个部件的失效数据。该导弹系统的失效数据如表 11.1 所列。这些数据用于故障树概率计算。要注意的是由于该故障树规模小且简单,我们采用了一个非常简单的节点命名规则,用首字母表示特定的节点类型,如下所示:

X:表示原发失效(圆形);

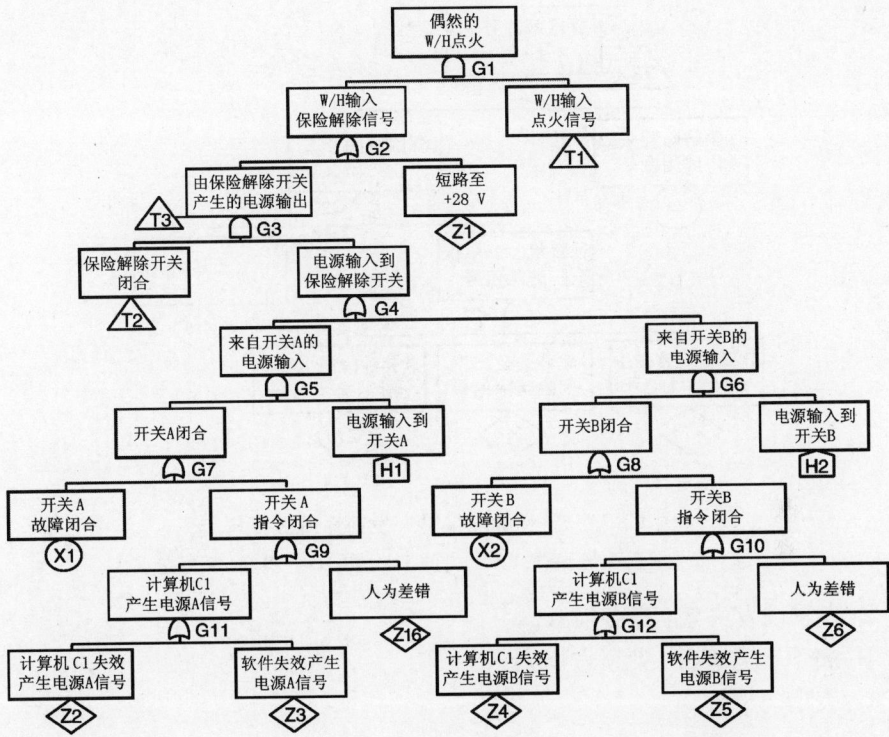

(a)

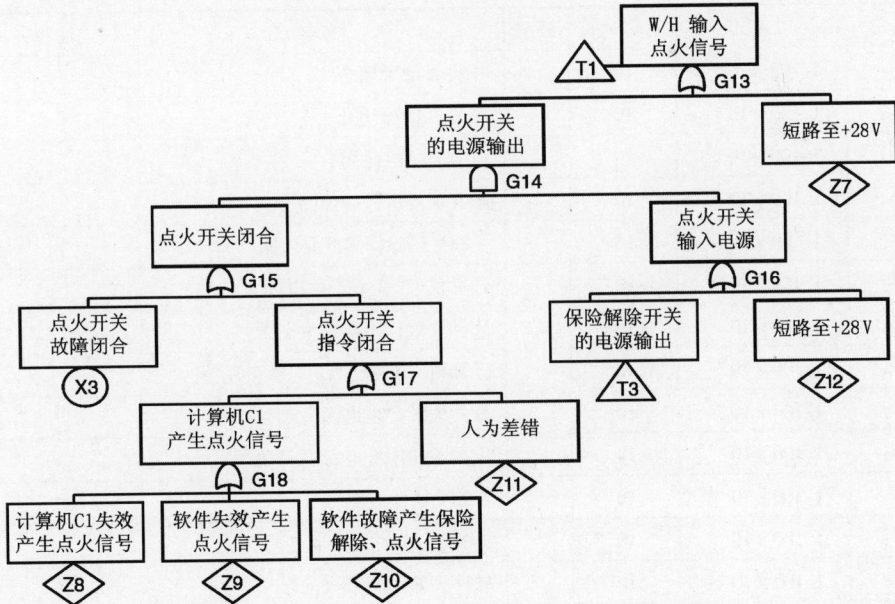

(b)

195

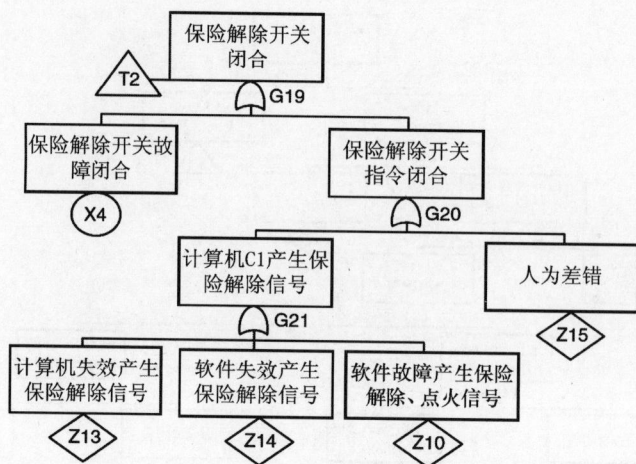

(c)

图 11.23　导弹解除保险—发射系统故障树

（a）战斗部意外点火 FT；（b）FT 的 T1 分支；（c）FT 的 T2 分支。

Z:表示诱发失效(菱形);

H:表示普通事件(尖顶方框);

G:表示门事件。

表 11.1　基本事件数据

名称	λ	暴露时间	概率	文本	注释
X_1	1.100×10^{-5}	10		开关 A 故障闭合	
X_2	1.100×10^{-5}	10		开关 B 故障闭合	
X_3	1.100×10^{-5}	10		点火开关故障闭合	
X_4	1.100×10^{-5}	10		解除保险开关故障闭合	
Z_1	1.100×10^{-9}	10		+28V 解除保险线路短路	
Z_2	1.100×10^{-7}	10		计算机 C1 失效产生电源 A 信号	
Z_3	1.100×10^{-7}	10		软件失效产生电源 A 信号	
Z_4	1.100×10^{-7}	10		计算机 C1 失效产生电源 B 信号	
Z_5	1.100×10^{-7}	10		软件失效产生电源 B 信号	
Z_6	1.100×10^{-4}	10		人为差错闭合电源 B 开关	
Z_7	1.100×10^{-9}	10		+28V 线路短路	
Z_8	1.100×10^{-7}	10		计算机 C1 失效产生点火信号	
Z_9	1.100×10^{-7}	10		软件失效产生点火信号	
Z_{10}	1.100×10^{-7}	10		软件故障产生解除保险、点火信号	多发事件

名称	λ	暴露时间	概率	文本	注释
Z_{11}	1.100×10^{-4}	10		人为差错闭合点火开关	
Z_{12}	1.100×10^{-9}	10		+28V 线路短路	
Z_{13}	1.100×10^{-7}	10		计算机 C1 失效产生解除保险信号	
Z_{14}	1.100×10^{-7}	10		软件失效产生解除保险信号	
Z_{15}	1.100×10^{-4}	10		人为差错闭合解除保险开关	
Z_{16}	1.100×10^{-4}	10		人为差错闭合电源 A 开关	
H_1			1.0	电源输入至开关 A	
H_2			1.0	电源输入至开关 B	

该故障树的最小割集如表 11.2 所列,其中每个最小割集都有其概率。表中的割集依据其发生概率的大小进行排序。需要注意的是该故障树只含有 22 个部件却得到了 216 个割集。割集表显示没有阶数为 1 的割集(即单点失效),还显示有 2 个二阶割集以及 205 个三阶割集。

表 11.2　FT 割集

1	1.10×10^{-6}	H_1	Z_{10}		51	1.21×10^{-12}	H_1	Z_{14}	Z_9
2	1.10×10^{-6}	H_2	Z_{10}		52	1.21×10^{-12}	H_2	X_4	Z_7
3	1.21×10^{-6}	H_1	Z_{11}	Z_{15}	53	1.21×10^{-12}	H_2	Z_{13}	Z_8
4	1.21×10^{-6}	H_2	Z_{11}	Z_{15}	54	1.21×10^{-12}	H_2	Z_{13}	Z_9
5	1.21×10^{-7}	H_1	X_3	Z_{15}	55	1.21×10^{-12}	H_2	Z_{14}	Z_8
6	1.21×10^{-7}	H_1	X_4	Z_{11}	56	1.21×10^{-12}	H_2	Z_{14}	Z_9
7	1.21×10^{-7}	H_2	X_3	Z_{15}	57	1.21×10^{-12}	H_{10}	Z_2	
8	1.21×10^{-7}	H_2	X_4	Z_{11}	58	1.21×10^{-12}	Z_{10}	Z_3	
9	1.21×10^{-8}	H_1	X_3	X_4	59	1.21×10^{-12}	Z_{10}	Z_4	
10	1.21×10^{-8}	H_2	X_3	X_4	60	1.21×10^{-12}	Z_{10}	Z_5	
11	1.21×10^{-9}	H_1	Z_{11}	Z_{13}	61	1.33×10^{-12}	X_1	X_3	X_4
12	1.21×10^{-9}	H_1	Z_{11}	Z_{14}	62	1.33×10^{-12}	X_2	X_3	X_4
13	1.21×10^{-9}	H_1	Z_{15}	Z_8	63	1.33×10^{-12}	Z_{11}	Z_{13}	Z_{16}
14	1.21×10^{-9}	H_1	Z_{15}	Z_9	64	1.33×10^{-12}	Z_{11}	Z_{13}	Z_6
15	1.21×10^{-9}	H_2	Z_{11}	Z_{13}	65	1.33×10^{-12}	Z_{11}	Z_{14}	Z_{16}
16	1.21×10^{-9}	H_2	Z_{11}	Z_{14}	66	1.33×10^{-12}	Z_{11}	Z_{14}	Z_6
17	1.21×10^{-9}	H_2	Z_{15}	Z_8	67	1.33×10^{-12}	Z_{11}	Z_{15}	Z_2

18	1.21×10^{-9}	H_2	Z_{15}	Z_9	68	1.33×10^{-12}	Z_{11}	Z_{15}	Z_3
19	1.21×10^{-9}	H_{10}	Z_{16}		69	1.33×10^{-12}	Z_{11}	Z_{15}	Z_4
20	1.21×10^{-9}	H_{10}	Z_6		70	1.33×10^{-12}	Z_{11}	Z_{15}	Z_5
21	1.33×10^{-9}	Z_{11}	Z_{15}	Z_{16}	71	1.33×10^{-12}	Z_{15}	Z_{16}	Z_8
22	1.33×10^{-9}	Z_{11}	Z_{15}	Z_6	72	1.33×10^{-12}	Z_{15}	Z_{16}	Z_9
23	1.21×10^{-10}	H_1	X_3	Z_{13}	73	1.33×10^{-12}	Z_{15}	Z_6	Z_8
24	1.21×10^{-10}	H_1	X_3	Z_{14}	74	1.33×10^{-12}	Z_{15}	Z_6	Z_9
25	1.21×10^{-10}	H_1	X_4	Z_8	75	1.33×10^{-13}	X_1	Z_{11}	Z_{13}
26	1.21×10^{-10}	H_1	X_4	Z_9	76	1.33×10^{-13}	X_1	Z_{11}	Z_{14}
27	1.21×10^{-10}	H_2	X_3	Z_{13}	77	1.33×10^{-13}	X_1	Z_{15}	Z_8
28	1.21×10^{-10}	H_2	X_3	Z_{14}	78	1.33×10^{-13}	X_1	Z_{15}	Z_9
29	1.21×10^{-10}	H_2	X_4	Z_8	79	1.33×10^{-13}	X_2	Z_{11}	Z_{13}
30	1.21×10^{-10}	H_2	X_4	Z_9	80	1.33×10^{-13}	X_2	Z_{11}	Z_{14}
31	1.21×10^{-10}	X_1	Z_{10}		81	1.33×10^{-13}	X_2	Z_{15}	Z_8
32	1.21×10^{-10}	X_2	Z_{10}		82	1.33×10^{-13}	X_2	Z_{15}	Z_9
33	1.33×10^{-10}	X_1	X_{11}	Z_{15}	83	1.33×10^{-13}	X_3	Z_{13}	Z_{16}
34	1.33×10^{-10}	X_2	Z_{11}	Z_{15}	84	1.33×10^{-13}	X_3	Z_{13}	Z_6
35	1.33×10^{-10}	X_3	Z_{15}	Z_{16}	85	1.33×10^{-13}	X_3	Z_{14}	Z_{16}
36	1.33×10^{-10}	X_3	Z_{15}	Z_6	86	1.33×10^{-13}	X_3	Z_{14}	Z_6
37	1.33×10^{-10}	X_4	Z_{11}	Z_{16}	87	1.33×10^{-13}	X_3	Z_{15}	Z_2
38	1.33×10^{-10}	X_4	Z_{11}	Z_6	88	1.33×10^{-13}	X_3	Z_{15}	Z_3
39	1.21×10^{-11}	H_1	Z_{15}	Z_7	89	1.33×10^{-13}	X_3	Z_{15}	Z_4
40	1.21×10^{-11}	H_2	Z_{15}	Z_7	90	1.33×10^{-13}	X_3	Z_{15}	Z_5
41	1.33×10^{-11}	X_1	X_3	Z_{15}	91	1.33×10^{-13}	X_4	Z_{11}	Z_2
42	1.33×10^{-11}	X_1	X_4	Z_{11}	92	1.33×10^{-13}	X_4	Z_{11}	Z_3
43	1.33×10^{-11}	X_2	X_3	Z_{15}	93	1.33×10^{-13}	X_4	Z_{11}	Z_4
44	1.33×10^{-11}	X_2	X_4	Z_{11}	94	1.33×10^{-13}	X_4	Z_{11}	Z_5
45	1.33×10^{-11}	X_3	X_4	Z_{16}	95	1.33×10^{-13}	X_4	Z_{16}	Z_8
46	1.33×10^{-11}	X_3	X_4	Z_6	96	1.33×10^{-13}	X_4	Z_{16}	Z_9
47	1.21×10^{-12}	H_1	X_4	Z_7	97	1.33×10^{-13}	X_4	Z_6	Z_8
48	1.21×10^{-12}	H_1	Z_{13}	Z_8	98	1.33×10^{-13}	X_4	Z_6	Z_9
49	1.21×10^{-12}	H_1	Z_{13}	Z_9	99	1.21×10^{-14}	H_1	Z_{13}	Z_7
50	1.21×10^{-12}	H_1	Z_{14}	Z_8	100	1.21×10^{-14}	H_1	Z_{14}	Z_7
101	1.21×10^{-14}	H_2	Z_{13}	Z_7	153	1.33×10^{-16}	X_2	Z_{13}	Z_9
102	1.21×10^{-14}	H_2	Z_{14}	Z_7	154	1.33×10^{-16}	X_2	Z_{14}	Z_8
103	1.33×10^{-14}	X_1	X_3	Z_{13}	155	1.33×10^{-16}	X_2	Z_{14}	Z_9

（续）

104	1.33×10^{-14}	X_1	X_3	Z_{14}	156	1.33×10^{-16}	X_3	Z_{13}	Z_2
105	1.33×10^{-14}	X_1	X_4	Z_8	157	1.33×10^{-16}	X_3	Z_{13}	Z_3
106	1.33×10^{-14}	X_1	X_4	Z_9	158	1.33×10^{-16}	X_3	Z_{13}	Z_4
107	1.33×10^{-14}	X_2	X_3	Z_{13}	159	1.33×10^{-16}	X_3	Z_{13}	Z_5
108	1.33×10^{-14}	X_2	X_3	Z_{14}	160	1.33×10^{-16}	X_3	Z_{14}	Z_2
109	1.33×10^{-14}	X_2	X_4	Z_8	161	1.33×10^{-16}	X_3	Z_{14}	Z_3
110	1.33×10^{-14}	X_2	X_4	Z_9	162	1.33×10^{-16}	X_3	Z_{14}	Z_4
111	1.33×10^{-14}	X_3	X_4	Z_2	163	1.33×10^{-16}	X_3	Z_{14}	Z_5
112	1.33×10^{-14}	X_3	X_4	Z_3	164	1.33×10^{-16}	X_4	Z_2	Z_8
113	1.33×10^{-14}	X_3	X_4	Z_4	165	1.33×10^{-16}	X_4	Z_2	Z_9
114	1.33×10^{-14}	X_3	X_4	Z_5	166	1.33×10^{-16}	X_4	Z_3	Z_8
115	1.33×10^{-14}	Z_{15}	Z_{16}	Z_7	167	1.33×10^{-16}	X_4	Z_3	Z_9
116	1.33×10^{-14}	Z_{15}	Z_6	Z_7	168	1.33×10^{-16}	X_4	Z_4	Z_8
117	1.33×10^{-15}	X_1	Z_{15}	Z_7	169	1.33×10^{-16}	X_4	Z_4	Z_9
118	1.33×10^{-15}	X_2	Z_{15}	Z_7	170	1.33×10^{-16}	X_4	Z_5	Z_8
119	1.33×10^{-15}	X_4	Z_{16}	Z_7	171	1.33×10^{-16}	X_4	Z_5	Z_9
120	1.33×10^{-15}	X_4	Z_6	Z_7	172	1.33×10^{-17}	Z_{13}	Z_{16}	Z_7
121	1.33×10^{-15}	Z_{11}	Z_{13}	Z_2	173	1.33×10^{-17}	Z_{13}	Z_6	Z_7
122	1.33×10^{-15}	Z_{11}	Z_{13}	Z_3	174	1.33×10^{-17}	Z_{14}	Z_{16}	Z_7
123	1.33×10^{-15}	Z_{11}	Z_{13}	Z_4	175	1.33×10^{-17}	Z_{14}	Z_6	Z_7
124	1.33×10^{-15}	Z_{11}	Z_{13}	Z_5	176	1.33×10^{-17}	Z_{15}	Z_2	Z_7
125	1.33×10^{-15}	Z_{11}	Z_{14}	Z_2	177	1.33×10^{-17}	Z_{15}	Z_3	Z_7
126	1.33×10^{-15}	Z_{11}	Z_{14}	Z_3	178	1.33×10^{-17}	Z_{15}	Z_4	Z_7
127	1.33×10^{-15}	Z_{11}	Z_{14}	Z_4	179	1.33×10^{-17}	Z_{15}	Z_5	Z_7
128	1.33×10^{-15}	Z_{11}	Z_{14}	Z_5	180	1.33×10^{-18}	X_1	Z_{13}	Z_7
129	1.33×10^{-15}	Z_{13}	Z_{16}	Z_8	181	1.33×10^{-18}	X_1	Z_{14}	Z_7
130	1.33×10^{-15}	Z_{13}	Z_{16}	Z_9	182	1.33×10^{-18}	X_2	Z_{13}	Z_7
131	1.33×10^{-15}	Z_{13}	Z_6	Z_8	183	1.33×10^{-18}	X_2	Z_{14}	Z_7
132	1.33×10^{-15}	Z_{13}	Z_6	Z_9	184	1.33×10^{-18}	X_4	Z_2	Z_7
133	1.33×10^{-15}	Z_{14}	Z_{16}	Z_8	185	1.33×10^{-18}	X_4	Z_3	Z_7
134	1.33×10^{-15}	Z_{14}	Z_{16}	Z_9	186	1.33×10^{-18}	X_4	Z_4	Z_7
135	1.33×10^{-15}	Z_{14}	Z_6	Z_8	187	1.33×10^{-18}	X_4	Z_5	Z_7

136	1.33×10^{-15}	Z_{14}	Z_6	Z_9	188	1.33×10^{-18}	Z_{13}	Z_2	Z_8
137	1.33×10^{-15}	Z_{15}	Z_2	Z_8	189	1.33×10^{-18}	Z_{13}	Z_2	Z_9
138	1.33×10^{-15}	Z_{15}	Z_2	Z_9	190	1.33×10^{-18}	Z_{13}	Z_3	Z_8
139	1.33×10^{-15}	Z_{15}	Z_3	Z_8	191	1.33×10^{-18}	Z_{13}	Z_3	Z_9
140	1.33×10^{-15}	Z_{15}	Z_3	Z_9	192	1.33×10^{-18}	Z_{13}	Z_4	Z_8
141	1.33×10^{-15}	Z_{15}	Z_4	Z_8	193	1.33×10^{-18}	Z_{13}	Z_4	Z_9
142	1.33×10^{-15}	Z_{15}	Z_4	Z_9	194	1.33×10^{-18}	Z_{13}	Z_5	Z_8
143	1.33×10^{-15}	Z_{15}	Z_5	Z_8	195	1.33×10^{-18}	Z_{13}	Z_5	Z_9
144	1.33×10^{-15}	Z_{15}	Z_5	Z_9	196	1.33×10^{-18}	Z_{14}	Z_2	Z_8
145	1.21×10^{-16}	Z_1	Z_7		197	1.33×10^{-18}	Z_{14}	Z_2	Z_9
146	1.33×10^{-16}	X_1	X_4	—	198	1.33×10^{-18}	Z_{14}	Z_3	Z_8
147	1.33×10^{-16}	X_1	Z_{13}	Z_8	199	1.33×10^{-18}	Z_{14}	Z_3	Z_9
148	1.33×10^{-16}	X_1	Z_{13}	Z_9	200	1.33×10^{-18}	Z_{14}	Z_4	Z_8
149	1.33×10^{-16}	X_1	Z_{14}	Z_8	201	1.33×10^{-18}	Z_{14}	Z_4	Z_9
150	1.33×10^{-16}	X_1	Z_{14}	Z_9	202	1.33×10^{-18}	Z_{14}	Z_5	Z_8
151	1.33×10^{-16}	X_2	X_4	Z_7	203	1.33×10^{-18}	Z_{14}	Z_5	Z_9
152	1.33×10^{-16}	X_2	Z_{13}	Z_8	204	1.33×10^{-19}	Z_1	Z_{11}	Z_{12}
205	1.33×10^{-20}	X_3	Z_1	Z_{12}	211	1.33×10^{-20}	Z_{14}	Z_3	Z_7
206	1.33×10^{-20}	Z_{13}	Z_2	Z_7	212	1.33×10^{-20}	Z_{14}	Z_4	Z_7
207	1.33×10^{-20}	Z_{13}	Z_3	Z_7	213	1.33×10^{-20}	Z_{14}	Z_5	Z_7
208	1.33×10^{-20}	Z_{13}	Z_4	Z_7	214	1.33×10^{-22}	Z_1	Z_{10}	Z_{12}
209	1.33×10^{-20}	Z_{13}	Z_5	Z_7	215	1.33×10^{-22}	Z_1	Z_{12}	Z_8
210	1.33×10^{-20}	Z_{14}	Z_2	Z_7	216	1.33×10^{-22}	Z_1	Z_{12}	Z_9

通过计算，该故障树的顶事件概率为 $P = 5.142 \times 10^{-6}$。经过快速核对，通过将割集一级项概率求和并与故障树概率对比，该故障树概率大致是合理的。

需要注意的是一些三阶割集的概率比某些二阶割集的概率还要高。但是，经进一步检查发现许多这样的三阶割集包含有发生概率为 1.0 的 H 事件（即正常事件），因此将这些割集也划分为二阶割集。

图 11.24 是一个具有最大概率值割集（CS-1）的故障树。这个 CS-1 故障树显示出所涉及的基本事件和通向故障树顶端的路径。该 CS-1 故障树中需要关注的是，与割集列表相反，故障树中有单点故障。CS-1 包括 Z10 与 H1 事件。但是，由于事件 H1 是一个发生概率为 1.0 的正常事件，不计为失效。因

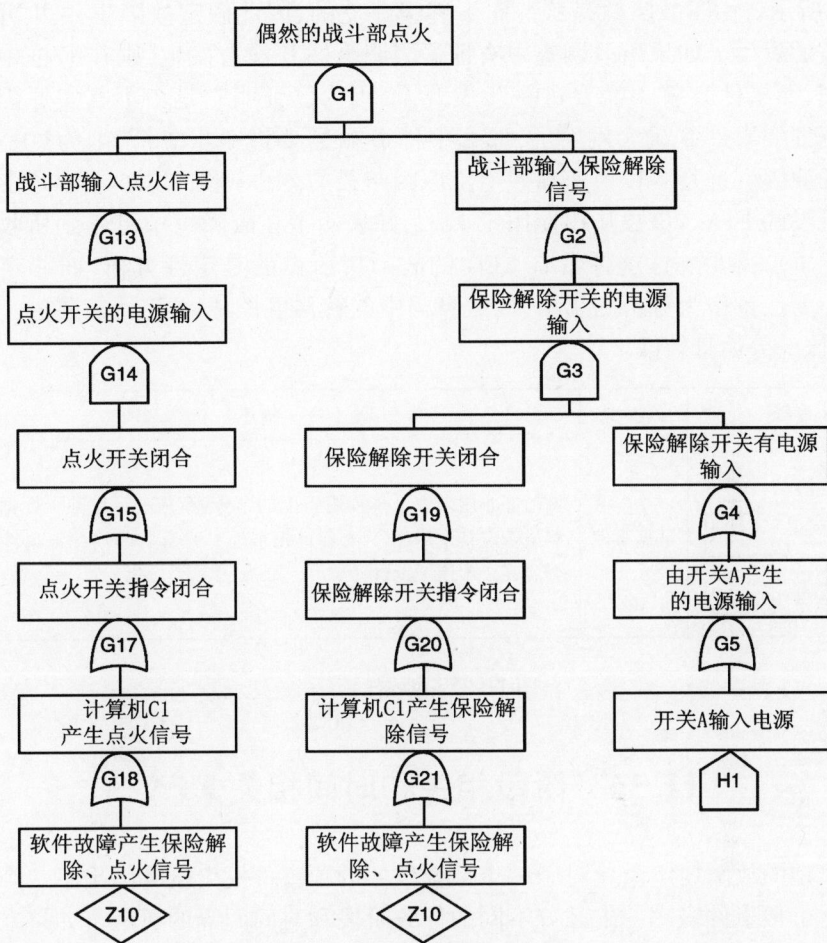

图 11.24　最大概率值割集的 FT

此，只有事件 Z10 是导致顶层不期望事件的充要条件。另一个需要关注的是事件 Z10 是一个 MOE，发生在与门两边，因此有效地绕过了特意设计的系统冗余。在割集列表中还需要注意的是一些三阶割集的概率比某些二阶割集的概率还要高。从这个简短的割集分析说明了充分地评价每个割集的重要性。

11.15　示　例 3

此示例涉及一个在不期望事故发生后进行的被动式 FTA。该例显示了在为事故调查开展 FTA 时如何使用证据事件门（EEG）。证据事件门的定义如图

11.25 所示。由于故障树是从上向下逐级建立的,因此假定故障事件 B 可能导致事故的发生。如果事故调查中有证据表明事件 B 没有发生,则在 E 框中说明该证据,而事件 B 就不需要进一步展开了,因为已证明它是个不真实原因。如果证据证明事件 B 确实发生了,那么事件 B 就需要进一步分析,因为这是一个肯定的原因。这是一种快速高效追踪原因路径的方法。图 11.26 给出了泰坦尼克号沉没的 FTA。该故障树使用了 EEG,并表明了在故障树中可用到所收集证据的位置。需要注意这种带有 EEG 的故障树所做的是定性分析,而非定量分析。还要注意作为分析的结果,该故障树中的转移事件 A 与 B 还需要进一步研究,但该部分信息暂缺。

符号	门类型	描述
A E B	证据事件	该门并非用来表示某种逻辑上的结合,而是表示用某个证据来证实或否定某个路径,只有在证据事件 E 是真实的情况下事件 B 才会展开。不用于定量计算

图 11.25 证据门定义

11.16 阶段相关和时间相关 FTA

典型的故障树定量化对于一个系统任务的顶事件发生概率给出了一个单一值。这个顶事件概率并未区分不同的任务阶段和时间间隔的贡献。如果在故障树中反映出所分析的任务有不同的阶段,那么得到的顶事件概率是任务的总概率。与之类似,如果系统故障事件是按时间间隔建模的,那么得到的顶事件概率就是整个时间间隔内的的系统失效概率。在这种情况下,无法得到时间间隔内不同段的单个概率。

大多数故障树软件不能得到与阶段或者时间相关的结果。这并非故障树模型本身的局限性,而是软件的限制。不同的任务阶段都可以在故障树中建模。同样,也能提供每个部件的故障率和时间间隔。但是,典型故障树软件只是计算总体概率,没有能力将概率分解计算得更详细。

但故障树软件的这一限制通常并不是问题,因为大多数的应用只是需要计算单一任务概率。如果需要有阶段或者时间相关的结果,有两个选择:

(1)使用具有这些计算能力的专用软件;

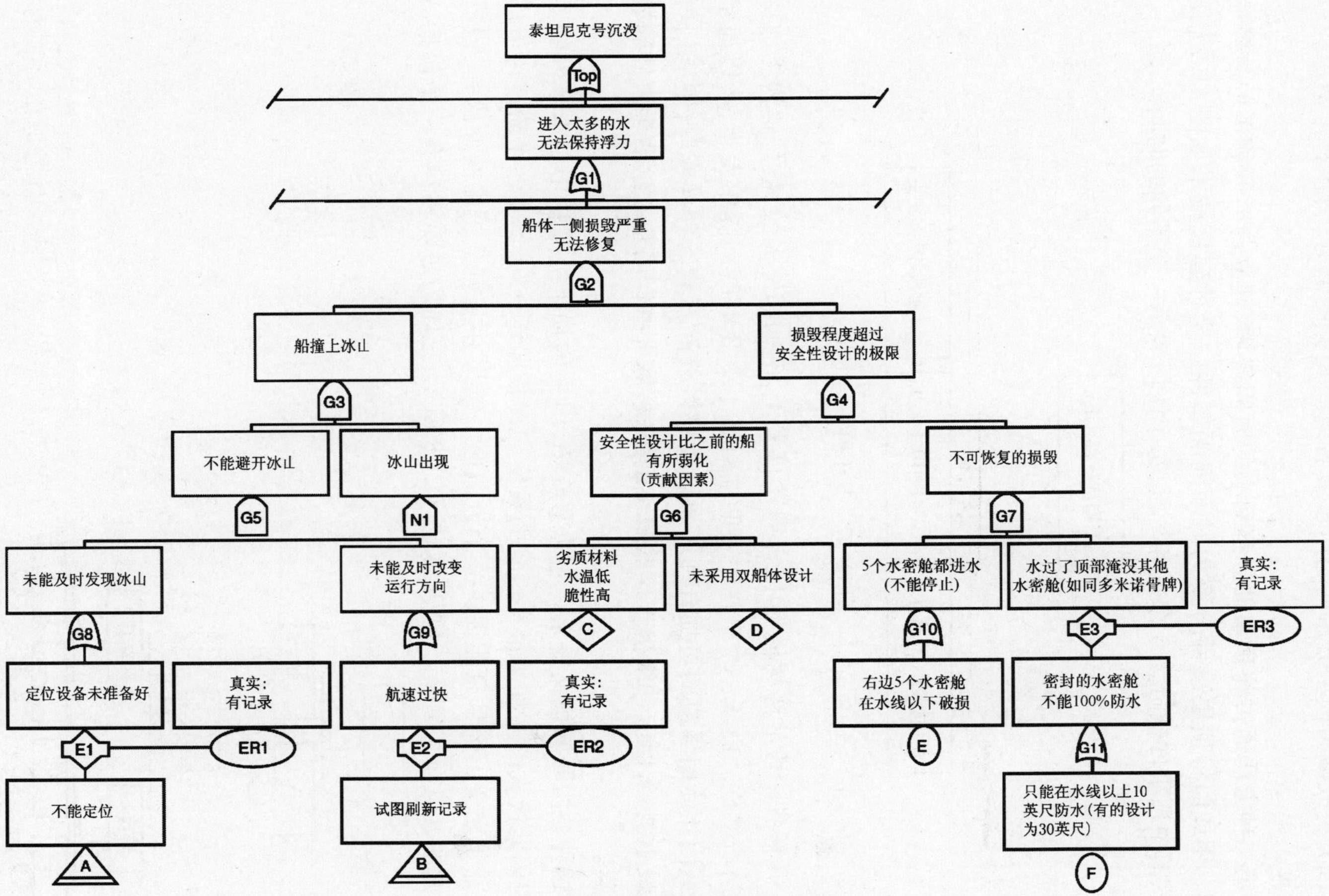

图11.26 泰坦尼克号沉没的FTA

（2）将故障树模型分解为与阶段或者时间相关的部分,再用标准故障树软件计算。

第二种方法通过将顶事件分解到小的时间段内,建立与时间相关的故障树模型。用或门将顶层事件分解为时间间隔事件。这种建模技术如图 11.27 所示,该图中顶事件被分为 3 个任务阶段,每个阶段表示一个不同的时间间隔。

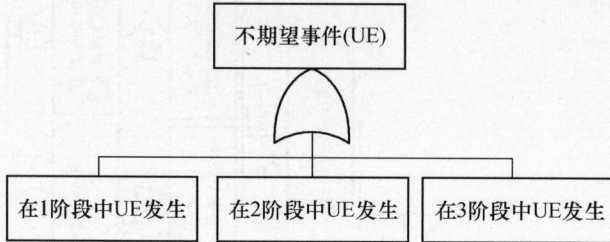

图 11.27　基于阶段的 FTA

在任务阶段故障树模型中,基本事件发生,例如部件失效,被分解为更加特定的阶段事件。由于一个事件不可能同时在 1、2、3 时间间隔中发生,所以通常使用或门比使用异或门更加合理。如果故障树软件不能处理异或门,则或门可产生最小割集,但应仔细检查这些最小割集,移除那些同时包含这两个事件的最小割集。

这种方法既麻烦又复杂。它非常麻烦,因为增加了故障树中基本事件的数量,也因此极大的增加了最小割集的数量。它非常复杂,因为将 3 个阶段用或门连接并非完全正确且只能提供一个近似值。结果并非完全正确的原因是,没有考虑阶段交叉阶段割集。例如,如图 11.28 所示,三阶段故障树只有一个包括 A

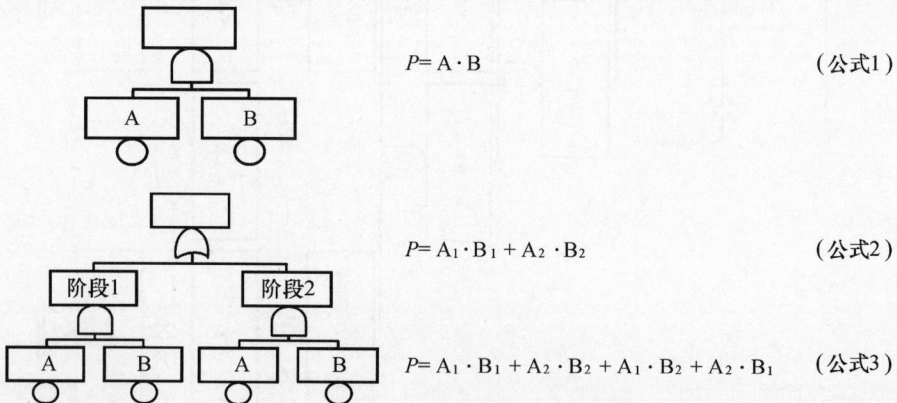

$$P = A \cdot B \qquad\qquad (公式1)$$

$$P = A_1 \cdot B_1 + A_2 \cdot B_2 \qquad\qquad (公式2)$$

$$P = A_1 \cdot B_1 + A_2 \cdot B_2 + A_1 \cdot B_2 + A_2 \cdot B_1 \qquad (公式3)$$

图 11.28　基于阶段的 FTA 割集示例

事件和 B 事件的割集。图中公式(1)是单一阶段故障树的概率计算公式。公式(2)是用或门连接两个阶段的故障树计算公式。公式(3)是正确的概率计算公式,该公式必须包含两个增加的交叉阶段割集。(例如,A 在 1 阶段失效,B 在 2 阶段失效)

11.17　动态故障树分析

动态故障树(Dynamic Fault Tree,DFT)是对标准 FTA 方法的推广,是特别针对分析基于计算机的系统而提出的。DFT 有两种特殊的门:功能依赖门(Functional Dependency,FDEP)和备用门(Spares Gate)。动态故障树将 FTA 和马尔科夫分析结合起来以解决时序依赖的问题。马尔科夫链一般用于评价基于计算机的容错系统的可靠性和性能。马尔科夫模型的优势在于能够非常容易地建立典型的与容错系统相关的时序依赖行为模型。但是,马尔科夫模型具有模型巨大化且建模麻烦的缺点,对于许多系统建立马尔科夫模型非常麻烦并且容易出错。因此,动态故障树结合了两者的优点。

使用动态故障树能很好地处理依赖时序的故障。例如,假设某系统使用 2 个冗余部件,其中之一作为主单元,在第一个单元故障情况下另外一个作为旁联备用单元。并且假设在设计中采用开关,将故障的主单元切换为备用单元。如果开关控制器在主单元故障后出现故障(但是备用单元已经开始使用),系统依然可以继续工作。但是,如果开关控制器在主单元故障前出现故障,那么备用单元就不能被切换到工作状态,系统在主单元故障后就出现故障了。主单元和开关控制器失效的顺序决定了系统能否继续工作,所以该故障树模型就是依赖于时序的。标准的故障树方法将使用优先与门来建立这种情况的模型。在标准的FTA 中优先与门的数学计算给出了一个较好的近似值而不是一个精确值。

如果优先与门的输入不是单一的基本事件(例如门事件),这个计算就会更加困难,而且通常需要积分方程组的解或一些近似值。动态故障树可以使分析人员省去之前必须的作为优先与门输入的事件次序的概率计算。动态故障树方法通过马尔科夫算法自动的生成和求解需要用来解决优先与门问题的积分方程组。

标准故障树方法可以建立所有动态故障树方法能够建立的模型。DFT 方法的优点是在最后的概率计算中提高准确性。不过,DFT 的缺点是有时模型难以理解,并且需要专门的软件来处理特殊的 DFT 门。该方法的更多信息见请参考文献[2]、[3]和[4]。

11.18   优 缺 点

以下是 FTA 技术的优点：

（1）FTA 是一个结构化的，严格的和系统性的方法；

（2）大多数工作可以用计算机辅助进行；

（3）可在不同的设计详细程度有效地开展；

（4）可视化的因果关系模型；

（5）易于学习、理解和使用；

（6）以可理解的方式建立复杂系统关系模型；

（7）可跨系统边界追踪故障路径；

（8）结合硬件、软件、环境和人的相互作用；

（9）允许概率评估；

（10）科学合理，基于逻辑理论、概率论、布尔代数和可靠性理论；

（11）有商业软件可用；

（12）故障树在没有完整信息的条件下仍具有实用价值；

（13）经过多年成功应用的已得到验证；

（14）故障树概算能够提供优良的决策信息。

FTA 技术是一种强有力的分析技术，但也有下列缺点：

（1）如果不小心，很容易变得很耗时；

（2）可能会变成一个目标而不是一个工具；

（3）建立关于时序和可修复模型会更加困难；

（4）建立拥有多阶段的模型会更加困难；

（5）要求分析人员受过培训且有相关实践经验。

11.19   应避免的常见错误

当初步学习如何使用 FTA 方法时，常会犯一些传统的错误。以下列出了在进行 FTA 过程中出现的典型错误：

（1）故障树中没有包括人为差错；

（2）没有充分理解系统设计和使用；

（3）在系统设计中，超越了故障逻辑边界；

（4）未在每个树节点填入文本；

（5）未在每个树节点填入足够的说明；

（6）忘记正确的故障树定义（不正确的事件用法）；

（7）在故障树计算中，没有正确的考虑 MOE。

11.20 小 结

本章讨论了 FTA 技术。现将有助于总结本章所论述内容的基本原则归纳如下：

（1）FTA 的主要目的是为了识别所有可能引起不期望事件发生的事件（失效、错误、环境等），以及表明它们之间的因果逻辑关系。

（2）FTA 作为一个分析工具，可以提供：

① 对复杂系统和系统关系的评价；

② 图形化模型；

③ 概率模型。

（3）FTA 可用于系统评价：

① 安全——危险和灾难事故；

② 可靠性——系统不可用性；

③ 性能——非预期的功能。

（4）FTA 可用于决策：

① 根原因分析；

② 风险评估；

③ 设计评估。

（5）FTA 分为两种类型：

① 设计评估（预防的；防止事故发生）；

② 事件调查（事后的；事故发生后）。

（6）建立的故障树构建规程包括 3 个原理性概念：

① I – N – S 概念；

② SS – SC 概念；

③ P – S – C 概念。

（7）功能框图的使用可以极大地辅助和简化 FTA 过程。

参考文献

[1] J. B. Fussell, and W. E. Vesely, A New Method for Obtaining Cutsets for Fault Trees, Trans. ANS, 15, 262 – 263 (1972).

[2] J. Dugan, S. Bavuso, and M. Boyd, Dynamic Fault Tree Models For Fault Tolerant Computer Systems,

IEEE Trans. Reliability, 41(3, September): 363 – 377 (1992).

[3] J. D. Andrews, and J. B. Dugan, Dependency Modeling Using Fault Tree Analysis, Proceedings of the 17th International System Safety Conference, 1999, pp. 67 – 76.

[4] L. Meshkat, J. B. Dugan, and J. D. Andrews, Dependability Analysis of Systems With On – Demand and Active Failure Modes, Using Dynamic Fault Trees, IEEE Trans. Reliability, 51(2): 240 – 251 (2002).

参考书目

[1] Andrews, J. D. and T. R. Moss, Reliability and Risk Assessment, 2nd ed. , Longman Scientific & Technical, 2002.

[2] Fussell, J. B. , et al. , MOCUS – A Computer Program to Obtain Minimal Cutsets, Aerojet Nuclear ANCR – 1156, 1974.

[3] Henley, E. J. and H. Kumamoto, Probabilistic Risk Assessment and Management for Engineers and Scientists, 2nd ed. , IEEE Press, 1996.

[4] NASA, Fault Tree Handbook with Aerospace Applications, version 1.1, NASA, August 2002.

[5] Roberts, N. H. , W. E. Vesely, D. F. Haasl, and F. F. Goldberg, Fault Tree Handbook, NUREG – 0492, U.S. Government Printing Office, Washington, DC, 1981.

[6] Schneeweiss, W. G. , The Fault Tree Method, LiLoLe, 1999.

第 12 章 事件树分析

12.1 简 介

事件树分析(Event Tree Analysis, ETA)是一种用于在可能的事故场景中识别和评价在某个初始事件发生后的事件序列的分析技术,采用了一种称为事件树(Event Tree, ET)的图形化逻辑树结构进行分析。ETA 的目的是为了判断初始事件是否会演变成严重事故,或者能否利用系统设计采用的安全系统和安全规程有效控制该事件。ETA 能够获得单一初始事件可能导致的各种不同后果,并能够计算各种后果的概率。

12.2 背 景

ETA 技术属于系统设计危险分析类型(SD – HAT),作为系统设计危险分析工作的补充(该分析类别的介绍详见第 3 章)。ETA 是一种识别和评价系统由于特定初始事件引发的各种可能后果的有效工具。ETA 模型能够显示设计方案所导致的系统安全运行路径、降级运行路径和不安全运行路径的概率。

ETA 目的是评价由初始事件引发的所有可能结果。同一个初始事件可能引起不同的后果,而最终发生哪种后果,通常情况下取决于安全系统在需要时运行正常与否。ETA 能够为每种潜在后果所伴随的风险提供概率风险评价。

ETA 技术可以用于一个完整系统的建模,分析其中的子系统、组件、部件、软件、规程、环境以及人为差错,也可用于不同层次的分析,如方案设计、顶层设计和详细的部件设计等。ETA 已经被广泛用于众多系统类型,如核电站、航天器、化工厂。该技术也可用于系统的早期设计,从而尽早识别设计过程中的安全问题。尽早应用 ETA 有助于系统研发人员在设计初期就将安全性设计到系统中,而不是发现故障或事故后再采取补救措施。

当经验丰富的分析人员利用 ETA 技术分析某个系统时,能够全面识别和评价特定初始事件可能导致的所有后果。构建 ETA 模型必须对 ETA 和 FTA 原理具有基本的了解,除此之外,分析人员对系统的深入理解也是建模的关键条件。总体上看,ETA 非常容易学习和理解,能否正确应用主要依赖于被分析系统的复杂程度和分析人员自身能力。应用 ETA 技术对系统设计进行评价并不困难，但它要求分析人员具有 FTA 和概率论知识。

因果分析（CCA）与 ETA 很类似，可以作为其替代技术。另外，利用多个 FTA 也可以得到与 ETA 相同的分析结果。ETA 得到的是由一个初始事件导致的不同潜在后果，而 FTA 得到的是一个后果的多个原因。

对由一个初始事件导致的可能后果的概率风险评价，建议使用 ETA。如果需要额外的安全措施设计方法，ETA 得到的风险分布能够为相关管理和设计工作提供指导。

12.3 历　史

ETA 实际上是一种二元决策树，而后者主要用于评价特定问题中的多重决策路径。ETA 是在 WASH－1400 核电站安全性研究过程中提出并发展起来的。当时 WASH－1400 研究人员发现可以利用 FTA 进行核电站的概率风险评价，但是故障树结果非常庞大，不便于应用，因此他们在保留 FTA 的基础上利用 ETA 将分析结果压缩成一个更适于管理的图形。

12.4 定　义

ETA 技术建立在下列定义基础上：

事故场景　最终导致一起事故的事件序列。事件序列源自某一个初始事件，再经过一个或多个关键事件并导致不希望出现的最终结果。

初始事件（IE）　能够导致一个事故序列的故障或不期望的事件。当系统设计确定的危险处置措施不能成功执行时，IE 会导致事故出现。有关危险组成部分的内容可参见第 2 章对危险原理的介绍。

关键事件　处于 IE 和最终事故之间的中间事件。系统设计中包含了用于阻止 IE 演变成事故的安全措施，这些措施的成功或失败就是关键事件。如果一个关键事件执行成功，将阻止事故场景，因而被视为一个"减缓型"事件；反之，如果关键事件执行失败，则事故场景将继续发展，而它被视为一个"加重型"事件。

概率风险评价（PRA）　用于识别和评价复杂技术系统风险的综合的、结构化的逻辑分析方法。PRA 的目标是定量化地详细识别和评价事故场景。

事件树（ET）　包含了多种后果及后果概率的事故场景图形化模型。ET 是 PRA 中最常用的工具。

在 PRA 原理中,风险通常被定义为包含下列三项元素:

事故场景——出了什么问题?

场景频率——有多大的可能性?

场景后果——会有什么样的后果?

12.5 原　　理

在开展概率风险评价时,识别和构建事故场景是风险评价的基础。分析的起点是初始事件集合,其中的初始事件对系统产生扰动,如导致系统状态或构型发生改变。对于每一个初始事件,通过分析确定会导致不希望后果的其他故障模式;根据单个初始事件计算每一个场景的后果和频率,从而由采集到的概率信息构成整个系统的风险分布。

事件树用于事故场景建模。一个事件树由初始事件开始,经历事故场景中的一系列关键事件,直到达到系统的某个最终状态。关键事件是那些减缓或加重事故场景的故障或事件。关键事件的频率(或概率)由事件的故障树分析获得。

概率风险评价理论与标准的系统安全术语关系紧密。事故场景相当于危险;场景频率相当于危险概率;场景后果相当于危险严重性。

风险管理涉及识别、预防或减少不利的事故场景,以及促进有利场景。风险管理需要掌握不利或有利场景的构成元素从而相应地预防、减少或促进其发生。

如图 12.1 所示,事故场景包含了初始事件、一个或多个关键事件以及导致的最终状态。

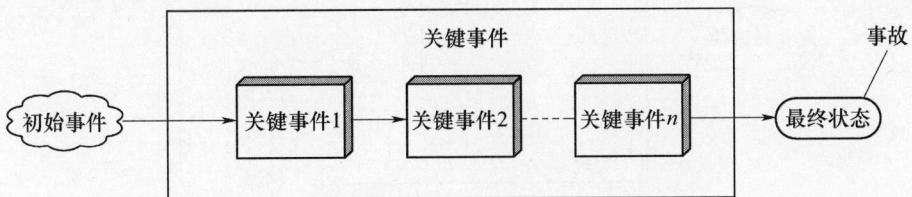

图 12.1　事故场景

大多数概率风险评价模型中,初始事件是一个对系统的扰动,需要操作人员和/或一个或多个系统对其进行响应以便防止发生不希望后果。关键事件包括这些响应的成功或失败,以及外部条件或关键现象的发生与否。最终状态则依据分析工作所支持的决策目标而定。事故场景可根据最终状态的性质和后果严重性进行分类,这些后果包括完全成功和各种损失,例如:

① 人员伤亡;

② 设备或财产(包括软件)损失或损坏;

③ 试验导致的不期望或附带的损坏;

④ 任务失败;

⑤ 导致系统不可用;

⑥ 环境破坏。

事件树对场景中的关键事件进行抽象,以树形结构呈现事件信息,以便根据各自后果对场景进行分类。事件树的节点包括初始事件、关键事件和最终状态。由这些节点构成的树状结构体现了源自初始事件的各种可能的场景,其具体过程视关键事件的发生与否而定。事件树中每一条路径对应不同的场景。对于表征系统成功与否的关键事件的描述,一种约定俗成的做法用下面的分支表示失败。图12.2 是事件树的基本构成。

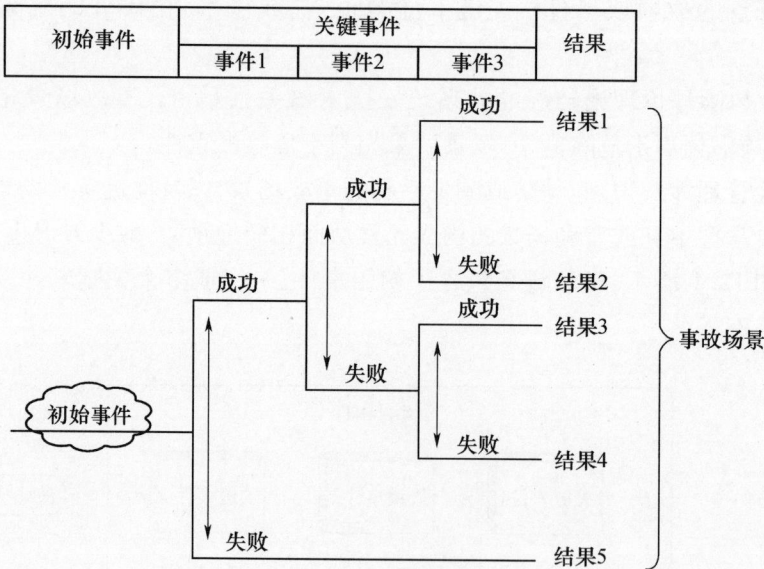

图 12.2 事件树

在大多数事件树模型中,关键事件被定义为二态的,例如:现象发生或不发生,系统正常或故障。但二态性并不是严格必须的,有些事件树模型的关键事件具有 2 个以上的分支,关键是不同的路径之间必须是互斥的和可量化的(至少达到所需的精度）。

图 12.3 是一个包括了定量计算的事件树模型示例。事件树模型应在逻辑上包括系统设计的所有用于阻止初始事件演变为事故的安全措施。ETA 还有一个作用是发现和评价各种不同的结果。综合图 12.1 和图 12.3 可知事件树是如何建立事故场景模型的。

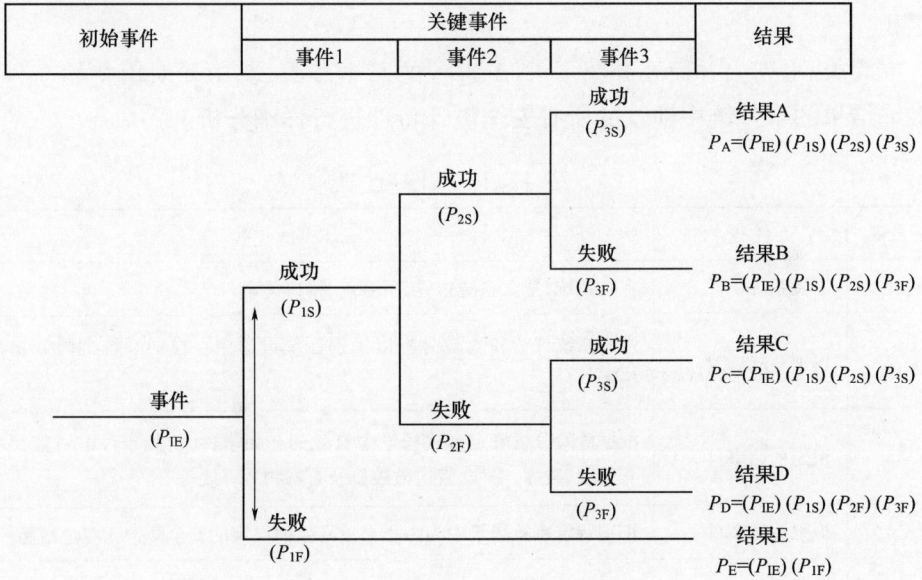

初始事件	关键事件			结果
	事件1	事件2	事件3	

成功
(P_{3S})
结果A
$P_A = (P_{IE})(P_{1S})(P_{2S})(P_{3S})$

成功
(P_{2S})

失败
(P_{3F})
结果B
$P_B = (P_{IE})(P_{1S})(P_{2S})(P_{3F})$

成功
(P_{1S})

成功
(P_{3S})
结果C
$P_C = (P_{IE})(P_{1S})(P_{2S})(P_{3S})$

失败
(P_{2F})

事件
(P_{IE})

失败
(P_{3F})
结果D
$P_D = (P_{IE})(P_{1S})(P_{2F})(P_{3F})$

失败
(P_{1F})
结果E
$P_E = (P_{IE})(P_{1F})$

图 12.3 ETA

12.6 方 法

图 12.4 概述了 ETA 的基本过程,并总结了该过程中涉及的重要关系。ETA

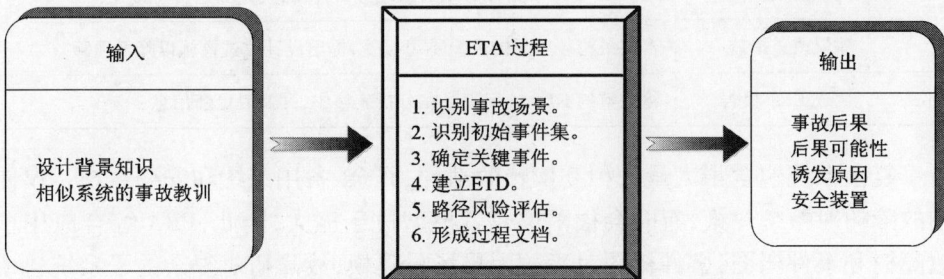

输入

设计背景知识
相似系统的事故教训

ETA 过程

1. 识别事故场景。
2. 识别初始事件集。
3. 确定关键事件。
4. 建立ETD。
5. 路径风险评估。
6. 形成过程文档。

输出

事故后果
后果可能性
诱发原因
安全装置

图 12.4 ETA 概述

213

需要利用详细的设计信息，以对特定初始事件构建事件树图（ETD）。为构建ETD，分析人员应首先建立事故场景、初始事件以及相关的关键事件。ETD建成后，可以利用故障频率数据计算图形中的故障事件。通常可以通过故障事件的故障树分析获得上述信息。既然成功和失败的概率之和为1，则很容易由失败概率计算获得成功概率。事件树中特定输出结果的概率是其路径中的事件概率之积。

表12.1列出并简要介绍了ETA过程的基本步骤，其中要对由初始事件到最终结果的事件链中涉及的所有安全设计特性进行详细分析。

表 12.1　ETA 过程

步骤	任务	说明
1	定义系统	审查系统,定义系统边界,子系统,接口关系
2	识别事故场景	进行系统评估和危险分析以识别系统设计中存在的系统危险和事故场景
3	识别初始事件	根据危险分析确定事故场景中有效的初始事件,初始事件的可能类型有着火、碰撞、爆炸、管道破裂以及有毒物质释放等
4	识别关键事件	识别特定事故场景中为防止事故发生而制定的安全防护或应急措施
5	建立事件树图	从初始事件开始,经过关键事件最终得到每个路径的后果,从而建立逻辑结构的 ETD
6	确定事件失效概率	确定或计算 ETD 中每个关键事件的失效概率,其中可能需要使用故障树技术确定关键事件是如何失效的,并获得相应的概率
7	确定后果风险	计算 ETD 中每条路径后果的风险
8	评价后果风险	对 ETD 中每条路径后果的风险进行评价,确定其是否可接受
9	建议改进措施	若某条路径后果的风险不可接受,提出设计改进措施以降低风险
9	生成 ETA 报告	将完整的 ETA 过程记录在分析表格中,并及时更新信息

复杂系统包含了大量的相互依赖的部件、冗余、备用系统和安全系统。仅使用故障树对系统建模，有时会很困难或者模型过于庞大，因此，PRA综合应用了故障树和事件树图：事件树图对事故因果场景建模，故障树对复杂的子系统建模以得到其故障概率。一个事故场景可以得到多个不同的结果，而最终得到何种结果，取决于哪个关键事件发生故障、哪个正常运行。事件树和故障树相结合可

以很好地描述这一复杂特性。

ETA 目的是确定由同一个初始事件导致的所有可能后果的概率。通过分析所有可能的后果,可以确定导致期望结果和不期望结果的百分比。

事件树可用于分析所有部件都连续工作的系统,或者部分或全部部件处于备用模式的系统,后者涉及工作时序逻辑和状态切换行为。某个起点(即初始事件)扰乱了系统的正常运行,事件树则显示了此后的事件序列,其中包括了系统部件正常工作和/或故障。

对于备用系统,特别是面向安全和任务的系统,事件树用于识别系统由特定的初始事件(通常是一个不符合要求的运行事件或状态)引发的各种可能后果。而对于连续工作系统,这些事件可以按任意次序发生(比如部件发生的随机故障)。由于部件工作并无序列要求,因此在 ETA 中可以按任意顺序对其进行分析。

ETA 基于二态逻辑,也就是每个事件都有发生或不发生两种结果,每个部件都有正常或故障两种状态,这种假设有利于分析某个故障或不期望事件导致的后果。每个事件树以一个初始事件为起点,例如部件故障、温度/压力上升、危险物质泄漏等,这些事件都可能导致一起事故。沿着一系列可能的路径就能得到事件的最终结果。每条路径都有各自的发生概率,由此可以计算各种可能后果的概率。

作为一个图形化模型,ETD 描述了由初始的故障或不期望事件导致的所有可能事件,而初始事件可以是一个技术故障或者人员操作失误。ETD 目标是识别一个或多个特定的基本事件引起的事件链,以便评估后果和判断该事件是否导致一起严重事故,或者能否利用安全系统或操作规程对其充分控制。因此分析结果可供系统增加冗余或改进安全系统时参考。

如图 12.5 所示,已识别的初始事件作为 ETA 的起点,位于图形的左侧。所有的安全性设计方法或措施作为"贡献事件"列在图形的顶部。每一项安全性设计措施都根据其贡献(即运行成功或失败)进行分析。事件结果图包含了所有成功/失败事件的组合,并以树形结构向右侧呈扇型发展。每一个成功/失败事件都有一个发生概率,而最终结果的概率是其路径上所有事件概率之积。根据事件链的不同,最终结果的范围包括从安全状态到灾难事故的多种可能。

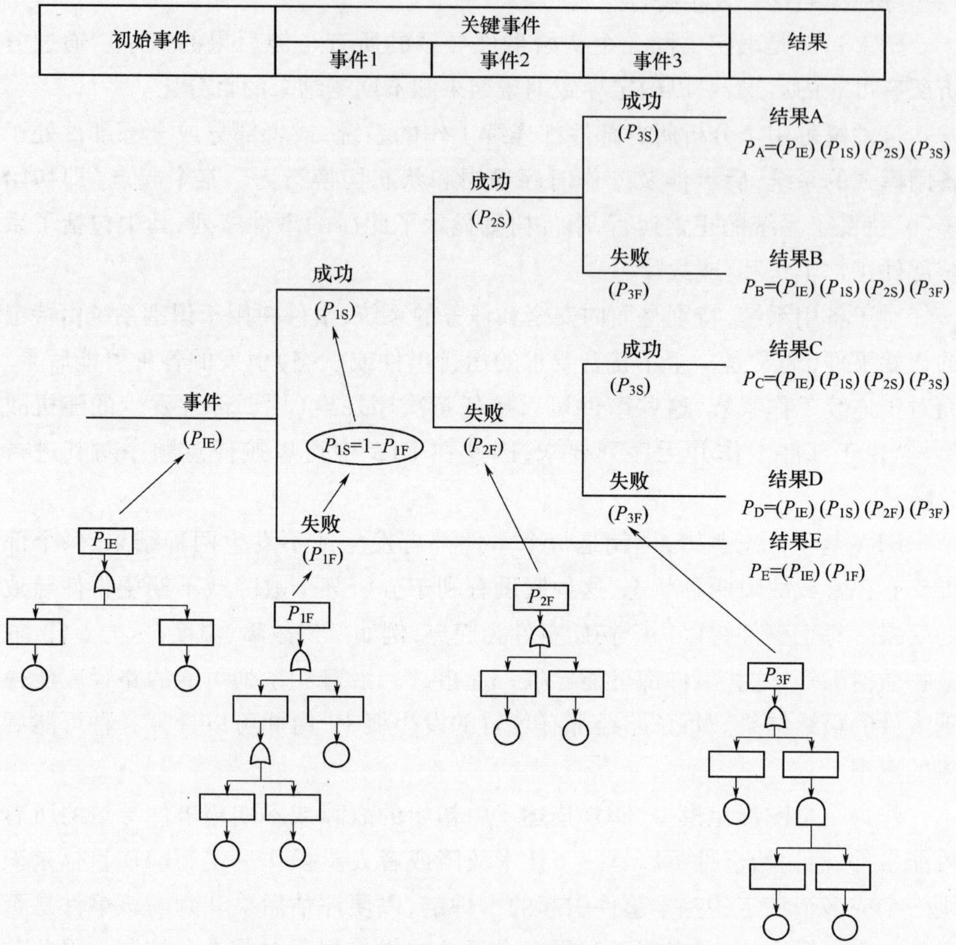

初始事件	关键事件			结果
	事件1	事件2	事件3	

成功
(P_{3S})

结果A
$P_A=(P_{IE})(P_{1S})(P_{2S})(P_{3S})$

成功
(P_{2S})

失败
(P_{3F})

结果B
$P_B=(P_{IE})(P_{1S})(P_{2S})(P_{3F})$

成功
(P_{1S})

成功
(P_{3S})

结果C
$P_C=(P_{IE})(P_{1S})(P_{2S})(P_{3S})$

事件
(P_{IE})

$P_{1S}=1-P_{1F}$

失败
(P_{2F})

失败
(P_{3F})

结果D
$P_D=(P_{IE})(P_{1S})(P_{2F})(P_{3F})$

结果E
$P_E=(P_{IE})(P_{1F})$

失败
(P_{1F})

P_{IE}

P_{1F}

P_{2F}

P_{3F}

图 12.5　建立事件树图

12.7　分 析 表

ETA 的基本分析表就是事件树图（ETD），该分析表提供了以下信息：

（1）初始事件；

（2）系统关键事件；

（3）结果事件；

（4）各种事件与结果的概率。

图 12.5 是一个典型的 ETD 示例。每个事件被分成两个路径：成功或失败。

成功路径位于上方,而失败路径位于下方。ETD 只有一个初始事件,位于图形的最左侧。所有用于全面描述系统的必要贡献事件被列在图形的顶部。贡献事件越多,得到的 ETD 规模越大,分支越多。

12.8 示 例 1

图 12.6 是一个办公楼的火灾探测与灭火系统 ETA 示例。本例分析了系统起火后所有可能的结果。事件树的初始事件是"起火"。请注意安全子系统运行成功或失败(即关键事件)导致的结果范围。

初台事件	关键事件			结果	概率
	火灾探测正常	报警正常	灭火系统正常		

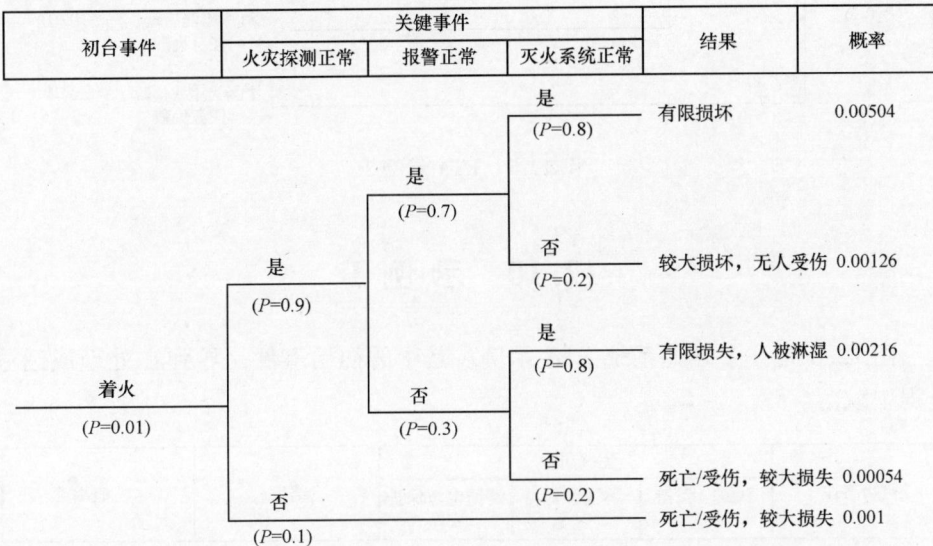

图 12.6 ETA 示例 1

由本例可知,在计算每一个关键事件成功/失败概率时,应确保概率之和为1.0,因为由可靠性公式可知 $P_{\text{SUCCESS}} + P_{\text{FAILRE}} = 1$。此外,本例中共有三个关键事件,产生了五种可能的不同结果,每一个结果都具有不同的概率。

12.9 示 例 2

图 12.7 是一个汽车系统的 ETA 示例,其中汽车蓄电池发生了故障。在本例中,蓄电池故障即初始事件,作为场景分析的起点。

初始事件	关键事件				结果	概率
	跨接电缆可用	外接电池可用	电缆连接正常	外接电池启动汽车		

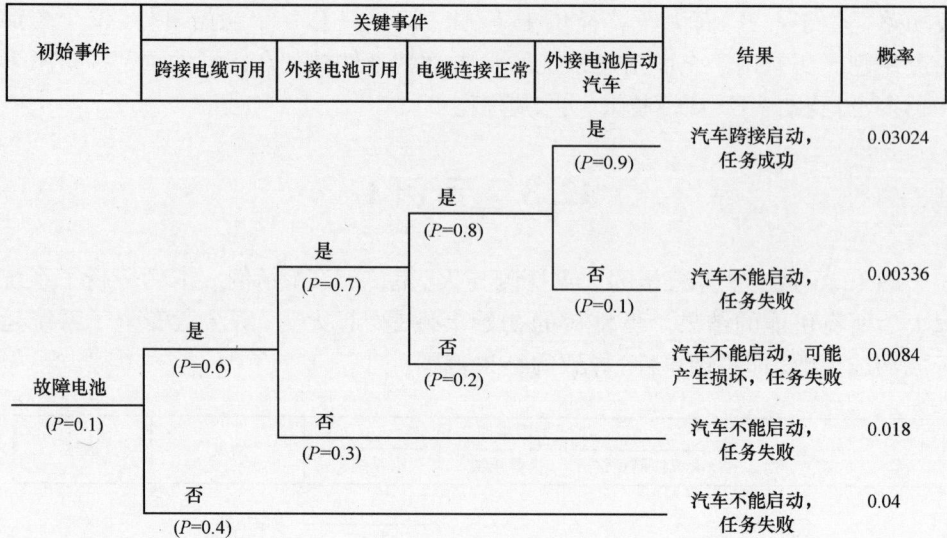

				是 (P=0.9)	汽车跨接启动,任务成功	0.03024
			是 (P=0.8)			
		是 (P=0.7)		否 (P=0.1)	汽车不能启动,任务失败	0.00336
故障电池 (P=0.1)	是 (P=0.6)		否 (P=0.2)		汽车不能启动,可能产生损坏,任务失败	0.0084
		否 (P=0.3)			汽车不能启动,任务失败	0.018
	否 (P=0.4)				汽车不能启动,任务失败	0.04

图 12.7　ETA 示例 2

12.10　示　例 3

图 12.8 是一个导弹系统 ETA 示例。其中的初始事件是导弹在处理或运输过程中跌落。

初始事件	关键事件			结果	概率
	解锁-1保持安全	解锁-2保持安全	解锁电源保护安全		

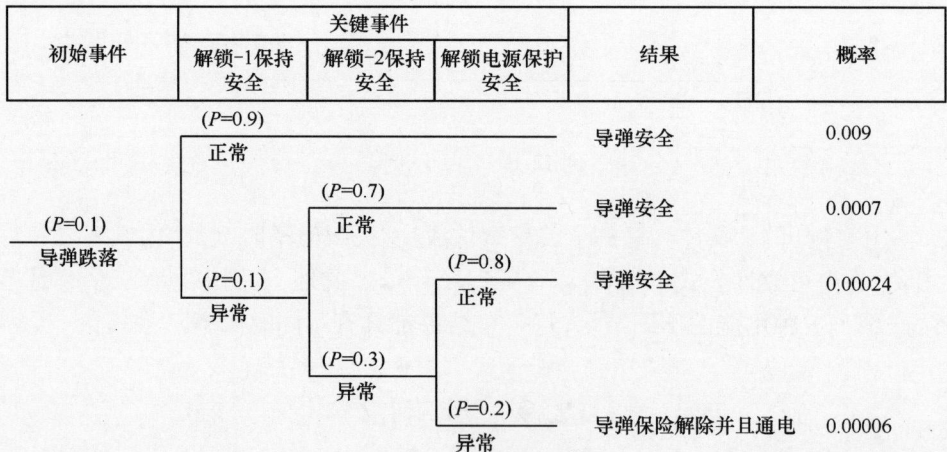

	(P=0.9) 正常			导弹安全	0.009
(P=0.1) 导弹跌落	(P=0.1) 异常	(P=0.7) 正常		导弹安全	0.0007
		(P=0.3) 异常	(P=0.8) 正常	导弹安全	0.00024
			(P=0.2) 异常	导弹保险解除并且通电	0.00006

图 12.8　ETA 示例 3

218

12.11 示 例 4

图 12.9 是一座核电站系统的 ETA 示例,其初始事件是冷却子系统的一个管路发生破裂。

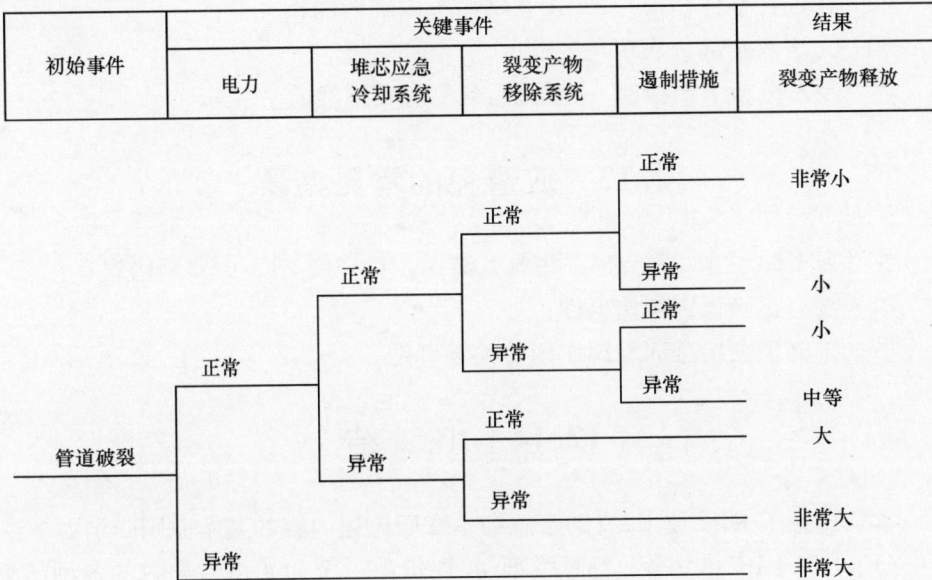

初始事件	关键事件				结果
	电力	堆芯应急冷却系统	裂变产物移除系统	遏制措施	裂变产物释放

图 12.9 ETA 示例 4

12.12 优 缺 点

ETA 技术的优点主要包括:

(1) 结构化的分析方法,精确、详实;

(2) 大部分工作可采用计算机辅助;

(3) 可在系统设计的不同层次有效地开展;

(4) 可视化地显示因果关系;

(5) 相对简单易学、易用;

(6) 用一种便于理解的方式描述复杂系统关系;

(7) 沿着跨越系统边界的故障路径进行分析;

(8) 综合考虑硬件、软件、环境和人员之间的交互影响;

（9）允许概率评估；

（10）有可用的商业软件工具作为支持。

ETA 技术也存在以下不足：

（1）ETA 只能有一个初始事件，因此若要对多个初始事件的后果进行评价，就需要开展多项 ETA；

（2）在进行事件建模时，ETA 忽略系统内细微的相关性；

（3）无法区别部分成功与失败；

（4）要求分析人员接受一定培训，且具有实际经验。

12.13　应避免的常见错误

在学习 ETA 之初，常会犯一些典型错误。在开展 ETA 中典型错误有：

（1）没有正确识别初始事件；

（2）未能识别出全部发挥作用的关键事件。

12.14　小　结

本章讨论了 ETA 技术，有助于总结本章所论述内容的基本原则归纳如下：

（1）ETA 用于建立事故场景模型，并评价由一个初始事件导致的各种结果的风险分布；

（2）ETA 可用于系统的概率风险评估；

（3）ETA 图使得 ETA 过程结构化、严谨；

（4）ETA 可作为 SD - HAT 的补充手段；

（5）故障树通常被用于原因分析和 ETA 中故障事件概率的计算。

参考文献

[1] N. C. Rasmussen, Reactor Safety Study: An Assessment of Accident Risks in US Commercial Nuclear Power Plants, WASH - 1400, Nuclear Regulatory Commission, Washington, DC, 1975.

参考书目

[1] Andrews, J. D. and S. J. Dunnett, Event Tree Analysis Using Binary Decision Diagrams, IEEE Trans. Reliability, 49(2): 230 - 238 (2000).

[2] Henley, E. J. and H. Kumamoto, Probabilistic Risk Assessment and Management for Engineers and Scientists, 2nd ed., IEEE Press, 1996.

[3] Kapan, S. and B. J. Garrick, On the Quantitative Definition of Risk, Risk Analysis, 1:11 −37 (1981).

[4] NASA, Fault Tree Handbook with Aerospace Applications, version 1.1. NASA, August 2002.

[5] Papazoglou, I. A. , Functional Block Diagrams and Automated Construction of Event Trees, Reliability Eng. System Safety, 61(3) : 185 −214 (1998).

第13章 失效模式及影响分析

13.1 简 介

失效模式及影响分析(Failure Mode and Effects Analysis,FMEA)是一种评价子系统、组件、部件或功能潜在失效模式影响的工具,是一种基本的可靠性工具,用于识别对整个系统可靠性产生不利影响的失效模式。FMEA 能够包含每个失效模式的失效率以便进行定量的概率分析。此外,FMEA 可以扩展用于评价那些导致诸如系统危险等不期望的系统状态的失效模式,因此,也可以用于危险分析。

一种更详尽的 FMEA 被称为失效模式、影响及危害分析(FMECA)。FMECA 需要从分析中获得更多的信息,特别是关于处理危害和检测潜在失效模式的信息。

FMEA 是一种规范的自底向上的评价技术,其关注焦点在于产品和过程的设计或功能,以便对减少产品或过程失效的措施进行排序。此外,FMEA 还可以作为分析结果归档和制定设计改进建议的工具。在设计方案和过程开发期间必须为深入开展 FMEA 预留时间和资源,这样一来,设计方案和过程的更改将更加易于实施,成本也会更低。

13.2 背 景

FMEA 技术属于详细设计危险分析类型(DD – HAT),因为是在部件或功能层次上进行的一种详细分析,该类危险分析的介绍详见本书第 3 章。本技术也被称为失效模式、影响及危害分析(FMECA)。FMECA 与 FMEA 基本一致,不同之处在于前者对每一种失效模式增加了危害性分析,还增加了对可能的失效模式检测方法的评价。

FMEA 目的是通过评价失效模式的影响来确定设计更改是否必要,这里的更改主要是指针对潜在失效模式导致的系统可靠性、安全性或运行结果处于不可接受水平进行的更改。当部件失效率被分配给识别出的潜在失效模式后,就可以得到子系统或部件的失效概率。FMEA 方法原本是为了确定失效模式对可靠性的影响而开发的,但也可用于识别由于潜在失效模式导致的事故危险。

FMEA 方法适用于任何系统或设备,也可用于任何所需的系统设计层次,如子系统、组件、单元或部件。但 FMEA 通常在组件或单元级层次开展,因为该层次中的单个嵌入式部件的失效率更容易获得。对于需要开展安全性定量分析(如故障树分析)的组件或单元,可以利用 FMEA 得到定量的可靠性预计。FMEA 主要面向硬件和过程进行应用,但也可用于软件分析以评价软件功能失效。

该技术能够对潜在的单一失效模式进行彻底的评价并提供相关的可靠性信息。但是,从安全性的目的考虑,只开展 FMEA 是不够的,因为它只考虑了单一产品失效而没有考虑这些失效的组合;而事故往往是由多个失效的组合导致的。此外,FMEA 也不能识别由于非失效原因导致的危险(例如时序错误、辐射、高压等)。

该技术易于实施和掌握,但是仍需要对失效、失效模式理论、危险分析理论以及系统安全概念等相关知识具备基本的了解。此外,对系统设计方案和运行方式的深入理解也是必需的。

FMEA 的方法简单易懂,本章将介绍 FMEA 的标准格式和各项说明。

FMEA 技术是一项分析潜在失效模式和计算子系统、组件或单元失效率的有效工具。通过失效模式的严重性和可能性评价可以对纠正措施的优先级进行排序。FMEA 也可以扩展为识别潜在失效模式导致的危险,并评价相应的事故风险。但需要注意的是,FMEA 往往不能识别出系统的所有危险,因为它仅限于分析单一部件失效模式,而危险可能是由多重事件导致的结果,而不仅仅由于失效模式引起。因此,建议不要仅采用 FMEA 这一种工具进行危险识别。当与其他危险分析技术联合使用时,FMEA 应仅用于危险分析。

在其他危险分析方法的支持下,出于危险识别的目的建议对 FMEA 进行改进以用于失效模式评价。但由于 FMEA 仅考虑单一失效模式,而危险分析往往需要考虑系统的其他诸多方面,因此 FMEA 一般不单独用于危险分析。

13.3 历 史

FMEA 是为美国军方开发的一种形式化分析技术。美国军用规程 MIL-P-1629(现已更新为美军军标 MIL-STD-1629A),"失效模式,影响及危害分析实施过程"最初于 1949 年 11 月 9 日颁布,作为一种评价技术用于确定系统或设备失效的影响。根据其对于任务成功和人员/设备安全的影响对失效进行分类,其中直接引自美军规程 MIL-P-1629 的术语"人员/设备"尤其值得注意,因为它特别指出了人员的重要性。应用于航天/火箭研发过程时,FMEA 以及更为详细的 FMECA 有助于避免小批量、高成本的火箭技术发生错误。

20 世纪 60 年代，FMEA 被鼓励用于航天产品的研发，并在"阿波罗"登月计划中取得良好效果。20 世纪 70 年代后期，在发生多起 Pinto 汽车油箱爆炸事故后，福特汽车公司再次引入 FMEA 用于安全整改工作。福特公司还将 FMEA 技术有效地运用于设计和制造的改进。

汽车工业行动小组（Automotive Industry Action Group，AIAG）和美国质量管理学会（ASQC）于 1993 年 2 月制定了 FMEA 工业标准，该标准等同于汽车工程师协会规范 SAE J - 1739。由美国三大汽车制造商共同批准和支持的 FMEA 手册中介绍了上述标准，同时该手册还提供了 FMEA 实施的通用指南。

13.4 定 义

为了便于更好地理解 FMEA，需要对特定术语依次进行定义。基本的 FMEA 术语如下所述：

失效 产品偏离了要求或规定的运行状态、功能、行为，或用户面临的问题。系统、子系统或部件不能执行其规定的功能。产品的性能参数不能维持在预定的范围内。

失效模式 产品失效的方式；产品在失效后所处的模式或状态。产品发生失效的方式。

失效原因 诱发失效模式的过程或机理。能导致部件失效的可能过程包括物理失效、设计缺陷、制造缺陷、环境应力等。

失效影响 失效模式对产品或系统的运行、功能或状态等造成的后果。

故障 设备或系统功能运行中的不期望异常现象。这种不期望状态的出现往往是某个失效（failure）的后果。

关键项目清单 对系统的可靠和/或安全运行至关重要的项目清单。可由 FMEA 分析获得。

约定层次 根据相对复杂程度进行的系统层次化划分。约定层次的划分可以从复杂（如整个系统）到简单（如零/部件）。层次是一种组织结构，定义了从子系统直至最底层的部件或零件之间的主次关系。

风险优先数（RPN） 可靠性层面上的风险等级指数。RPN = 发生概率 × 严酷度等级 × 检测等级

224

13.5　原　理

FMEA 技术是一种用于评价潜在失效模式的定性与定量相结合的分析方法。通过 FMEA 可以回答下列问题：

① 什么会发生失效？

② 失效是如何发生的？

③ 失效发生的频率有多大？

④ 失效会产生什么影响？

⑤ 失效会在可靠性和安全性方面造成什么后果？

开展 FMEA,需要理解和掌握下列系统特性：

① 任务过程；

② 系统设计方案；

③ 运行限制条件；

④ 成功和失败的边界(失效判据)；

⑤ 各种可能的失效模式以及其发生可能性的度量。

FMEA 的基本方法如图 13.1 所示。首先对分析对象进行层次划分,确定约定层次,例如子系统可以被分为单元1、单元2、单元3 等不同的层次。每一个单元又可以进一步分为基本项(都属于同一层次)。每个项目从上到下列入 FMEA 分析表的左侧栏目中,逐一进行分析。基本思路是将被分析的"实体"分解为单独的项目。实际上,将子系统确定为某个约定层次是通过自上而下的分解得到的,而对每个项目分别进行分析评价的过程才是自下而上的。划分的项目可以是硬件的单个零部件,也可以是一项功能。每一个项目应单独进行分析,各项目的所有潜在失效模式列入 FMEA 表格的第一栏中,然后对每个项目进行详细分析。

FMEA 分析所考虑的系统基本构成模块是系统硬件或功能,分别对应系统的结构特性和功能特性。图 13.2 通过对比的方式描述了与 FMEA 相关的系统功能和结构概念。功能特性定义了系统必须如何运行以及其必须执行的功能任务。结构特性定义了功能是如何通过硬件得以实现,而实际上系统运行正是由这些硬件来实现的。系统设计和实现就是从系统功能转化为硬件零件的过程。

理论上讲,实施 FMEA 的方法有 3 种：

(1) 功能方法。功能 FMEA 针对功能开展分析。被分析的功能可以位于任

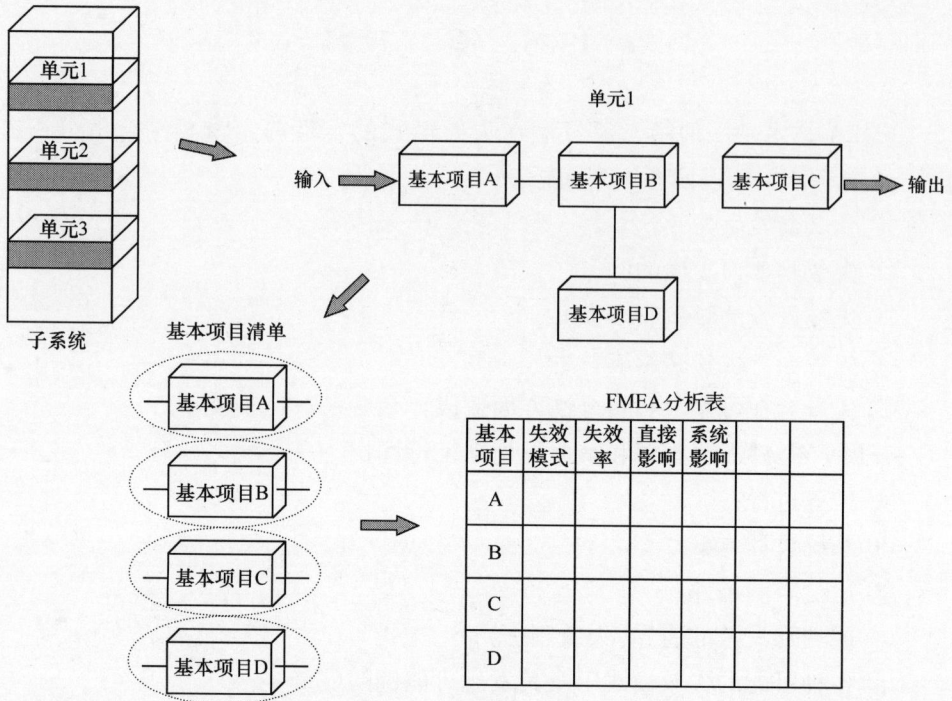

图 13.1　FMEA 方法

何约定层次：系统、子系统、单元或组件。这种方法关注于系统功能目标无法实现或发生错误的方式。通过对所要求的软件功能进行评价，功能方法也适用于软件评价。该方法更倾向于系统级分析。

（2）结构方法。结构 FMEA 针对硬件开展分析，关注于可能的硬件失效模式。被分析的硬件可以是任何硬件约定层次：子系统、单元、组件或零部件。结构方法倾向于在部件级开展详细的分析。

（3）混合方法。混合 FMEA 是结构方法和功能方法的组合。混合方法首先开展系统的功能分析，然后将关注的焦点转至硬件，特别是直接导致安全关键功能失效的硬件。

当系统是由将实现的功能来定义的情况下，应采用功能方法。当硬件产品可以通过原理图、图纸或其他工程和设计数据明确定义时，应开展硬件结构方法。混合方法综合了两类特性，首先分析重要的系统功能失效，然后识别导致这些系统功能失效的特定设备失效模式。

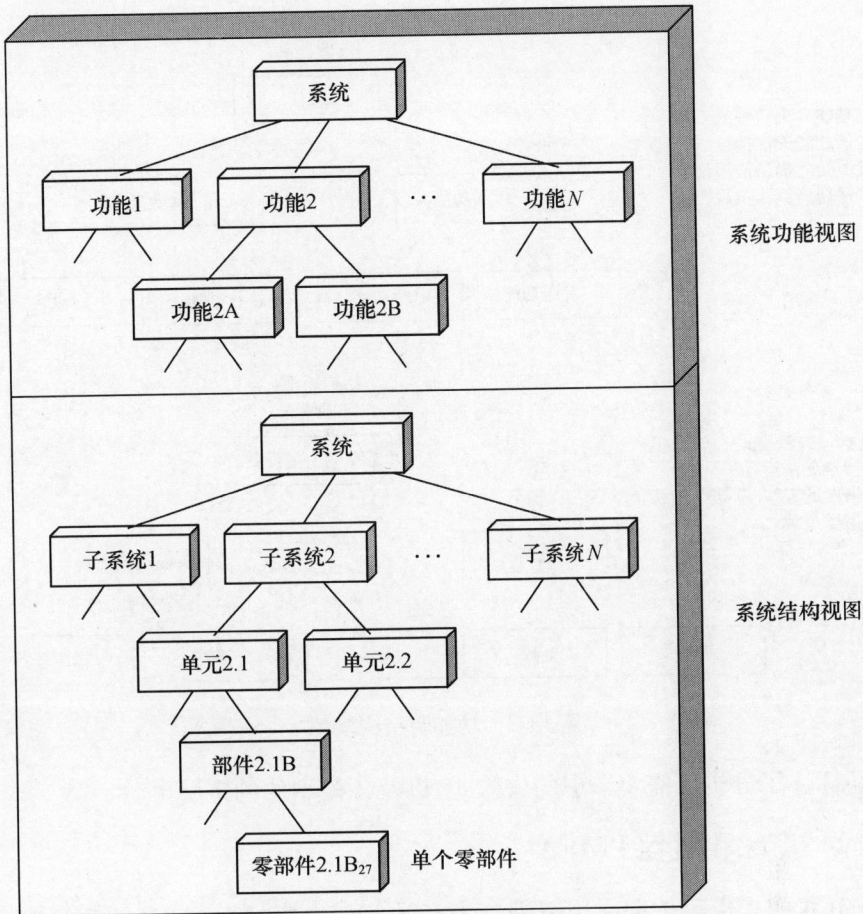

图 13.2 系统功能层次与结构层次对比

13.5.1 结构和功能模型

FMEA 目的是在系统研制早期就评价设计中的潜在失效模式,以便以最少的代价高效地实现安全性设计改进。为实现这一目标,FMEA 必须从方案设计到详细设计都要紧密跟踪设计的进度。

设计的深度和详细程度与系统的结构和功能分解密切相关。系统的结构模型包含了组成系统的硬件部件间的静态结构;功能模型则包含了系统为实现其目的和目标而必须执行的功能。这两类系统视图的区别在于后者说明"必须做什么"(功能)的问题,而前者说明"如何做"(结构)的问题。

某无线电通信系统的结构模型和功能模型的简单示例如图 13.3 所示,图中

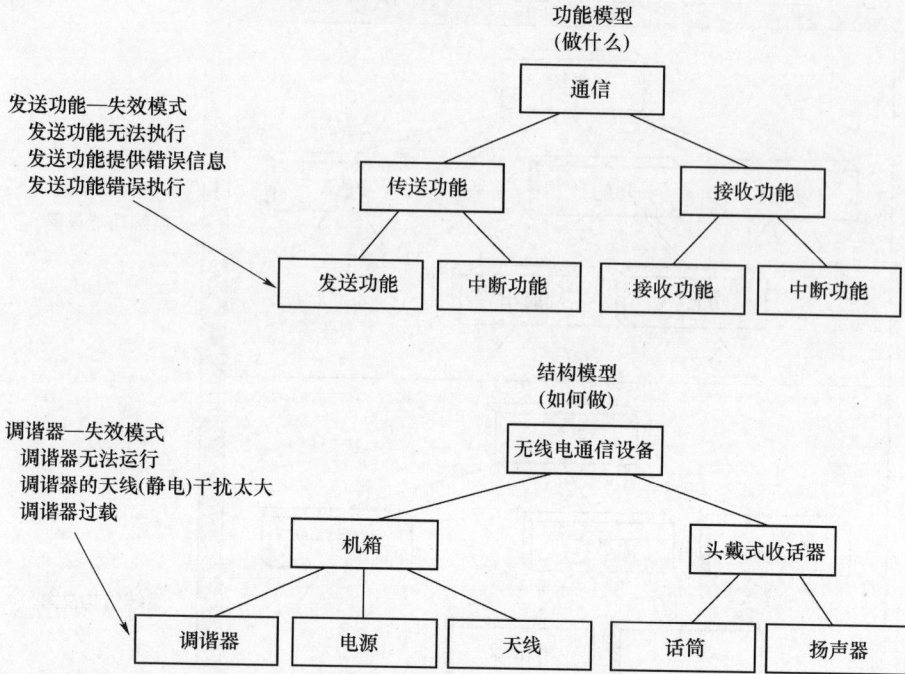

图 13.3　功能与结构模型

同时还标注了分析所需要考虑的失效式,以及各模型的约定层次。

13.5.2　产品和过程 FMEA

FMEA 技术也可依据应用范围分为产品 FMEA 和过程 FMEA。产品 FMEA 分析一个产品或系统的设计,检查产品或系统失效模式对产品或系统运行的影响方式。过程 FMEA 分析产品制造、使用和维修过程,检查过程方法对产品或系统运行的影响方式。两类方法都关注于设计——产品的设计或过程的设计。FMEA 的类型划分以及相应失效模式类型如图 13.4 所示。

13.5.3　功能失效模式

功能 FMEA 评价系统、子系统和单元功能。功能失效模式要比硬件失效模式略微抽象,关键是要考虑每个功能各种可能的不良状态。

功能失效模式包括(但不限于)以下示例:

(1) 功能无法执行;

(2) 功能错误执行;

(3) 功能提前执行;

228

FMEA类型

产品　　　　　　　　　　过程

硬件　　　软件　　　功能　　　生产　　　维修　　　使用
电气　　软件功能　系统　　组装　　结构控制　使用模式
机械　　硬件接口　子系统　化工　　文档　　　人的接口
接口　　　　　　　　　　机械　　培训　　　过应力
　　　　　　　　　　　　软件　　　　　　　文档
　　　　　　　　　　　　　　　　　　　　　培训

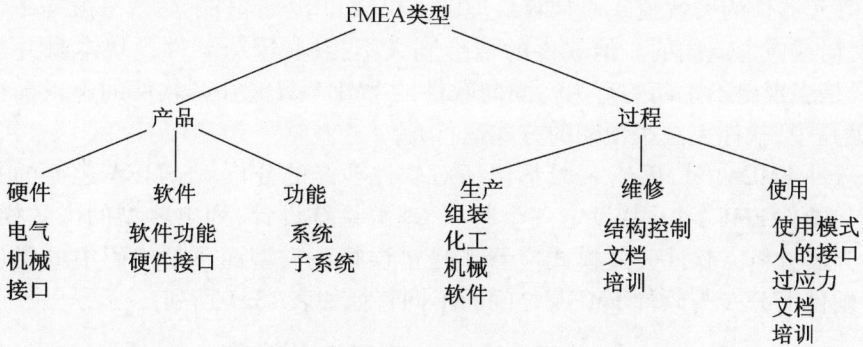

图13.4　FMEA类型——产品和过程

（4）功能提供了错误或误导信息；

（5）功能失效时无法保证安全。

13.5.4　硬件失效模式

硬件 FMEA 既考虑部件灾难失效模式,也考虑部件性能超差失效模式。灾难失效意味着在要求的运行模式下部件功能完全丧失。例如,一个电阻的开路或短路意味着它无法继续按预期方式工作。性能超差失效是指部件还在工作但已超出规定的运行边界,例如电阻的超差失效包括阻值过低或过高,但依然能够提供一定的电阻值。间歇失效是一种非持续性的失效,即失效以一种循环出现/消失的方式发生。

硬件基本失效类别包括：

（1）完全失效；

（2）部分失效（如性能超差）；

（3）间歇失效。

在一个典型的 FMEA 中,可能会有如下基本失效模式：

（1）开路　　　　　（7）过大/过小　　　（13）无法运行

（2）短路　　　　　（8）断裂　　　　　（14）间歇运行

（3）超差　　　　　（9）破碎　　　　　（15）降级运行

（4）泄漏　　　　　（10）错位　　　　　（16）无输出

（5）表面过热　　　（11）黏连

（6）弯曲　　　　　（12）锈蚀

13.5.5　软件失效模式

针对机械或电气系统开展 FMEA 通常比软件 FMEA 简单。诸如继电器和电阻等元器件的失效模式通常容易理解。机械和电气部件的失效一般是由于老化、磨损或应力造成的。但软件的情形则大不相同,因为软件模块本身并不失效,只是表现出不正确的行为。面向软件的 FMEA 只能强调软件的不正确行为(也就是说,软件无法按预期的方式运行)。

软件 FMEA(SFMEA)一般都包括对软件功能的分析。SFMEA 遵循的基本步骤与硬件 FMEA 相同:设定一个起点,理解系统设计,列出典型的失效模式,然后开展分析。软件失效模式应看作是错误行为类型而不是代码中的错误编码。硬件 FMEA 与软件 FMEA 之间的不同特征如表 13.1 所列。

表 13.1 硬件/软件 FMEA 特征

硬 件	软 件
在可以得到失效率的零件(或部件)层开展	仅适用于功能层
认为系统在开始运行时是无失效的	在开始运行时,假定系统就存在软件缺陷失效
认为失效模式是由于老化、磨损或应力的后果	认为失效模式是由于功能失效造成的
分别在部件层和系统层分析失效后果	只在系统层分析失效后果
通过度量后果的严酷度和概率来描述危害	通过度量后果严酷度来描述危害,但概率无法确定
提出需要采取的硬件措施防止或降低失效后果	提出需要采取的软件措施阻止或降低失效后果
软件能导致硬件失效	硬件能导致软件失效

软件功能失效模式包括(但不限于)以下示例:

(1) 软件功能无法执行;

(2) 功能提供了不正确的结果;

(3) 功能提前执行;

(4) 未发送信息;

(5) 信息发送的过早或过晚;

(6) 错误信息;

(7) 软件停止或崩溃;

(8) 软件挂起;

(9) 软件超出内部容量;

(10) 软件错误启动;

(11) 软件功能响应过慢。

13.5.6 定量数据来源

当开展定量 FMEA/FMECA 时,就需要部件的失效率。尽管有许多模型可以用于可靠性预计分析,但这些模型在构建之初都有特定的应用范围。应用最广泛的可靠性预测模型的应用范围、优缺点如表13.2所列。但值得注意的是，由于没有确定的失效模式，因此无法获得软件失效率数据。

表13.2　可靠性预计模型比较

可靠性预计模型	应用范围与制定国家	优点	缺点
MIL - HDBK - 217,电子设备可靠性预计军用手册	军用与商用美国	提供了电子元器件的应力分析和元器件计数分析；通过从元器件计数发展到元器件应力，可以很方便地从初步设计阶段过渡到详细设计阶段；提供的模型涵盖了各类元器件；提供了供选用的多种环境条件；模型众所周知，普遍接受	没有考虑影响失效率的其他因素，如老炼数据、实验室试验数据，外场试验数据，设计人员的经验，磨损等；仅考虑电子元器件
Telcordia（Bellcore），电子设备可靠性预计程序（技术参考资料#TR - 332或Telcordia技术专门报告SR - 332），AT&T贝尔实验室	商用美国	通过使用计算方法，提供了从元器件计数到全部元器件应力分析方法；考虑了老炼数据，实验室试验数据和外场试验数据；模型众所周知，普遍接受	仅考虑电子元器件；仅支持有限数量的地面环境类型；与MIL - HDBK - 217相比，元器件模型较少；没有考虑其他因素，如设计人员经验、磨损等
机械设备可靠性预计过程手册（NSWC - 98/LE1），美国海军	军用和商用美国	可用于分析众多机械零件（密封件、弹簧、螺线管、轴承、齿轮等）	仅用于机械零件
HRD5,通信系统用电子部件可靠性数据手册	通信美国	类似于Telcordia；比较多的元器件类型的模型	仅考虑电子元器件；尚未广泛应用
PRISM,由可靠性分析中心（RAC）开发的系统可靠性评估方法	军用和商用美国	包含了NPRD/EPRD失效率数据库；使用了过程分级系数、前期数据和试验与外场数据；仅对少量、有限的元器件类型进行建模	新标准，仍需获得更广泛接受；仅考虑了电子元器件；不支持混合模型；无相关标准可供参考
NPRD/EPRD, RAC非电子元器件可靠性（NPRD）和电子元器件可靠性（EPRD）数据库	军用和商用美国	广泛包括电子和非电子元器件；完全基于外场数据	完全由失效率数据库构成，没有数学模型

13.6 方　法

图 13.5 概述了基本的 FMEA 过程,并总结了该过程中涉及的重要关系。基于可靠性理论,所有部件都具有固有的失效模式。FMEA 过程评价每个部件的每种失效模式的总体影响。FMEA 的主要目的是确定部件失效对系统可靠性的影响,但该技术可扩展用于确定对系统安全性的影响。

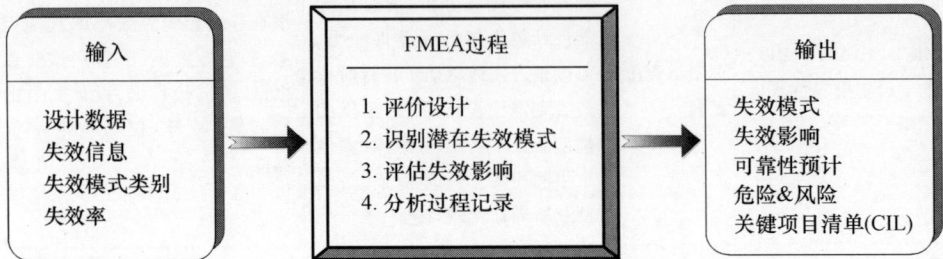

输入	FMEA过程	输出
设计数据 失效信息 失效模式类别 失效率	1. 评价设计 2. 识别潜在失效模式 3. 评估失效影响 4. 分析过程记录	失效模式 失效影响 可靠性预计 危险&风险 关键项目清单(CIL)

图 13.5　FMEA 概述

FMEA 的输入数据包括详细的硬件/功能设计信息。设计数据可以采用诸如设计方案、运行方案、计划用于系统的主要部件和主要系统功能等形式。这些信息的来源包括设计规范、草图、图纸、原理图、功能列表、功能框图(FBD)和/或可靠性框图(RBD)。输入数据还包括已知的部件失效模式及其失效率。FMEA 输出信息包括通过分析确定的系统失效模式、失效影响效果评价、确定的危险以及在关键项目清单(CIL)中列出的所确定的系统关键项目。

表 13.3 列出并说明了 FMEA 过程的基本步骤,其中包括对所有项目的失效模式开展详细的分析。下一节将介绍用于记录 FMEA 的工作表格。

表 13.3　FMEA 过程

步骤	任务	说　明
1	定义系统	定义系统、确定其范围和边界。定义任务、任务阶段和任务环境。理解系统设计和运行过程。注意:所有步骤都适用于 SFMEA
2	制定 FMEA 计划	明确 FMEA 目标、定义、分析表、日程安排和流程。从功能 FMEA 开始,然后转入对安全性关键硬件(由功能 FMEA 确定)开展 FMEA。将被分析系统划分为能够满足分析需求的最小部分。确定被分析的项目及其约定层次
3	选择分析团队	选择参加 FMEA 的团队成员,明确各自责任。注意发挥不同领域团队成员的专长(如:设计、试验、制造等)
4	获取数据	获取 FMEA 所有必需的系统、子系统和功能的设计和过程数据(如:功能图、原理图和图纸等)。制定分析的项目约定层次。识别分析中关注的实际失效模式并获取部件失效率

232

步骤	任务	说　明
5	实施 FMEA	① 确定并列出需要评价的项目； ② 针对评价项目清单，确定分析深度； ③ 将项目清单转换为 FMEA 分析表； ④ 通过完成 FMEA 分析表中的问题分析每个项目； ⑤ 由系统设计人员验证 FMEA 表的正确性
6	建议改进措施	对于风险不能接受的失效模式提出改进措施，并明确实施改进措施的责任和进度
7	监控纠正措施效果	审查试验结果，确保安全性建议和系统安全性要求在减轻危险方面达到预期效果
8	跟踪危险	将识别的危险录入危险跟踪系统（HTS）
9	记录 FMEA	在工作表格中记录全部 FMEA 过程。更新信息和确定的改进措施落实情况

13.7　分　析　表

FMEA 详细分析系统潜在的失效模式。为确保分析工作的结构化、一致性和便于归档管理，应采用表格形式开展 FMEA 分析。通常情况下，分析表格的具体格式并不严格，可以采用矩阵式、分栏式或文本式等不同表格。当 FMEA 用于支持系统安全和危险分析时，至少应包含下述内容：

（1）失效模式；

（2）失效模式对系统的影响；

（3）失效导致的系统层危险；

（4）危险对事故影响的后果；

（5）失效模式和/或危险的原因；

（6）失效模式检测的方式；

（7）建议（如可采用的安全性要求或规范）；

（8）所确定危险造成的风险。

多年来不同的项目、计划和学科中提出了多种不同的 FMEA 表格形式。一些表格示例如下所示，每种表格提供了不同数量和类型的分析信息。表格的具体形式可由实施分析的用户、系统安全工作组、安全性管理人员、可靠性组或可靠性/安全性分析人员确定，但在某个项目的寿命周期内采用的 FMEA 表格应保持一致，重要的是要确保与安全性相关信息能够包含在表格中。最基本的 FMEA 分析表格如图 13.6 所示，主要用于可靠性部门。

失效模式及影响分析						
部件	失效模式	失效率	失效原因	直接影响	系统影响	RPN

RPN=风险优先数
(可靠性)

图 13.6　FMEA 表格示例 1 – 可靠性

图 13.7 是一种较为复杂的 FMEA 表格,也是主要用于可靠性部门,但能够提供必要的系统安全性信息。

失效模式及影响分析									
项目信息	失效模式	失效率	失效原因	直接影响	系统影响	RPN	检测方法	现有控制措施	建议措施

图 13.7　FMEA 表格示例 2 – 可靠性

图 13.8 是安全性分析优选的表格,包含了与安全性相关的系统信息,当然也包含了可靠性信息。在实际应用中,不同部门可以对 FMEA 表格进行剪裁,以形成满足特定需求的不同表格形式。

图 13.8 所推荐的安全性 FMEA 表格中各列的含义如下:

(1) **系统**　该栏填写被分析的系统。

(2) **子系统**　该栏填写被分析的子系统。

(3) **模式/阶段**　该栏填写被分析系统的模式或寿命周期阶段。

(4) **项目**　该栏填写被分析的部件、项目或功能。对于硬件部件,应尽可能包含部件的型号和描述信息,还应包含项目的目的或功能等必要信息。

失效模式及影响分析										
系统：①			子系统：②				模式/阶段：③			
项目	失效模式	失效率	失效原因	直接影响	系统影响	检测方法	现有控制措施	危险	风险	建议措施
④	⑤	⑥	⑦	⑧	⑨	⑩	⑪	⑫	⑬	⑭

图 13.8 FMEA 表格示例 3 – 安全性/可靠性

（5）**失效模式** 该栏应填写被分析的部件、项目或功能所有可能发生的失效模式。可以从多种途径获得这些信息，如历史数据、生产商数据、经验或试验等。某些部件可能存在多种失效模式，因此应列出每一种模式并依次分析其对组件以及子系统的影响。

（6）**失效率** 该栏填写所识别的失效模式的失效率或失效概率。表 13.2 中列出了一些定量数据的来源。应说明失效数据的来源，以便供将来参考。当随着研制进程对分析工作进行修正时，这些信息可以作为最佳判据。必须注意确保获得的概率确实属于被评估的失效模式。

（7）**失效原因** 该栏填写导致特定失效模式的所有可能原因。原因可以包括不同来源，如物理失效、磨损、温度应力、振动应力等。应列出所有影响部件或组件的条件，并说明特定的任务阶段、应力、人员活动和这些事件的组合等是否会增加失效或损坏的概率；

（8）**直接影响** 该栏填写所确定的失效模式的最直接的影响后果。这是指对于设计中临近项目的低层次影响。

（9）**系统影响** 该栏填写特定失效模式对于系统的最终影响后果。这里指高层次影响。

（10）**检测方法** 该栏填写在发生失效后和导致任何严重后果前，如何检测特定的失效模式。如果存在可能的检测方法，应将其用于减轻危险的设计。

（11）**现有控制措施** 该栏填写如何防止特定的失效模式发生，或者一旦发生失效如何安全地减轻其影响。

（12）**危险** 该栏填写由失效模式导致的特定危险（注意：要记录下所有考虑到的危险，即使事后证明其并非危险）。

（13）**风险**　该栏填写从严酷度和可能性两方面,对于所确定危险的潜在影响进行事故风险定性度量。在可靠性领域采用了风险优先数(RPN);然而对于安全性风险评估 RPN 并不适用。对于系统安全而言,通常采用 MIL – STD – 882中使用的事故风险指数。

严酷度		可能性	
1	灾难的	A	频繁
2	严重的	B	很可能
3	轻度的	C	有时
4	轻微的	D	极少
		E	不可能

（14）**建议措施**　该栏填写消除或降低潜在失效模式影响后果的方法。

13.8　示例1:硬件 FMEA

本例是一个用于在设计开发阶段评价系统设计的硬件 FMEA。图 13.9 给出了一个导弹蓄电池,在没有被烟火式引爆器激活之前,是一个不工作的蓄电池。在这个设计中,使用易碎薄膜将电解液和蓄电池的极板隔离。当需要电源时,引爆器被激发并击碎薄膜,释放出的电解液使蓄电池产生电能。

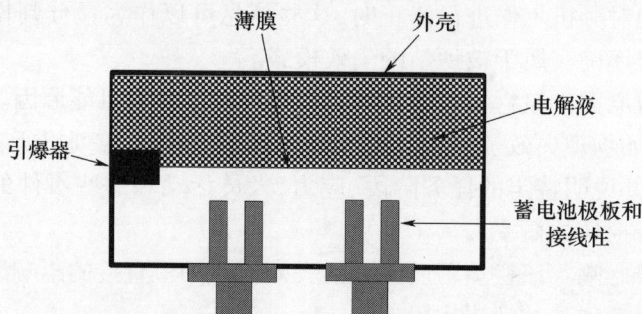

图 13.9　FMEA 示例 1 – 蓄电池

该电池子系统由下列部件组成:

（1）外壳;

（2）电解液;

（3）蓄电池极板和接线柱;

（4）薄膜(用于隔离电解液和蓄电池极板);

（5）引爆器(用于击碎薄膜)。

此种蓄电池设计的 FMEA 分析表如表 13.4 和 13.5 所列。

表 13.4 蓄电池的硬件 FMEA——分析表 1

失效模式及影响分析

系统:导弹; 子系统:导弹蓄电池; 模式/阶段:运行

部件	失效模式	失效率	失效原因	直接影响	系统影响	检测方法	现有措施	危险	风险	建议措施
外壳	裂纹	3.5×10^{-5} 厂家数据	制造缺陷	电解液泄漏	蓄电池不供电	检查	质量保证	火源	2D	增加系统传感器
	孔洞	1.1×10^{-9} 厂家数据	材料缺陷	电解液泄漏	蓄电池不供电	检查	质量保证	火源	2E	增加系统传感器
电解液	泄漏到壳外	4.1×10^{-6} 厂家数据	外壳缺陷;孔洞	电解液泄漏	蓄电池不供电	检查	质量保证	火源	2D	增加系统传感器
	使用错误的电解液	1.0×10^{-5} 厂家数据	人为差错	与蓄电池极板不起反应	蓄电池不供电	检查	质量保证	不安全的电池反应	2D	
蓄电池极板和接线柱	裂纹	2.2×10^{-6} 厂家数据	材料缺陷	不充分的蓄电池反应	蓄电池供电不足	无	无	无	4D	
	破裂	1.0×10^{-9} 厂家数据	材料缺陷	不充分的蓄电池反应	蓄电池不供电	无	无	无	4E	

分析人员: 日期: 第 1 页,共 2 页

237

表 13.5 蓄电池的硬件 FMEA——分析表 2

失效模式及影响分析

系统:导弹; 子系统:导弹蓄电池; 模式/阶段:运行

部件	失效模式	失效率	失效原因	直接影响	系统影响	检测方法	现有措施	危险	风险	建议措施
薄膜	裂纹	3.5×10^{-5} 厂家数据	材料缺陷	电解液泄漏	蓄电池不供电	检查	质量保证	火源	2D	增加系统传感器
	孔洞	1.1×10^{-9} 厂家数据	材料缺陷	电解液泄漏	蓄电池不供电	检查	质量保证	火源	2E	增加系统传感器
	无法破裂	4.1×10^{-6} 厂家数据	材料缺陷	没有电解液与蓄电池极板接触	蓄电池不供电	检查	质量保证	无	2D	增加系统传感器
起爆器	无法点火	4.1×10^{-9} 厂家数据	材料缺陷	没有电解液与蓄电池极板接触	蓄电池不供电	检查	无	无	2E	
	提前点火	4.1×10^{-9} 厂家数据	材料;射频能量;跌落	电解液与蓄电池极板提前接触	提前激活蓄电池	系统供电传感器	系统供电传感器	提前为导弹供电	2E	增加系统传感器

分析人员:　　　　　　　　　　　　　日期:　　　　　　　　　　　第 2 页,共 2 页

13.9 示例 2：功能 FMEA

本例是一个关注于系统和软件功能的功能 FMEA 方法，评价各类功能失效模式。一个通用的飞机起落架系统如图 13.10 所示。

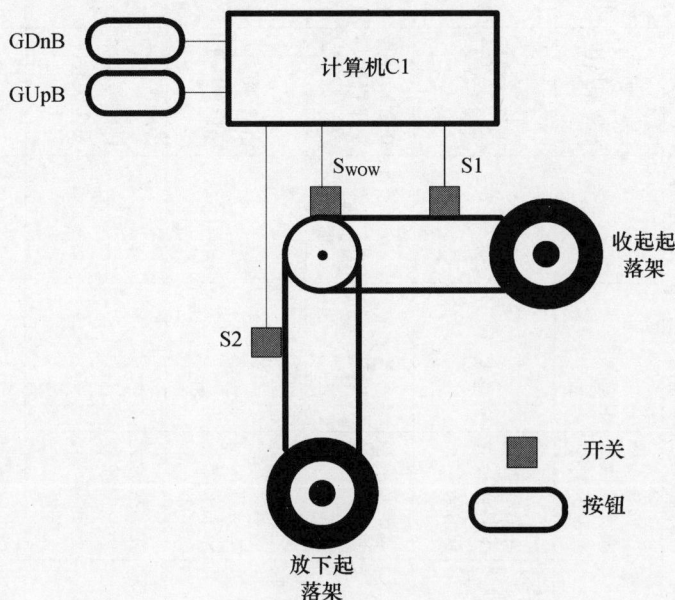

图 13.10　FMEA 示例 2－飞机起落架系统

在图 13.10 中，按下按钮 GDnB 将放下起落架，按下按钮 GUpB 则收起起落架。当起落架收起时，开关 S1 向计算机发送一个"真"信号，否则，发送一个"假"信号。当起落架放下时，开关 S2 向计算机发送一个"真"信号，否则，发送一个"假"信号。这些开关的目的是使系统了解起落架的真实位置，防止冲突指令。S_{wow} 表示载重轮开关。

起落架的主要功能，包括硬件和软件功能，有：
（1）收起起落架；
（2）放下起落架；
（3）执行自检测；
（4）报告系统错误；
（5）记录自检测结果。

评价飞机起落架功能的 FMEA 分析表如表 13.6 和表 13.7 所列。需要注意的是，功能 FMEA 中失效率一栏为空，因为无法获得功能的失效率。

表 13.6 起落架的功能 FMEA——分析表 1

失效模式及影响分析
系统:飞机; 子系统:起落架; 模式/阶段:飞行

功能	失效模式	失效率	失效原因	直接影响	系统影响	检测方法	现有措施	危险	风险	建议措施
收起起落架	无法收起	N/A	计算机;软件;布线	起落架	飞机在起落架无法收起情况下飞行	传感器		由于阻力,起落架损坏	4C	
	提前收起	N/A	计算机;软件	如果处于放下位置,则起落架提前收起	在滑行或起飞阶段收起起落架	传感器		飞机在滑行过程中损坏	2C	
放下起落架	无法放下	N/A	计算机;软件;布线	无法放下起落架	飞机必须在起落架收起情况下着陆	传感器		在着陆过程中飞机损坏或人员伤亡	2C	
	提前放下	N/A	计算机;软件	如果处于收起位置,起落架被提前放下	飞机在起落架放下的情况下飞行	传感器		由于阻力,起落架损坏	2C	
起落架自检测(机内测试,BIT)	无法自检测	N/A	计算机;软件;电子设备故障	起落架检测故障	在需要时无法收起或放下起落架,无警告	无		可能发生不安全状态	4C	
	错误检测	N/A	计算机;软件;电子设备故障	起落架故障自检测数据不正确	对于起落架状态无警告或错误报告警	无		可能发生不安全状态	4C	

分析人员: 日期: 第 1 页,共 2 页

表 13.7 起落架的功能 FMEA——分析表 2

失效模式及影响分析

系统:飞机; 子系统:起落架; 模式阶段:飞行

功能	失效模式	失效率	失效原因	直接影响	系统影响	检测方法	现有措施	危险	风险	建议措施
报告系统失效	无法执行	N/A	计算机、软件；电子设备故障	没有报告BIT数据	故障状态无告警	飞行员报告		无	4D	
	错误执行	N/A	计算机、软件；电子设备故障	错误报告BIT数据	故障状态无告警或错误告警	飞行员报告		无	4D	
记录自检测结果	无法执行	N/A	计算机、软件；电子设备故障	没有记录BIT数据	没有记录故障状态	数据分析		无	4D	
	错误执行	N/A	计算机、软件；电子设备故障	错误记录BIT数据	没有记录状态或错误记录	数据分析		无	4D	

分析人员： 日期： 第 2 页，共 2 页

241

13.10 详细程度

FMEA 的详细程度取决于功能/硬件的约定层次,而失效总是假定在约定层次上发生。失效可能会在任何层次上发生,从顶层的系统功能到各个部件。在系统开发的方案阶段,高层次的功能方法适合于消除设计中的缺陷。而在系统开发的后续阶段,更为详细的硬件或功能方法则更适用于设计方案的更充分实施。因此,FMEA 的详细程度取决于它在哪个系统研制阶段实施。

如果 FMEA 能够为提高系统设计的充分性而发挥可观的作用,即便其由于在早期开展而显得较为粗略,也比在后期开展的较详细的分析更有意义,因为后者会由于实施费用过高而变得不可行。

功能方法是在系统级开展 FMEA 的方法,通常在系统硬件定义还不足以明确特定的硬件项,且只需要较为粗略的分析时开展。此类方法更适合于考虑多重失效和外部影响,诸如软件功能和人为差错。硬件方法是更为精确和详细地开展 FMEA 的方法,通常在可以通过工程图纸确定硬件项时开展。尽管硬件方法一般都是从元器件层向上进行分析应用,但可以在任何约定层次上实施。

13.11 优缺点

FMEA 技术的主要优点包括:

(1)易于理解和实施;

(2)实施费用相对较低,且能提供有意义的结果;

(3)分析严谨;

(4)提供被分析对象的可靠性预计;

(5)有商业化软件工具辅助 FMEA 方法分析过程。

FMEA 技术的主要不足有:

(1)关注于单个失效模式而不是失效模式组合;

(2)无法识别与失效模式无关的危险;

(3)对于人为差错的分析较少;

(4)对于外部影响和接口分析较少;

(5)需要掌握被分析产品或过程的专业知识。

13.12　应避免的常见错误

在初次学习和应用 FMEA 时,常会犯一些典型错误。在 FMEA 过程中易犯的典型错误有:

(1) 没有使用标准化工作表格开展结构化工作;

(2) 没有让设计团队参与分析,从而无法获得所有可能的意见;

(3) 没有全面分析一个失效模式的全部影响。

13.13　小　　结

本章讨论了 FMEA 技术。有助于总结本章所论述内容的基本原则归纳如下:

(1) FMEA 主要目的是识别潜在的失效模式,并评价这些失效发生所产生的影响。FMEA 主要用于可靠性分析,经适当改进也可用于安全性评价。

(2) FMEA 是一个定性和(或)定量的分析工具。可用于定量预计组件、单元或子系统的失效率。

(3) FMEA 通常需要详细的设计信息。

(4) FMEA 可用于评价硬件、软件、功能和过程的设计。

(5) FMEA 不应单独用于分析识别危险,而应与其他危险分析方法相结合。FMEA 是对详细设计危险分析(DD – HAT)和系统设计危险分析(SD – HAT)的补充;

(6) 由与被分析产品或过程相关的多学科专家组成的团队实施 FMEA 的效果最好。

(7) 面向安全性的 FMEA 可提供以下信息:

- 失效模式;
- 失效模式的直接影响和系统影响;
- 失效率;
- 失效模式导致的危险;
- 事故风险评估。

参考文献

[1] MIL – STD – 1629A, Procedures for Performing a Failure Mode, Effects and Criticality Analysis, 1980.

[2] SAE Standard J – 1739, Potential Failure Mode and Effects Analysis in Design (Design FMEA) and Poten-

tial Failure Mode and Effects Analysis in Manufacturing and Assembly Processes (Process FMEA) and Effects Analysis for Machinery (Machinery FMEA), August 2002.

[3] AIAG, FMEA – 3 Potential Failure Mode and Effects Analysis, 3rd ed. Automotive Industry Action Group (AIAG), July 2002 (equivalent of SAE J – 1739).

参考书目

[1] IEC 60812, Analysis Techniques for System Reliability – Procedure for Failure Mode and Effects Analysis (FMEA), 2nd ed. 2001.

[2] McDermott R, Mikulak R and Beauregard M. The Basics of FMEA, Productivity, Inc. , 1996

[3] OLB – 71, Failure Mode and Effects Analysis, Engineering Industry Training Board (EITB), Watford, England:1986

[4] SAE ARP4761, Guidelines and Methods for Conducting the Safety Assessment Process on Civil Airborne Systems and Equipment, Appendix G – Failure Mode and Effects Analysis, 1996.

[5] SAE ARP5580, Recommended Failure Modes and Effects Analysis (FMEA) Practices for Non – Automobile Applications, July 2001.

[6] Stamatis, D. H. , Failure Mode and Effect Analysis: FMEA from Theory to Execution, Quality Press, American Society for Quality, 1995.

[7] STUK – YTO – TR 190, Failure Mode and Effects Analysis for Software – Based Automation Systems, August 2002, Finish Radiation and Nuclear Safety Authority.

第14章 故障危险分析

14.1 简 介

故障危险分析(Fault Hazard Analysis，FaHA)是一种识别由部件故障模式导致危险的分析方法。该方法通过审查子系统、组件或部件的潜在故障模式并确定哪些故障模式会形成不期望的、可能导致事故的状态。

14.2 背 景

FaHA 方法属于详细设计危险分析类型(DD－HAT)，该危险分析类型在第3章已描述。FaHA 目的是通过分析组成子系统的硬件潜在故障模式识别危险。

FaHA 适用于分析所有类型的系统和设备。FaHA 能在子系统、系统或由多个系统集成的系统上进行分析。FaHA 可以应用到从部件层次到系统层次的任何层次，是面向硬件，而不适合于软件分析。

FaHA 是一种全面地对潜在的故障模式进行评价的分析方法。但是，和FMEA 有着相同的局限性，只考虑单个的故障模式，不考虑多个故障模式的组合。FaHA 一般仅考虑完全由故障模式引起的危险，例如不考虑不成熟的设计、时间错误等引起的危险。

FaHA 的实施需要对危险分析理论和故障模式有基本的了解，并对被分析系统有详细的了解。该分析方法的原理与 FMEA 的方法相似。虽然，FaHA 是有用的危险分析方法，但子系统危险分析(SSHA)可以代替 FaHA。SSHA 方法包括考虑对安全有影响的故障模式，因而它就实现了与 FaHA 相同的目标。

一般不推荐使用 FaHA。因为其他的安全性分析技术对确定危险及其根源识别更有效，例如 SSHA。只有当所有部件故障模式需要严格的分析时，才采用FaHA。FaHA 方法并不复杂，通过本章提供的分析表和用法说明可以容易地掌握该方法。

14.3 历　史

波音公司在 1965 年为"民兵"导弹项目开发了 FaHA 技术,被看成衍生的 FMEA 方法。这种分析方法允许分析者在清楚知道某故障模式不会造成危险时停止分析,然而 FMEA 要求对所有故障模式进行全面评价。

14.4 原　理

FaHA 是一种定性的和/或定量的分析方法。FaHA 可以专门作为定性的分析使用,如果需要,可延伸到对部件的各种故障模式进行定量的分析。FaHA 需要对子系统详细的分析,以确定哪些部件故障可能导致危险和对子系统及其使用造成影响。

FaHA 回答以下一系列问题:

① 什么可能导致故障?

② 怎样导致故障?

③ 故障的频率是多少?

④ 故障有什么样的影响?

⑤ 故障的后果导致什么样的危险?

FaHA 考虑全部的功能故障模式和超差的故障模式。例如,5% 的 5000Ω(±250Ω)电阻器具有"断路"或"短路"的故障模式,而超差模式可以包括"非常低的电阻"或"非常高的电阻"。

要进行 FaHA,必需知道和了解下列系统特征:

① 设备任务;

② 使用的限制;

③ 成功和故障的边界;

④ 现实的故障模式及其发生概率。

一般的 FaHA 方法包括以下几点:

① 分析每个部件;

② 分析所有部件的故障模式;

③ 确定故障模式是否直接产生危险;

④ 确定故障模式对子系统和系统的影响;

⑤ 确定部件故障是否通过别的部件引起。

FaHA 方法采用特选的分栏表格进行分析,以提供最佳的结果。该方法通过对系统和子系统设计进行系统化分析来识别危险。除了识别危险,FaHA 表中的数据还为其他的安全性分析提供有用的信息,如故障树分析。

FaHA 的目的是识别在子系统内由于潜在的硬件故障引起的危险,通过分析子系统部件故障的原因和影响来实现。

14.5 方 法

表 14.1 给出了 FaHA 过程的基本步骤。FaHA 方法在图 14.1 中解释说明,该图假设系统由两个子系统组成并给出功能原理框图。实施 FaHA 的思路是把每个子系统划分成若干主要部件或黑盒,并对这些部件或黑盒的故障模式进行评价。

表 14.1　FaHA 过程

序号	任务	说　　明
1	定义系统	定义系统、并确定其范围和边界。建立被分析对象的约定层次
2	制定 FaHA 计划	确立 FaHA 目的、定义、分析表、日程安排和流程。确立分析关注的故障
3	获取数据	获取开展 FaHA 必要的设计和过程资料。完善分析对象的约定层次。资料可以包括功能图、原理图以及系统、子系统和功能的图纸。这些信息可来源于设计规范、功能框图、草图、图纸和原理图
4	划子系统	将被分析系统分割成合逻辑和易于管理的若部分,如子系统、单元和功能块
5	实施 FaHA	对部件层次进行分析。对被分析的每个模块准备好其完整的部件列表以及每个部件的功能。对已确定部件列表的每个项目进行 FaHA。该步骤进一步分解为以下部分。分析确定: ① 故障模式; ② 故障的直接影响; ③ 系统层的故障影响; ④ 潜在危险及其相关的风险
6	提出改进措施	对于具有不可接受的风险或严酷度的故障模式,应向项目管理人员提出改进措施
7	监控改进措施	根据计划的间隔,审查 FaHA 以确保改进措施得到落实
8	记录 FaHA	记录完整的 FaHA 过程,包括分析表格中,并及时更新信息,闭环处理指定的改进措施

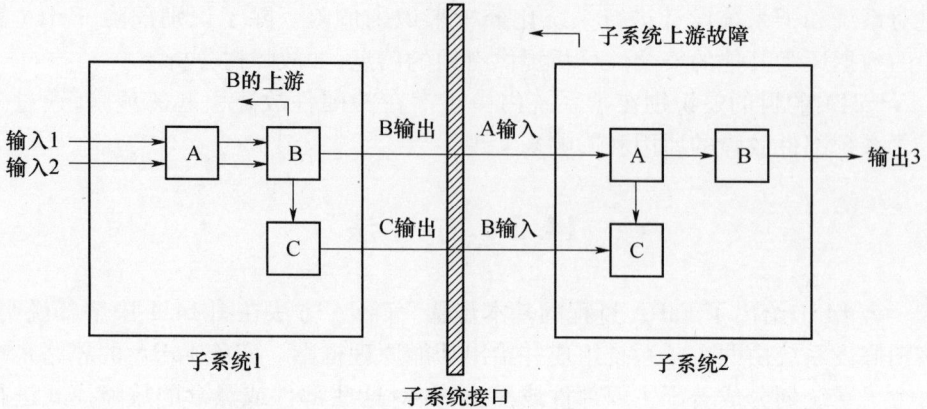

图 14.1　系统接口示例

下一步是识别和评价黑盒或子系统中每一个部件的所有可信的故障模式。例如,在子系统 1 中,部件 B 可能"故障—启动"。确定该故障模式对部件 A 和 C 的影响,以及对与子系统 2 接口的影响。

识别可能导致部件 B 故障启动的诱发因素。例如,从部件 C 辐射出的过多热量可能导致部件 B 故障启动。

识别可能直接指令导致部件 B"故障—启动"的"上游"事件。这类事件通常是计划的正常事件的一部分,除非在错误的时间发生和发生时本身是不可控的。例如,部件 A 短路可能使它输出指令部件 B 产生"故障—启动"模式的信号。

当 FaHA 完成时,子系统 1 的故障影响将在接口上终止,而子系统 2 中指令故障的上游事件将从接口开始识别。因此,通过子系统 1 的影响和子系统 2 的上游事件对比,可能确定出接口危险。这是 FaHA 得到的间接结果。

14.6　分 析 表

FaHA 是一种结构化、严谨的规范和详细的危险分析,适合用分析表实施 FaHA。虽然分析表的格式并不严格,图 14.2 给出了推荐的 FaHA 表格。该格式曾经成功的运用于"民兵"导弹武器系统项目。

表格中每一栏填写的内容描述如下:

(1) **部件**　该栏填写被分析子系统的主要功能和物理硬件。通过部件号和描述名称来区分部件。

(2) **故障**　模式该栏填写可信的部件所有可能发生的故障模式。这些数据可从 FMEA、厂商的资料或试验中获得(注释:本栏与 FTA 中的"原发"原因问题相似)。

248

故障危险分析									
子系统 _____			组件/单元 _____				分析人员 _____		
部件	故障模式	故障率	系统模式	对子系统影响	诱发原因	上游指令原因	事故风险指数	对系统的影响	备注
①	②	③	④	⑤	⑥	⑦	⑧	⑨	⑩

图 14.2　推荐的 FaHA 分析表

（3）**故障率**　该栏填写被识别的故障模式的故障率或故障概率。故障率的来源也将作为将来的参考数据。

（4）**系统模式**　该栏填写故障模式发生时,系统阶段或使用模式。

（5）**对子系统影响**　该栏填写所有被识别的故障模式对子系统和子系统中部件的直接影响。

（6）**诱发原因**　该栏确定可能引起部件故障的诱发因素。异常的和超差的状况可能引起部件故障。应填写部件的容差水平。同样,环境因素或共因事件可能是故障的诱发原因(注释:本栏与 FTA 中的"诱发"原因问题相似)。

（7）**上游指令原因**　该栏填写直接迫使部件进入指定的故障模式的功能、事件或故障(注释:该栏与 FTA 中的"指令"原因问题相似)。

（8）**事故风险指数(MRI)**　该栏填写在没有实施减轻措施的前提下,对被识别危险潜在影响的事故风险的定性度量。风险度量是事故严酷度和可能性的综合。如下是 MIL – STD – 882 推荐的度量值。

	严酷度		可能性
1	灾难的	A	频繁
2	严重的	B	很可能
3	轻度的	C	有时
4	可忽略的	D	极少
		E	不可能

（9）**对系统的影响**　该栏填写所有指定故障模式对系统的直接影响。

（10）**备注**　该栏提供与分析可能有关的补充信息。

14.7 示　例

为说明 FaHA 方法,以第 4 章 PHL 分析所用的小型导弹系统为例。图 14.3 再次给出了 PHL 中该系统基本的部件和功能设计信息。

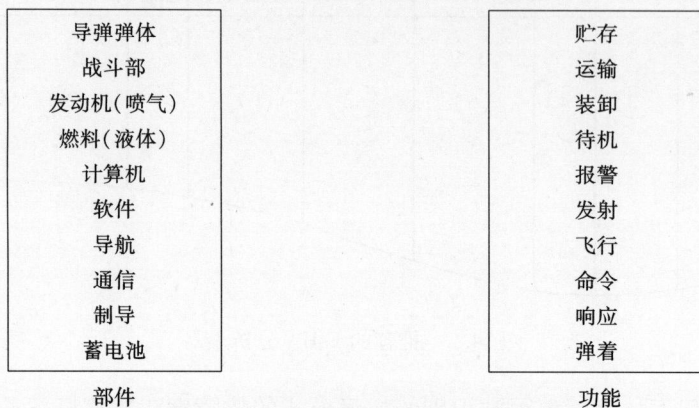

部件	功能
导弹弹体	贮存
战斗部	运输
发动机(喷气)	装卸
燃料(液体)	待机
计算机	报警
软件	发射
导航	飞行
通信	命令
制导	响应
蓄电池	弹着

图 14.3　导弹系统部件清单和功能清单

通常,FaHA 将应用到子系统设计的每个部件中。本 FaHA 示例选择蓄电池子系统进行评价。图 14.4 给出了蓄电池子系统的设计示例。

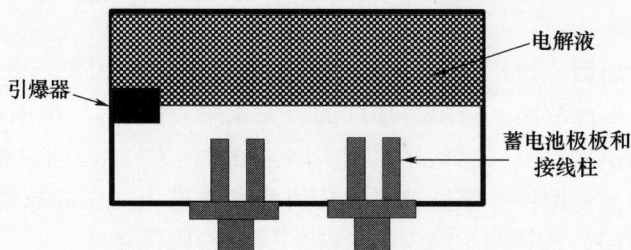

图 14.4　导弹蓄电池设计示例

在这一设计中,使用易碎薄膜将电解液和蓄电池板隔离。当需要电源时,引爆器被激发并击碎薄膜,因此阻隔被打破电解液流入蓄电池中,从而激活蓄电池。

蓄电池系统是由以下部件组成:

(1) 外壳;

(2) 电解液;

(3) 蓄电池极板;

(4) 薄膜(用于隔离电解液和蓄电池极板);

(5) 引爆器(用于击碎薄膜)。

表 14.2 是蓄电池的 FaHA 分析表。

250

表 14.2　蓄电池的 FaHA 分析表

故障危险分析

子系统:　　导弹组件/单元:　　蓄电池分析者:　　日期:

部件	故障模式	故障率	系统模式	对子系统影响	诱发原因	上游指令原因	事故风险指数	对系统影响	备注
蓄电池引爆器	引爆器点火失败	3.5×10^{-5} 厂家数据	飞行	蓄电无输出	过度振动	无点火指令	4C	哑弹	安全
	引爆器意外点火	1.1×10^{-9} 厂家数据	地面操作	蓄电池意外供电	受热;振动	意外点火命令	2C	不安全系统状态	需要进一步分析
蓄电池电解液	电解液泄漏	4.1×10^{-6} 厂家数据	地面操作	腐蚀;毒气;着火	过度振动;穿孔	制造缺陷	2C	不安全系统状态	需要进一步分析
	提前供电	1.0×10^{-10} 厂家数据	地面操作	意外向导弹电子设备供电	无	电解液泄漏到电池单元	2C	不安全系统状态	需要进一步分析
蓄电池电力	无电力输出	2.2×10^{-6} 厂家数据	飞行	导弹电子设备无电力输入	蓄电池损坏	电线损坏	4C	哑弹	安全
	外壳裂缝	1.0×10^{-12} 厂家数据	飞行	无电力输出	过度振动		4C	哑弹	安全
蓄电池外壳			地面操作	腐蚀;毒气;着火	过度振动		2C	不安全状态	需要进一步分析

页码:1 / 1

251

从表 14.2 中的 FaHA 分析表可以得到以下结论:

(1) 风险水平为 2C 的故障表明,该故障模式将使系统处在不安全的状态。它需要进一步的分析,以评价不安全状态和设计改进措施,以降低该风险水平。

(2) 风险水平为 4C 的故障表明该故障模式将使导弹处于无供电状态,导致哑弹(不是安全问题)。

14.8 优 缺 点

以下是 FaHA 方法的优点:

(1) 与其他方法(如,FTA)相比较,FaHA 更容易而且快速实施;

(2) 只需极少的培训,就能应用 FaHA;

(3) FaHA 花费较少;

(4) FaHA 促使分析人员把焦点集中在系统要素和危险上;

以下是 FaHA 方法的缺点:

(1) FaHA 的焦点集中在单一故障模式而不是多个故障模式的组合;

(2) FaHA 焦点集中在故障模式,而忽略别的危险类型(如,人为差错);

(3) 由于软件没有故障模式,FaHA 不适用于软件。

14.9 应避免的常见错误

当初次学习如何使用 FaHA 方法时,常会犯一些典型的错误。以下是使用 FaHA 过程中常犯的典型错误:

(1) 没有完全理解 FaHA 方法;

(2) 当另一种方法更适合应用到该对象时却采用 FaHA 方法。

14.10 小 结

本章讨论了 FaHA 方法。有助于总结本章所论述内容的基本原则归纳如下:

(1) FaHA 的主要目的是通过把焦点集中在潜在的硬件故障模式上,来识别危险。通过对于每个部件的各种可信的单一故障模式进行分析,确认是否会导致危险;

(2) FaHA 是一种定性和/或定量的分析工具;

(3) 使用功能框图极大地帮助和简化 FaHA 过程。

参考书目

［1］Ericson, C. A., Boeing Document D2 – 113072 – 2, System Safety Analytical Technology – Fault Hazard Analysis, 1972.

［2］Harris, R. W., Fault Hazard Analysis, USAF – Industry System Safety Conference, Las Vegas, Feb., 1969.

第 15 章　功能危险分析

15.1　简　介

功能危险分析(Functional Hazard Analysis，FuHA)是一种通过严谨地评价系统或子系统(包括软件)功能来识别危险的工具。系统被设计用于执行一系列功能，这些功能又可以被划分成子功能或子子功能等，即使还无法获得或不了解系统的设计细节，功能的目标通常都可以了解。FuHA 是一种归纳式的危险分析方法(归纳性地确认故障事件的影响)，评价功能失效、误用、功能异常。

15.2　背　景

FuHA 无法严格地对应本书第 3 章介绍的各类型危险分析，因为该方法关注的基本焦点是仅针对功能的分析，可以在初步设计阶段实施支持初步设计危险分析类型(PD – HAT)，同样也可以在详细设计阶段实施支持系统设计危险分析类型(SD – HAT)。

在安全性相关的领域中，缩写符号 FHA 既可以表示功能危险分析也可以表示故障危险分析。为避免歧义，本书中故障危险分析缩写为 FaHA，功能危险分析缩写为 FuHA。

FuHA 目的是通过功能分析以识别系统危险。功能是系统为完成其任务或目标的运行方式。通过评价功能无法执行、错误执行或在错误时间执行对安全的影响，可以识别系统危险。当某个功能的失效确实可以造成危险时，就要对其产生的原因进行更为详细的调查分析。

FuHA 方法适用于分析各种类型的系统、设备或软件，既可以用于单一子系统，也可用于一个完整的功能系统，还可用于由多个系统集成的系统。分析的详细程度也可以变化，具体情况依赖于所分析功能的层次。例如，对较高层次的系统功能的分析，必然会得到较高层次的危险分析结果，而较低层次的(详细设计的)子系统功能分析则会得到一个较为详细的危险分析结果。

当 FuHA 方法由经验丰富的安全性技术人员，有条理的运用于给定系统，能全面地识别系统功能危险。通过对系统功能预定运行方式的逻辑分析，FuHA

能够支持在设计过程初期识别危险。为得到全面准确的潜在危险清单,对系统安全概念有基本的理解和对特定系统的实际经验是必不可少的。该技术简单易学,本章将介绍其标准流程、分析表和相应的指南。

FuHA 方法可用于危险识别,是一种强有力、高效和全面的系统安全分析技术,特别适用于软件的安全性评价。当识别出一个功能危险后,可对其进一步分析确定是否存在可能会导致该功能故障的因素。由于 FuHA 关注于功能,因此它可能会忽略其他类型的危险,例如对危险能源、潜通路、危险物质等的处理。因此,在危险分析时不应仅开展 FuHA,而应该得到其他类型危险分析方法的支持,如 PHA 或 SSHA。

15.3 历　史

FuHA 技术的来源和发展历程已很难追溯。经过多年发展,该方法主要用于系统的早期分析,在具备功能设计信息之后、详细设计开始之前进行。

15.4 原　理

图 15.1 概述了 FuHA 的基本过程,并总结了该过程中涉及的重要关系,该过程包含了对系统功能的评价以便识别和消除危险。

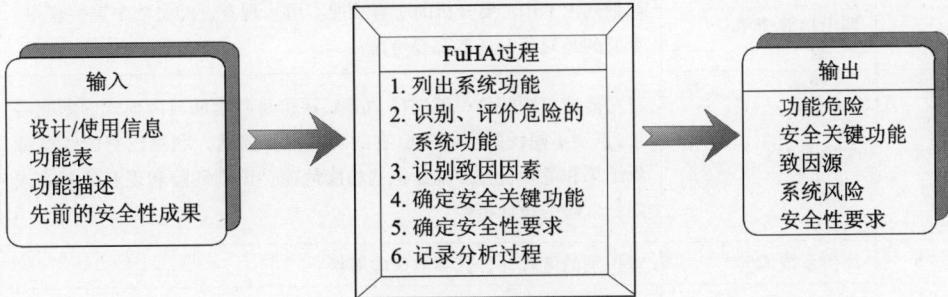

图 15.1　FuHA 概述

FuHA 所需的输入信息包括与功能系统运行相关的所有设计信息,所需的典型信息如下:

(1) 系统设计和使用信息;

(2) 全部系统功能清单;

(3) 由初步危险表(PHL),PHA 和 SSHA(如果以前开展过)获得的信息;

(4) 系统运行的功能流图;

（5）危险检查表（危险的功能、任务等）。

FuHA 主要目的是识别和减轻由于系统功能故障或错误执行导致的危险。为此，其典型的输出结果包括：

（1）功能危险；

（2）识别出的安全关键功能；

（3）危险致因因素（如故障、设计错误、人为差错等）；

（4）风险评估；

（5）降低危险的安全性要求。

15.5 方 法

表 15.1 列出并简要介绍了 FuHA 过程的基本步骤，主要包括对系统功能进行详细的分析。

表 15.1 FuHA 过程

序号	步骤	说明
1	操作定义	定义要执行的任务操作，并确定其范围和边界，理解任务操作及其目标
2	获取数据	获取分析工作所需的所有必要的设计和操作数据，包括图表和手册
3	列出功能清单	详细列出 FuHA 要分析的所有功能。可从现有设计文档中直接获得，重要的是对所有功能都要考虑
4	实施 FuHA	对功能清单中的每一项进行 FuHA，评价每种功能故障模式的影响后果，识别不同任务阶段中所有的功能故障模式。利用已有的危险分析结果和危险检查表辅助识别功能危险。识别危险和现有的消除或降低危险的设计特性
5	评价系统风险	对识别的危险评价其事故风险等级
6	确定安全关键功能	根据风险等级，确定对安全具有关键影响的功能
7	提出改进措施	对风险不可接受的危险提出改进措施，并确定安全性要求以消除和减轻危险。还应确定为减轻危险在设计和规程中已有的安全特性
8	监控改进措施	审查设计要求确保改进措施得到落实
9	跟踪危险	将识的危险纳入危险跟踪系统（HTS）
10	编写分析报告，记录 FuHA 过程	在分析表记录整个 FuHA 过程。及时更新信息，并对指定的纠正措施进行闭环处理

图 15.2 描述了整个 FuHA 方法,其核心环节是识别和理解系统的所有功能。分析人员应编制功能清单,建议采用功能流程图以支持详细分析,还可采用检查表与功能清单对照以便识别危险。

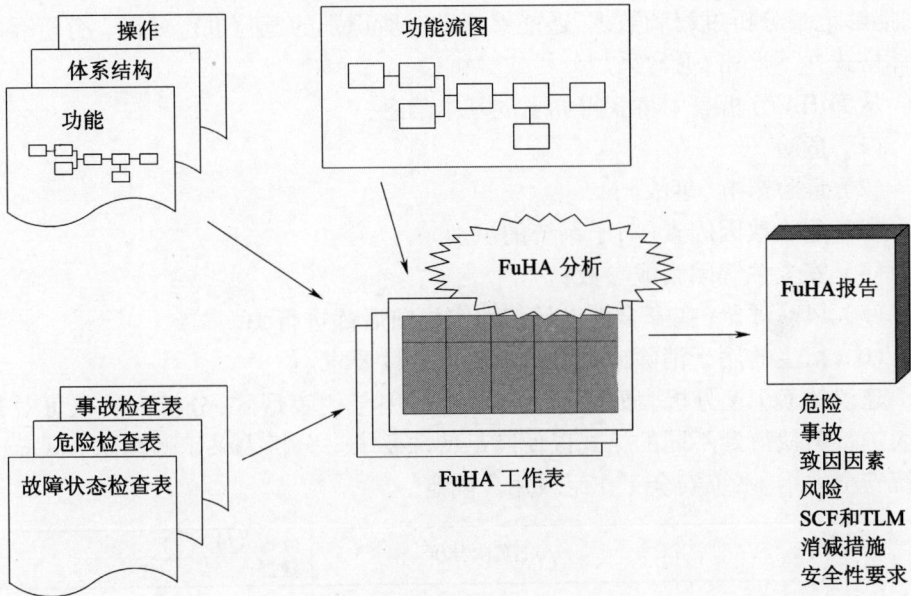

图 15.2　FuHA 方法

图 15.3 是一种用于 FuHA 的常见故障状态检查表示例。每一项系统功能都应对照检查表中的故障状态,评价对系统的影响。

① 操作失败
② 不正确/错误操作
③ 意外误操作
④ 操作时间错误(早或晚)
⑤ 无法停止
⑥ 收到错误数据
⑦ 发送错误数据
⑧ 信息或数据冲突

图 15.3　故障状态检查表示例

15.6 分析表

开展 FuHA 应优先考虑采用表格形式。表格有利于进行结构化和严谨的分析,能够记录分析过程和数据,还能够帮助对所识别的危险进行分析。分析表的具体格式并不严格,通常采用分栏式分析表。

从 FuHA 分析表中将获得如下的基本信息:

(1)危险;

(2)危险影响(事故);

(3)危险致因因素(对子系统的识别);

(4)安全关键因素或参数;

(5)风险评价(在安全性设计特性实施前后都进行);

(6)衍生的用于消除或控制危险的安全性要求。

建议的 FuHA 分析表如图 15.4 所示,采用分栏表形式,分析人员也可对分析表进行剪裁得到不同的格式以便满足特殊要求。分析表采用的具体形式应由系统安全大纲、系统安全工作组或用户确定。

系统: ① 子系统: ②			功能危险分析				分析人员: ③ 数据: ④			
功能	危险序号	危险	影响	致因因素	IMRI	建议措施	FMRI	备注		状态
⑤	⑥	⑦	⑧	⑨	⑩	⑪	⑫	⑬		⑭
								页数: 第 页 总 页		

图 15.4 FuHA 分析表

分析表中每个栏目所应填写内容的含义如下:

(1)**系统** 填写被分析的系统。

(2)**子系统** 填写被分析的子系统。

(3)**分析人员** 填写实施分析的人员。

258

（4）**日期**　填写实施分析的日期。

（5）**功能**　填写被分析系统的设计功能。在本栏目中列出并描述系统将要执行的每一项功能，如果可能，还应说明该功能的目的以及运行的模式或执行阶段。

（6）**危险序号**　填写 FuHA 识别出的危险编号（如：FuHA – 1，FuHA – 2）。便于将来作为特定危险源来参考或使用，并保存在相应的危险改进措施记录（HAR）中。

（7）**危险**　填写假设和评价所确定的功能失效可能产生的特定危险。（记录下所有可能的危险状态，即使事后证明其并非危险。）一般来说，可以通过分析功能故障、错误功能、不正确的功能时序等模式的影响来识别危险。

（8）**影响**　填写危险发生所造成的影响和后果。通常把最严重的事故后果作为影响。

（9）**致因因素**　填写导致功能故障以及最终后果的各种原因或因素。

（10）**初始事故风险指数（IMRI）**　在不采取消除或减轻危险措施的情况下，对所识别危险潜在影响的事故风险的定性度量。风险由事故的严酷度和可能性的组合来度量，常用的等级划分如下表所列。

严酷度		可能性	
1	灾难的	A	频繁
2	严重的	B	很可能
3	轻度的	C	有时
4	轻微的	D	极少
		E	不可能

（11）**建议措施**　填写消除或控制所识别危险的预防措施。此时的安全性要求往往会涉及增加一个或多个屏蔽措施以便将能源与危及对象隔离开来。安全性设计要求的优先顺序如下表所列。

优先顺序	
1	通过设计选择来消除危险
2	通过改进设计来控制危险
3	利用安全装置来控制危险
4	利用告警装置来控制危险
5	利用操作规程以及培训来控制危险

（12）**最终事故风险指数（FMRI）**　在采取了消除或减轻危险措施情况下，考虑所识别危险的潜在影响，对事故风险的重要度进行定性度量。其评价准则与第 10 栏相同。

（13）**备注**　对其他栏目中不包括的有用信息的补充。

（14）**状态**　说明危险当前所处的状态：未闭环处理或已闭环处理。它遵从项目的危险跟踪技术。只有当通过分析、检查或试验验证了安全性要求在设计中得到应用并证明其有效后，危险才处于已处理状态。

需要注意的是，在实施分析的过程中应列出并分析系统的每一项功能。因此，FuHA 分析表中的每一个条目并不一定全都构成危险，因为不是所有的功能都是危险的。但分析报告中应包含系统的所有功能。此外，分析结果也可作为一个跟踪矩阵，以便跟踪掌握每一项功能及其对安全性的影响。

在填写 FuHA 分析表时应注意不同条目之间的动态关系。危险、原因和影响三个栏目应能完整地描述危险，这些栏目中的信息应能构成危险三角形（见第 2 章）的三条边：危险源、触发机制和结果。此外，一旦获得新的信息，应及时更新 FuHA 表格及相关文档。

15.7　示例 1：飞机飞行功能

表 15.2 列出了从飞机系统初始设计方案获得的各种飞机功能，以及每一项功能的主要故障状态。这些高层次的功能将利用 FuHA 进行分析。

表 15.2　飞机基本功能

序号	功能	故障状态
1	控制飞行路径	无法控制飞行路径
2	控制着陆和滑跑	无法控制着陆和滑跑
3	控制推力	无法控制推力
4	控制机舱环境	无法控制机舱环境
5	提供空间定向	无法提供空间定向
6	防火	丧失防火功能

本示例的 FuHA 分析表如表 15.3 和表 15.4 所列。

表 15.3 FuHA 示例 1——分析表 1

系统:飞机
子系统:关键功能

功能危险分析

分析人员:
日期:

功能	危险序号	危险	影响	致因因素	IMRI	建议措施	FMRI	备注	状态
控制飞行轨迹（俯仰与偏航）	F－1	无法执行功能,导致飞机坠毁	无法控制飞行轨迹（例如升降舵靠向一边）	丧失液压、飞行控制、软件	1C			安全关键功能	未处理
	F－2	错误执行功能,导致飞机坠毁	升降舵靠向一边	软件	1C				未处理
控制着陆接地与滑行	F－3	无法执行功能,导致飞机坠毁	无法控制飞行路径	丧失液压、飞行控制、软件	1C			安全关键功能	未处理
	—	错误执行功能,导致飞机坠毁	不适用						未处理
控制推力（发动机转速和功率）	F－4	无法执行功能,导致飞机坠毁	飞机在需要时丧失推力	发动机硬件、软件	1C			安全关键功能	未处理
	F－5	错误执行功能,导致飞机坠毁	不合适的飞机推力	发动机硬件、软件	1C				未处理

第 1 页,共 2 页

261

表 15.4　FuHA 示例 1——分析表 2

系统:飞机
子系统:关键功能

功能危险分析

分析人员:
日期:

功能	危险序号	危险	影响	致因因素	IMRI	建议措施	FMRI	备注	状态
控制机舱环境	F－6	无法执行功能,导致旅客舒适不适	旅客舒适度	计算机故障,软件	2D				未处理
	F－7	错误执行功能,导致旅客舒适不适	旅客舒适度	计算机故障,软件	2D				未处理
提供空间定向	F－8	无法执行功能导致飞机坠毁	在关键飞行过程中飞行员无法空间定向	计算机故障,软件,显示器故障	1C	提供三个独立显示器		安全关键功能	未处理
	F－9	错误执行功能,导致飞机坠毁	在关键飞行过程中飞行员无法空间定向	计算机故障,软件,显示器故障	1C				未处理
防火	F－10	无法执行功能,导致飞机坠毁	无法扑灭机上火灾	计算机故障,软件	1C			安全关键功能	未处理
	F－11	错误执行功能,导致设备损坏	设备损坏	计算机故障,软件,显示器故障	3C				未处理

第 2 页,共 2 页

262

15.8   示例 2 : 飞机起落架软件

一个由计算机软件驱动的通用起落架系统如图 15.5 所示。在本例中,Fu-HA 用于分析软件功能。按下 GDnB 按钮放下起落架,按下 GupB 按钮收起起落架。当起落架收起时,开关 S1 向计算机发送信号"真",否则发送信号"假"。当放下起落架时,开关 S2 向计算机发送信号"真",否则发送信号"假"。两个开关的用途是使系统了解起落架的真实位置而避免冲突指令。S_{wow}是载重轮开关。

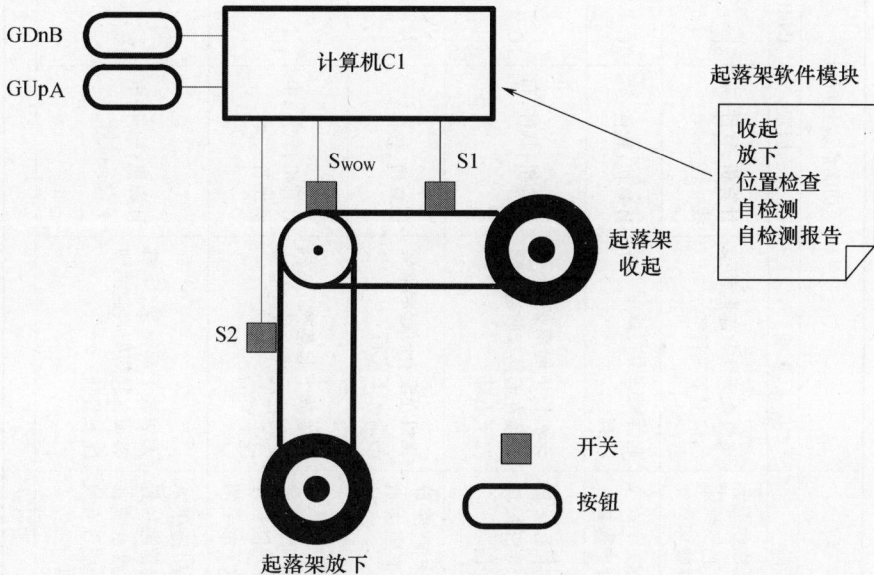

图 15.5　飞机起落架系统示例

起落架的主要软件功能也在图 15.5 中列出。这些功能在设计初期就已明确,但还没有通过设计实现。尽管这些软件代码模块还没有真正开发以实现相应功能,但依然可以开展 FuHA 进行分析。

本例中飞机起落架所涉及的软件 FuHA 如表 15.5 和表 15.6 所列。

表 15.5 FuHA 示例 2——分析表 1

系统：飞机
子系统：起落架软件功能

功能危险分析

分析人员：
日期：

功能	危险序号	危险	影响	致因因素	IMRI	建议措施	FMRI	备注	状态
收起起落架	F-1	起飞后无法收起起落架，由于气流阻力而造成破坏	飞机在无法收起起落架的情况下飞行	计算机；软件；布线	2C				未处理
	F-2	提前收起，导致飞机在滑行中损坏	起落架在滑行或飞行时收起	计算机；软件	2C				未处理
放下起落架	F-3	在着陆时无法放下，导致飞机损坏或人员受伤	无法放下起落架，飞机必须在起落架收起的情况下着陆	计算机；软件；布线	1C	提供冗余设计；为软件逻辑测试提供多个传感器		放下起落架是安全关键功能	未处理
		在飞行中提前放下，因气流阻力造成破坏	飞机在没有收起起落架的情况下飞行	计算机；软件	2C				未处理
检查起落架位置	F-4	丧失功能，无法判断起落架位置，导致系统在着陆过程中没有放下起落架	无法放下起落架，飞机必须在起落架收起的情况下着陆	计算机；软件；电子设备故障	1C				未处理
	F-5	功能错误，提供不正确的起落架位置信息，导致系统在着陆过程中没有放下起落架	无法放下起落架，飞机必须在起落架收起的情况下着陆	计算机；软件；电子设备故障	1C				未处理

264

表 15.6 FuHA 示例 2——分析表 2

系统：飞机
子系统：起落架软件功能

功能危险分析

功能	危险序号	危险	影响	致因因素	IMRI	建议措施	FMRI	备注	状态
起落架自检测	F-6	无法自检测，无法在起飞前报告起落架故障，导致着陆时没有放下起落架	没有检测到起落架故障；在需要时无法收起或放下起落架，且无报警	计算机；软件；电子设备故障	1C				未处理
	F-7	自检测错误，导致飞起前错误地报告起落架故障，引起不必要的维修延误	报告不正确的起落架状态	计算机；软件；电子设备故障	3C				未处理
自检测报告	F-8	无法报告自检测情况，无法在起飞前报告起落架故障，导致着陆时没有放下起落架	没有报告 BIT 数据，故障状态没有告警	计算机；软件；电子设备故障；	1C			系统依然可以正常运行	未处理
	F-9	自检测报告错误，导致飞起起落架错误地报告起落架故障，引起不必要的维修延误	错误地报告 BIT 数据，故障状态没有报警或错误报警	计算机；软件；电子设备故障；内存故障	3C			系统依然可以正常运行	未处理

15.9 示例3:Ace 导弹系统

为了演示 FuHA 方法,我们继续以本书第 4 和第 5 章中使用过的假设小型导弹系统为例。导弹的基本设计信息如图 15.6 所示(与 PHA 分析中的相同)。

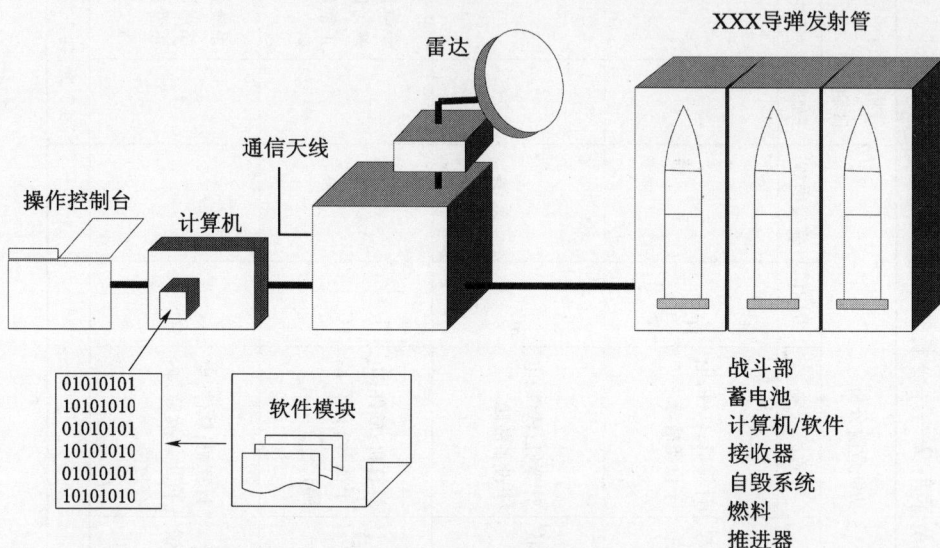

图 15.6 Ace 导弹系统

图 15.7 列出了系统分析所需的主要系统部件、功能、阶段和能源。系统的主要部分是导弹和武器控制系统(WCS)。利用 FuHA 对 Ace 导弹系统进行分析,得到的分析表如表 15.7 和表 15.8 所列。

图 15.7 导弹系统部件清单和功能清单

266

系统:Ace 导弹系统
子系统:系统功能

分析人员:
日期:

功能危险分析

表 15.7　Ace 导弹系统 FuHA——分析表 1

功能	危险序号	危险	影响	致因因素	IMRI	建议措施	FMRI	备注	状态
战斗部(W/H)解除 1 号保险(Arm-1)	F-1	意外执行导弹 W/H Arm-1 功能	意外起爆 W/H	故障导致意外执行导弹 W/H Arm-1 功能	1C	在导弹起爆前设置多个必须执行的事件(即:Arm-1,Arm-2,接通电源)	1E		未处理
	F-2	无法执行导弹 W/H Arm-1 功能	无法起爆 W/H	故障导致导弹的 W/H Arm-1 功能失效	4E		4E	哑弹,无安全影响	已处理
W/H 解除 2 号保险(Arm-2)	F-3	意外执行导弹 W/H Arm-2 功能	意外起爆 W/H	故障导致意外执行导弹 W/H Arm-2 功能	1C	在导弹起爆前设置多个必须执行的事件(即:Arm-1,Arm-2,接通电源)	1E		未处理
	F-4	无法执行导弹 W/H Arm-2 功能	无法起爆 W/H	故障导致导弹的 W/H Arm-2 功能失效	4E		4E	哑弹,无安全影响	已处理
	F-5	意外执行导弹发射功能	意外发射导弹	故障引起意外的导弹发射信号	1C	审查软件代码;设计安全的人机接口(HMI),发射前必须要求执行多个规定事件	1E		未处理
导弹发射	F-6	在需要时无法完成导弹发射功能	导弹蓄电池可能已激活,导弹处于不安全状态	故障阻止了导弹在需要的时候正常发射	2C	采用冗余设计	2E		未处理
	F-7	发射错误的导弹	导弹意外发射	选择并发射了错误的导弹	1C	设计安全的 HMI,审查代码,实现软件安全	1E		未处理

系统:Ace 导弹系统
子系统:系统功能

分析人员:
日期:

表 15.8 Ace 导弹系统 FuHA——分析表 2

功能危险分析

功能	危险序号	危险	影响	致因因素	IMRI	建议措施	FMRI	备注	状态
导弹自检测	F-8	导弹发射时自检测功能丧失，无法掌握导弹状态	导弹处于不安全状态	故障导致向 WCS 操作人员提供错误的导弹数据	2C	采用冗余设计；设计安全的 HMI	2E		未处理
导弹自毁	F-9	意外执行导弹自毁功能	导弹击中不期望的目标	故障引发意外的导弹自毁信号	1C	发射前必须要求执行多个事件；审查软件代码；设计安全的 HMI	1E		未处理
	F-10	当需要时无法执行导弹自毁功能	当必须避免不期望目标时导弹无法自毁	当需要执行自毁时故障阻止导弹自毁	1C	采用冗余设计	1E		未处理
导弹导航	F-11	错误执行导弹导航功能，导致攻击了不期望目标，造成人员伤亡	导弹攻击了不期望目标	故障导致导弹不正确的导航，造成攻击不期望目标	1C	设计安全的 HMI；审查代码，实现软件安全性	1E		未处理
导弹制导	F-12	错误执行导弹制导功能，导致攻击了不期望目标，造成人员伤亡	导弹攻击了不期望目标	故障导致不正确的导弹制导，造成攻击不期望目标	1C	采用冗余设计；设计安全的 HMI；分析制导系统	1E		未处理

第 2 页，共 2 页

15.10 优 缺 点

FuHA 技术的优点主要包括：

（1）简单易用；

（2）对专业知识要求不高；

（3）分析费用相对较低，且能提供有意义的分析结果；

（4）重点关注与系统功能有关的危险；

（5）软件安全性分析的重要工具。

同时，FuHA 技术也存在下述缺点：

（1）由于该方法过于关注于功能，往往会忽视其他类型的危险，例如与危险能源或潜通路相关的危险；

（2）在识别出一个功能危险后，需要更深入的分析以查找该危险的原因。

15.11 应避免的常见错误

当初次学习如何开展 FuHA 时，常会犯一些典型的错误。FuHA 过程中的典型错误主要有：

（1）没有对每一项系统功能进行分析和记录；

（2）危险的说明不完整、含糊不清或不够详细；

（3）致因因素没有被充分地识别或探究出来；

（4）没有给出事故风险指数或指数不完整；

（5）危险消除或减轻措施不充分；

（6）提前或者错误处理危险；

（7）忽略了系统运行以外的其他模式，如维修、训练和试验。

15.12 小　结

本章讨论了 FuHA 方法。有助于总结本章所论述内容的基本原则归纳如下：

（1）FuHA 是一项评价系统功能的定性分析方法；

（2）FuHA 主要目的是识别那些可能导致不期望事件或危险发生的系统功能；

（3）FuHA 方法非常适合软件分析；

（4）利用功能框图能够极大地辅助并简化 FuHA 过程。

参考书目

[1] SAE ARP4761, Guidelines and Methods for Conducting the Safety Assessment Process on Civil Airborne Systems and Equipment, Appendix A – Functional Hazard Assessment, 1996.

第16章　潜在通路分析

16.1　简　介

潜在通路分析(Sneak Circuit Analysis, SCA)是用于识别潜在通路(一种特殊的危险)的一种分析技术。SCA 通过检查电路(或指令/控制功能)并寻找出非期望的路经(或控制顺序)来实现。在部件无故障的情况下,这些潜在通路可能导致:

(1) 不希望出现的运行;

(2) 时机不恰的正常运行;

(3) 抑制正常运行。

潜在通路是电气系统中抑制正常状态或产生意外或不需要行为的隐藏路径或状态。这种状态不是由部件失效引起,而是无意中设计到电气系统中,在正常使用时出现。潜在通路经常存在是由于子系统设计者对整个系统缺乏全面的认识,使各子系统的电气接口设计不当造成的。因为设计改进很少像最初设计那样进行严格试验,当进行设计修改时,也经常产生潜在通路。一些潜在通路表现为"故障"或假的使用模式,而且可以在长期使用后通过彻底检测系统表现出来。一些潜在通路直接会导致一些问题,例如电磁干扰或接地"错误"。SCA 可以应用于硬件设计和软件设计当中。

16.2　背　景

该分析方法属于详细设计危险分析类型(DD-HAT)和/或系统设计危险分析类型(SD-HAT)(依据第3章)。SCA 目的是在假定所有部件功能正常的情况下,识别可以导致不期望功能发生或抑制正常功能的隐藏路径。潜在通路应当给予高度重视,因为在电气与电子系统中可能导致意想不到的路径或控制顺序,从而可能导致危险、意外事件或不恰当时机的事件。

SCA 技术适用于各种控制和能量输送线路(例如,电气、液压、气压等),尽管电子/电气很常见。受益于 SCA 的系统包括固态电子装置、继电器逻辑系统和数字系统,该分析广泛的应用于评价火箭推进器、太空船、导弹、航天器和

271

电脑。

  SCA方法可以应用到一个有限的子系统、完整的功能系统或集成系统。该分析是基于最终电路图和图纸等现成文件。SCA开始的时间最好是在工程研制阶段和关键设计评审之前。但是，SCA可在项目的任何阶段进行，只要该阶段有充分详细的设计图纸可以利用。如果太早进行分析，其结果可能没有意义，如果开展分析太晚，设计更改可能代价太大。

  当该方法应用于给定系统时，可以彻底地识别所有已知的各类潜在通路。这些类型的潜在通路形成潜在线索表，并且当识别出新的潜在通路时，这些类型的潜在通路将被添加到线索表中。SCA可能无法识别线索表以外的路径；但是，一个熟练的分析人员也许可以发现。

  在学习、理解和掌握SCA方法过程中会有一些困难，主要是由于缺乏SCA的公开资料。必须熟悉方法、掌握了解对象和建模过程必备的详细知识，需要SCA过程的详细知识和识别潜在路径的所有线索。SCA的分析人员需要有一定的经验。目前市场上销售的软件，可用于对计算机辅助设计的电气线路图进行SCA，从而使其分析过程稍微简单。

  SCA方法在控制系统设计者中享有盛誉，他们公认该方法是发现由于疏忽大意造成的设计缺陷的有效方法。缺点是该方法在重要设计和研制工程展开后才能开展。这使得如果进行相当大的设计更改，必须考虑相当昂贵的费用。即使有较好名声，由于所涉及的费用高，并不频繁使用，且仅限于少数项目。因为潜在线索属于专利拥有，并需要大量的投入，而且只关注潜在通路危险，SCA方法没有广泛应用到系统安全领域。SCA一般转包给有分析能力的公司或必须通过可利用的商业软件包来完成。

  现行的分析方法在概念上是非常简单的。但是，用于识别潜在路径的线索属于有成熟SCA能力的公司所有。尽管这些公司出售商业SCA应用软件，但没有揭示用到的线索，它们内嵌入软件中供程序自动调用。自主研发SCA技术的公司，如果没有开展大量研究并具有丰富的经验，并不知道它是否有能力识别所有的潜在路径。

  作为SCA的另一种选择，可在电路的详细设计后进行识别安全关键路径的危险分析。但是，在没有线索表的情况下可能无法识别所有的潜在路径。

  虽然SCA是一种非常有用的分析工具，但是对系统安全分析人员而言，SCA的效益并不像其他工具那样是经济有效的。别的安全性分析技术，例如，SSHA和FTA，能够更经济有效地识别危险及其根原因。SCA专业性很强，只有助于分析与定时、潜在路径等有关的安全性问题。该方法不建议广泛在安全性分析中使用，并且当专门的设计或安全关键问题需要时才使用。进行SCA有以下特定原因：

（1）系统是安全关键的或有严重后果的,且需要大量分析覆盖以提供安全保证(如,安全设备和保险装置、保险丝、制导系统、发射命令、火力控制系统等等);

（2）当需要独立设计分析时;

（3）通过其他分析技术无法找到未解决问题(如,事故、试验异常等)的原因。

为了经济有效地影响系统设计,应尽可能早的进行 SCA 是很重要的。然而,涉及权衡问题,因为 SCA 成本很高,在成熟的设计上,应该只进行一次。

16.3 历　史

在德克萨斯州休斯顿的波音公司最先提出并发展使用拓扑图和潜在线索的 SCA 方法。1967 年波音公司就将该方法应用到 NASA 的"阿波罗"和太空实验室系统。随着该技术得到成功的运用,它也被应用于很多其他类型的系统和软件之中。

16.4 定　义

为了便于更好的理解 SCA,列出了一些专用术语的定义。以下是基本的 SCA 术语:

潜在　在电气系统中通过正常的系统运行并在没有失效的情况下,存在着抑制正常状态或产生意外或不需要动作的隐藏路径或状况。

潜在线索　有助于分析人员识别潜在通路的一些线索或项目清单。分析人员把网络树的线索与拓扑图对比以辨认出潜在通路。线索表是通过以往的经验和研究建立的。

节点　电子元器件,例如,电阻器、晶体管、开关等。

节点集　构成每个电路的连接节点集合。

路径　所有节点集中的节点连接在一起所形成的线路。

网络树　选择性的删除一些枝节电路细节以简化系统复杂性,但是保留所有相关电路元件,从而形成描述系统电路的简化型电路图。

拓扑图　呈现每个网络树拓扑特性的图型。

16.5 理　论

SCA 目的是识别电路、软件和其类似的潜在路径,该潜在路径会导致意外运行或抑制系统功能运行。有几种方法可以识别潜在路径,例如系统地审查详细电路图,用手画出简要图表以手动检测,或采用由波音公司研发的自动化拓扑图线索法。本章集中在拓扑图线索法,因为该方法更加条理化和严谨,而且是依据 SCA 思想而产生的。

SCA 的自动化拓扑图线索法背后的理论概念非常简单,见图 16.1。电路图通过使用专门的计算机程序转换为网络树。该网络树再简化为拓扑图。结合线索表评价该拓扑图,以识别潜在电路。尽管其概念看起来非常简单,实际上分析过程非常复杂。

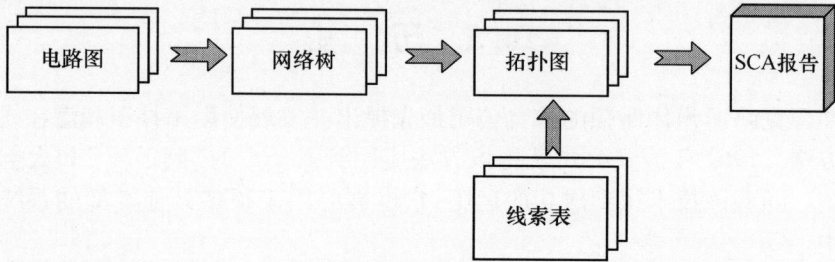

图 16.1　SCA 方法

16.6　方　　法

图 16.2 概述了 SCA 的基本过程,并总结了该过程中涉及的重要关系。输入数据主要包括详细电气线路图和布线表。SCA 的输出包括潜在通路报告,列出所有已识别的潜在问题和相关事项。

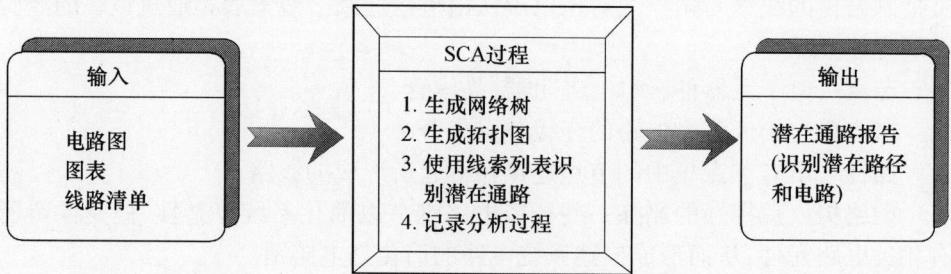

图 16.2　SCA 概述

潜在通路是一个设计的信号或电流路径,可以导致产生不需要的功能或操作模式或抑制正常功能执行。潜在通路状态本质上是隐藏的,更确切说总是存在但是不一定起作用,并且不依赖于部件失效而发生。

该分析方法通过检查分析电路（或命令/控制功能）并寻找出意外图的电子路径（或控制顺序），在所有部件都无失效的情况下，也可能导致不需要的操作或使正常操作在不恰当时间发生或抑制正常运行。

经验丰富的 SCA 分析人员指出潜在通路主要是由以下原因引起的：

（1）设计疏忽——大型复杂系统进行完整评述是非常困难的。因此，隐藏的潜在路径无意中地包含在设计中并且没有立即被辨认出。

（2）设计更改——修改最初的设计，纠正某一设计缺陷却无意中在设计里产生潜在路径。

（3）不兼容的设计——由各自独立的设计者或设计团队开展的多个设计之间可能不相容，以至于无意中在集成的系统中产生潜在通路。

（4）修理——在试验中发现的异常问题通过现场修理偶尔得到修正，修复了当前的问题但产生了没有立即辨认出的潜在状况。

（5）人为差错——当规定的任务执行不当或不按次序执行时，或当意外的运行模式执行时，人为差错能促成潜在状态。

通常，SCA 过程包括七个基本步骤，如表 16.1 所列。这些都是开展 SCA 必须执行的主要任务。如果使用商用软件包，那么将为分析人员执行一些步骤。下一节将详细描述这七个步骤。

表 16.1　潜在通路分析过程

步骤	任务	说明
1	获取数据	了解系统，获取当前设计数据
2	数据编码	为计算机，格式化数据
3	处理数据	计算机处理输入数据
4	构建网络树	生成系统的网络树图
5	确定拓扑图	依据网络树确定拓扑图
6	进行分析	运用线索识别潜在问题
7	生成报告	报告问题和建议的解决方法，记录整个潜在通路分析过程

16.6.1　第 1 步：获取数据

第 1 步是尽可能详尽地获取描述"已建"系统电路数据。功能图、完整的线路图和系统层次的图并不总是精准地描述所建造的硬件。必须使用详细的制造和安装图，因为这些图纸精确地详述了建造的内容、开展质量控制检查、试验和检验的内容。最后的分析结果仅与使用的输入数据一样好。在详细层次的电路设计以后,这些数据需要进行必要的 SCA,通常在项目初步设计评审之后进行。如果在项目早期进行分析,后续的设计更改使许多分析结果失效。另一方面,当 SCA 应用于成熟的运行系统,理想的分析应在系统研制的早期开展,以使综合问题减少到最低,并在硬件制造需要修改前,研制过程早期,允许设计更改。在项目寿命周期进行 SCA,最经济有效的时期是详细电路设计完成之后,所有硬件组装和试验完成之前。

16.6.2 第2步:数据编码

从 SCA 开始应用以来,计算机自动化就发挥了重要的作用。计算机程序已发展到允许将线路图和布线表编译成简单的"从——到"线路。分析人员必须首先深入地研究系统并在关键点划分它,例如,火线和地线,以避免不必要且繁杂的大型网络树。一旦划分了系统,对图表和布线表数据采用严格的编码规则以确保维持精确的电路描述。所用电气连续性数据不管其来源、格式或编译分析人员,皆采用相同的规则。所有连续性数据用单一合成格式,确保计算机能够把所有相关的节点连接在一起,准确地产生节点集。应注意,编码规则不是专利拥有就是所用的商用计算机软件的一部分。

16.6.3 第3步:处理数据

当系统线路图被编码并输入到计算机里,计算机程序执行所有必要的检查、计算和 SCA 过程,生成所需的数据。在该阶段,计算机会发现编码数据中的错误并要求分析人员对输入的信息进行更正。

SCA 程序把每个相关的指示符/单元/插头看成一个单点或节点。这一节点按照输入数据说明与其他节点相连接,计算机把这些相关联的节点连接成路径,并把相关路径集合成节点集。该节点集代表组成每个电路的相互连接的节点。每一个节点被计算机划分为"特殊的"或"非特殊的"。特殊节点包含有源电路元件,如开关、负载、继电器和晶体管;非特殊节点是连接电路的元件如连接器、接线板和连接点。在对节点集输出进行分析之前,该节点集通过除去非特殊节点进行简化。该简化是从节点集中移除所有非特殊的电路元件,同时保持电路功能完整。然后,从计算机中输出化简的节点集。

首先,SCA 程序生成每个节点集图。然后,该程序生成其他输出报告,包括:(1)路径报告,在报告里列出每条路径的每个元素,以备分析人员需逐节点的追踪特定路径。(2)输出数据索引,列出每个单元和插头节点并给出节点集和每次出现的路径数目。(3)矩阵报告,列出节点集的每个节点,列出节点集的有源电路元件的标志,并提供与其他相关电路相互参照(例如,在一个节点集中

276

的继电器线圈将会与可能出现在另外的节点集中的触点相互参照）。一旦形成这些辅助报告，将报告和节点集图交给潜在通路分析人员，以进行下一阶段的分析和网络树的构建。

16.6.4　第4步：构建网络树

前面的所有数据处理工作是开展实际分析的准备工作，网络树是这些准备工作的最终结果。SCA 程序根据被分析的电路得到网络树，用于电路分析的网络树是简化的系统电路，该简化通过删除无关紧要的电路细节以降低系统复杂性，同时保留所有与了解系统的所有运行模式相关的电路元件。将所有电源画在每个网络树的顶端，接地画在底端，在纸上的电流方向是从上到下。

为了生成完整的网络树，分析人员首先从计算机节点集图入手。有时，这些图必须从新绘制，以确保电流"向下"流动，然后完整标记，与矩阵报告和别的计算机输出报告相互参照。如果在构建网络树时遵循这些简单的指导原则，那么基本拓扑图的确定就很容易。

16.6.5　第5步：确定拓扑图

分析人员下一步必须确定出现在每个网络树的基本拓扑模型。这有五种基本拓扑模型：（1）直线型（无结点）、（2）接地拱型、（3）电源拱型、（4）组合拱型、（5）"H"型，如图 16.3 所示

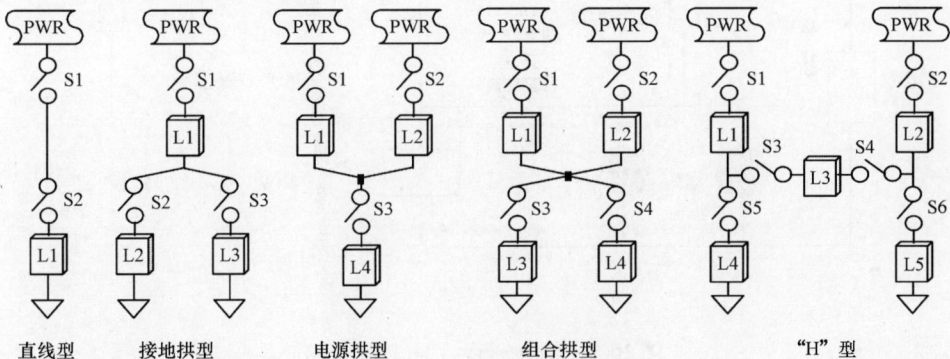

图中各部分标注：

PWR　S1　L1　S2　L1　直线型

PWR　S1　L1　S2　S3　L2　L3　接地拱型

PWR　PWR　S1　S2　L1　L2　S3　L4　电源拱型

PWR　PWR　S1　S2　L1　L2　S3　S4　L3　L4　组合拱型

PWR　PWR　S1　S2　L1　L2　S3　S4　S5　L3　L4　S6　L5　"H"型

图 16.3　一般 SCA 拓扑模型

这些模型中的一个或几个一起，将刻画出任何特定网络树所对应的电路的特征。虽然，第一眼看上去给出的电路要比这些基本模型复杂的多，仔细观察会发现电路是由这些基本模型组合而成。检查网络树中每个相交节点时，SCA 分析人员必须确定模型或包含节点的模型，并应用已发现的基本线索表征包含特

定模型的潜在通路。当拓扑图中每个相交节点被检查后,网络树中所有潜在通路状况将被识别。

16.6.6 第6步:进行分析

与每个拓扑模型相关的线索表,将帮助分析人员识别潜在通路状况。波音公司经过对历史上有关潜在通路的初步研究,形成了最早的线索表,后来在 SCA 应用的最初几年对这些线索表进行了修订和更新。现在,这些线索表提供了对所有可能设计缺陷的指南,这些缺陷可能出现在包含一个或多个基本拓扑模型的电路中,该线索表将不断增加与新技术发展相关的新线索。线索表由一连串问题组成,无论是嵌入在 SCA 程序中或是分析人员已知的,都将用于识别潜在路径。例如,图 16.4 给出的直线型拓扑模型包含如下线索:

(1) 当需要负载 L1 时,开关 S1 是否打开?
(2) 当不需要负载 L1 时,开关 S1 是否关闭?
(3) S1 的标志是否反映 L1 的真实功能?

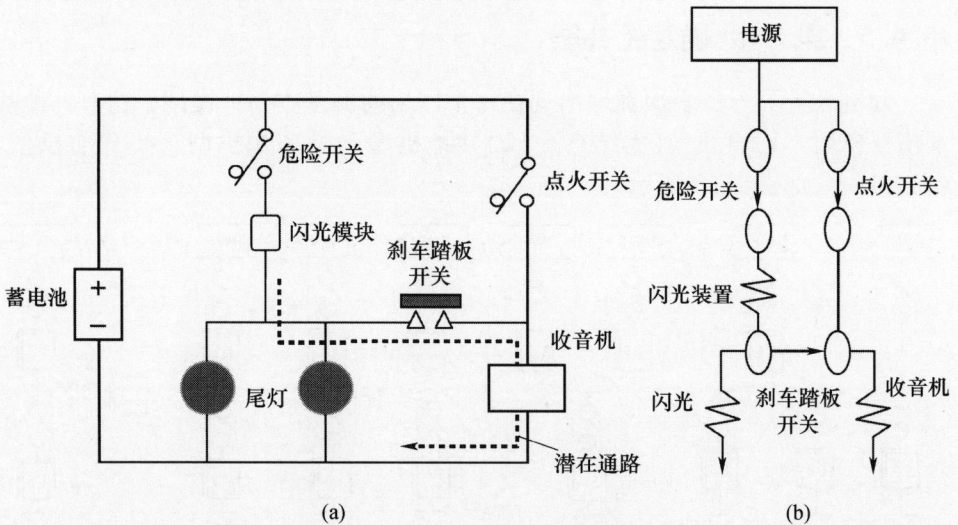

图 16.4 潜在通路示例(汽车电路)

在直线型拓扑图中很少遇到潜在通路,因为它非常简单。这是一个作为默认情况的基本范例给出的,覆盖不包含其他拓扑图的电路。随着后续的拓扑图的加入,其线索表变得更长更复杂。"H 型"的线索表包含 100 多个线索,由于该模型的复杂性,往往比其他模型包含更多的潜在通路。迄今为止近半数已识别的关键潜在通路可以归结为 H 型。像 H 型这样的结构在设计中应尽可能的避免。电流可能逆向通过 H 横线,是"H 型"潜在通路中最常用的线索。

16.6.7 第7步:生成报告

系统的潜在通路分析提供以下四类输出:(1)图纸错误报告、(2)设计问题报告、(3)潜在通路报告、(4)网络树和辅助计算机输出报告。

图纸的错误报告暴露在潜在通路分析工作的数据编码阶段识别的文件缺陷。设计问题报告描述那些不必要的或不希望的电路状况,但是这些问题并不是实际的潜在通路。这些问题将包括单点失效、未抑制的电感负载、不需要的部件和不充分的冗余措施。当分析人员在必要的详细层次电路上开展规范的潜在通路分析时,这些状况大多数都会被识别出来。

潜在通路报告描述分析阶段识别的潜在状况。这些报告分为以下几大类:

(1)潜在路径;
(2)潜在定时;
(3)潜在标记;
(4)潜在指示;
(5)潜在规程。

潜在路径 设计的电路中隐藏的路径,即使在没有部件失效的情况下,也能导致系统内不希望的功能或抑制所需功能。潜在路径是一种允许电流或能量沿着意外线路或非期望方向流动的路径。

潜在定时 更改预期的定时或信号顺序,产生不恰当的系统响应的一种隐藏的路径。功能被抑制或发生在意外的或不希望的时间。例如,错误的点火时间可以破坏汽车发动机的性能。

潜在标记 在控制设备或操纵台上缺乏准确的名称或说明,从而可能导致操作错误。开关或控制装置上的不准确标记可能引起操作人员错误操作。

潜在指示 引起不明确的或错误的操作动作的指示。由于显示装置不正确的连接或控制使系统处于错误的或不明确的状态。例如,监视单元的警示灯发出闪光,而该单元没有故障,或者相反。

潜在规程 在意外操作中,可能导致操作人员不正确操作的不明确的措辞、不完整的说明、缺少警告标记或相似缺陷。

16.7 示例1:潜在路径

图 16.4 给出带有潜在通路的汽车电路。注意该示例中的"H 型"拓扑模型。设计意图是只通过点火开关为汽车收音机供电,点火开关通过刹车开关或

危险开关为尾灯供电。当危险开关闭合并且刹车开关闭合时会发生一个逆向电流状况。即使点火开关断开,但汽车收音机时而接通时而断开。尽管这并非危险的情况,但表明了由于设计错误而如何产生潜在通路的。

16.8 示例 2:潜在标记

图 16.5 给出机载雷达系统中已发现的潜在标记示例。该示例中,断路器为两种完全不同的系统供电,但是断路器标记只反映了其中一个系统。操作者试图关闭液态冷却泵电源,将意外地关闭整个雷达系统电源。

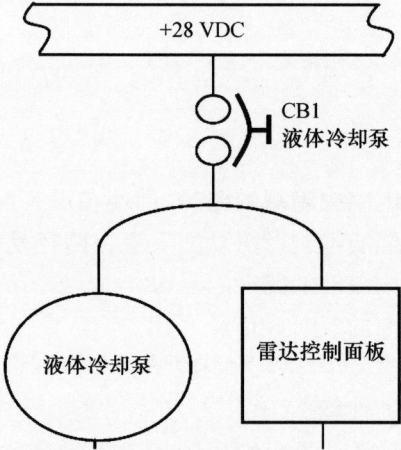

图 16.5　潜在标记案例

16.9 示例 3:潜在指示

图 16.6 给出声纳供电系统中已发现的潜在指示示例。在此例中,电动机打开或关闭指示灯没有真实的监视和反映电动机的真实状态。图中显示的开关 S3 位置,提供电动机打开指示,开关 S1 或 S2,或继电器触点 K1 或 K2,可能打开或抑制电动机运行。

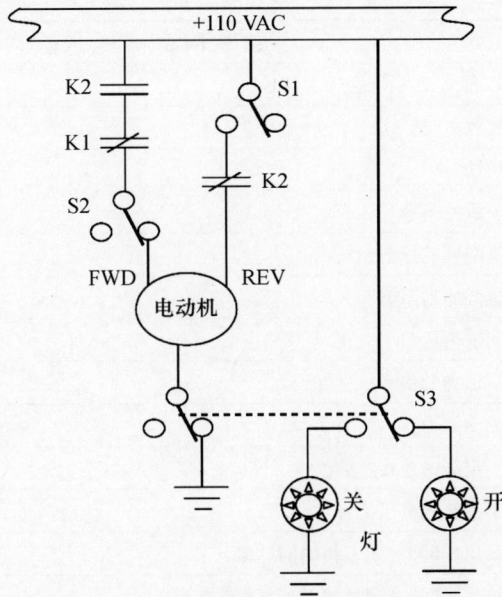

图 16.6　潜在指示案例

16.10　潜在线索示例

将线索应用到软件网络树和拓扑图中,以识别设计问题和潜在通路。表 16.2 给出用于分析的部分线索示例。在 SCA 方面有经验的公司通常有更长的线索表,这些通常是专利和非公开的。线索表代表进行 SCA 的实例之一。

表 16.2　电气潜在通路分析线索

编号	线 索 问 题
1	当需要载荷时开关能否打开?
2	当不需载荷时开关能否关闭?
3	当时钟需要同步时时钟是否同步?
4	标记是否显示出真实情况?
5	是否有一些期望发生的情况而标记没有指示?
6	电流能否以错误的方向流动? 关注电流逆向问题
7	在某些条件下继电器是否会过早打开?
8	在接口电路受激励状态下,电源是否会在错误时间被切断?

编号	线 索 问 题
9	由于接口电路问题,电路是否会失去接地?
10	继电器可能快速放电吗?
11	是否可能存在反馈?
12	是否可能存在矛盾的指令?
13	是否可能存在不明确的标记?
14	是否可能存在虚假的指示器?
15	是否可能存在间歇信号?
16	是否可能存在不正确的信号极性?
17	载荷是否超过驱动能力?
18	是否可能存在不正确的连接线路?
19	是否可能出现不正确的电压值?
20	计数器是否初始化?（涉及到不精确的计数）
21	锁存器是否初始化?（涉及到最初系统状态未定义）

16.11 软件潜在通路分析

由于潜在路径同样可能存在于计算机软件代码中,软件潜在通路分析(SS-CA)是将硬件潜在通路分析技术扩充到软件分析中的一种分析方法。软件潜在路径是在软件代码中隐藏的路径或状况,抑制正常状况或引发意外的或不希望的动作。

SSCA 目的是发现可能引起不希望的程序输出、错误的程序运行或错误的先后次序/时序的软件代码逻辑。当软件控制一个安全关键功能,SSCA 可以帮助检测将可能导致事故的潜在路径。

该方法是由在德克萨斯州休斯顿的波音公司提出和发展的。在 SCA 方法成功应用到硬件中之后,波音公司在 1975 年研究表明该方法也可以应用到软件中。

以下是 SSCA 技术的显著优势:

(1) 是一种建立在真实软件代码上的严谨分析方法;

(2) 允许利用计算机处理大部分工作;

(3) 能够确定一些通过其他技术难以找到的潜在路径的位置;

(4) 该工作适用于不同的编译语言;

（5）不需要运行待测软件。

SSCA 总的方法与硬件 SCA 一样。除了系统和数据是由软件代码,而非电路组成以外,运用和 SCA 过程相同的七个基本步骤。程序源代码被转换为网络树和拓扑图,供分析人员使用软件线索进行评价。在这种情况下,网络树建立在伪电路模型上。

图 16.7 给出通常在各种 SCA 文献引用的软件潜在通路示例。预期设计意图见图 16.7 预期设计图。由网络树确定的拓扑图见实际设计图。通过 SSCA 发现实际代码并未按设计意图正确实现。测试 1 和测试 2 无意中交换了代码,因此将永远不会执行圆形分支的测试。

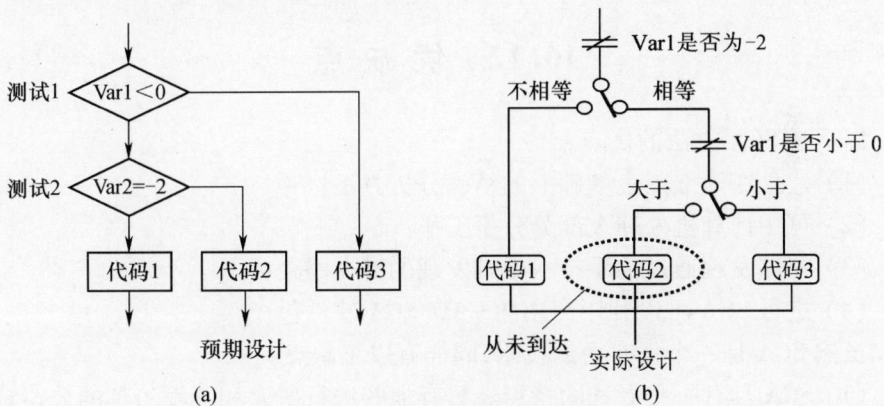

图 16.7　软件 SCA 示例
（a）预期设计；（b）实际设计。

虽然 SSCA 在没有实际运行该代码情况下,已发现该代码错误,这同样可以经过仔细的代码检查或通过对由该代码产生流程图的分析而找到。此外,模块测试也可能发现该错误。

线索就像硬件 SCA 一样应用到软件网络树和拓扑图中。表 16.3 给出一些用于分析的软件线索。在 SSCA 方面有经验的公司通常有更长的线索表,这些通常是专利。

表 16.3　软件潜在通路分析线索示例

编号	线索问题
1	无用的路径
2	达不到的路径
3	不正确的初始值
4	数据存贮/同步使用的缺陷

编号	线 索 问 题
5	期望路径的旁路
6	不正确的支路顺序
7	潜在非期望回路
8	死循环
9	不正确的数据处理顺序
10	不必要的(多余的)指令

16.12 优 缺 点

以下是 SCA 方法的优点：

（1）建立在详细图表基础上的精确分析方法；

（2）可用计算机处理大部分分析工作；

（3）能够发现通过动手技术很难发现的潜在路径；

（4）进行 SCA 可以利用商用的 CAD/SCA 软件包。

虽然 SCA 是一个强有力的技术，同样有以下缺点：

（1）SCA 具有一些专利的特点。只有那些进行研究和开发工具的公司具有识别潜在路径的必要线索。这些线索在任何公共领域是得不到的。因此，SCA 的成本很高。

（2）为 SCA 输入数据是一个耗时的过程。因此，通常在项目研制阶段只进行一次，并且通常需要详细设计信息。因此，在项目研制寿命周期中越早确定设计更改，花费越少。

（3）SCA 并不能识别所有系统危险，只处理与潜在路径相关的危险。

（4）SCA 需要有经验的分析人员从线索和拓扑图中辨认潜在路径。

（5）SCA 只考虑所有部件正常运行，而不考虑部件失效。

16.13 应避免的常见错误

当初次学习如何进行 SCA 时，常会犯一些典型的错误。以下是进行 SCA 过程中常见的一些错误：

（1）没有获得必要的培训；

（2）当简单的方法可能更适合时，却采用复杂的 SCA 方法；

（3）在所建立的线索不全面的情况下，试图运用 SCA 方法。

16.14 小 结

本章讨论了 SCA 方法。有助于总结本章所论述内容的基本原则归纳如下：

（1）SCA 是一种识别特定危险的专业化工具，例如，识别那些硬件的时序问题和硬件中存在潜在电气路径的问题。

（2）SCA 把一个复杂的电路简化为网络树图和拓扑图，以提供给 SCA 分析人员很容易使用的线索集（通常专利所有）。

（3）SCA 和 SSCA 需要专用的计算机程序，以为分析人员产生网络树和拓扑图。

（4）SCA 分析人员必须有完整的潜在线索集，以确保进行完整的分析。

（5）SSCA 把一个复杂的计算机程序简化为网络树图和拓扑图，为 SSCA 分析人员提供很容易使用的线索集（通常专利所有）。

参考书目

[1] Browne, J., Jr., Benefits of Sneak Circuit Analysis for Defense Programs, Proceedings of the Third International System Safety Conference, Oct., 1977, pp. 303 – 320.

[2] Buratti, D. L., W. E. Pinkston, and R. O. Simkins, Sneak Software Analysis, RADC – TR – 82 – 179, June, 1982, pp. 1 – 6.

[3] Carter, A. H., K. T. Budnik, and S. R. Douglass, Computer Produced Drawings for Circuit Analysis, Proceedings Annual R & M Symposium, 1985, pp. 224 – 229.

[4] Clardy, R. C., Sneak Circuit Analysis Development and Application, IEEE Conference Digest, April 1976.

[5] Clardy, R. C., Sneak Circuit Analysis: An Integrated Approach, Proceedings of the Third International System Safety Conference, Oct., 1977, pp. 377 – 387.

[6] Clardy, R. C., Sneak Circuit Analysis, in Reliability and Maintainability of Electronic Circuits, Computer Science Press, 1980, pp. 223 – 241.

[7] Forrest, M., Software Safety, Hazard Prevention, 24(4) July – September: (1988).

[8] Godoy, S. G. and G. J. Engels, Sneak Circuit and Software Sneak Analysis, J. Aircraft, 15(8): 509 – 513 (1978).

[9] Hill, E. J., Sneak Circuit Analysis of Military Systems, Proceedings of the Second International System Safety Conference, July, 1975, pp. 351 – 372.

[10] NASA, Apollo Spacecraft Sneak Circuit Analysis Plan, NASA: SB08 – P – 108; NASW – 1650, 1968.

[11] NASA, Sneak Circuit Analysis Guideline for Electro – Mechanical Systems, NASA Practice No. PD – AP – 1314, Oct. 1995.

[12] Peyton, B. H. and D. C. Hess, Software Sneak Analysis, Seventh Annual Conference of the IEEE/Engineering in Medicine and Biology Society, 1985, pp. 193 – 196.

[13] Price, C. J. , N. Snooke, and J. Landry, Automated Sneak Identification, Eng. Appl. Artificial Intelligence, 9(4): 423 –427 (1995).

[14] Rankin, J. P. , Sneak Circuit Analysis, Nuclear Safety, 15(5): 461 –468 (1973).

[15] Rankin, J. P. , Sneak Circuit Analysis, Proceedings of the 1st International System Safety Conference, 1973, pp. 462 –482.

[16] Rankin, J. P. Origins, Application and Extensions of Sneak Circuit Analysis on Space Projects, Hazard Prevention, 33(2): 24 –30 (1997).

第17章　Petri 网分析

17.1　简　介

Petri 网分析（Petri Net Analysis，PNA）是一种主要用于识别与时序、状态转移、顺序和修理等相关的危险分析技术。PNA 由 Petri 网（PN）图绘制与分析组成，以查找并推断设计中存在的问题。

系统性能、可信性和可靠性模型均可用 PN 来建立。PNA 在分析诸如可达性、可恢复性、闭锁和容错等性能方面有显著成效。然而，PN 最大的优点是能将系统中的硬件、软件和人为因素结合起来。

PNA 技术可用于评估控制系统软件的安全关键行为。在这种情况下，系统设计及其控制软件表述为一个时间 PN。将可能的不安全状态确定为 PN 的一个状态子集，在该情况下重写扩充 PN。PN 的可达性图就会在软件运行过程中判定这些状态是否可达。

17.2　背　景

PNA 技术属于系统设计危险分析类型（SD－HAT），用作对 SD－HAT 分析的补充。SD－HAT 的详细内容可参考本书第 3 章。PNA 目的是提供一种在宽泛的抽象层次上对系统部件进行图形化建模的技术，以解决系统的可靠性、安全性和相关性问题。该图形化模型可转化为数学模型，以便进行概率计算。

PN 可用于建立系统、子系统或一组部件的模型。PNA 可用于硬件或软件运行或软硬件结合建模。迄今为止，PNA 在系统安全方面的应用仅限于软件控制系统的检查，很少应用到大型系统中。PNA 可用来建立系统运行的可靠性模型。

PNA 技术最大的优点是能在系统研制早期开展，因此在设计过程早期可识别影响安全的时序问题。应用 PNA 有助于系统开发人员在研制初期进行安全与系统质量的设计，避免在试验失败或事故发生后才进行纠正。

PNA 技术的学习、理解和掌握存在一定的困难。应用 PNA 需要研究生级别的数学和计算机水平。分析人员必须掌握 PNA 技术且对建模对象有充分的理解。PNA 技术适合理论数学家使用。随着系统规模的增大,PN 模型迅速变得巨大和复杂,因此通常只用于小型系统。

由于 PNA 难于使用,又局限于较小的问题,所以在系统安全学科的应用并不广泛,且仅限于处理时序类型问题。PNA 专业性很强,仅有助于分析与时序、状态可达性等有关的潜在安全问题。因此,PNA 技术仅在特定的安全性设计方面推荐使用。

17.3　历　史

PN 的概念是 Carl Adam Petri 于 1962 年在其博士论文《Kommunikationmit Automaten(自动通信)》中首次提出的,当时论文面向的是德国达姆施塔特大学全体数学和物理学专业的教工。他的论文提出这种基于图形的工具可对系统混合转换的动态特性进行建模。后来许多人的研究为 Petri 的思想广泛应用于系统建模奠定了基础,例如可靠性、可信性、安全性和商业模型。

17.4　定　义

为了便于更好的理解 PNA,列出了一些主要术语的定义。以下是基本的 PNA 术语:

变迁　表示必须发生的一种系统事件。变迁包含转换延迟时间。当变迁的所有输入都有托肯时,则变迁事件被激活,变迁将会在给定的延迟时间后发生或转换。延迟时间体现了实际的系统运行设计。将延迟时间置入每个变迁节点中,瞬时变迁的延迟时间为 $0(D=0)$。当变迁节点转换或触发时,所有的输入节点将失去托肯,而所有的输出节点将得到一个托肯。

库所　常用于表示变迁的输入和输出节点。库所中可包含托肯。

托肯　表示系统逻辑中的时序。随着 PN 模型的发展,托肯使得时序成为模型的一部分。托肯的角色与交易活动中所使用的货币类似。

有向弧　连接库所和变迁以建立逻辑模型。

状态　变迁前后的 PN 模型静态条件(或状态)。PN 模型的状态是有限的,这取决于模型设计。

可达性　系统具有很多可能的状态,可达性是指系统在运行过程中能够到达任何或全部状态的能力。由于设计的原因,系统可能不能到达某些状态。

可修复性 指能在物理上修复故障部件并使其恢复可使用状态的能力。

17.5 原　　理

PNA 方法利用图形或有向图来在单个图中描述系统的运行状态。这种状态图十分灵活,对于系统或整个系统均可提供很好的服务。该图形可描述系统状态、状态间变迁及时序。整个 PNA 过程如图 17.1 所示。

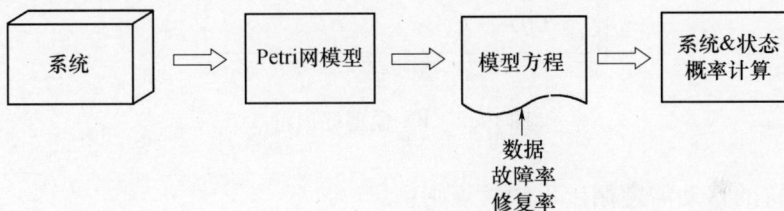

图 17.1　PNA 过程

17.6 方　　法

PN 是一种图形化的数学建模工具,由库所、变迁和连接它们的有向弧组成。输入有向弧从库所节点指向变迁节点,输出有向弧从变迁节点指向库所节点。此外还有其他种类的有向弧,例如禁止弧等。库所中可包含托肯;作为建模对象系统的当前状态由每个库所中的托肯数目和类型(如果托肯是可区别的)决定。变迁是活动部分,模拟可能发生的活动(变迁触发),以此改变系统状态(PN 的标识)。变迁只有在被激活时才允许触发,即所有变迁的前提必须满足(在输入库所中有足够的托肯可用)。当变迁被触发时,输入库所中的托肯被删除,同时每个输出库所得到相应的托肯。库所中删除/获得的托肯数取决于每个有向弧的基数。在后续的标识中这种交互式的变迁触发称为托肯游戏。

组成 PN 模型的符号如图 17.2 所示。所有的 PN 模型都由这些符号构建,并遵循如下所列的触发规则。PN 是一个双边有向图,由两类节点组成:库所(用圆圈表示)和变迁(用正方形或条形表示)。库所可用托肯(用点表示)标记,变迁由时间 D 标记,代表托肯输出延迟。如果 $D=0$,则变迁是瞬时的;否则,变迁是延时的。与变迁时间相关的 PN 通常称为时间 PN。时间 PN 是考虑序列中时间问题的模型。近来,将时间 Petri 网和软件故障树分析相结合的应用非常广泛。

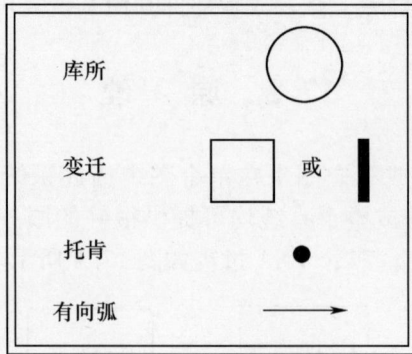

图 17.2　PN 模型标识符

托肯的移动需遵循以下触发规则:

(1) 当某个变迁的所有输入库所都包含一个托肯时,变迁才会被激活;

(2) 在时延 $D(D \geqslant 0)$ 之后,变迁才会转换或触发;

(3) 当变迁触发时,变迁的每个输入库所中的托肯会被删除,其每个输出库所将获得一个托肯;

(4) 一个库所可有多个托肯;

(5) PN 中的托肯总数未必是恒定的;

(6) 托肯沿有向弧移动是瞬时的;

(7) 变迁时间 D 可能是随机取值,也可能是确定值。

PNA 方法包含静态和动态两个部分。静态部分由库所、变迁和有向弧组成。动态部分包括当发生变迁触发时,用托肯标记库所。在 PN 模型中,库所表示的事件相当于离散的系统状态。变迁表示逻辑门。在特定时刻 PN 模型的标记表示在那一时刻的状态。

图 17.3 是具有 3 个变迁状态的 PN 模型示例。状态 1 中,库所 1 有一个托肯而库所 2 没有,在库所 2 接收到托肯前系统状态不变。状态 2 中,库所 2 接收到一个托肯。现在变迁 D1 的输入条件已满足了,所以在延迟 D1 后,变迁触发。状态 3 描述的是最终变迁,D1 已经触发,删除两个输入托肯(库所 1 和 2),给库所 3 输出托肯。

图 17.4 是具有 2 个变迁状态的另一个 PN 模型示例。该示例说明了库所是怎样得到多个托肯,以及托肯是怎样被添加和去掉的,而这些均取决于模型本身。该例子中,在状态 1 中变迁 D1 所有输入库所中都有托肯,因此它被触发转变为状态 2。在状态 2 中每个输入库所失去一个托肯,每个输出库所得到一个

290

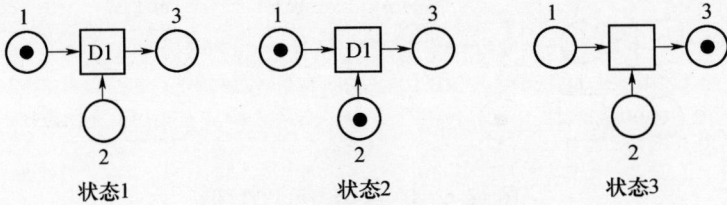

图 17.3 三状态变迁 PN 模型示例

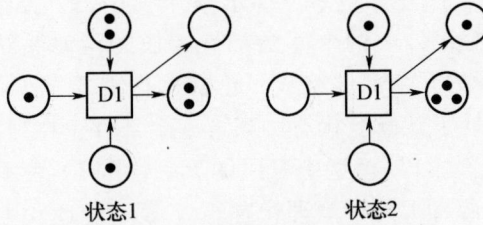

图 17.4 多托肯 PN 模型实例

托肯。多托肯可用于模拟系统设计中的循环计数或冗余部件。变迁 D1 现在无法再次激活,因为其所有输入库所不都具有托肯。

图 17.5 表现了在 PN 模型中与门和或门是如何建立的。注意这个变迁的延迟时间是 0,因此是瞬时变迁。

图 17.5 与门和或门的 PN 模型

PN 的一个重要特征是与其相应的状态图,也可被称为可达性图(RG)。可达性图描述 PN 模型能够呈现的所有可能的系统状态。在可靠性和安全性评估中,明确哪些状态可达,哪些不可达是十分重要的信息。例如,知道系统能否呈现一种可能的高风险状态是十分重要的。

图 17.6 描述了一个 PN 模型和 RG 的示例。在 RG 中,状态 1 是初始状态,其中状态 1 的库所 1、2、4 都有一个托肯。状态 2 描述变迁 D1 的结果,状态 3 描述当变迁时间 D2 < D3 时的结果,状态 4 描述当变迁时间 D2 > D3 时的结果。

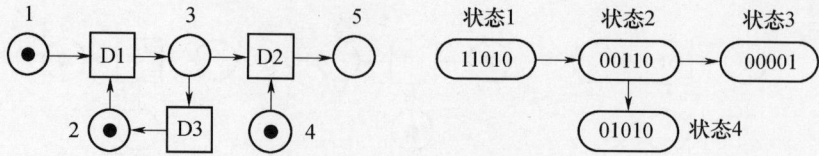

图 17.6　PN 模型与可达性图

在模型的五个库所中,每个库所都假设可能有两个二进制状态0或1,于是共有 $2^5=32$ 种可能状态。但是,正如图 17.6 所示,只有其中四个状态是实际可达的。

图 17.7 描述一个设计由两个冗余部件组成的可修系统的 PN 模型。这个系统由两个并行运行的冗余部件组成。正常运行需要至少一个部件保持工作。当一个部件故障时,处于被修复状态。当第一个部件正在被修复,若第二个部件故障,则系统故障。注意 PN 模型中专用的 PN 术语,L1 表示正常运行直到部件1 随机故障,R1 表示部件1 处于修理状态。/2 表示变迁发生需要两个托肯。

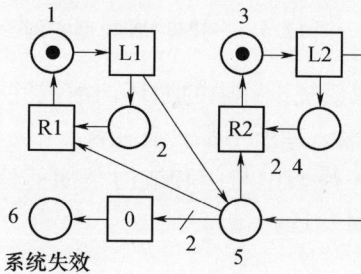

图 17.7　两个冗余部件组成的可修系统的 PN 模型

图 17.8 显示了图 17.7 中 PN 模型的 RG。这种 RG 被称为带吸收状态的循环 RG。注意系统中有两个部件,因此预期有四种可能的状态,但是在此情况下,库所6 最终的标记定义了第五种状态。还需注意,由于库所5 转换需要两个托肯,因此这些状态编码不是二进制码。

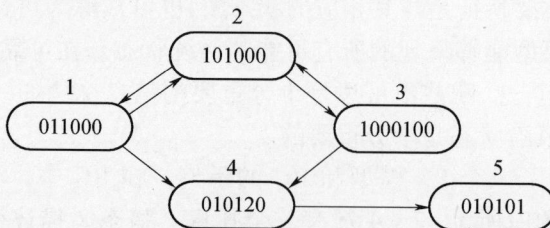

图 17.8　两个冗余部件组成的可修系统的 PN 模型的可达性图

PNA 技术可用于评估控制系统软件的安全关键行为。在此情形下,系统设计和它的控制软件用时间 PN 来表示。将可能的不安全状态确定为 PN 的一个状态子集,在该情况下重写扩充 PN。PN 的可达性图就会在软件运行过程中判定这些状态能否到达。如果不安全状态不可达,则可证明系统设计没有特别的安全问题。

17.7 示 例

用图 17.9 中假定的导弹火控系统来说明 PN 模型。系统运行原理如下:

(1) 操作员按下解锁按钮,开始解除保险和发射过程;

(2) 当计算机接收到解锁按钮信号时,计算机启动系统自检测,判断系统是否处于安全状态,所有的解锁和发射参数是否满足;

(3) 若自检测通过,当按下发射按钮时计算机产生一个发射信号;如果自检测未通过,计算机禁止发射。

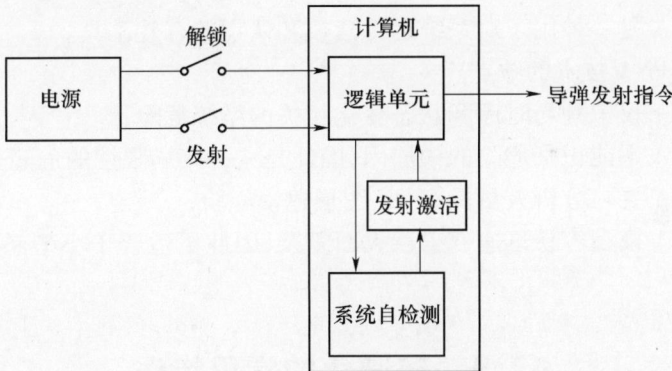

图 17.9 导弹火控系统

图 17.10 描述 PN 模型如何用于分析实际武器系统设计。

导弹发射顺序的 PN 模型显示了以下安全信息:

(1) 一个有效点火信号需要三层联锁信号:解锁指令、发射指令和发射激活信号;

(2) 计算机是处理三层联锁信号的单点项。因此,计算机的硬件和软件均易于发生单点故障。

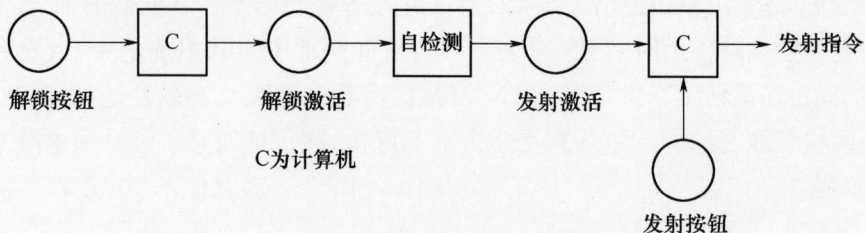

图 17.10　导弹发射控制系统的 PN

17.8　优　缺　点

以下是 PNA 技术的优点：

（1）PN 从方案设计到详细设计阶段在较广泛的抽象层次上可用于整体系统、子系统或系统部件的建模；

（2）当 PN 用于对特定抽象系统的分析建模时，数学表示法能支持大部分分析的自动化；

（3）PNA 是一种用于对系统运行建模和认识的有效工具。

以下是 PNA 技术的缺点：

（1）PNA 仅识别与时序和状态变化相关的系统危险；

（2）PNA 不能识别危险的根原因，因此是一种有局限性的危险分析工具；

（3）PNA 要求分析人员具有 PN 图形建模经验；

（4）PNA 模型容易迅速变得巨大而复杂，因此更适合于小型系统或高层次抽象系统。

17.9　应避免的常见错误

当初次学习如何进行 PNA 时，常会犯一些典型的错误。以下是在进行 PNA 是常犯的错误：

（1）没有获取必须的培训；

（2）当有一种简单的技术更合适时，却采用复杂的 PNA 技术。

17.10　小　　结

本章讨论了 PNA 技术。有助于总结本章所论述内容的基本原则归纳如下：

294

（1）PNA 对系统的时序与操作顺序进行建模；

（2）PNA 是一种用于识别与时序、状态变迁和修理相关的特定危险的工具；

（3）PNA 提供了图形化模型和数学模型两种模型；

（4）PNA 只需用库所、托肯、变迁和有向弧来建立系统模型；

（5）除非简化系统模型，否则 PNA 很容易变得规模庞大、难于理解；

（6）在开展系统安全工作时，PNA 不是通用的危险分析工具，且应仅用于评估可疑的时序、状态变迁，顺序和修理相关的危险。

参考书目

［1］Agerwala, T., Putting Petri Nets to Work, IEEE Computer, Dec., 85 – 94 (1979).

［2］Malhotra, M. and K. Trevedi, Dependability Modeling Using Petri Nets, IEEE Trans. Reliability, 44:428 – 440 (1995).

［3］Petri Nets: Properties, Analysis and Applications, Proc. IEEE, 77:541 – 580 (1989).

［4］Schneeweiss, W. G., Petri Nets for Reliability Modeling, LiLoLe, 1999.

［5］Schneeweiss, W. G., Tutorial: Petri Nets as a Graphical Description Medium for ManyReliability Scenarios, IEEE Trans. Reliability, 50(2): June, 159 – 164 (2001).

第 18 章　马尔科夫分析

18.1　简　介

马尔科夫分析(Markov Analysis，MA)是一种用于系统状态转移建模和利用该模型计算系统到达各种状态的概率的分析技术，是一种涉及时序、顺序、修理、冗余和容错的复杂系统建模工具。MA 包括绘制和分析系统状态转移图以确定系统是如何到达不期望的状态以及计算相应的概率。MA 可用于系统性能、可信性、可用性、可靠性以及安全性的建模，描述系统的故障状态和降级运行状态，其中降级状态是指系统或者部分故障，或者只能执行部分功能而其他功能则无法完成。

马尔科夫链(Markov Chain)是系统状态仅在固定的(离散的)时刻发生改变的随机过程。然而，日常生活中观察到的许多物理现象通常都是随时间连续发生而变化的。这些连续过程的例子有：设备故障、电话的呼叫和辐射衰变等。马尔科夫过程是系统状态随时间连续发生变化的随机过程，并且未来状态仅依赖于当前状态而与过去状态无关。这一特性为研究系统可靠性、可信性和安全性提供了基本框架。目前有多种类型的马尔科夫过程，其中半马尔科夫过程中，两种状态转移之间的时间间隔是一个随机变量，随转移状况的变化而变化。

18.2　背　景

MA 属于系统设计危险分析类型(SD – HAT)，应作为 SD – HAT 分析的补充。关于分析类型的介绍详见第 3 章。MA 目的是提供一种用于系统部件的图形化建模和评价技术，从而可以解决系统可靠性、安全性、可信性和相关性问题。其中，图形化模型可以转换成数学模型以便于概率计算。MA 的优势在于能够精确地建模和量化评价复杂系统设计，特别是那些涉及修理和相关性问题的系统。

MA 可用于复杂系统设计的运行过程建模或故障状态建模。MA 模型可基于详细的部件设计方案进行建模，也可以在更为抽象的子系统设计层进行建模。MA 提供包含系统故障状态、状态转移和时序特性的详细数学模型。随着系统规模的增大,MA 模型也将迅速扩大以致难以处理,因此通常应用于小型系统,或者对系统进行抽象以得到较小规模的、易于管理的模型。

MA 可用于系统研制早期,从而可以在设计过程早期识别设计方案中的问题。尽早应用该方法有助于系统研制人员在研制早期开展系统的安全性和可靠性设计,从而避免在试验故障之后,甚至更糟的——在发生事故之后再采取必要的纠正措施。

MA 是一种相对不易学习、理解和掌握的技术,应用该方法需要对数学有较深的理解。要顺利完成分析工作,必须全面掌握技术,深入理解相关材料,并且必须对建模的过程有详细必要的认识。MA 通常要求分析人员在工程技术及其涉及的数学方面有丰富的经验和知识。

尽管是一种强有力的分析工具,但与其他可以选用的分析工具相比,MA 并没有给系统安全分析人员提供很大的好处,更多地用于可靠性领域的可用性建模与分析。MA 并非用于识别危险,其主要目的是状态转移建模以便更好地理解系统运行状态,并计算故障状态概率。MA 模型会迅速变得过于庞大和复杂,因此必须对系统模型进行简化。建议仅在概率计算精度要求极高的情况下采用该方法。

对于大多数分析应用,推荐使用故障树分析(FTA),因为故障树组合模型更易于从系统设计方案中构建,且其概率计算结果等同或近似于 MA 模型的计算结果。FTA 可用于极其庞大复杂系统的建模,而这对 MA 来说是不可能的。

18.3 历　史

马尔科夫链理论的名称源自俄罗斯数学家安德烈·马尔科夫(Andrei A Markov)(1856—1922),他开创了系统地研究如何采用数学方法描述随机过程的科目。半马尔科夫过程由保罗·莱维(Paul Levy)于 1954 年提出,用于为概率系统构建更为通用的模型。

18.4 定　义

为了便于更好地理解 MA,需要依次定义一些专用术语。下列是基本的 MA 术语。

状态　部件或系统在特定时刻的状况(例如运行状态、故障状态、降级状态等)。

连接边　连线或箭头,用于说明一个部件从一种系统状态转移到不同状态,诸如从运行状态转移至故障状态。

状态转移图　状态转移图是一个表示系统状态、状态之间的转移和转移率的有向图。这些图中包含了足够信息以便构建状态方程,用于概率计算。状态转移图是马尔科夫分析技术的基础。

组合模型　系统的图形化表示,基于特定的模型规则在逻辑上将系统部件组合在一起。现用的各种组合模型包括可靠性框图、故障树和成功树。MA 中的状态转移图也是组合模型。

确定性过程　确定性过程或模型可由一组给定的条件下得到一个单一的预测结果。一个确定性过程可导出一个确切或肯定的结果,并且在相同的数据条件下可重复得到相同的结果。一个确定性模型是确切的或肯定的,决非随机的。

随机过程　一个随机过程或模型用可能性或概率来预计一组可能的输出结果。一个随机过程有一个随机的或偶然的输出结果。

马尔科夫链　随机变量的序列,其中未来的变量依赖于当前变量,而与过去状态的演变过程无关(对于给定的当前状态,未来与过去无关)。马尔科夫链假定离散的状态和离散的时间参数,诸如全局时钟。

马尔科夫过程　假定时间是连续的。马尔科夫过程评价系统从一已知状态跳变至下一个逻辑状态的概率,直至达到最终状态。例如,第一个状态是系统正常工作中的任意一种情况,下一个状态是第一个部件发生故障,然后继续状态转移直至达到系统的故障状态。这个过程的行为是每个状态都是无记忆的,意味着系统未来的状态仅依赖于当前状态。在静态系统中,控制系统状态转移的概率保持恒定,不随转移的发生时刻而变化。

半马尔科夫过程　除了转移时间和概率依赖于系统达到当前状态的时间之外,其他特征与纯马尔科夫过程相似。半马尔科夫模型适用于分析复杂动态系统,常被用于可靠性计算。

18.5　原　理

MA 利用状态转移图或有向图的方式在一个单一图形中描述系统的运行或故障状态。状态图灵活易用,无论对单个部件还是整个系统都同样适用。状态图提供了对于系统状态、状态间的转移以及转移率的描述,为建立状态方程提供了充足的信息,而通过求解状态方程可以得到每个状态的概率。图 18.1 介绍了MA 的整个过程。

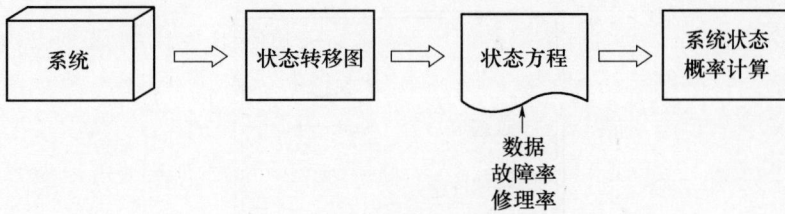

图 18.1　MA 过程

18.6　方　法

表 18.1 列出并说明了 MA 分析过程的基本步骤。

表 18.1　MA 过程

步骤	分析任务	说明
1	定义系统	审查被分析系统,确定系统边界、子系统和接口
2	识别系统状态	明确 MA 的目标,确定关注的系统和部件的状态
3	构建状态图	对所有识别的系统状态构建状态图,标明状态之间的转移关系以及相应的转移率
4	建立数学方程	基于状态图建立相应的数学方程(状态方程)
5	求解方程	利用手工或计算机软件求解数学方程
6	评价结果	对 MA 结果进行评价
7	建议改进措施	针对 MA 结果提出设计更改等改进建议
8	危险跟踪	将识别的危险或危险数据输入危险跟踪系统(HTS),以便对系统中的危险进行跟踪
9	记录 MA	将全部 MA 过程,包括状态图、方程、转移率以及方程求解等内容记录归档

18.6.1　状态转移图的构建

尽管指导构建状态图的基本规则很简单,但对被分析系统的深入认识仍是必须的。构建一个状态图,首先分析系统并确定其可能存在的状态。图 18.2 给出了采用 MA 建模所用的各种图形符号。

需要特别指出的是,状态图应按下述步骤进行构建:

(1) 将识别的状态 S1(用一个圆圈表示)置于左侧作为图形的起始点。表

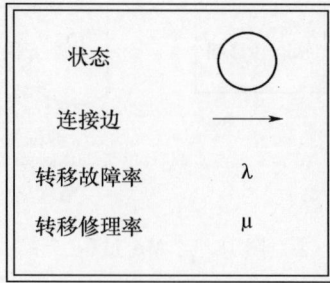

图 18.2　MA 符号

示所有设备最初处于正常(运行)状态。

(2)分析系统中每个元素(包括定义为单个故障的任何部件、电路或通道)的每种故障模式的影响后果。对于导致相同或等同的电路无法正常运行的后果合并为同一个后果。

(3)为第 2 步每一个后果分配新的状态(圆圈),并标示为 S2、S3、S4 等等。

(4)从 S1 开始向每个新的状态添加连接箭头,并依据导致转向新状态的故障信息在每个箭头上标明系统元素的故障率。

(5)重复第 2、第 3、第 4 步,依次分析每个新状态中仍然运行的系统元素的故障情况。分析过程中应持续关注那些会导致转移至先前定义的状态的故障。

(6)重复上述步骤直至设备转移至完全无法运行的状态。

为将状态图限制在一个合理的规模,在保证精度不会显著降低的前提下,可以截去初始运行状态和系统故障状态之间的较长路径。例如,如果指向系统故障的一条路径包含了三个转移,而另一路径有五个转移,则后者可以被截除。在最终的模型中必须对这种近似处理的效果进行检验以确保造成的影响最小。

图 18.3 给出了由单部件组成的不可修复系统的 MA 状态转移模型的示例。图中左侧的可靠性框图描述了系统设计的复杂程度。该 MA 模型仅有两种可能的状态:运行状态和故障状态。起始状态 S1 表明系统处于运行状态(正常),而在 S2 系统则处于故障状态。状态 S1 向 S2 的转移基于部件的故障率 λ_A。图中 A_W 表示部件 A 处于工作状态,A_F 表示部件 A 处于故障状态,带有符号 λ_A 的有向连接边表示部件 A 的转移故障。

图 18.4 给出了由单部件组成的可修复系统的 MA 模型示例。请注意图中部件 A 是如何以修复率 μ_A 从故障状态返回运行状态。

300

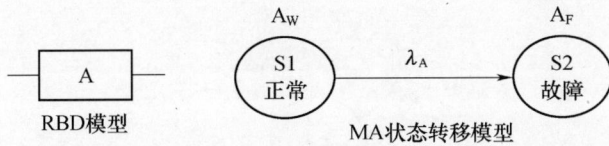

图 18.3　MA 模型——由单部件组成的不可修复系统

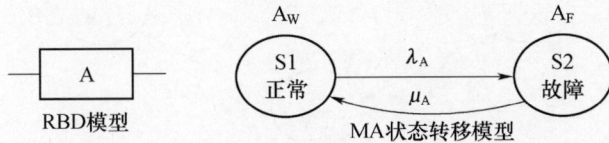

图 18.4　MA 模型——由单部件组成的可修复系统

18.6.2　状态方程的构建

随机过程是一种受概率法则约束的过程,这里的概率法则主要涉及概率论中"动态性"的内容,包括随机变量集合、变量之间的相关关系、变量随时间的变化以及限制行为等。分析动态过程中最重要的变量是状态和转移率。而马尔科夫模型是对随机过程的图形表达。

一个马尔科夫过程可以完全由其转移概率矩阵表征,而该矩阵源于转移图。在安全性和可靠性领域,事件包括部件的故障和修理。不同状态间的转移概率是系统各部件故障率的函数。利用每个状态间的转移概率描述系统处于每个状态的概率,从而可以得到一组一阶微分方程,一阶微分方程的数量等于系统状态的数量。微分方程的数学公式如图 18.5 所示。通过构建状态方程,问题转变为对微分方程的求解。

$$\dot{P} = [A]\underline{P}$$ 　　式中 P 和 P 是 $n \times 1$ 阶向量;$[A]$ 是 $n \times n$ 阶矩阵

$$\underline{P} = \exp[A]t \cdot \underline{P}(0)$$ 　　式中 $\exp[A]t$ 是 $n \times n$ 阶矩阵;$P(0)$ 是初始概率
向量,表示系统的初始状态。

图 18.5　马尔科夫状态方程

图 18.6 给出了由部件 A 和 B 组成的两部件系统的马尔科夫转移图。A_W 表示部件 A 处于工作状态,A_F 表示部件 A 故障。状态 S1、S2 和 S3 标示为"正常",表明系统仍在运行。状态 S4 标示为"故障",表明系统此时处于故障状态。

作为系统在 t 时刻所处状态的函数,通过描述系统在 $t + \Delta t$ 时刻处于每个状态的概率可以得到马尔科夫微分方程。系统在 $t + \Delta t$ 时刻处于状态 S1 的概

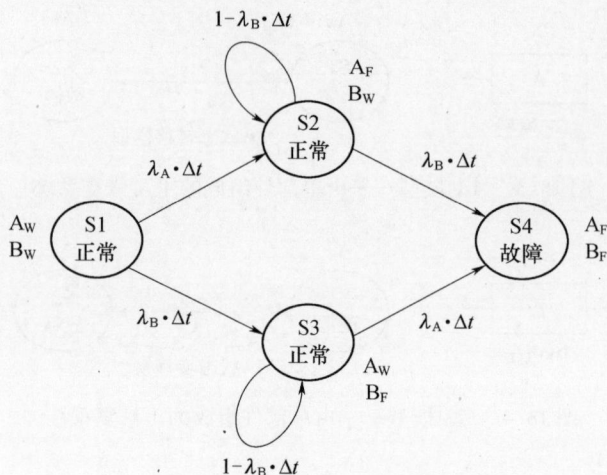

图 18.6　马尔科夫转移图——由两个部件组成的系统

率等于其在 t 时刻处于状态 S1 且在 Δt 时刻没有发生转移的概率。该方程可以表示为

$$P_1(t + \Delta t) = P_1(t) \cdot [1 - (\lambda_A + \lambda_B) \cdot \Delta t]$$

系统在 $t + \Delta t$ 时刻处于状态 S2 的概率等于其在 t 时刻处于状态 S1 且在 Δt 时间内转移至状态 S2 的概率加上系统在 t 时刻处于状态 S2 且在 Δt 时间没有发生转移的概率。该方程可以表示为

$$P_2(t + \Delta t) = P_1(t) \cdot \lambda_A \cdot \Delta t + P_2(t)(1 - \lambda_B \cdot \Delta t)$$

利用类似方式可以得到全部状态方程,如下所示

$$P_1(t + \Delta t) = P_1(t) \cdot [1 - (\lambda_A + \lambda_B) \cdot \Delta t]$$
$$P_2(t + \Delta t) = P_1(t) \cdot \lambda_A \cdot \Delta t + P_2(t)(1 - \lambda_B \cdot \Delta t)$$
$$P_3(t + \Delta t) = P_1(t) \cdot \lambda_B \cdot \Delta t + P_3(t)(1 - \lambda_A \cdot \Delta t)$$
$$P_4(t + \Delta t) = P_2(t) \cdot \lambda_B \cdot \Delta t + P_3(t) \cdot \lambda_A \cdot \Delta t + P_4(t)$$

对上述方程进行调整,可以得到

$$[P_1(t + \Delta t) - P_1(t)]/\Delta t = -(\lambda_A + \lambda_B) \cdot P_1(t)$$
$$[P_2(t + \Delta t) - P_2(t)]/\Delta t = \lambda_A \cdot P_1(t) - \lambda_B \cdot P_2(t)$$
$$[P_3(t + \Delta t) - P_3(t)]/\Delta t = \lambda_B \cdot P_1(t) - \lambda_A \cdot P_3(t)$$
$$[P_4(t + \Delta t) - P_4(t)]/\Delta t = \lambda_B \cdot P_2(t) + \lambda_A \cdot P_3(t)$$

令 $\Delta t \to 0$,方程两边取极限可得

$$dP_1(t)/\Delta t = -(\lambda_A + \lambda_B) \cdot P_1(t)$$

302

$$\mathrm{d}P_2(t)/\Delta t = \lambda_A \cdot P_1(t) - \lambda_B \cdot P_2(t)$$

$$\mathrm{d}P_3(t)/\Delta t = \lambda_B \cdot P_1(t) - \lambda_A \cdot P_3(t)$$

$$\mathrm{d}P_4(t)/\Delta t = \lambda_B \cdot P_2(t) + \lambda_A \cdot P_3(t)$$

采用矩阵方式,则方程组变为

$$
\begin{vmatrix} \mathrm{d}P_1(t)/\Delta t \\ \mathrm{d}P_2(t)/\Delta t \\ \mathrm{d}P_3(t)/\Delta t \\ \mathrm{d}P_4(t)/\Delta t \end{vmatrix} = \begin{vmatrix} -(\lambda_A + \lambda_B) & 0 & 0 & 0 \\ \lambda_A & -\lambda_B & 0 & 0 \\ \lambda_B & 0 & -\lambda_A & 0 \\ 0 & \lambda_B & \lambda_A & 0 \end{vmatrix} \cdot \begin{vmatrix} P_1(t) \\ P_2(t) \\ P_3(t) \\ P_4(t) \end{vmatrix}
$$

求解上述方程即可得到系统处于各个状态的概率。

18.7   示   例

18.7.1   马尔科夫链

马尔科夫模型可以描述一个长期的阴雨和晴朗天气交替序列,并可分析一种天气转变为另一种天气的可能性。假定统计表明,如果第一天为雨天,则在 25% 的时间里第二天会变为晴天,而 75% 的时间里第二天会继续下雨;此外,如果第一天为晴天,则第二天转变为雨天或继续保持晴天的机会各占 50%。基于这些数据,利用下列步骤可以得到一个符合相同统计规律的新的天气序列:

(1) 从今天的天气开始;

(2) 根据今天的天气,利用随机数选取明天的天气;

(3) 将明天的天气作为"今天的天气",重复步骤 2。

从而可以得到一个天气序列,例如:

晴天 – 晴天 – 雨天 – 雨天 – 雨天 – 雨天

– 晴天 – 雨天 – 雨天 – 晴天 – 晴天 …

由此得到的天气"链"在统计规律上反映了由已观测天气得到的转移概率。这个事件流被称为一条马尔科夫链。

18.7.2   两部件串联不可修系统的马尔科夫模型

图 18.7 给出了两部件串联不可修复系统的 MA 模型示例。可靠性框图表明系统的成功运行要求两个部件 A 和 B 同时成功运行,如果任何一个部件故障则系统故障。

该 MA 模型中包含了两种可能的状态。起始状态为 S1,此时部件 A 和 B

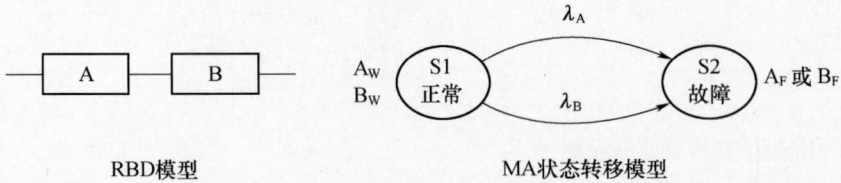

图 18.7　MA 模型——两部件串联不可修复系统

都正常工作,系统处于正常(运行)状态。当部件 A 或 B 任意一个发生故障时,系统转移至状态 S2。在状态 S2,部件 A 或 B 发生故障且系统处于故障状态。

18.7.3　两部件并联不可修复系统的马尔科夫模型

图 18.8 给出了两部件并联不可修复系统的 MA 模型示例。可靠性框图表明只要部件 A 和 B 中任意一个成功运行即可实现系统的成功运行,只有当两个部件全部故障时系统才发生故障。

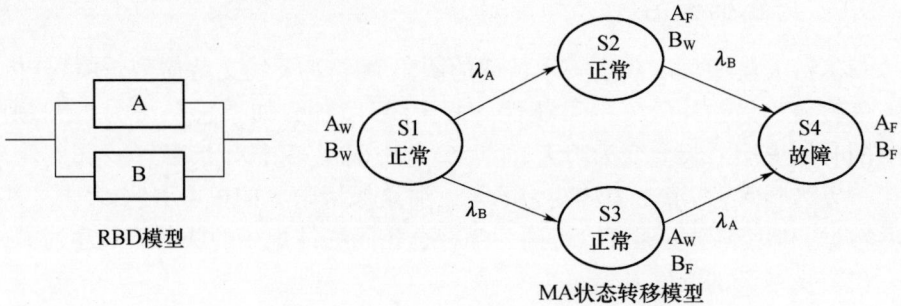

图 18.8　MA 模型——两部件并联不可修复系统

该 MA 模型包含了四种可能状态。起始状态为 S1,此时部件 A 和 B 都正常工作,系统处于正常(运行)状态。基于部件 A 的故障率 λ_A,系统可转移至降级状态 S2,此时 A 故障而 B 仍旧正常。在状态 S3,部件 B 故障而 A 仍旧正常。在状态 S4,部件 A 和 B 都故障。在状态 S1、S2 和 S3,系统都能工作,而在状态 S4,系统故障。

18.7.4　两部件并联可修复系统的马尔科夫模型

图 18.9 给出了由部件可修复但系统不可修复的两部件并联系统的 MA 模型示例。与上例相同,该 MA 模型也包含了四种可能状态。在该设计和 MA 模型中,如果系统转移至状态 S2,但 A 在 B 故障之前被修复,则系统返回状态 S1。与之类似,如果系统处于状态 S3,若部件 B 在 A 故障之前被修复,则系统也返回

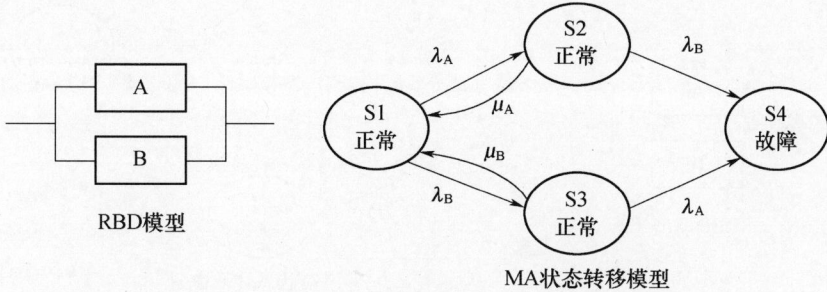

图 18.9　MA 模型——两部件并联可修复系统

状态 S1。带有标示 μ_A 的连接边表示对部件 A 的修理,而 μ_B 表示对部件 B 的修理。

18.7.5　部件/系统可修复的由两部件并联系统的马尔科夫模型

图 18.10 给出了具有部件和系统可修复的由两部件并联系统的 MA 模型示例。在该设计中,即使在系统发生故障后,仍可修复一个或全部部件,从而使系统再次运行。

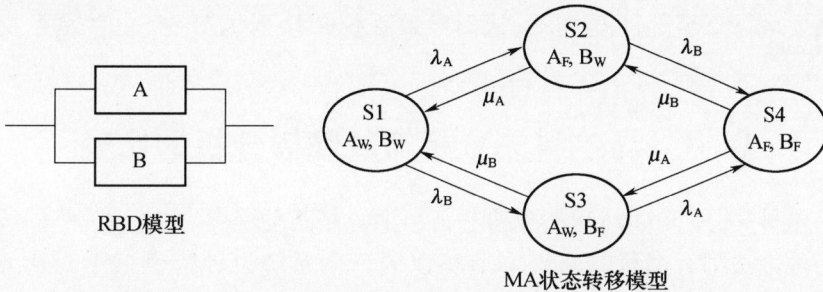

图 18.10　MA 模型——部件/系统可修的由两部件并联系统

与前一模型相同,该 MA 模型中同样包含了四种可能的状态。在该系统设计和相应的 MA 模型中,如果系统转移至状态 S2,但部件 A 在 B 故障之前被修复,则系统返回状态 S1。类似地,如果系统处于状态 S3,若部件 B 在 A 故障之前被修复,则系统返回状态 S1。当系统达到状态 S4,则可以通过修复部件 A 和/或 B 而恢复系统工作。

18.7.6　有顺序要求的两部件并联系统的马尔科夫模型

图 18.11 给出了一种特殊的两部件并联系统的 MA 模型示例,其中仅当部

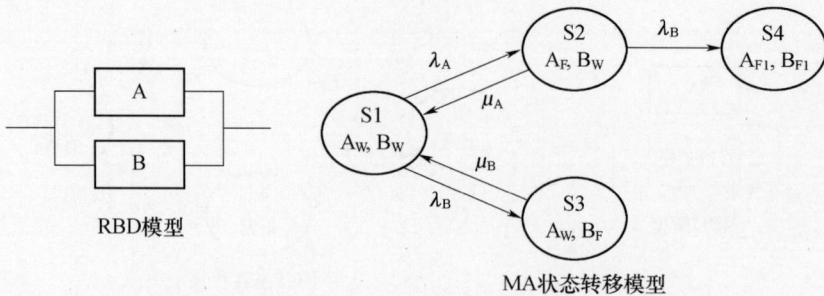

图 18.11　MA 模型——有顺序要求的两部件并联系统

件按特定次序故障时系统才故障。在该系统设计中,部件 A 检测 B 的状态,一旦 B 故障则会被 A 检测到并立刻修复。如果 A 先于 B 故障,则它将无法检测 B 的故障并启动对 B 的修复从而会导致系统故障。需要说明的是,该模型假定 B 总是可以在 A 故障前得到修复,因此可以保持系统的运行状态。

　　该 MA 模型包含了四种可能的状态。起始状态为 S1,此时部件 A 和 B 正常工作,系统处于正常(运行)状态。在状态 S3,部件 B 失效但 A 仍旧正常工作,此时维修是唯一的选择,因此系统返回状态 S1。在状态 S2,部件 A 失效而 B 仍旧工作。此时如果 A 在 B 失效之前得到修复,则系统可以返回状态 S1,否则系统将继续运行直至部件 B 失效,从而导致系统转移至状态 S4,也就是系统故障状态。

18.8　马尔科夫分析与故障树分析的比较

　　马尔科夫分析(MA)和故障树分析(FTA)是两种经常"相互竞争"的技术方法。每种方法都有其优缺点。本节将以同一个系统设计为例演示对比 MA 和 FTA 模型以及各自的概率计算结果。一一对比两种方法有助于显示每种方法的优缺点。

　　对于两部件串联系统的马尔科夫分析和故障树分析的对比如图 18.12 所示。由对比可知两种方法可以得到相同的分析结果(即相同的方程组)。对于大多数分析人员而言,FTA 模型更易于理解且 FTA 的数学方程也更易于求解。

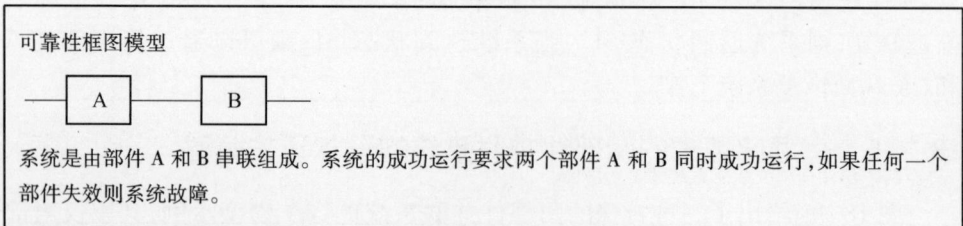

可靠性框图模型

系统是由部件 A 和 B 串联组成。系统的成功运行要求两个部件 A 和 B 同时成功运行,如果任何一个部件失效则系统故障。

FTA 模型

系统故障

A 故障　　　　B 故障

$$P = P_A + P_B - P_A P_B$$
$$= (1 - e^{-\lambda_A T}) + (1 - e^{-\lambda_B T}) - (1 - e^{-\lambda_A T})(1 - e^{-\lambda_B T})$$
$$= 1 - e^{-(\lambda_A + \lambda_B)T}$$

马尔科夫模型

2
A_F, B_W

1
A_W, B_W

4
A_F, B_F

3
A_W, B_F

λ_A　λ_B　v_A　v_B　v_B　v_A　λ_B　λ_A

$$\mathrm{d}P_1/\mathrm{d}t = -(\lambda_A + \lambda_B)P_1 + v_A P_2 + v_B P_3$$
$$\mathrm{d}P_2/\mathrm{d}t = \lambda_A + P_1 - (\lambda_A + v_A)P_2 + v_B P_4$$
$$\mathrm{d}P_3/\mathrm{d}t = \lambda_B + P_1 - (\lambda_B + v_A)P_3 + v_A P_4$$
$$\mathrm{d}P_4/\mathrm{d}t = \lambda_B P_2 + \lambda_A P_3 - (v_A + v_B)P_4$$
$$P = P_2 + P_3 + P_4$$
$$P = 1 - e^{-(\lambda_A + \lambda_B)T}$$

不可修复情况$(v_A = v_B = 0)$

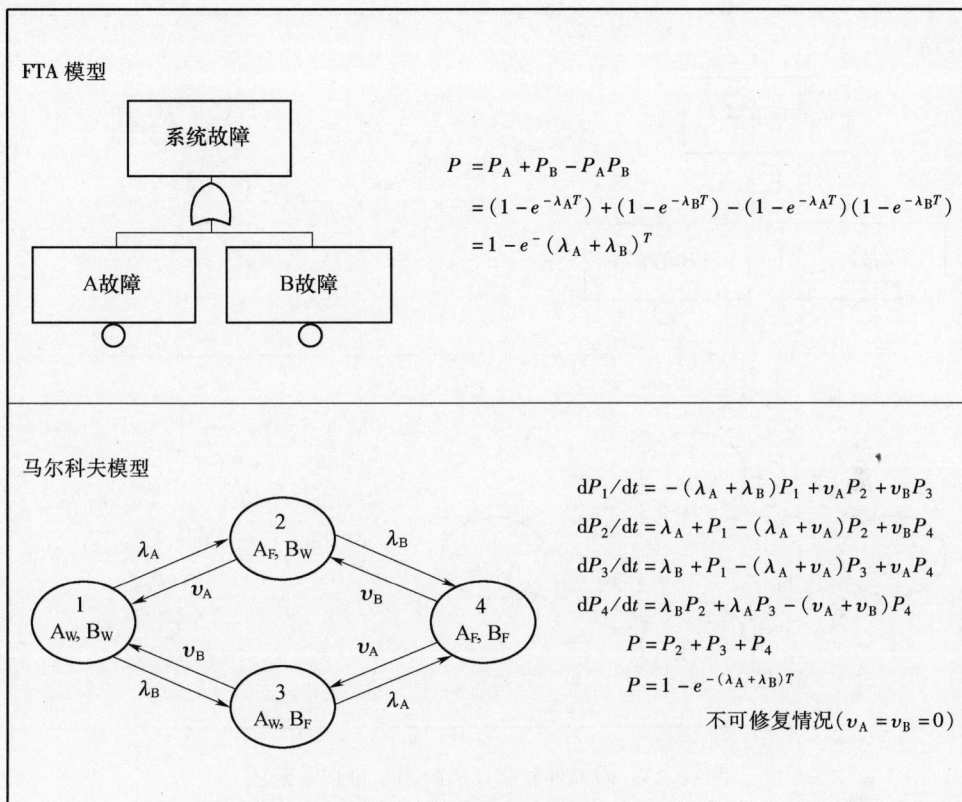

图 18.12　两部件串联系统的 MA 和 FTA 对比

两部件并联系统的 MA 和 FTA 模型的对比分析如图 18.13 所示。由对比可知两种方法可以得到相同的分析结果(即相同的方程组)。对于大多数分析人员而言,FTA 模型更易于理解且 FTA 的数学方程也更易于求解。

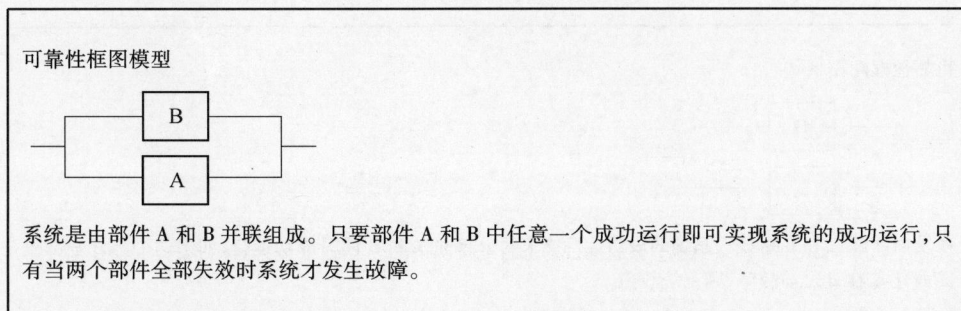

可靠性框图模型

B

A

系统是由部件 A 和 B 并联组成。只要部件 A 和 B 中任意一个成功运行即可实现系统的成功运行,只有当两个部件全部失效时系统才发生故障。

FTA 模型

$$P = P_A \cdot P_B$$
$$= (1 - e^{-\lambda_A T})(1 - e^{-\lambda_B T})$$

马尔科夫模型

$$\mathrm{d}P_1/\mathrm{d}t = -(\lambda_A + \lambda_B)P_1 + v_A P_2 + v_B P_3$$
$$\mathrm{d}P_2/\mathrm{d}t = \lambda_A + P_1 - (\lambda_A + v_A)P_2 + v_B P_4$$
$$\mathrm{d}P_3/\mathrm{d}t = \lambda_B + P_1 - (\lambda_A + v_A)P_3 + v_A P_4$$
$$\mathrm{d}P_4/\mathrm{d}t = \lambda_B P_2 + \lambda_A P_3 - (v_A + v_B)P_4$$
$$P = P_4$$
$$P = (1 - e^{-\lambda_A T})(1 - e^{-\lambda_B T})$$

不可修复情况（$v_A = v_B = 0$）

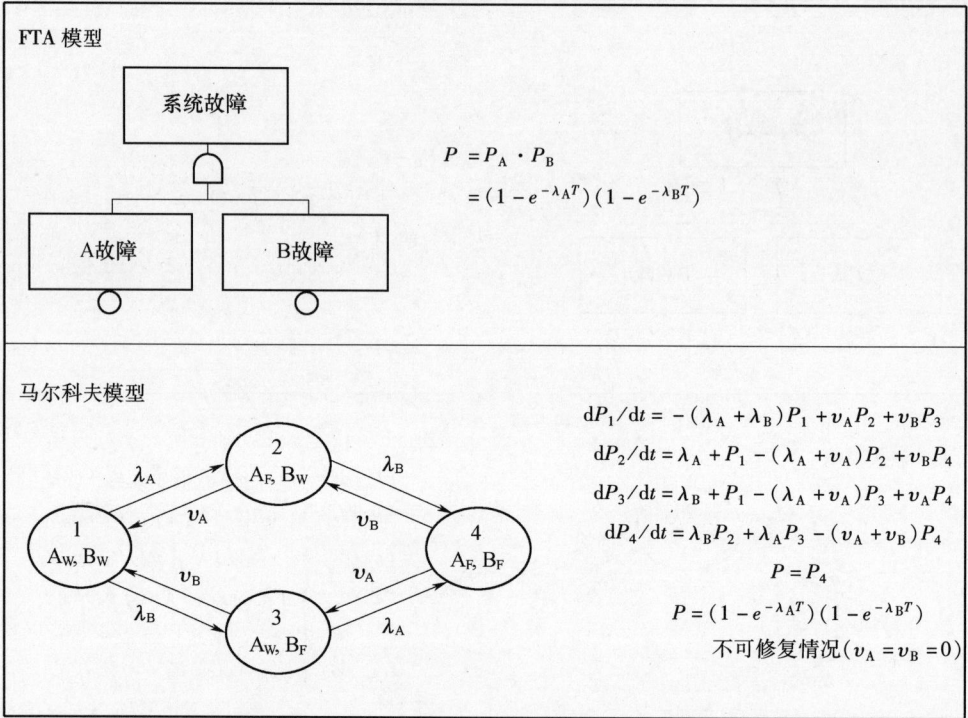

图 18.13   两部件并联系统的 MA 和 FTA 对比

两部件顺序并联系统的 MA 和 FTA 模型对比分析如图 18.14 所示。由对比可知，两种方法得到的方程是不同的。故障树方程是一种近似处理。数值对比表列出了故障率相同而时间间隔不同条件下的计算结果。表中的数据显示当运行时间在 100 万小时以内时，两种方法的结果非常接近。这表明 FTA 的近似处理仍能得到非常良好的计算结果。对于大多数分析人员而言，FTA 模型更易于理解，并且 FTA 的数学方程也更易于求解。

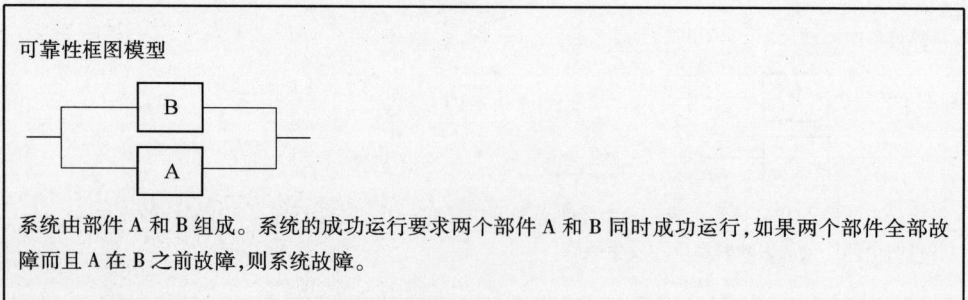

可靠性框图模型

系统由部件 A 和 B 组成。系统的成功运行要求两个部件 A 和 B 同时成功运行，如果两个部件全部故障而且 A 在 B 之前故障，则系统故障。

FTA 模型

$$P = \frac{P_A \cdot P_B}{N!}$$

通用方程，式中 N 是输入数，而且 $P_A \cong P_B$

$$P = \frac{P_A \cdot P_B}{2}$$

$$= \frac{(1 - e^{-\lambda_A T})(1 - e^{-\lambda_B T})}{2}$$

马尔科夫模型

$$P = \frac{\lambda_A (1 - e^{-\lambda_B T}) - \lambda_B (e^{-\lambda_B T} - e^{-(\lambda_A + \lambda_B)})}{\lambda_A + \lambda_B}$$

数值结果比较

Time/hr	FTA	MA
1	5.00000 E − 14	5.00000 E − 14
10	4.99947 E − 12	4.99998 E − 12
100	4.99973 E − 10	4.99980 E − 10
1,000	4.99725 E − 8	4.99800 E − 8
10,000	4.972560 E − 6	4.98006 E − 6
100,000	4.73442 E − 4	4.80542 E − 4
1,000,000	3.00771 E − 2	3.45145 E − 2
10,000,000	3.16046 E − 1	5.41213 E − 1
100,000,000	4.99977 E − 1	9.09046 E − 1
1,000,000,000	4.99977 E − 1	9.09091 E − 1

其中

$$\lambda_A = 1.0 \times 10^{-6}$$

$$\lambda_B = 1.0 \times 10^{-7}$$

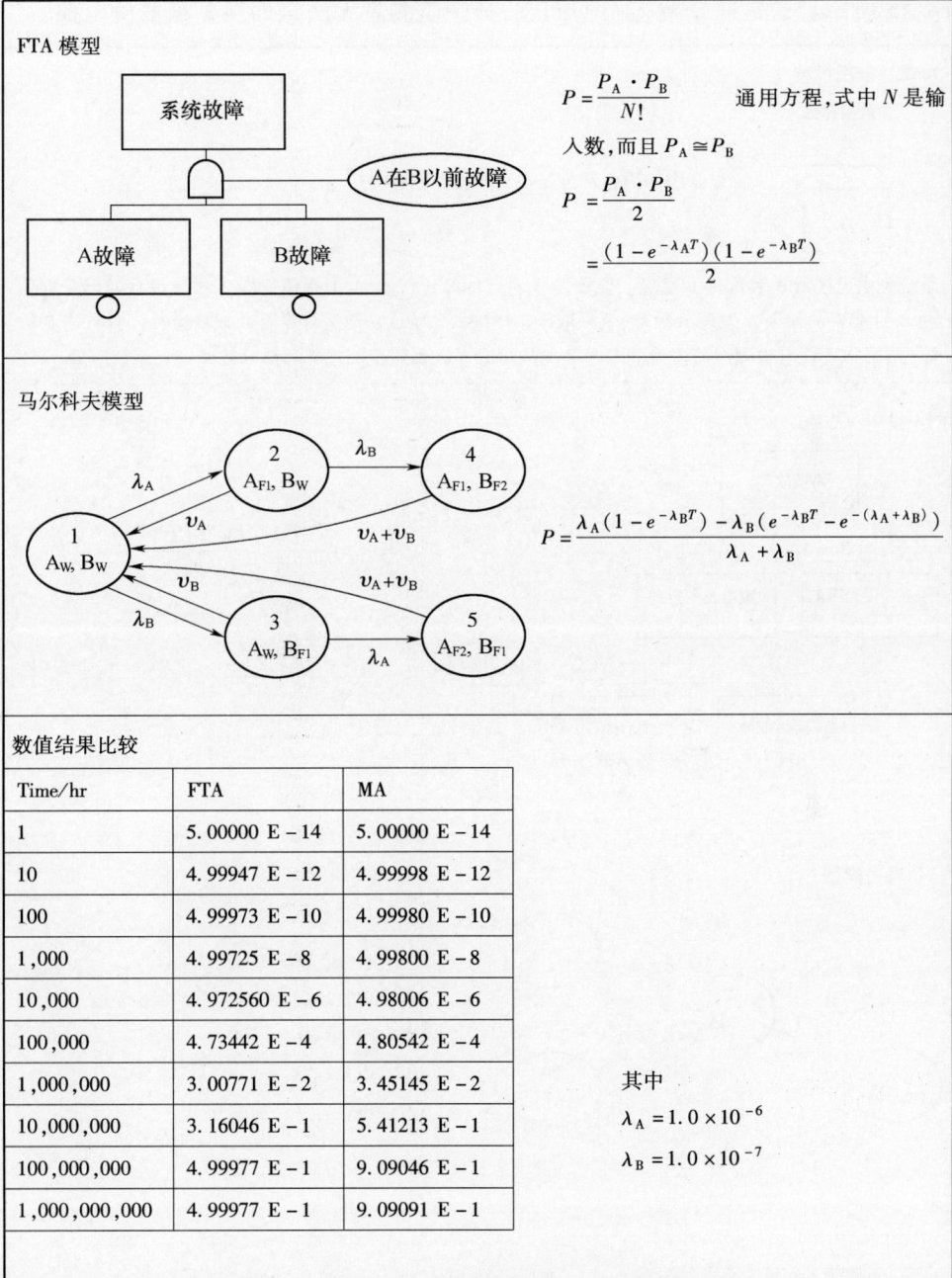

图 18.14　两部件顺序并联系统的 MA 和 FTA 对比

对于覆盖范围有限的部分监测系统的 MA 和 FTA 模型的对比分析如图 18.15 所示。这是一个覆盖类型问题,其中监测者无法全面覆盖被监测电路。

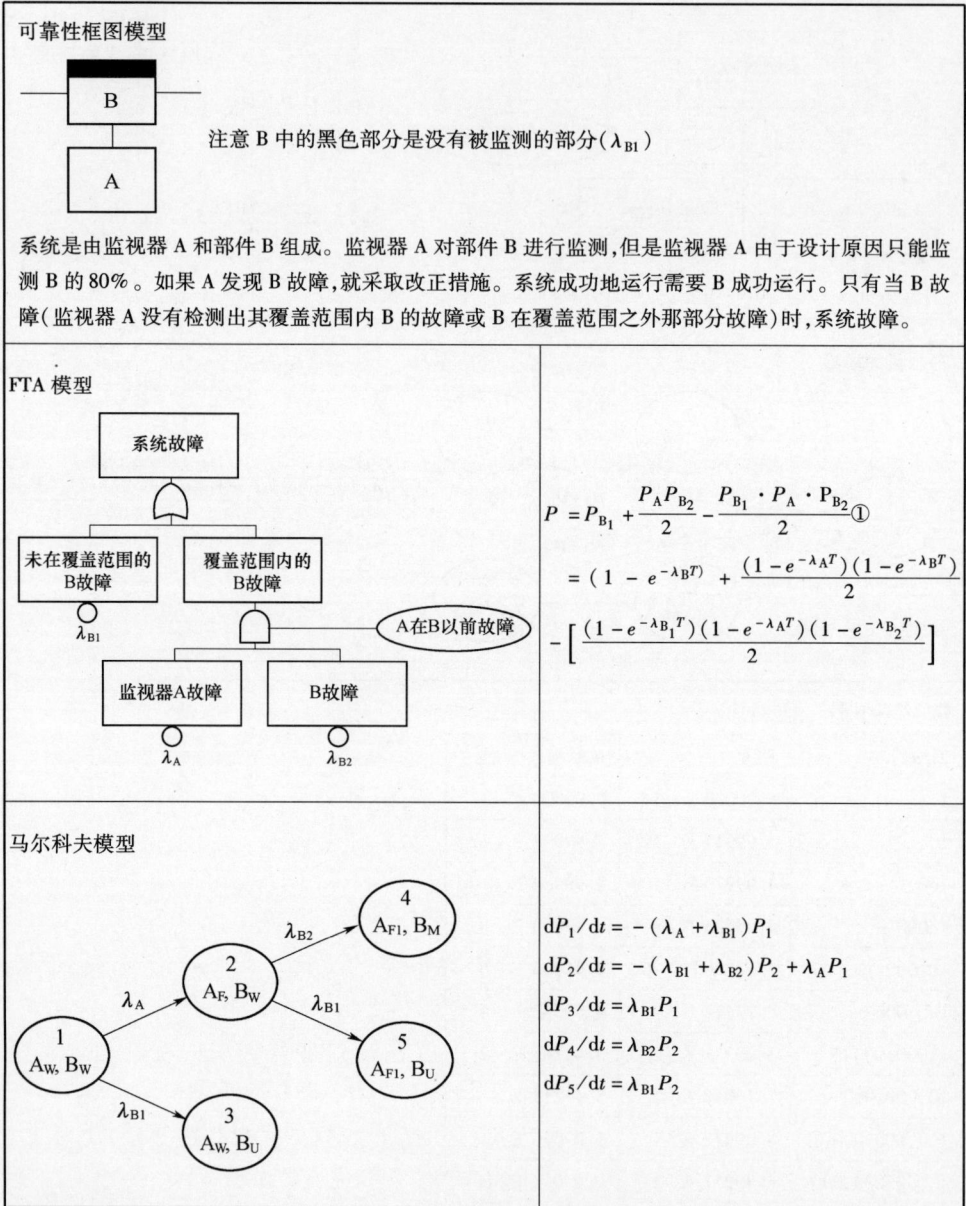

可靠性框图模型

注意 B 中的黑色部分是没有被监测的部分(λ_{B1})

系统是由监视器 A 和部件 B 组成。监视器 A 对部件 B 进行监测,但是监视器 A 由于设计原因只能监测 B 的 80%。如果 A 发现 B 故障,就采取改正措施。系统成功地运行需要 B 成功运行。只有当 B 故障(监视器 A 没有检测出其覆盖范围内 B 的故障或 B 在覆盖范围之外那部分故障)时,系统故障。

FTA 模型

$$P = P_{B_1} + \frac{P_A P_{B_2}}{2} - \frac{P_{B_1} \cdot P_A \cdot P_{B_2}}{2} \text{①}$$

$$= (1 - e^{-\lambda_B T}) + \frac{(1 - e^{-\lambda_A T})(1 - e^{-\lambda_B T})}{2}$$

$$- \left[\frac{(1 - e^{-\lambda_{B_1} T})(1 - e^{-\lambda_A T})(1 - e^{-\lambda_{B_2} T})}{2} \right]$$

马尔科夫模型

$$dP_1/dt = -(\lambda_A + \lambda_{B1})P_1$$

$$dP_2/dt = -(\lambda_{B1} + \lambda_{B2})P_2 + \lambda_A P_1$$

$$dP_3/dt = \lambda_{B1} P_1$$

$$dP_4/dt = \lambda_{B2} P_2$$

$$dP_5/dt = \lambda_{B1} P_2$$

---

① 原著为"$P = \dfrac{P_{B_1} + (P_A P_{B_2})}{2}$",有误。——译者注

310

数值结果比较

Time/hr	FTA	MA
1	0. 000010	0. 000010
10	0. 000100	0. 000100
100	0. 001000	0. 001000
1,000	0. 010263	0. 010314
10,000	0. 099664	0. 103269
100,000	0. 649625	0. 666795
1,000,000	0. 999969	0. 999982

其中

$\lambda_A = 1.0 \times 10^{-6}$

$\lambda_{B1} = 1.0 \times 10^{-5}$

$\lambda_{B2} = 1.0 \times 10^{-3}$

图 18.15　覆盖范围有限的部分监测系统的 MA 和 FTA 对比

由对比可知,两种模型所得到方程并不相同。故障树方程是一种近似处理。数值对比表列出了在故障率相同而时间间隔不同条件下的计算结果。表中的数据显示当运行时间在 1 万小时以内时两种方法的结果非常接近。这表明 FTA 的近似处理仍能得到非常良好的计算结果。对于大多数分析人员而言,FTA 模型更易于理解,并且 FTA 的数学方程也更易于求解。

18.9　优缺点

MA 技术具有如下优点:

（1）对于特定设计中的复杂特性,如时序、顺序、修理、冗余和容错等,MA 提供了一个精确的模型表达;

（2）MA 是一种对于系统运行以及潜在系统故障状态和修理状态进行建模和理解的有效工具;

（3）MA 可用于系统研制早期,因此可以在设计过程的初期就可确定安全相关事务;

（4）目前已经有商业化的软件工具可用于辅助 MA 建模和概率计算。

尽管 MA 是一种强有力的技术,仍存在以下不足:

（1）MA 并不识别系统危险,只是对识别的危险作进一步详细评价;

（2）MA 并不是一种分析根原因的工具,而是一种用来评价由多个部件组合在一起的系统的最有效手段;

（3）MA 需要检验丰富的分析人员开展，以便构建图形化模型和计算概率；

（4）随着系统的规模和复杂性变化，MA 模型的规模和复杂性迅速增大，因此通常只用于小型系统或高度抽象的系统。

18.10   应避免的常见错误

当初次学习如何开展 MA 时，常会犯一些典型错误。在开展 MA 过程中的常见错误如下所示：

（1）缺乏必要的培训。

（2）当在采用较简单易行的技术（例如 FTA）更为合适的情况下，却选用复杂的 MA 技术。

（3）未能认识到从一个状态向另一个状态的转移（概率）是假定保持不变的。因此，只有当故障率和修复率保持常数时才能使用马尔科夫模型。

（4）未能认识到转移概率仅由当前状态决定而与系统的历史状态无关。这意味着系统的未来状态假定与所有非当前状态无关。马尔科夫模型仅允许描述独立的状态。

18.11   小   结

本章讨论的马尔科夫分析（MA）技术。有助于总结本章所论述内容的基本原则归纳如下：

（1）MA 是一种复杂系统设计的建模工具，可以描述时序、顺序、修理、冗余和容错等系统特征。

（2）MA 提供了图形化和数学形式（概率）的系统模型。

（3）除非对系统进行简化，否则 MA 模型在规模上很容易变的过于庞大而难以理解和进行数学计算。已有计算机软件工具可以辅助分析复杂的系统。

（4）只有必须采用非常精确的数学计算时才推荐使用 MA 方法。

（5）MA 应作为 SD – HAT 分析的一种补充。

参考书目

[1] Ericson, C. A. and J. D. Andrews, Fault Tree and Markov Analysis Applied to Various Design Complexities, Proceedings of the 18th International System Safety Conference, 2000, pp. 324 – 335.

[2] Faraci, V. , Jr. , Calculating Probabilities of Hazardous Events (Markov vs. FTA) , Proceedings of the 18th International System Safety Conference, 2000, pp. 305 – 323.

[3] International Electrotechnical Commission, IEC 61165, Application of Markov Techniques, 1995.

[4] Pukite, J. and P. Pukite, Modeling for Reliability Analysis: Markov Modeling for reliability, Maintainability, Safety and Supportability Analysis of Complex Computer Systems, IEEE Press, 1998.

第 19 章　屏蔽分析

19.1　简　介

屏蔽分析(Barrier Analysis,BA)是一种专门识别与有害能源相关危险的分析技术。通过评估用于阻断危险能量流的屏蔽装置或措施,BA 提供了评估连接危险能源与目标(人员或设备)之间不期望路径的工具。

对于发现能源相关危险,屏蔽分析可谓是一个强有力、高效的系统安全分析工具。BA 采用连续结构化的分析步骤提供了对危险和控制措施前后一致并合乎逻辑的判断,该判断与其它可用的许多分析方法相比更加客观。但是 BA 的全面性较差,无法单独使用进行系统的危险分析,比如,会遗漏与能源并不直接相关的关键人为差错或者硬件故障。

19.2　背　景

由于 BA 技术具有只覆盖有限范围危险这一特点,因此对于第 3 章介绍的七类基本危险分析类型中的任何一种它都无法完整地完成分析要求。但是 BA 经常用于支持系统设计危险分析(SD – HAT)、详细设计危险分析(DD – HAT)或初步设计危险分析(PD – HAT)。BA 技术也被称为能量跟踪与屏蔽分析(ET-BA)或能量跟踪分析。

很多系统设计无法彻底消除能源,因为它们是系统的必要组成部分。屏蔽分析目的是要评估这些能源,确定通过使用能量屏蔽措施是否已充分降低了潜在危险。

图 19.1 显示了用于隔离能源与目标之间的屏蔽措施的概念。屏蔽分析概念简单,对于事故原因的图形化描述是一项强有力的分析工具。需要注意的是,来自单一源头的不期望能量可能会危及多个目标。此外,在某些情况下,为了优化系统的安全性水平可能会需要多重屏蔽措施。

实施屏蔽分析就是要识别可能是危险的能量流动路径,然后确定和研制为防止能量流损坏设备或伤害人员而必须采用的屏蔽措施。有许多不同类型和方式的屏蔽可用于系统的设计中,包括物理屏蔽(防护装置)、程序屏蔽或时间屏

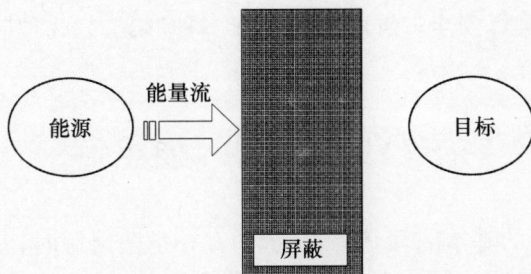

图 19.1 能源与目标之间的屏蔽

蔽。屏蔽是控制人员伤亡或系统损坏可能性和严重性的有效措施。

屏蔽分析是一种适用于各种类型系统的通用分析方法,确保通过规范、一致和高效的流程去发现系统中的能量危险。也可用于事故调查,辅助调查人员确定和理解破坏场景。BA 适于对系统中的各种能量进行全面掌握,以及为特定的危险或风险的深入分析提供指导。

屏蔽分析可以详细分析新研或现役系统中的危险。通过对进/出系统以及其内部的能量流动路径进行细致的逻辑跟踪,BA 很方便地全面分析各种特定能量类型。开展 BA,必须对系统中的能源及其特征有一个详尽了解,除此之外,还应很深入理解系统设计和运行模式。屏蔽分析技术简单易学,本章将介绍 BA 的标准格式和使用指南。

19.3 历 史

BA 技术基于 William Haddon Jr 提出的一组实用的概念[1]。其他学者吸收并发展了这些概念,最后形成了一种实用的安全性分析工具。

19.4 定 义

为了便于更好地掌握屏蔽分析,需要给出一些专用术语的定义。BA 相关的基本术语如下:

能源 任何包含着可以释放潜在能量的材料、机械装置或过程。这里关注的是释放的能量会对潜在目标造成伤害。

能量路径 能量从源头向目标流动的路径。

能量屏蔽 任何能够阻止危险能源以足够量级达到潜在目标,从而避免破坏或伤亡发生的设计或管理措施。屏蔽措施通过时间或空间等多种方式将目标与能源分离,从而确保安全。屏蔽可以采取多种形式,如物理屏蔽、距离屏蔽、时序屏蔽、程序屏蔽等。

19.5 原　理

屏蔽分析技术的基本原理是,当系统中存在危险能源时,就会对某些目标造成有害威胁,而在能源和目标之间设置屏蔽就可以减轻对目标的威胁。这一概念如图 19.2 所示,图中还列出了一些能源、屏蔽和威胁类型的示例。

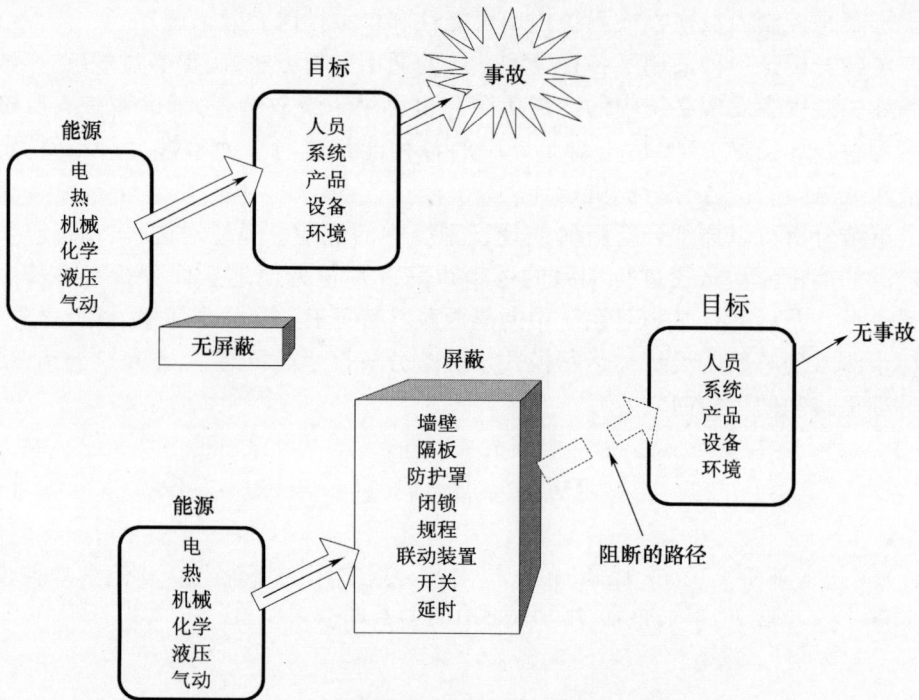

图 19.2　屏蔽分析概念

屏蔽分析涉及对经过系统的能量流动进行细致的跟踪分析。BA 建立在这样一种认识基础上:事故由不期望的能量交换所致,而这种能量交换往往是由于能量突破了屏蔽而达到目标产生的。BA 始于对系统设计中能源的识别,然后建立跟踪图分析从源头到目标的能量流动路径。图中应显示出用于防止破坏或伤亡的屏蔽措施。如果缺乏屏蔽措施,那么就必须制定相应的安全性设计要求以便构建和实施有效的屏蔽。

316

19.6　方　法

图 19.3 概述了 BA 的基本过程,并总结了该过程中涉及的重要关系。

图 19.3　BA 概述

　　表 19.1 列出并说明了 BA 过程的基本步骤。需要注意的是,分析过程中采用分析表进行分析。

表 19.1　屏蔽分析过程

步骤	任务	说　明
1	识别能源	审查系统,识别所有潜在的危险能源。如果可能,还应包括能量的大小、位置。使用能源检查表,如包括炸药、电磁辐射、危险材料、电等
2	识别单一能量路径	任何对目标有潜在伤害、可能导致事故的能量路径。目标包括人员、设备、设施和环境
3	识别多重能量路径	多重能量路径是指多个能量路径到达才会引起事故的目标(例如只有机械能和电能都激发引信,弹头才会爆炸)
4	识别目标	应用图形的方式,对于每一种能源,始终跟踪其在系统内的流动,识别所有可能被危险能源伤害或破坏的潜在目标
5	识别目标薄弱环节	识别目标对于异常能量流的薄弱环节。例如,意外泄漏的 28V 直流电对人基本没有影响,但能烧毁微处理器
6	确定安全屏蔽	确定能量流中已有的或应该有的所有屏蔽。评估屏蔽潜在故障、缺乏屏蔽对系统的影响,以及现有屏蔽的有效性。例如,如果在航天飞机再入大气层过程中,其防护罩脱落将会导致机毁人亡
7	评估系统风险	评估能源给目标造成的事故风险等级,分别考虑系统设计中有屏蔽和没有屏蔽两种情况

步骤	任务	说　明
8	建议改进措施	确定现有屏蔽的控制措施是否充分。如果不充分,推荐应增加的屏蔽以降低事故风险。确定是否需要采用其他技术(如 FTA)进行更详细的分析,确保所有危险因素都得到了识别和降低
9	跟踪危险	将识别的危险输入危险跟踪系统(HTS)
10	记录屏蔽分析	在分析表中记录全部 BA 过程,必要时更新信息

19.6.1　能源检查表示例

能量检查表示例如表 19.2 所列。如果系统设计中包含了其中任何能源,则应用屏蔽分析技术识别特定的能量。

表 19.2　能量检查表(样本)

类　别	能　源
声辐射	设备噪音
	超声波清洗机
	报警装置和信号喇叭
大气	风的速、密度、风向
	雨(热、冷、冰冻)
	雪、冰雹、冻雨
	闪电、静电
	粒子、灰尘、雾气、粉尘
	阳光、太阳能
	酸雨,蒸汽/气体云
	空气(热、冷、冰冻、逆温)
	湿气、潮气
化学物质(急性和慢性能源)	麻醉剂、窒息物质
	腐蚀剂/溶剂/润滑剂
	可分解、可降解
	沉积物/残余物
	易爆物
	氧化物、易燃物、自燃物
	聚合物
	有毒物质、致癌物质、胚胎毒性物质
	废物/污染物(空气、土壤、水)
	遇水易产生化学反应的物质

类　别	能　源
腐蚀	化学品、酸、腐蚀剂
	降解和溶解物质
	自然生成的化学物质(土壤、空气、水)
电	蓄电池组
	柴油发电机
	高压线
	变压器
	布线
	开关装置
	隐蔽布线(暗线)
	电缆敷设路线
	检修引线和接头
	泵、马达、加热器
	电动工具和小型设备
	磁场
	交流电或直流电
	储存的电能/放电
	电磁辐射/射频脉冲
	感应电压/电流
	控制电压/电流
病原体	病毒
	寄生虫
	真菌
	细菌
	生物毒素
电磁辐射和特殊辐射	激光、微波激射器、医用 X 射线
	造影设备及其能源
	焊接设备
	电子束
	黑光(如镁光照明)
	放射源、放射污染、放射性废弃物和废料
	储存区、插头/插座仓库
	天空回散照射、韧致辐射
	活化物、中子

类　别	能　源
易爆物或自燃物	雷管,导火索,爆炸物
	电爆管
	粉末冶金、尘埃
	氢和其他气体
	硝酸盐、过氧化氢、高氯酸盐
	碳化物、过氧化物
	金属粉末、钚、铀
	锆
	封闭式易燃气体
易燃物	化学品、油、溶剂、润滑剂
	氢(电池组)、气体
	喷漆、溶剂桶
	冷却剂、破布、塑料、泡沫
	包装材料
动能——直线运行	轿车、卡车、火车、马车
	推车、表面、障碍物
	运动中的起重载荷、人字起重架
	印刷机、通风管道排污
	动力辅助驱动工具
	飞行中的炮弹、导弹/飞机
	夯锤、皮带、运动的部件
	剪床、印刷机
	车辆/设备运动
	弹簧、应力部件
动能——转动	离心分离机、马达、泵
	飞轮、齿轮、风扇
	锯、磨床、钻头等工厂设备
	食堂和洗衣房设备
	旋转机械、齿轮、轮
	移动风扇、螺旋桨叶片

类　别	能　源
质量、重力、高度	人力
	楼梯、升降机、起重机
	吊索、卷扬机、升降机、千斤顶
	铲斗和阶梯
	叉车、坑、挖掘
	船只、运河、电梯门
	起重机驾驶室、脚手架和阶梯
	倾覆和下落物体
	掉落或下降的物体
	悬挂的物体
噪声/振动	噪声
	振动
核能	库房、临时贮存区域
	重屏蔽容器、热室、反应区
	过程中的临界状态
	实验室、试验工场
	废料容器和管路、反应池/渠道
	核能源和溶液、天空回散照射
	活化产物、韧致辐射
压力——容积，K 常数	锅炉、热调压井
	高压灭菌器
	测试循环和设施
	气瓶、压力容器
	弹簧、应力部件
	燃气收集器
	超压破裂、爆炸热循环
	真空低温扩展
	液体泄漏、洪水、浮力
	膨胀的液体、流体射流
	开卷物
	通风空气流动
	挖槽、挖洞、运土

类　别	能　源
地质	地震
	洪水、淹溺
	滑坡、雪崩
	下陷
	压紧（压缩）
	塌陷
	地下水流动
	冰川
	火山
热（不含辐射）	对流、熔炉
	重金属焊接预热
	燃气加热器、铅熔炉
	电气线路及设备
	暴露的蒸汽管道和阀门
	排汽
热辐射	熔炉、锅炉
	蒸汽管道
	实验室和试验工场设备
	加热器
	太阳能
	辐射、燃烧、熔融
	导电
	对流、湍流蒸发、膨胀
	热、冷
有毒病原	有毒化学品
	废气
	大气中氧气不足
	喷砂、金属电镀
	消毒液和清洗剂
	细菌、霉菌、真菌和病毒
	农药、除草剂和杀虫剂
	化学废料和残余物

19.6.2 分析过程中应考虑的内容

屏蔽分析过程中的通用组成部分如图 19.4 所示：能源，屏蔽措施和目标。这些是开展屏蔽分析的起点，其中的每一项都应结合实际系统进行深入理解和评估。

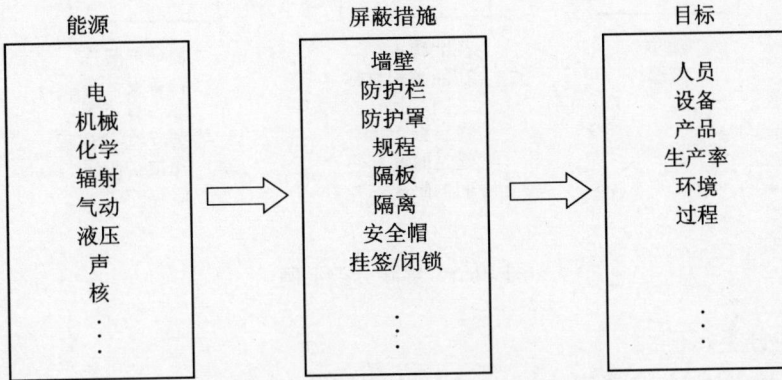

能源	屏蔽措施	目标
电 机械 化学 辐射 气动 液压 声 核 ⋮	墙壁 防护栏 防护罩 规程 隔板 隔离 安全帽 挂签/闭锁 ⋮	人员 设备 产品 生产率 环境 过程 ⋮

图 19.4　一般的屏蔽分析的组成要素

识别能源后，可以通过回答一系列问题来辅助分析系统方案中的危险。在屏蔽分析中必须回答的典型问题如表 19.3 所列。

表 19.3　BA 危险识别检查表

	能量流的变化		屏蔽措施的变化
1.	能量流过大/过少/无	1.	屏蔽效果过强/过弱
2.	能量流过早/过晚/无	2.	屏蔽设计错误
3.	能量流过快/过慢	3.	屏蔽效果过早/过晚
4.	能量流被阻止/能量聚集/能量流被释放	4.	屏蔽效果降级/完全失效/被干扰
5.	能量流或输入的形式和类型错误	5.	屏蔽措施阻止/增强了能量流
6.	能量释放的连锁反应	6.	选择了错误的屏蔽类型
7.	与其他能量流冲突		

BA 过程验证工程性和管理性屏蔽措施的有效性。在这里，工程性的安全特征被称为"硬屏蔽"，而管理性的控制手段，如规程、警告信号和监督检查被称为"软屏蔽"。由于硬屏蔽比软屏蔽更加难以突破，因此应优先考虑。但是在某些情况下或许只能采用软屏蔽，因而常采用一系列软屏蔽措施作为补充，确保更好的遏制能量意外释放。可根据其功能、位置和类型划分屏蔽措施，图 19.5 给

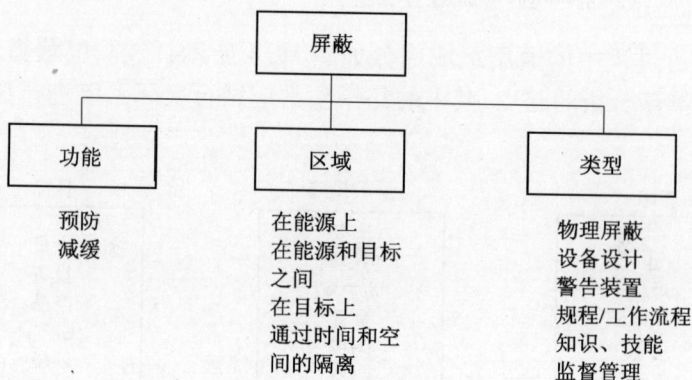

图 19.5　屏蔽分类示例

出了一些分类示例。

Haddon[1]创立的理论认为,一个或多个屏蔽可以控制能量传递造成的有害效果。通过对 Haddon 理论的扩展,研究人员已确定了如下屏蔽机制和相应的优先次序:

(1) 消除系统中危险能源(例如改为使用替代品);

(2) 降低能量的量级(如电压、燃料储存量);

(3) 防止能量释放(如增加能量容器的强度);

(4) 降低能量释放率(如降低燃烧速度或运动速度);

(5) 防止释放的能量聚集(如泄压阀);

(6) 控制不正确的能量输入(如经过超冷环境的电能);

(7) 从空间或时间上隔离能量与目标(如接触不到电线);

(8) 加入材料屏蔽(如绝缘体,防护罩,安全玻璃);

(9) 改进冲击应力集中的表面(如打磨边缘,软化);

(10) 增强目标的能量耐受力(如防地震结构);

(11) 减少能量释放造成的破坏(如提示信号和行动,自动洒水灭火装置);

(12) 培训人员防止能量释放(如警报,规程)。

这些依次采用的方法被称为"能量屏蔽"。能量屏蔽可以是一个实际的障碍物,也可以是书面或口头的规程,用来在时间或空间上分隔能量与人员或物体。如果无法采用低危害能量,替代的方法有"限制能量"或"防止能量积聚"。上述 12 类屏蔽机制可以扩展为表 19.4 所列的更为具体的屏蔽机制。

324

表 19.4　屏蔽机制

管理有害能量流的屏蔽机制策略	屏蔽机制的实施
消除能源 排除能量集中	从设计中消除
	采用备选设计代替
降低能量的量级 降低能量的数量和/或等级	将重物置于地面(降低重力势能)
	降低堤坝高度
	降低系统设计电压/操作压力
	使用更小的电容器/蓄压器
	降低/控制车辆速度
	监控/限制辐射照射
防止能量释放	采用厚壁管路/容器
	使用联动装置
	采用挂签——闭锁
	使用双层壁的容器
	使用轮挡
降低能量释放率	在排气管中使用节流器
	在放电电路中增加电阻
	使用保险丝/断路器
	使用接地故障断路器
防止释放能量积聚	使用泄压阀
	控制化学反应
控制不正确的能量输入 将能源限制在特定范围内 防止能源组合	分隔自燃燃料源
在时间和/或空间上分隔能量与目标	清空爆炸品试验区域
	加强爆炸品安全量——距离规则
	安装交通信号器
	在高速公路上使用黄色禁行线
	远程控制危险操作
通过加入有形的屏蔽装置进行隔离	设置混凝土路障
	佩戴安全眼镜
改进冲击表面 改进目标接触面或基本结构	边缘钝化
	加衬垫

管理有害能量流的屏蔽机制策略	屏蔽机制的实施
加强潜在目标的能量耐受力	采用防地震结构
	使用核反应控制设施
限制释放能量的破坏	采用自动洒水灭火系统
	采用飞机灭火系统
培训人员以防止能量释放	张贴警示说明
	编制专用规程
	进行安全培训

19.7 分析表

BA 过程是对能源及其施加于系统人员或设备的潜在影响而进行的细致危险分析。在 BA 实施过程中应优先考虑采用表格的形式，以便提供结构化和一致的分析以及记录。分析表的具体格式并不严格，通常使用分栏分析表有助于保持分析的焦点内容和结构。分析表至少应包含以下信息：

（1）造成威胁的系统能源；

（2）系统内可能会被能源破坏或伤害的目标；

（3）用于控制能量危险的适用屏蔽措施；

（4）控制能量危险的推荐屏蔽措施；

（5）能量——屏蔽危险的系统风险。

推荐的 BA 分析表如图 19.6 所示。该分析表采用了分栏式表格，也可以采用其他格式的表格。不同的组织为了适应自身特定的要求，通常会对分析表格进行剪裁。实际分析过程中采用的具体格式可由系统安全大纲、系统安全工作组或者安全性分析的用户确定。

对 BA 分析表中每一栏应填写信息的说明如下：

（1）**能源** 被分析系统中的危险能源。

（2）**能量危险** 已识别能源所涉及的能量相关危险的类型（即能量路径）。对危险的描述应包括危险影响和事故后果以及所有相关的致因因素。硬件故障、软件错误以及人为差错的所有可能性都应开展分析。

（3）**目标** 如果没有屏蔽措施而导致事故发生时，能源造成不利影响的对象。

326

BA						
能源	能量危险	目标	IHRI	屏蔽	FHRI	备注
①	②	③	④	⑤	⑥	⑦

图 19.6　推荐的屏蔽分析分析表

（4）**初始事故风险指数（IMRI）**　在没有采取措施降低危险的情况下,对已识别危险潜在影响的事故风险严重性的定性度量。风险度量是事故严酷度和可能性的综合,美军军标 MIL‒STD‒882 中推荐的取值如下表所列。

严酷度		可能性	
1	灾难的	A	经常
2	严重的	B	很可能
3	轻度的	C	有时
4	轻微的	D	极少
		E	不可能

（5）**屏蔽**　推荐的用于消除或控制已识别危险的预防措施。此时的安全性要求通常包括增加一项或多项屏蔽措施以避免能源释放到达目标。安全性设计要求的优先次序如下表所列。

优先次序	
1	通过设计措施消除危险或降低危险的事故风险
2	通过使用安全装置降低危险的事故风险
3	通过使用警告装置降低危险的事故风险
4	通过专门的安全性培训或安全性规程降低危险的事故风险

（6）**最终事故风险指数（FMRI）**　在采取了消除危险的屏蔽措施或安全功能后的最终事故风险。这一风险评估显示了系统中屏蔽措施对风险的控制程度。这里应采用与第 4 栏相同的风险矩阵表。

327

（7）**备注** 别处没有记录的、与危险或分析过程相关的有用信息。

19.8 示 例

为演示 BA 分析方法，以一个假设的水加热系统（如图 19.7 所示）为例进行能量——屏蔽分析。表 19.5 列出了系统的部件清单，并确定这些部件是否有安全问题的能源。

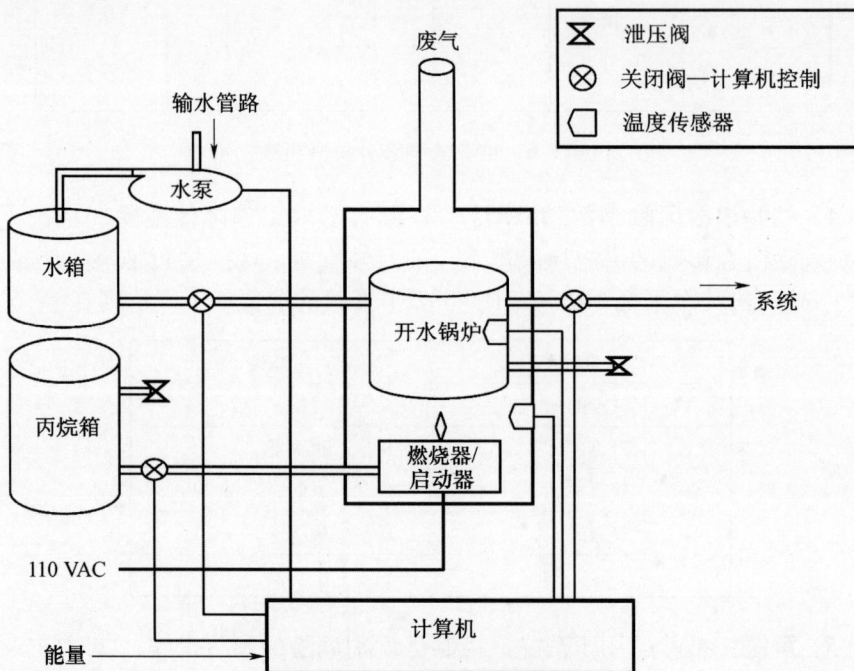

图 19.7 水加热系统

表 19.5 水加热系统能源表

系统部件	危险能源	潜在危险	屏蔽
丙烷箱	是	是	是
丙烷气体	是	是	是
水箱	是	是	是
水	是	是	是
锅炉	是	是	是
电力	是	是	是
燃烧器	是	是	是
计算机	否	是	是

图 19.8 给出了丙烷能源的图形化的能量路径,其中系统设计中的所有能量屏蔽措施。

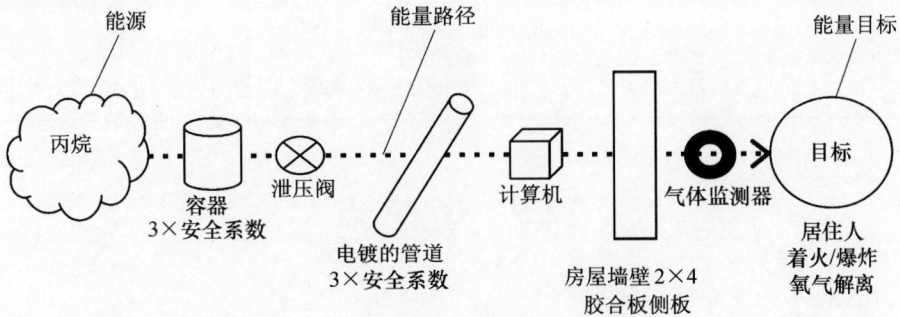

图 19.8 带有屏蔽措施的丙烷能量路径

本例的 BA 分析表格(部分)如表 19.6 和表 19.7 所列。选取了 2 个系统部件,即丙烷和水,用于演示 BA 技术。

表 19.6 屏蔽分析示例——分析表 1

屏蔽分析						
能源	危险	目标	IHRI	屏蔽	FHRI	备注
丙烷	起火/爆炸导致人员伤亡或设施损坏	人员/设施	1C	将气罐与设施保持安全距离;采用加防护的管路;尽量减少火源	1E	
	高压泄漏导致人员伤亡或设施损坏	人员/设施	1C	将气罐与设施保持安全距离;将管路与人员隔离;使用泄压阀	1E	
	缺氧导致人员死亡	人员	1C	对丙烷进行气味检测(如硫醇);使用气体监测器	1E	

表 19.7 屏蔽分析示例——分析表 2

屏蔽分析						
能源	危险	目标	IHRI	屏蔽措施	FHRI	备注
水	高温导致锅炉爆炸,造成人员伤亡和设施损坏	人员/设施	1C	隔离锅炉;使用加保护的管路	1E	
	高压导致锅炉爆炸,造成人员伤亡或设施损坏	人员/设施	1C	将锅炉与设施保持安全距离;使用加保护的管路;将管路与人员隔离;使用泄压阀	1E	

（续）

能源	危险	目标	IHRI	屏蔽措施	FHRI	备注
水	漏水造成损失	设施	2C	将水箱与设施保持安全距离；使用水探测装置	2E	

19.9 优缺点

BA 技术的主要优点如下：
（1）BA 技术简单易学，使用方便；
（2）BA 采用图示的方式，有助于分析人员实现危险的可视化；
（3）BA 是一个相对低成本的分析工具；
（4）很容易识别绝大多数能源（如爆炸品、电、弹簧、压缩气体等）。
BA 技术也存在以下不足：
（1）在识别全部危险能源方面，BA 技术受到分析人员能力的限制；
（2）BA 无法识别系统的全部危险，而只限于与能源相关的危险；
（3）并非所有对目标造成伤害的源头都能很容易地被认定为能源（例如窒息性气体，病原微生物）。

19.10 应避免的常见错误

当初次学习如何开展 BA 时，常会犯以下一个或多个典型错误：
（1）没有识别出系统内的全部能源；
（2）没有评估能量屏蔽措施的潜在故障；
（3）没有评估能源可能的连带效应；
（4）没有识别或掌握全部的能量路径；
（5）没有考虑整个系统（例如：只在很小的范围内研究能量路径）。

19.11 小结

本章讨论了屏蔽分析技术。有助于总结本章所论述内容的基本原则归纳如下：
（1）屏蔽分析关注的重点在于系统中具有潜在危险的能源以及为降低能量

危险而力图采用的屏蔽措施；

（2）BA 可作为 PD – HAT、DD – HAT 和 SD – HAT 的补充；

（3）某些利用 BA 识别的危险可能需要采用其他技术（如 FTA）进行更为细致的分析,从而保证所有的危险因素都能够被识别和降低；

（4）采用分析表格的形式能够保证 BA 过程的结构化和严谨性,而能量流图能够辅助分析。

参考文献

[1] W. Haddon, Energy Damage and the Ten Counter – measure Strategies. Human Factors J. , August, 1973.

参考书目

[1] Barrier Analysis, DOE – 76 – 451, SSDC – 29, Safety Systems Development Center, EG&G Idaho, Inc. , July 1985

[2] Hocevar, C. J. and C. M. Orr, Hazard Analysis by the Energy Trace Method, Proceedings of the 9th International System Safety Conference, 1989, pp. H – 59 – H – 70.

[3] Stephenson, J. , Energy Trace and Barrier Analysis, in System Safety 2000: A Practical Guide for Planning, Managing, and Conducting System Safety Programs, Wiley, New York, 1991, pp. 147 – 152.

第20章　弯针分析

20.1　引　言

弯针分析(Bent Pin Analysis,BPA)是一种用于识别由于电缆连接器插针弯曲引起危险的分析技术。在连接过程中有可能不正确地把两个连接器连接,并且连接器中的一根或多根插针弯曲并与其他插针连通。如果这种情况发生,可能引起正负电极的短路和断路,这在某些系统设计中是危险的。例如,某电缆可能包含为导弹传送发射指令信号(电压)的特定导线。该发射指令导线可能很长并且通过许多连接器。如果在发射指令导线中连接器插针发生弯曲并与另外一根带有 28V 直流电压的插针短接,就会意外产生导弹发射指令。BPA 是评价连接器中所有可能产生弯针组合的手段,以确定是否存在潜在安全隐患。

20.2　背　景

由于 BPA 技术具有覆盖范围有限的特点,所以没有完全归入第 3 章描述的七种基本危险分析类型的任一种中。但是,BPA 通常支持 SD – HAT、DD – HAT 或 PD – HAT。BPA 的另一种名称是电缆失效矩阵分析(CFMA)。

识别由潜在连接器插针弯曲所导致的系统危险,推荐使用 BPA 方法。当系统含有由连接器连接的安全关键电路时,应考虑使用 BPA。该方法不复杂而且容易学习。本章给出了标准的易于使用的 BPA 分析表和步骤。进行 BPA,了解电路是必要的,对于系统设计和使用的理解也是必要的。BPA 通常是被忽视的有用方法,因为不是众所周知的方法。

20.3　历　史

波音公司大约在 1965 年在"民兵"项目中提出了 BPA,用于识别可能由于连接器插针弯曲导致的潜在安全问题。在许多"民兵"导弹发射场,系统安装操作期间都发生过连接器弯针问题。已经证明 BPA 能成功地识别潜在安全问题,后来通过重新设计消除了这些问题。

20.4 原理

BPA 目的是确定由于连接器内一个或多个插针弯曲并与别的插针或管套连接造成的潜在安全隐患。如果安全关键电路与别的带有正或负电压电路发生短路,可能造成灾难性的影响。BPA 是用于评价连接器中所有潜在单一插针对单一插针弯曲连接的方法,以确定当发生插针弯曲时是否存在潜在危险。插针弯曲原理如图 20.1 所示,连接器中一个插针弯曲并与另外一个插针连接,因此造成短路和断路。

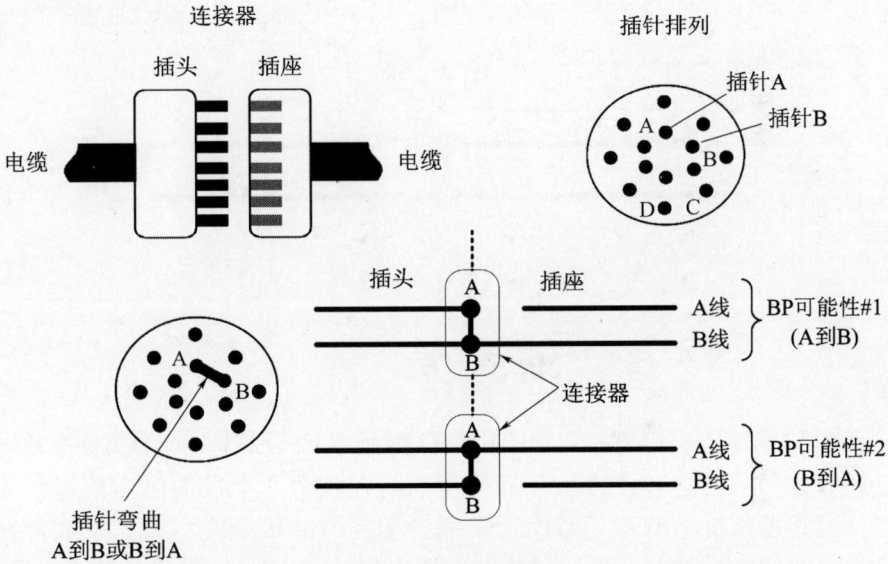

图 20.1 BPA 的原理

注意在图 20.1 中插针 A 和 B 很接近,如果其中一个朝着另一个弯曲就相互接触;而插针 C 和 D 相距很远,即使其中一个弯曲也不会造成相互接触。BPA 将对插针 A－B 相互接触的两种情况做出评价:插针 A 弯曲与插针 B 接触,或插针 B 弯曲与插针 A 接触。每一种可能的弯针(BP)都会有两种不同的可能发生的结果,一共有四种可能结果。

对于 A－B 和 B－A 情况有以下四种可能结果:

(1) 插针 A 和插针 B 接触;线路 A 和 B 短路,线路 A 中的电流流量逆流或顺流影响线路 B(依据 A 和 B 传输的电流流量而定)。

(2) 插针 A 和插针 B 接触;在短路后,线路 A 变成断路(顺流的)。

(3) 插针 B 和插针 A 接触;线路 A 和 B 短路,线路 B 中的流量逆流或顺流影响线路 A(依据 A 和 B 传输的流量而定)。

(4) 插针 B 和插针 A 接触;在短路后,线路 B 变成断路(顺流的)。

图 20.2 给出了当插针 A 弯曲与插针 B 接触时造成的两种可能结果。这些可能结果对整个系统的影响可以通过 BPA 来评价。短路的逆流/顺流影响只有通过涉及的电路来确定。同样,断路的全局影响也只有通过涉及的电路来确定。

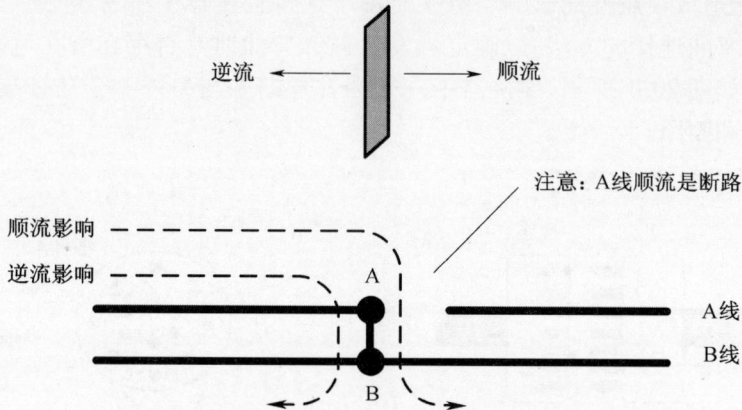

图 20.2 插针 A 到 B 短路

20.5 方 法

BPA 技术评价连接器插针布局,以预测失效的最坏影响和最终的系统后果。BPA 通常只考虑和评价单一插针弯曲与在其弯曲半径内的连接器外壳或另一插针接触情况。BPA 不考虑两个插针相互弯曲接触或与第三个插针接触的情况。多个插针弯曲发生的可能性非常小,所以只限于在关键线路中考虑。

与 BPA 有关的重要信息如图 20.3 所示。该分析过程主要是利用系统设计信息和连接器信息,以识别和降低与潜在连接器插针弯曲相关的危险。

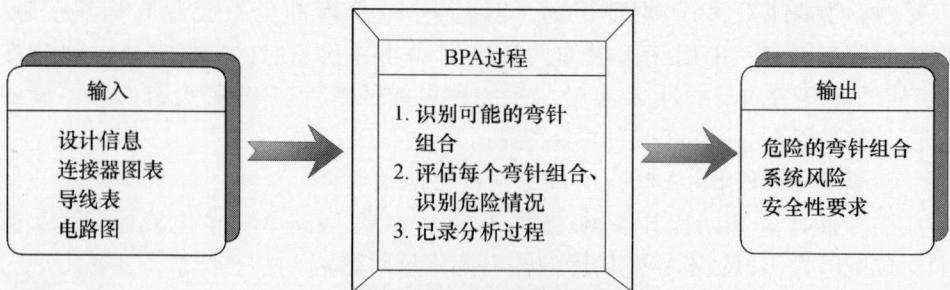

图 20.3 BPA 概述

实施 BPA 过程的基本步骤如表 20.1 所列,该过程包括对所有系统电气连接器进行的详细分析。应该注意 BPA 适用于分析圆形和矩形连接器。本章中的例子是圆形连接器,但该方法也适用于矩形连接器。

表 20.1 弯针分析过程

步骤	任务	说明
1	收集数据	识别和收集系统所有导线连接器的数据。其中包括连接器插针布局和导线传输内容的说明
2	识别弯针组合	审查连接器插针布局,识别所有物理上可能的弯针组合,包括与外壳的接触。除了那些不可能的弯针组合
3	评价组合	审查系统设计和运行,确定当发生潜在弯针组合时所造成的影响。分析包括 A – B 和 B – A。A – B 和 B – A 考虑以下可能性: ① A 对 B 短路,逆流/顺流影响 B ② A 对 B 短路,连接器插针 A 下游断路 ③ B 对 A 短路,逆流/顺流影响 A ④ B 对 A 短路,连接器插针 B 下游断路
4	识别弯针的危险	识别能够造成系统危险的弯针组合
5	评估系统风险	确定由弯针危险所带来的事故风险水平
6	推荐改进措施	建立安全性设计要求以降低已识别的危险,如改变插针位置或改变系统设计以安全地应对失效
7	追踪危险	将已识别的危险输入到危险跟踪系统(HTC)中
8	记录弯针分析	在分析表中记录整个 BPA 过程。更新必要的新信息

20.6 分析表

BPA 技术是结构化和严谨的针对线路连接器详细危险分析。使用分析表是最合适的,为分析提供结构化和一致性。分析表的格式并不严格,可以修改,以适应项目要求。

通常情况下,分栏表用来帮助保持分析的重点和结构。作为最低要求,分析表中必须包含以下基本信息:

(1)可能发生的弯针组合;

(2)由弯针导致的特定的短路或开路对系统的影响;

(3)识别由弯针组合导致的危险;

（4）弯针危险的系统风险。

推荐使用的 BPA 分析表如图 20.4 所示。这种特定的 BPA 分析表采用分栏格式。由于不同的组织通常调整他们的分析表以适应其特殊需要，因此还存在其他的分析表格式。具体使用的分析表是由系统安全大纲、系统安全工作组或用户确定。

BPA							
编号	弯针	插针信息	电路状态	影响	危险	MRI	备注
①	②	③	④	⑤	⑥	⑦	⑧

图 20.4　推荐的 BPA 分析表

BPA 分析表中各栏所需填写的信息说明如下：

（1）**编号**　该栏用递增的方式对分析中的弯针组合编号，以提供索引。

（2）**弯针**　该栏填写被分析的特定针对针组合。该分析仅考虑单一弯针与在其弯曲半径内另一插针或连接器外壳相接触的情况；

（3）**插针信息**　该栏填写每一个有关插针所带的具体电气或数据内容；

（4）**电路状态**　该栏填写 BPA 要分析的两种可能情况：

① 针对针短路的逆流或顺流影响；

② 由于弯针导致的下游断路影响。

（5）**影响**　该栏填写发生弯针（短路或断路）的影响，包括弯针对具体部件的影响。

（6）**危险**　该栏填写由弯针所造成的危险，一般来说，该栏填写对系统造成的最坏后果。

（7）**事故风险指数**　该栏填写在没有采取降低技术的情况下，已识别危险潜在影响的事故风险严重性的定性评价。风险评价是事故严酷度和可能性的综合，如下表给出推荐值。

	严酷度		可能性
1	灾难的	A	频繁
2	严重的	B	很可能
3	轻度的	C	有时
4	可忽略的	D	极少
		E	不可能

（8）**备注**　该栏记录关于危险或分析过程的有用信息。

20.7　示　例

为了说明 BPA 技术，对第 4 章和第 5 章中假设的小型导弹系统进行分析。图 20.5 举例说明该系统的 J1 连接器，连同连接器插针布局和插针信息表。信息表包含了对插针（和相关联的导线）所传输电气信息的描述。

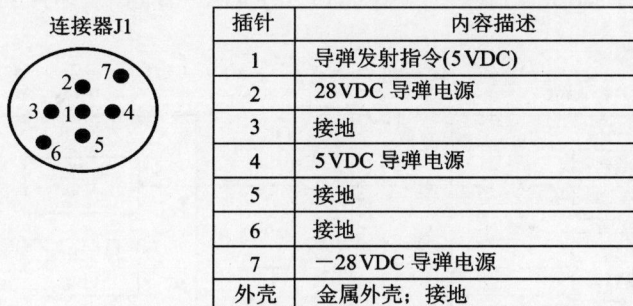

连接器J1

插针	内容描述
1	导弹发射指令(5 VDC)
2	28 VDC 导弹电源
3	接地
4	5 VDC 导弹电源
5	接地
6	接地
7	−28 VDC 导弹电源
外壳	金属外壳；接地

图 20.5　导弹连接器图和插针信息表

表 20.2 描述了连接器 J1 的弯针矩阵。矩阵识别当一个插针弯曲时可能和哪些插针接触。同样，也考虑了弯针导致插针与外壳接触。

表 20.2　导弹连接器弯针矩阵

插针	1	2	3	4	5	6	7	外壳
1	S	X	X	X	X			
2	X	S						
3	X		S					
4	X			S				
5	X				S			

337

插针	1	2	3	4	5	6	7	外壳
6						S		X
7							S	X

注:1. S－自己对自己（可忽略）;
  2. X－可能的插针弯曲连接

在弯针矩阵的左侧栏中填写所有插针,右侧栏中为已识别的当插针弯曲时能够接触到的插针或外壳。在 BP 矩阵中 S 代表插针自身既在某行,又在某列,与本分析无关,可以忽略。矩阵中×代表两个插针,当其中一个插针弯曲时,处在它们中任何一个插针的接触半径内。这些针对针的组合,必须进行详细分析。建立这样的 BP 矩阵需要知道连接器插针布局,以及插针长度和位置。

BP 矩阵和插针信息表是不足以确定针对针短路的准确结果。为了确定潜在插针弯曲对系统的整个影响,必须获得完整的线路信息。图 20.6 为该例子的电路图。

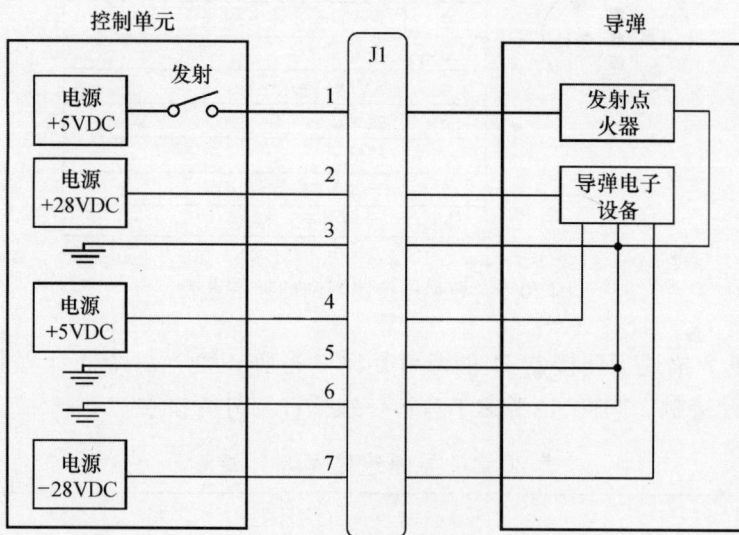

图 20.6　导弹系统电路图

表 20.3～表 20.5 是 BPA 分析表,评价了由弯针矩阵确立的所有可能的每一个弯针组合。

表 20.3 弯针分析示例－分析表 1

弯针分析

序号	弯针	插针数据	电路状态	影响	危险	事故风险指数	备注
1	①到②	① +5VDC 发射指令 ② +28VDC	a. ①－②短路 b. ①断路	当发射开关闭合时 +5VDC 与 +28VDC 短路； 不能发射导弹	无； 无		
2	②到①	① +5VDC 发射指令 ② +28VDC	a. ②－①短路 b. ②断路	+28VDC 与导弹点火装置短路； 导弹电子设备失去 +28VDC 电源供电	导弹意外发射； 失去供电，导弹状态未知	1C； 2C	改变插针布局； 需要进一步研究
3	①到③	① +5VDC 发射指令 ② 接地	a. ①－③短路 b. ①断路	当发射开关闭合时 +5VDC 与接地线短路； 与 1b 相同	无； 无		不能发射导弹
4	③到①	① +SVDC 发射指令 ③接地	a. ③－①短路 b. ③断路	同 3a； 导弹电子设备和点火装置失去接地保护	无； 无		添加备用接地线

表 20.4 弯针分析示例－分析表 2

序号	弯针	弯针分析					
		插针数据	电路状态	影响	危险	事故风险指数	备注
5	①到④	① +5VDC 发射指令 ② +28VDC	a. ①－④短路 b. ①断路	当发射开关闭合时 +5VDC 与 +5VDC 短路; 与 1b 相同	无; 无		
6	④到①	① +5VDC 发射指令 ② +28VDC	a. ④－①短路 b. ④断路	+5VDC 与导弹发射点火装置线路短路; 导弹电子设备失去 +5VDC 电源供电	导弹意外发射; 失去供电,导弹状态未知	1C; 2C	改变插针布局; 需要进一步研究
7	①到⑤	① +5VDC 发射指令 ⑤ 接地	a. ①－⑤短路 b. ①断路	与 3a 相同; 与 1b 相同	无; 无		不能发射导弹
8	⑤到①	① +5VDC 发射指令 ③ 接地	a. ⑤－①短路 b. ⑤断路	同 3a; 同 4b	无; 无		添加备用接地线

表 20.5　弯针分析示例－分析表 3

序号	弯针	插针数据	电路状态	弯针分析 影响	危险	事故风险指数	备注
9	⑥到外壳	⑥地面,外壳－接地	a. ⑥－外壳短路 b. ①断路	地面对接地短路; 与4b相同	无; 无		
10	⑦到外壳	⑦－28VDC,外壳－接地	a. ⑦－外壳短路 b. ⑦断路	－28VDC与接地线路短路; 导弹电子设备失去－28VDC电源供电	弧光电火花; 失去供电,导弹状态未知	2C; 2C	改变捕针布局; 需要进一步研究

注:原文对于10.b没有给出建议,现根据别的行补充为"需要进一步研究"

341

从该导弹系统得到的 BPA 结论如下：

（1）如果插针 2 弯曲并且和插针 1 接触（案例 2a），当系统通电并且 28VDC 施加到发射点火装置上时，导弹会立即发射；

（2）如果插针 4 弯曲并且和插针 1 接触（案例 6a），当系统通电并且 5VDC 施加到发射点火装置上时，导弹会立即发射；

（3）插针 2 上的发射指令是安全关键功能，插针 2 应与别的插针隔离以避免 BP 接触。如果不可能隔离，那么插针 2 应处在接地安全短路附近，例如接地。

20.8 优 缺 点

以下是 BPA 方法的优点：

（1）BPA 利用图形辅助分析，以使分析人员实现可视化识别危险；

（3）BPA 可识别可能被其他分析方法忽视的危险。

BPA 方法的缺点是获得详细布线清单、电气原理图和连接器数据需要相当长的时间。

20.9 应避免的常见错误

当初次学习如何运用 BPA 时，常会犯一些典型错误。以下是使用 BPA 过程中常犯的错误：

（1）没有充分地分析由弯针造成的断路或短路对系统的影响；

（2）没有充分地确定插针长度和弯曲插针接触半径；

（3）没有完全详细记录整个分析。

20.10 小   结

本章讨论了 BPA 方法。有助于总结本章所论述内容的基本原则归纳如下：

（1）BPA 的目的是识别由连接器弯针造成电路断路或短路而导致的危险；

（2）BPA 是 PD – HAT、DD – HAT、SD – HAT 分析的补充；

（3）只要连接器用于传送安全关键信号，就必须考虑进行 BPA；

（4）BPA 一般假定单一的针对针接触，因为多个插针同时接触的可能性比单一插针接触可能性小得多；

（5）BPA 必须解决插针与外壳接触；

（6）BPA 通常识别其他的方法可能忽略的危险，特变是涉及连接器插针弯曲导致的电路短路或断路的危险；

（7）使用 BPA 分析表和连接器线路图提供了结构化和严谨的 BPA 过程。

参考文献

目前，还没有对弯针分析进行过详细描述的重要参考资料。可以参见 System Safety Society 出版的 Safety Analysis Handbook 中对弯针分析所作的简短描述。

第 21 章　危险与可操作性分析

21.1　简　介

危险与可操作性(Hazard and Operability, HAZOP)分析是一种识别和分析系统中的危险以及运行问题的技术,是一种高度组织化、结构化和条理化的过程,用于开展系统的危险识别分析,适用于系统从方案论证到退役整个寿命周期。尽管在理论上 HAZOP 是一个相对简单的过程,但其所包含的每一步骤都应被仔细研究以便保持方法的严谨性。

HAZOP 分析方法利用关键引导词和系统图(设计表述)来识别系统中的危险。在危险识别过程中,诸如"更多"、"没有"、"更少"等形容词(即引导词)与过程或系统的状态(如速度、流量、压力等)相组合构成偏差。HAZOP 分析寻找由所识别的设计操作意图的潜在偏差(deviation)导致的危险。HAZOP 分析由一组不同领域的专家组成的团队共同实施,由 HAZOP 小组负责人领导,以集体开会评议的方式开展分析。

实施 HAZOP 分析的要点包括:
(1) 一个结构化、系统化和逻辑化的分析过程;
(2) 一个来自不同领域的专家组成的多学科小组;
(3) 选择一位经验丰富的小组负责人;
(4) 受控的使用系统设计描述;
(5) 采用仔细挑选的系统实体、属性和引导词来识别危险。

21.2　背　景

HAZOP 分析技术属于初步设计危险分析类型(PD – HAT)和详细设计危险分析类型(DD – HAT)。分析类型的讨论参见第 3 章。HAZOP 分析有时也被称为危险与运行研究(Hazard and Operability Study, HAZOPS)。

HAZOP 分析目的是通过关键引导词的独特应用识别系统操作意图发生偏差的潜在可能性,而这些潜在的系统偏差可能导致系统危险。

HAZOP 分析可用于所有类型的系统和设备,分析范围覆盖子系统、组件、部件、软件、规程、环境和人为差错。HAZOP 分析可以在不同的设计阶段开展,例如方案设计、顶层设计和详细设计等。HAZOP 分析已被成功应用于各类系统,包括化工厂、核电站、石油平台以及铁路系统。该技术可用于系统设计初期,因此可以在设计初期就识别安全性相关问题。早期应用该方法有助于研制人员尽早开展系统的安全性设计,而不是在发生了试验故障甚至事故后再采取补救措施。

经验丰富的人员利用 HAZOP 分析特定系统时,可以全面深入地识别存在于系统或过程中的危险。开展 HAZOP 分析对危险分析原理和系统安全概念的基本了解是必不可少的,而对于特定分析系统的经验以及 HAZOP 分析过程的经验有助于制定完整的潜在危险表。该方法简单易学,本章将介绍一种简单易用的 HAZOP 分析表以及相关的应用指南。

HAZOP 分析方法最初是为化学工业研究开发的,其原理面向过程设计和操作。利用实际使用经验,该方法可以扩展应用于系统和功能。HAZOP 技术提供了有效的危险分析,在本质上,除了使用了引导词之外,HAZOP 与初步危险分析(PHA)和子系统危险分析(SSHA)相比并没有太大差别。HAZOP 分析可作为初步危险分析和/或子系统危险分析的技术手段。

21.3 历　　史

HAZOP 分析是由英国帝国化学工业(ICI)于 20 世纪 70 年代早期开发的分析技术,用于评估化工厂的安全风险。随后,该方法得到了扩展和改进,目前已有商业化软件工具辅助 HAZOP 分析过程的实施。

尽管 HAZOP 分析技术由 ICI 开发且早期仅在 ICI 内部使用,但弗利克斯伯勒(Flixborough)灾难发生后,已被广泛应用于化学工业。在这场灾难中共有 28人死亡,其中许多死者是附近的居民。经过思想观念和人员的交流,HAZOP 方法也被石油工业采纳,该行业中的重大事故具有与化工类似的潜在可能性。随后该方法又应用于食品业和水利行业,这些行业中,危险的潜在可能性同样巨大,但危险的性质截然不同,更多地关注于污染而非爆炸和化学物质泄漏。

21.4 原　　理

HAZOP 分析由一组不同领域(诸如工程、化学、安全、使用和维修等)的专业人士共同实施,核心是分析某个过程或系统中对于设计意图(design intent)的偏差。该方法以一系列会议的形式审查过程或系统,会上多学科团队基于预定的引导词和团队领导的经验,依次对系统设计提出独特见解的意见,进行集体审查。分析过程中使用引导词是为了确保以所有可信的方式检查设计。HAZOP的指导思想是多个不同专业背景的专家在一起工作时可以通过交流而更好地识别问题,这要比他们分别工作后再将其结果组合在一起要好的多。

故障树可用于补充 HAZOP 分析过程。但由于分析的目的仅仅是为了识别事故场景(scenario),因此在此采用故障树并不需要进行定量的概率计算。

在很多方面,HAZOP 分析类似于 PHA 和 SSHA,评估系统设计从而识别可能的危险。具体评估方式则是通过对比系统参数与一组关键引导词之间的差异,而后者意味着危险的运行模式。在某种意义上说,PHA 和 SSHA 中使用的危险检查表与引导词类似。

HAZOP 分析过程包括对过程或系统的详细描述,然后对其每个组成部分进行详细探究以确定与设计意图的偏差是如何产生的。一旦识别出偏差,就需要对其进行评估,判断该偏差及其后果是否会对工厂或系统的安全及有效运行产生负面影响。

在团队领导的引导下,HAZOP 分析以团队一系列会议的方式开展。成功实施 HAZOP 的关键在于选择合适的团队领导和成员。团队以结构化的方式实施 HAZOP,依靠团队成员的合理想象来确定造成偏离设计意图的可信原因。在实际工作中,许多偏差是一目了然的,例如水泵故障导致冷却水设备中的循环中断。尽管如此,该技术的最大优势在于鼓励团队成员去主动思考导致偏差发生的某些不明显的方式,从而使该技术绝非仅是检查表式的机械审查。这样就会有更多机会识别在其他研究中尚未发现的工厂或系统中潜在故障和问题。

图 21.1 概述了 HAZOP 的基本过程,并总结了该过程中涉及的重要关系。

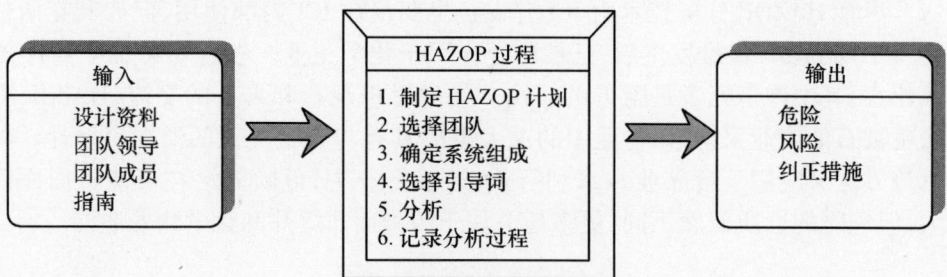

图 21.1　HAZOP 概述

21.5　方　法

表 21.1 列出并说明了 HAZOP 分析过程的基本步骤。

346

开展 HAZOP 分析的要点如下：

（1）分析过程应结构化、系统化和逻辑化，具有良好的计划性；

（2）正确选择团队组成成员；

（3）正确选择适合的团队领导（这是关键因素）；

（4）团队合作；

（5）开展 HAZOP 分析方法培训至关重要；

（6）受控的使用系统设计描述；

（7）按计划使用实体、属性和引导词来识别危险。

HAZOP 分析是一个相当耗时的过程，特别是当有许多分析人员参与并提出独特见解的意见时。对于避免或减轻已发现危险的建议措施往往无法在会上确认，因此仍需要开展后续工作。既然 HAZOP 分析主要目的是识别潜在的危险场景，分析团队就不应浪费过多的时间去给每一个尚未查清的潜在问题寻求工程上的解决方案。如果问题存在明显的解决方案，则分析团队应将改进建议记录在 HAZOP 分析表格和最终的危险分析报告（HAR）中。

表 21.1　HAZOP 分析过程

步骤	任务	说　明
1	定义系统	定义系统，并确定其范围及边界；定义任务、任务阶段和任务环境；了解系统设计和运行过程。注意：所有步骤同样适用于软件 HAZOP 分析
2	制定分析计划	确定 HAZOP 分析目标、相关定义、采用的分析表、日程安排和流程；根据分析需要将被分析系统划分为尽可能小的组成部分；明确需要分析的项目和被分析项目/功能的约定层次
3	选择团队	选择参与 HAZOP 分析的团队领导和成员，明确各自的责任。注意发挥团队成员在多个不同学科的经验（如设计、试验、制造等）
4	获取资料	获取系统、子系统或功能分析必需的设计和过程资料（如功能图、代码、线路图、设计图纸等）；对系统信息和设计表述进行提炼以便于 HAZOP 分析
5	实施分析	① 识别并列出需要评价的项目； ② 建立并定义适当的参数表； ③ 建立并定义适当的引导词表； ④ 建立 HAZOP 分析分析表； ⑤ 举行 HAZOP 分析会议； ⑥ 在分析表中记录 HAZOP 分析结果； ⑦ 由系统的相关工程人员验证分析表格的正确性
6	建议改进措施	对于风险无法接受的危险提出改进措施，并明确落实改进措施的责任和进度
7	监控改进措施	根据进度节点审查 HAZOP 分析，以确保改进措施得到落实

步骤	任务	说　明
8	跟踪危险	将识别的危险导入危险跟踪系统(HTS)
9	记录 HAZOP	在分析表中记录完整的 HAZOP 分析过程,并及时更新信息,确保给定的改进措施的得到处理

实施 HAZOP 分析的主要工作是将一组系统参数与一组引导词进行比较。这一对比过程能够激发分析人员去识别导致危险的那些偏离系统设计意图的问题。建立并定义系统参数和引导词是分析的关键步骤。对于一个工厂、过程或系统,诸如反应剂、反应顺序、温度、压力、流量、阶段等变量参数或特征,将其与引导词组合就能够生成对于设计意图的偏差。换句话说:

$$引导词 + 参数 = 偏差$$

例如,考虑一个正在进行放热反应的反应容器,并逐步加入反应剂,则引导词"过多(more)"与参数"反应剂"相组合生成偏差"热失控"(由于添加了过多反应剂导致生成了过多热量)。对设施或系统的每个部分都应进行系统化的检查。需要注意的是,并非所有的两种词的组合都是合适的。例如,"温度"与"无"(在这里意味着绝对零度,$-273℃$)的组合,或者"压力"与"相反"的组合可认为是不具有实际意义的。

为开展 HAZOP 分析所需进行准备的工作量依赖于被分析设施或系统的规模和复杂程度。通常,所需的资料包括各类图纸,如管路图、流程图、设施布局图、管路施工与制造图、操作说明、仪器顺序控制图、逻辑图和计算机代码等。有时也包括设施手册和设备制造商的手册。这些资料必须翔实准确,特别是对于现有设施,必须详细检查管路图以确保其提供的是最新资料,或者设施在安装后未进行更改。

HAZOP 分析通常由多学科的团队共同开展,而团队成员的选择要根据其掌握的设计、使用、维修或健康与安全领域的知识和经验。一个典型的团队一般包括 4 名 ~7 名成员,每一位成员都应深入掌握设施或系统计划运行的方式。HAZOP 分析技术允许专家们在分析过程中系统地发挥各自知识和经验,以确保问题尽可能不被遗漏,从而可以为解决问题引入新的思维。分析团队的领导必须是 HAZOP 技术专家,其职责是确保团队按照流程开展工作。领导人必须善于引导团队成员,而这些成员往往忽视系统的细节。一般来说,团队领导人应具有独立的、且不涉及项目管理方面的职责;他必须具备足够的 HAZOP 技术知识以便正确引导分析工作,但不需要花费时间为技术改进做出贡献。团队成员最好能够接受到一定的 HAZOP 技术训练。

多数 HAZOP 研究可以通过 5 轮 ~10 轮会议讨论即告完成,若仅仅是一个小型修改方案则仅需 1 次或 2 次会议便可完成。但是对于一个大型项目,即便有 2～3 个团队并行地对系统的不同环节开展分析,分析工作仍可能需要持续数月。HAZOP 需要占用大量的资源,这一点切勿低估。当某个组织初次引入 HAZOP 分析时,最好先将其应用于一两个简单问题,验证其是否有效以及能否成功开展。如果能够成功应用,经适当改进后它也能够用于更大的项目。

每一步 HAZOP 分析都应形成分析记录。分析记录包括一个资料文件,是专家团队在分析过程中使用资料的备份,且由团队领导进行了标注以表示已进行过检验。这些资料包括流程图、原始的和最终的过程图和仪表图、使用说明书、防护表以及系统模型等。

HAZOP 的关键活动或工作项目以及相关实施人员如表 21.1 所列。其中重点是团队成员执行的职责。

表 21.2　HAZOP 职责

	假设	分析探索	解释讨论	结论	记录信息
领导	是	可能	可能	是	
分析专家		是	是		
设计人员		可能	是		
用户		可能	是		
记录员		可能			是

21.5.1　设计表述

设计表述建立了系统设计模型,利用设计特征描述了系统设计者的意图。依据系统设计的阶段,设计表述可采用多种形式,其详细程度也不同,可以是物理描述也可以是逻辑描述。物理模型显示了系统在现实世界的真实布局,例如图纸、示意图或可靠性框图。而设计的逻辑表述则展现了系统在工作过程中部件间的逻辑关系,可以采用操作流程图、数据流图等形式。大型的 HAZOP 分析则可能需要综合运用物理的和逻辑的设计表述。

团队领导可将设计表述作为一种分析控制形式。此时,设计表述可作为分析会议的议程表,由团队依次评估其中的项目。

诸如功能框图、可靠性框图、前后事件关联图、数据流图、时序图等形式的设计表述模型可以极大地辅助和简化 HAZOP 分析过程。团队的每一位成员都必须理解和掌握用于分析的设计表述模型。

21.5.2　系统参数

系统由一组部件构成,在设计表述中两个部件间的路径表明了系统存在的一个交互作用或设计特征。一个交互作用可能包含了一个部件到另一个部件的流动或转移,而这里的流动可以是有形的(如流体),也可以是无形的(如一个数据项)。无论哪种情况,这个"流动"都会被赋予某种影响系统运行方式的特征,该特征可称之为属性或参数。在 HAZOP 分析中,这些参数是识别设计偏差的关键。

当交互作用和部件的参数保持在其设计指标(也就是"设计意图")的范围内,则可确保系统的正常运行。反之,通过研究参数偏离设计意图时的情况就可以识别系统中的危险。这就是 HAZOP 分析方法依据的基本原理。

表 21.3 给出了一组系统参数表。该表仅是一个示例,实际的 HAZOP 审查中采用的参数应根据所研究的工厂或系统实际情况而定。

表 21.3   系统参数示例

流(气体、液体、电流)	温度	漏口	清洗
压力	等级(标高)	检查、监督	维修
分离(底座、过滤器、离心分离机)	组成部分	黏度	关闭
反应	混合	仪表	启动
降低(摩擦、加压等)	吸收	腐蚀(现象)	侵蚀(现象)
腐蚀(动作)	侵蚀(动作)	振动	冲击
隔离	排泄	软件数据流	密度

需要注意的是,某些参数术语可能无法在一个过程的设计意图中找到恰当的解释。例如,或许有人会质疑"腐蚀"一词的使用,因为没有人会意图希望发生腐蚀。但是请注意,绝大多数系统设计都具有一定寿命,因此设计意图中都隐含了"不应发生腐蚀"或者"腐蚀不应超过某种速率"。在这种情况下,加速腐蚀现象就是一种对设计意图的偏差。

21.5.3　引导词

在识别潜在设计偏差过程中,引导词有助于引导和激发创造性思维。在不同的行业以及系统寿命周期的不同阶段,引导词可以有不同的解释。对引导词的理解必须结合其所处的环境,目的是明确那些似是而非的设计偏差。

HAZOP 分析引导词是用以激发对于设计意图偏差想象的短语。例如,对于计算机系统中的参数"数据流",引导词"更多"可以解释为"传输了比意图更多的数据",也可以理解为"传输速度高于意图的速度"。对于系统参数"导线",引导词"更多"可以被解释为"比意图更高的电压"或"更大的电流"。HAZOP 引导词示例如表 21.4 所列。

表 21.4　HAZOP 引导词示例

引导词	含　义
没有	设计意图没有实现(如"无流量"),或者运行特性没有达到(如"没有实现隔离")
更少	设计意图出现量的减少(如"压力降低")
更多	设计意图出现数量上的增加(如"温度上升")
相反	违背设计意图(如"反向流动")
伴随	设计意图得到全部执行,但同时也伴随了其他活动(如"流量正常但同时表明产品流中含有污染物",或者"液位正常但同时表明容器中有异物")
其他	活动没有按照期望的方式出现(如"在不期望的位置出现泄漏或溢出",或者"原料中含有不期望的组分")
波动	设计意图只在部分时间内实现(如管路中的气渣可能会导致"流量波动")
早于	时序与期望的不同。通常用于分析顺序操作,表明某一步骤在错误的时间启动或执行次序颠倒
迟于	类似于"早于"
还有	出现额外的活动
部分	只有部分设计意图得到实现
其他位置	适用于流、传递、源头和目的地
之前/之后	步骤(或其一部分)次序颠倒
更快/更慢	步骤未按正确的时序执行
失败	没有达到期望的目的
意外	无意识地或过早地执行功能(也就是"无意识地")

21.5.4　与设计意图的偏差

鉴于 HAZOP 分析是基于查找与"设计意图的偏差",那么对这一概念的理解就至关重要。所有系统都有其内在的设计目的。对于一个工业系统而言,可能需要每年生产一定吨位的特定化学品,或者是制造一定数量的汽车,或者是每年处理一定量的污水等等。对于一个武器系统,其目的是打击特定的目标。这些都是系统的首要设计意图,但系统也包含了其他意图,即在可能的情况下用最安全、最有效的方式运行系统。

为了达到其目标,系统的每个子系统都必须以特定的方式协同运行。这种运行方式可以界定为特定项目的设计意图。为了说明这一点,假定一个系统的生产条件之一是需要一个冷却水设备。为满足这一要求就需要建立一个由水泵驱动的冷却水流通管路系统。厂房的这一小部分环节的设计意图可以简单描述为"以 x℃ 的初始温度和每小时 n 加仑的速度持续流动冷却水"。HAZOP 通常是针对这种层次的设计意图开展分析,这样一来"偏差"一词就易于理解了。在冷却设备的例子中,对于设计意图的偏差或背离可以是"无法流通",或者"冷却水初始温度过高"。应注意区分偏差与其原因的差别。在本例中,水泵故障是一个原因而不是偏差。

21.6　分 析 表

HAZOP 分析是一种结构化、严谨的危险分析技术,在分析过程中最好采用表格实施分析。尽管分析表的格式并不严格,但通常采用矩阵式或分栏式表格,这样有助于保持分析所应关注的重点和结构。HAZOP 分析会议中的内容应反映在 HAZOP 分析表中,不同的项目及其进展情况都应记录在案。HAZOP 分析表至少应包括以下基本内容:

(1) 被分析的项目;

(2) 引导词;

(3) 引导词代表的偏差发生时对系统的影响;

(4) 导致的危险或偏差(如果存在);

(5) 风险评估;

(6) 消除或减轻危险的安全性要求。

推荐的 HAZOP 分析表如图 21.2 所示。该分析表采用了分栏式。不同的组织为了适应自身特定的要求,通常会对分析表进行剪裁,从而形成其他形式的表格。实际分析时采用表格的具体形式由系统安全大纲、系统安全工作组或者实施分析的 HAZOP 分析团队确定。

HAZOP 分析表中每一个栏目内要求填写的信息说明如下:

(1) **序号**　该栏填写每个 HAZOP 分析项目,用于标示分析的每个部分。

(2) **项目**　该栏填写被分析的过程、部件、项目或功能。

(3) **功能/目的**　该栏填写项目在系统中的目的或功能,从而可以理解其运行意图。

(4) **参数**　该栏填写需要结合引导词进行评价的系统参数。

(5) **引导词**　该栏填写所选取的用于分析的引导词。

(6) **后果**　该栏填写一旦引导词表述的状态发生后立即导致的、直接的影响,通常以系统对于设计意图的偏差的方式表达。

(7) **原因**　该栏填写导致特定偏差的所有可能的原因。致因因素可能包括多种不同的源头,例如机械故障、耗损、温度应力、振动应力等。列出所有影响部件或组件的条件,以便确定是否存在特定的运行阶段、应力、人员活动或者这些事件的组合会增大故障或损坏的概率。

HAZOP 分析										
序号	项目	功能/目的	参数	引导词	后果	原因	危险	风险	建议	备注
①	②	③	④	⑤	⑥	⑦	⑧	⑨	⑩	⑪

图 21.2　推荐采用的 HAZOP 分析表

（8）**危险**　列出由特定的后果或偏差导致的特定危险（注意：要记录所有考虑到的危险，即使事后证明其并非危险）。

（9）**风险**　填写已识别危险潜在影响的事故风险严重性的定性度量。风险度量是事故严酷度性和可能性的综合，MIL – STD – 882 标准推荐的定性值如下表所列。

	严酷度	可能性		严酷度	可能性
1	灾难的	A. 经常	4	轻微的	D. 极少
2	重大的	B. 可能			E. 不可能
3	轻度的	C. 有时			

（10）**建议**　经 HAZOP 分析确认的减少危险的建议措施，如系统设计或运行程序的安全性要求。

（11）**备注**　记录与分析相关的所有备注说明，以备将来之需。

21.7　示 例 1

在本例中开展 HAZOP 分析的水泵系统如图 21.3 所示。在该系统中，由一个共用的水源提供给三台蒸汽发生器供水。要保证系统的正常运行，三台发生器中必须至少有两台正常运行。系统进行了冗余设计以确保满足运行要求。水泵都是电驱动的，将水从水箱中抽出供给电机操作阀门（MOV）。MOV 的开或关由电力控制。所有水泵、MOV 和发生器都由一台共用的计算机监控，且所有的电力均由一个共同的电源提供。

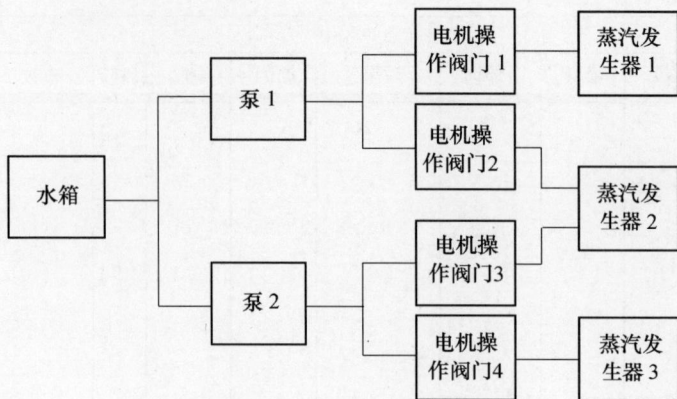

图 21.3 示例 1 的系统框图

在仔细审查了该系统的所有设计描述后,选取了如下设计参数用于 HAZOP 分析:流体、压力、温度、电力和蒸汽。其 HAZOP 分析表如表 21.5 所列。注意,该表并不完整,未包含全部参数集和引导词,而只是包含了很小一部分,用于 HAZOP 分析技术的演示。

21.8 示 例 2

第二个示例是面向软件的 HAZOP 分析。图 21.4 描述了一个假想导弹系统的软件设计方案。图中的软件部分属于导弹的火控系统,用于处理导弹姿态数据和导弹指令数据。

其 HAZOP 分析表如表 21.6 所列。

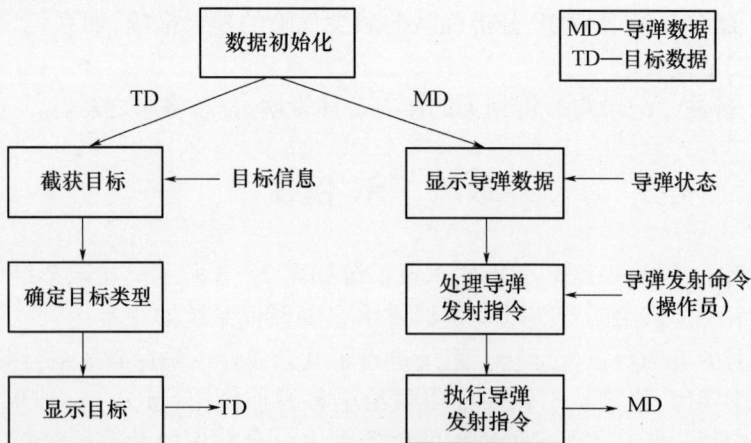

图 21.4 示例 2 的系统框图

表 21.5 应用示例一的 HAZOP 分析表

HAZOP 分析

序号	项目	功能/目的	参数	引导词	后果	原因	危险	风险	建议措施	备注
1	管路	在系统中输送水	流体	无	丧失流体，系统故障；设备损坏	管路泄漏；管路破裂	设备损坏	2D		
2				更多	压力过高导致管路破裂	系统中没有泄压阀	设备损坏	2C	在系统中增加泄压阀	
3				更少	没有充足的水供应发生器运行	管路泄漏；管路破裂	设备损坏	2D		
4				逆向	不适用			—		
5	电源	为水泵、MOV 和发生器的运行供电	电力	无	无法为系统部件运行供电	电网断电；断路器跳闸	系统无法运行	2D	设置应急备份电源	
6				更多	断路器跳闸	电涌	系统无法运行	2C	提供故障检测和隔离手段	
7				更少	无法提供足够电力供系统部件正常运行	电网故障	设备损坏	2D	设置应急备份电源	
8				逆向	不适用			—		

分析人员： 日期： 页码:1 / 1

355

表 21.6 应用示例二的 HAZOP 分析表

HAZOP 分析

序号	项目	功能/目的	参数	引导词	后果	原因	危险	风险	建议措施	备注
1	导弹火控系统	执行导弹姿态和控制	导弹数据	无	操作人员无法掌握导弹姿态	硬件故障;软件错误	导弹处于不安全状态	2D		
2				更多/更少（错误）	操作人员得到错误的导弹姿态信息	硬件故障;软件错误	设备损坏	2D		
3				过早/过晚（时序）	操作人员得到错误的导弹姿态信息	硬件故障;软件错误	设备损坏	2D		
4			导弹指令	无	丧失对导弹的控制	硬件故障;软件错误	无法确保导弹处于安全状态	2D		
5				更多/更少（错误）	操作人员向导弹发送的指令有误	硬件故障;软件错误	意外发射指令	1D	增加指令检查手段	
6				过早/过晚（时序）	操作人员对导弹的指令是错误的	硬件故障;软件错误	无法确保导弹处于安全状态	2D		

分析人员：　　　　　　　　　　　　　　　　　　　　日期：　　　　　　　　　　　　　　　页码:1 / 1

21.9　优　缺　点

HAZOP 分析的优点如下所示：

(1) HAZOP 分析技术易学易用；

(2) 开展 HAZOP 分析不需要大量的技术专家；

(3) HAZOP 分析严格关注于系统中的元素和危险；

(4) HAZOP 分析是综合了许多不同观点的团队合作结果；

(5) 有商业软件支持 HAZOP 分析。

HAZOP 分析的缺点有：

(1) HAZOP 分析关注于单点事件,而不考虑可能事件的组合；

(2) HAZOP 分析关注于引导词,从而可能会忽略那些与引导词无关的危险；

(3) 为了得到最优的分析结果,进行 HAZOP 分析技术培训往往是必需的,对于服务性企业尤其如此；

(4) HAZOP 分析可能很费时的,因此成本高昂。

21.10　应避免的常见错误

当初次学习如何开展 HAZOP 分析时,常会犯一些典型错误。在开展 HAZOP 分析过程中的常见错误如下所示：

(1) 团队领导人选用不当,经验不够丰富,训练不够有素；

(2) 团队成员组成不当；

(3) 缺乏充分的计划、进度安排或资金支持 HAZOP 分析工作。

21.11　小　　结

本章讨论了 HAZOP 分析技术。有助于总结本章所论述内容的基本原则归纳如下：

(1) HAZOP 分析主要目的是识别对于设计意图的偏差,而这些偏差会导致不期望事件或危险的发生；

(2) HAZOP 分析要求有一位经验丰富的团队领导人,并且与之合作的团队成员应选用得当；

(3) 利用诸如功能框图、可靠性框图、前后事件关联图等设计表述辅助工具能够极大地辅助和简化 HAZOP 分析过程。

参考书目

[1] Chemical Industries Association, A Guide to Hazard and Operability Studies, Chemical Industries Association, 1977.

[2] Kletz, T. A. , HAZOP and Hazan, 4th ed. , Taylor & Francis, 1999.

[3] International Electrotechnical Commission, IEC61882, Hazard and Operability (HAZOP) Studies Application Guide, IEC, 2001.

[4] Nolan, D. P. , Application of Hazop and What – If Safety Reviews to the Petroleum, Petrochemical and Chemical Industries, Noyes, 1994.

[5] Redmill, F. , M. Chudleigh, and J. Catmur, System Safety: HAZOP and Software HAZOP, Wiley, New York, 1999.

[6] Swann, C. D. and M. L. Preston, Twenty Five Years of HAZOPS. J. Loss Prevention, 8(6): 349 – 353 (1995).

第 22 章 因 果 分 析

22.1 简 介

因果分析(Cause Consequence Analysis,CCA)是一种识别和评价由初始事件发生引起的事件序列的分析方法。该方法使用可视化逻辑树结构,被称为因果图(CCD)。CCA 目的是确定初始事件是否会发展成为严重事故,或是否能通过安全系统和系统设计中的程序实施充分地控制该事件。CCA 可以从一个初始事件导出多种可能的不同结果,并提供每种结果发生的概率。

CCA 技术是一种图形化揭示后果和其原因相互关系的风险评估方法。CCA 中考虑了防止事故序列发生的安全性设计特性。

22.2 背 景

该分析方法属于系统设计危险分析类型(SD – HAT)。可以查阅第 3 章关于危险分析类型的讨论。

CCA 目的是识别和评价所有由初始事件(IE)导致的可能结果。IE 是引起可能导致不期望后果的事故序列发生的事件。一般来说,IE 有可能导致多种不同结果,这取决于设计的安全系统是否正常工作或在需要时是否出现故障。CCA 提供每个潜在后果风险的概率风险评价(PRA)。

CCA 方法可用于建立整个系统的模型,其分析范围可覆盖子系统、组件、部件、软件、规程、环境和人为差错。CCA 可以在不同的抽象层次开展,如方案设计、顶层设计和详细部件设计等。CCA 已成功地应用到许多系统中,如核电站、航天器和化工厂等。该方法可尽早地应用到系统早期设计阶段,在设计过程初期识别安全问题。较早的应用 CCA 可帮助系统研发人员在系统研制早期就确保系统设计的安全性,而不是在试验出故障或事故后再采取纠正措施。CCA 可以是 SD – HAT 和 DD – HAT 的补充。

当有经验的分析人员对给定的系统开展 CCA 时,可彻底识别和评价所有由初始事件导致的可能后果,并把它们综合起来形成直观的图表。要建立 CCA 模型,对 CCA 和 FTA 理论的基本了解是必要的。此外,分析人员对系统的详细了解也是至关重要的。随着系统越来越复杂,分析人员必须不断地增加 CCA 和

FTA 知识和经验。总的来说,CCA 是非常容易学习和掌握。正确的应用取决于系统的复杂性和分析人员的经验。

CCA 方法具有强大的功能,在初始事件发生后,能识别和评价所有的系统后果路径。CCA 模型将给出系统设计产生的安全操作路径、降低操作路径和不安全操作路径的概率。

对由一个初始事件导致的可能结果的概率风险评价,建议使用 CCA。作为结果的风险分布图为需要添加安全设计措施的区域提供管理和设计指导。CCD 为分析人员提供了一种以表现系统故障行为的形式组织系统设计的方法。CCA 强调 IE 有许多可能导致原因并且产生许多可能后果,CCD 呈现出这些关系。

22.3 历　史

CCA 方法是由丹麦的 RISO 国家实验室在 20 世纪 70 年代提出的,专门用于北欧国家的核电站可靠性和风险分析。该方法的提出是为了辅助关键系统部件的因果事故分析。一些分析人员觉得该方法优于事件树分析(ETA),ETA 也能识别给定关键事件的所有可能后果。

22.4 定　义

因果分析是建立在以下定义的基础上:

事故场景　一系列最终导致意外事件、事故或不希望后果的事件。事件序列,由初始事件开始,接着由一个或多个中间事件导致不希望状态或结果。

初始事件(IE)　引起事故序列发生的故障或不希望事件。初始事件可能导致事故,这取决于系统中对抗危险的设计措施的成功应用。可以查阅第 2 章危险理论的危险构成要素信息。

后果(结果)　由一连串递增的系统成功或失败事件产生的结果。系统安全分析人员一般关心导致事故的后果,而可靠性分析人员一般关心导致系统不可用的结果。

中间事件　因果事件序列中的中间事件。这些是用来避免 IE 导致事故发生所确立的设计安全措施的失败/成功事件。如果中间事件成功的运行,能够阻止事故场景发展并且被看成是降低危险事件。如果中间事件未能成功运行,那么事故场景向前发展并且被看作是后果恶化的事件。中间事件与 ETA 中的关键事件类似(参见第 12 章)。

概率风险评价(PRA)　是用来识别和评价复杂系统风险的全面的、结构化的逻辑分析方法。PRA 目的是详细地识别和评估事故场景,并且进行定量的分析。

22.5 原 理

当开展 CCA 时,必须要识别和深入研究事故场景。CCA 与 ETA 非常相似(参见第 12 章)。该理论首先识别所有具有重大的安全影响或相关的 IE,然后对每个 IE 进行 CCA。危险分析是识别关系到安全的 IE 的方法。考虑到为避免不希望事件的设计安全特性有可能成功或失败,通过构建 CCD 对 IE 可能导致的事件序列建模。CCD 结合每个 IE 的原因和结果,给出模型中单个 IE 所导致的不同可能结果。

一个事故场景包含导致最终状态或结果的一个 IE 和(通常)一个或多个中间事件,如图 22.1 所示。

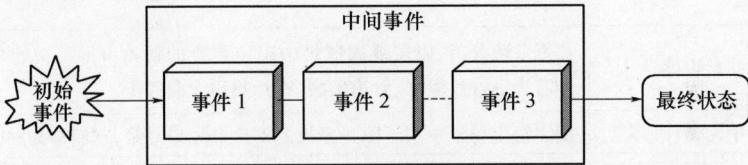

图 22.1 事故场景概念

CCA 方法如图 22.2 所示。通过使用故障树(FT)逻辑和 CCD 逻辑,可以从 CCA 中获得概率值。注意,FTA 通常用来确定故障事件原因和故障概率。后果的概率是后果路径中每个事件概率的乘积。

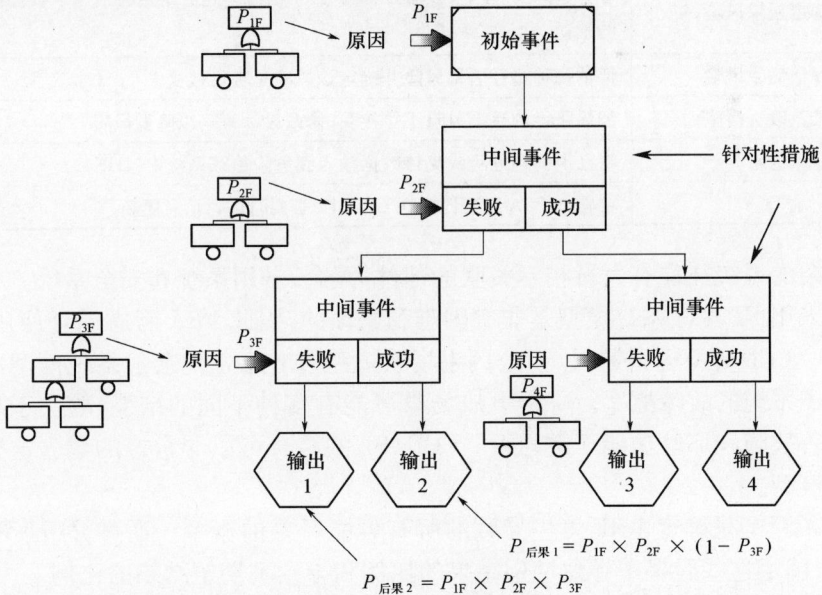

$$P_{后果1} = P_{1F} \times P_{2F} \times (1 - P_{3F})$$

$$P_{后果2} = P_{1F} \times P_{2F} \times P_{3F}$$

图 22.2 CCA 概述

22.6 方　法

CCA 过程的基本步骤如表22.1 所列。该过程包括识别和评价给定 IE 发生后可能产生的事件序列。

表 22.1　因果分析过程

步骤	任务	说　明
1	定义系统	审查系统,并明确系统边界,子系统和接口
2	识别事故场景	进行系统评价或危险分析,以识别存在于系统设计中的系统危险和事故场景
3	识别初始事件	提炼危险分析,以在事故情景中确定重要的初始事件。初始事件包含如着火、碰撞、爆炸、管道破裂、有毒物质泄漏等等
4	识别中间事件	确定特定场景中用于阻止事故的安全屏障或对策,它们称为中间事件
5	建立 CCA 图	建立逻辑 CCD,从初始事件开始,然后到中间事件,结束于每种路径的输出结果
6	获得故障事件概率	获取或计算在 CCD 中的中间事件的故障概率。非常有必要使用 FT,以确定事件是怎样出现故障以及获取其故障概率
7	确定后果风险	计算 CCD 中每个后果的风险。后果的概率是后果路径中每个事件概率的乘积
8	评估后果风险	评估每种路径后果风险并确定该风险是否可接受
9	推荐改进措施	如果路径的后果风险不可接受,修改设计策略以降低风险
10	追踪危险	将已识别的危险或支持数据输入到危险追踪系统中(HTS)
11	记录 CCA	将整个 CCA 过程记录在 CCD 中,必要时进行信息更新

复杂的系统往往有大量相互关联的部件、冗余、备用系统和安全系统。有时候仅仅采用 FT 建立系统模型是非常困难和繁琐的,因此 PRA 考虑结合使用 FT 和 CCD。CCD 建立意外事件/事故因果场景模型,FT 建立复杂子系统模型以获得这些子系统的故障概率。一个事故场景可能有多种不同的结果,取决于那些部件是否故障和那些功能正常与否。CCD/FT 的结合可以非常好的建立这种复杂系统模型。

CCA 目的是确定由 IE 发生导致的所有可能后果的概率。通过分析所有可能后果,确定这些后果中导致期望结果的比例和导致不期望结果的比例。

CCD 是 IE 事件发生后的所有可能事件的图解模型。IE 可以是一个设计缺陷或操作的人为差错。其目的是识别有一个或多个中间事件的事件链,以评价事件链后果并确定事件是否会发展为事故或是否能够通过执行安全系统得以充分的控制。因此,该分析结果可以作为对安全系统增加冗余或修改的建议。

CCA 从图的顶端列出的已识别的 IE 开始。所有安全设计方法或事故对应措施都以决策框的形式在下面按顺序排列出来,该决策框提供两种可能路径:(1)操作成功;(2)操作失败。结果图综合所有多种成功/失败事件组合,并且以树形结构向下散开,给每个成功/失败事件赋予一个发生概率,最终结果的概率是沿着特定路径事件概率的乘积。注意最终结果是安全还是灾难,这取决于事件链。

CCA 识别所有导致不期望事件的原因,以及由此导致的所有可能后果。CCA 记录 IE 导致的事故故障逻辑。CCA 同样提供时间延迟和事件排序的机制。

当 CCD 中一个路径中的不止一个 FT 结构包含相同的故障事件时,会出现故障相关性。重复发生的故障通常影响 CCA 中不止一个决策框。就像 FTA,重复发生的故障事件必须在精确的评估中充分的说明,否则最终概率计算将不正确。为了解决这个问题,可通过多个 FT 提取故障事件,并置于 CCD 中(见本章例2)。

IE 是一个引起一系列事件的初始事件或触发安全系统的事件,CCA 中的 IE 必须谨慎选取,可通过危险分析和已知的系统问题识别潜在的 IE。

22.7　符　号

CCD 的符号以及它们的定义如图 22.3 所示。

符号	名称	描述
初始事件	初始事件框	能够触发一个事件序列发生并引起事故的独立事件
功能 是 否	中间事件(决策框)	一个能够表示部件或者子系统功能性的事件;通常为安全特性。功能不是故障就正常
结果	后果框	表示一个事件序列的结果
FT-n ➡	故障树标记	识别 IE 和中间事件的故障树,FT 是故障事件的原因模型,并能进行概率计算
T=xx	时间延迟框	确定必须发生的时间延迟
△	或门	需要时结合 IE 与/或决策框的逻辑。只要有一个输入,便产生一个输出
⛏	与门	需要时结束合 IE 与/或决策框的逻辑。有所有的输入,才产生输出

图 22.3　CCA 符号

22.8　分 析 表

CCD 是进行 CCA 的主要分析表,提供以下信息:

(1) 初始事件;

(2) 中间事件(即关键事件);

(3) 结果;

(4) 事件和结果概率;

(5) 时序。

图 22.2 给出了一般的 CCD 结构。每一个中间事件分为两条路径,成功和失败。CCA 只有一个 IE,在图的顶端,并根据需要采取多个中间事件充分地描述通过 CCD 跟踪的系统。中间事件越多,CCA 的结果就越多,需要更多的分支。

22.9　示例 1:三部件并联系统

由三个部件并联系统的 CCA 如图 22.4 所示。系统的成功运行需要三个部件中一个或多个正常运行。该例子中的初始事件是"向系统供电"。

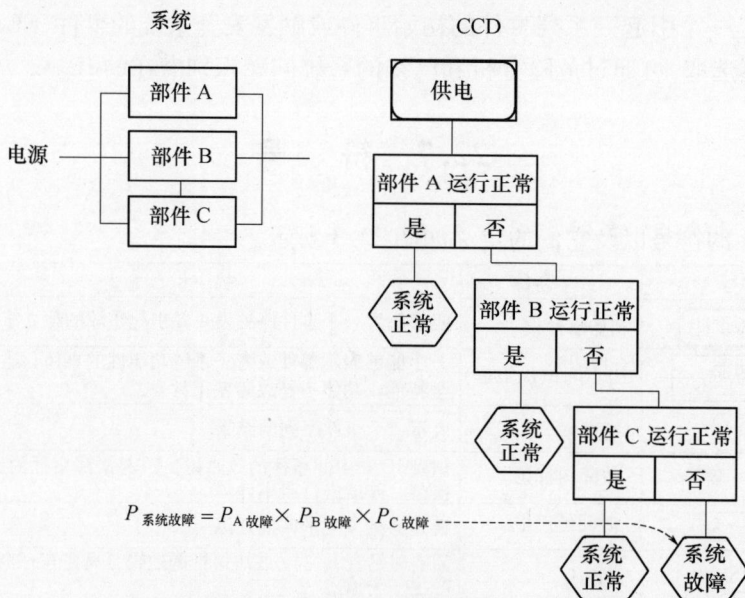

图 22.4　三部件并联系统与 CCD

22.10 示例2:气体管道系统

示例 2 涉及的气体管道系统如图 22.5 所示。通过危险分析确定出的非期望 IE 是管道中高压骤增。CCD 给出了由该 IE 可能导致的多种结果。

表 22.2 列出了该示例中的部件并介绍了其功能。这些系统部件用于防止由于管道中气体压力骤增可能导致的管道破裂。传感器 S1 检测到高气压并且给主计算机 C1 发送告警信号。当 C1 收到压力告警,给主阀 MV1、MV2 和 MV3 发送信号以立即关闭主阀。如果该主要的压力检测和控制系统故障,会启用与原系统功能一样的备用压力检测和控制系统。

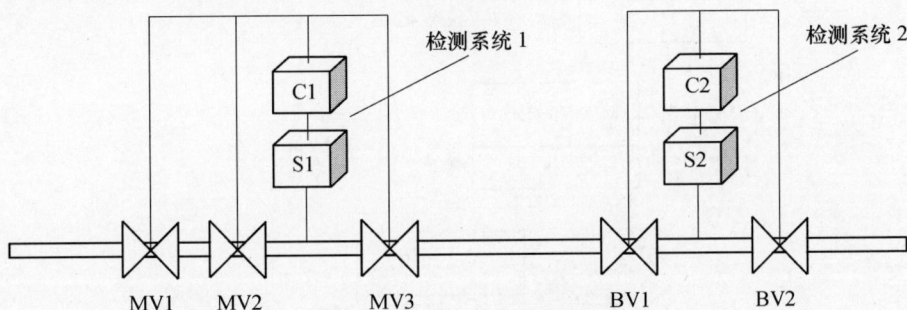

图 22.5 气体管道结构图

表 22.2 气体管道的系统部件

标记	名称	功 能
S1	传感器 1	检测高压和给 C1 发送告警信号
C1	计算机 1	向三个主阀发送指令,以使其关闭
MV1	主阀 1	当打开时允许气体流动;当关闭时阻止其流动
MV2	主阀 2	当打开时允许气体流动;当关闭时阻止其流动
MV3	主阀 3	当打开时允许气体流动;当关闭时阻止其流动
S2	传感器 2	检测高压和给 C2 发送告警信号
C2	计算机 2	向两个备用阀发送命令,以使其关闭
BV1	备用阀 1	当打开时允许气体流动;当关闭时阻止其流动
BV2	备用阀 2	当打开时允许气体流动;当关闭时阻止其流动

该气体管道系统的 CCD 如图 22.6 所示。图 22.7 给出了支持图 22.6 中CCD 的 FT。

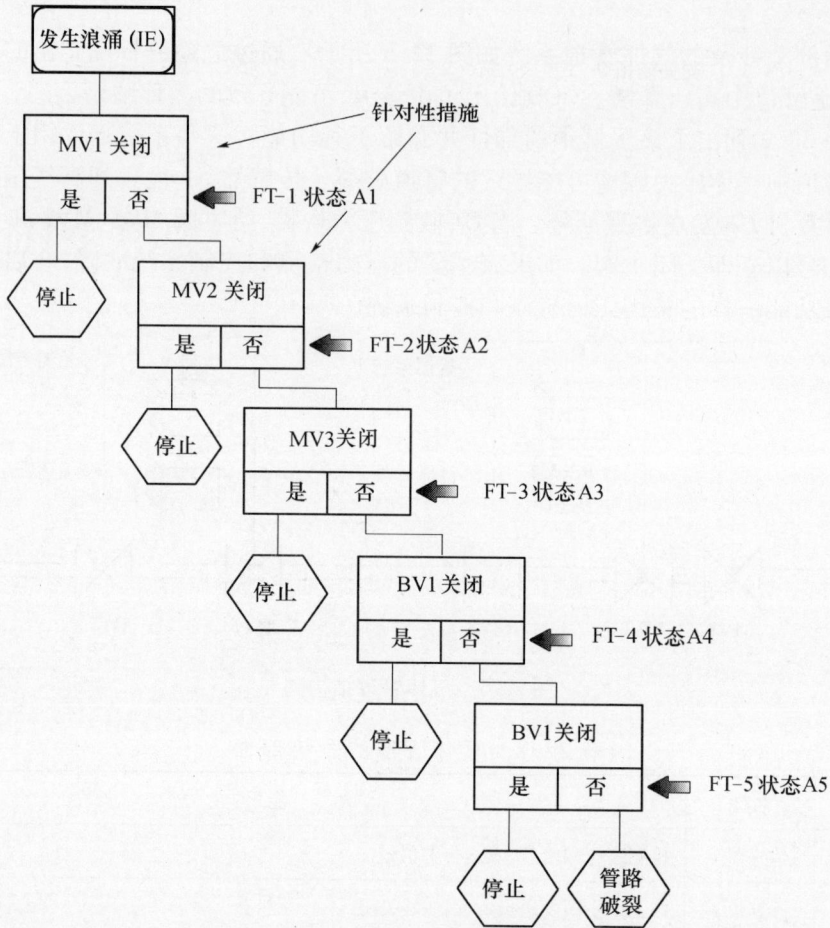

图 22.6　气体管道系统的 CCD(版本 1)

22.10.1　减少重复事件

CCA 版本 1 的故障树见图 22.7,在 CCD 事件中有一些重复故障。故障树转移符 A 表示在 FT 分枝 FT-1、FT-2 和 FT-3 都发生了 A,转移符 B 表示在FT-4 和 FT-5 中都发生 B。这意味着,如果 CCD 事件进行相乘,这样的计算是错误的,因为在每个事件中都计算了重复事件。

为了得到正确的计算,重复事件必须在计算时减去。第 11 章中 FTA 介绍了怎样处理 FT 的重复事件。如图 22.8 和图 22.9 所示,CCA 中的约简可以通

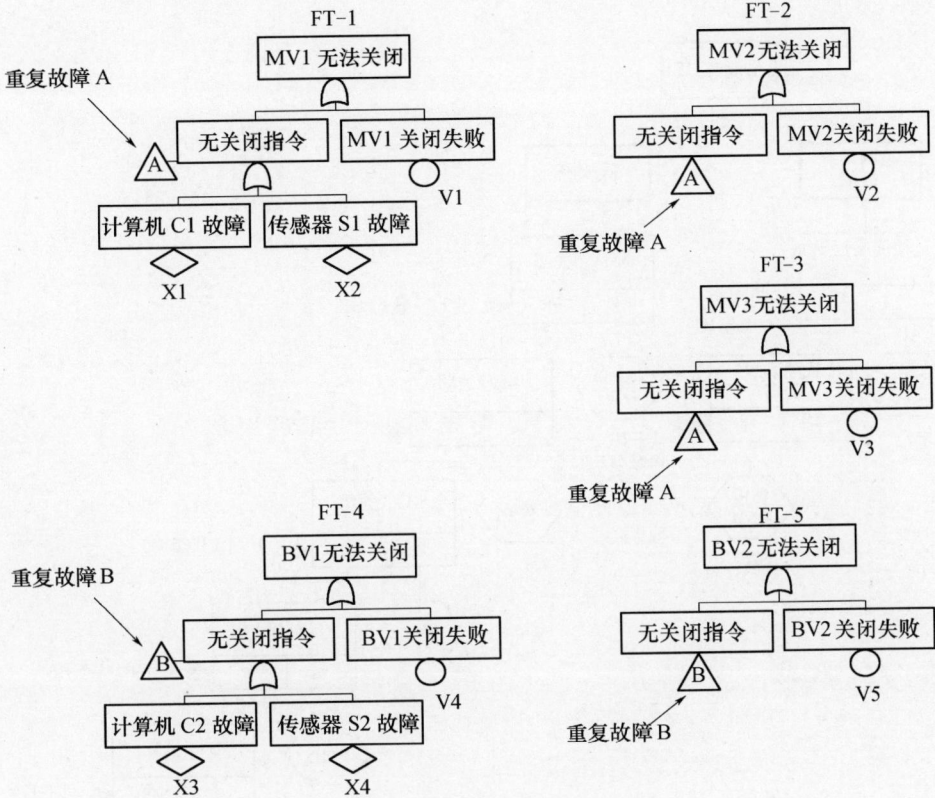

图 22.7　CCD 故障树（版本 1）

过代数约分或修改相应的 CCD 来实现。

图 22.8 中通过图表顶部的或门将最初的 CCD 分割成为两个分枝。该结构调整消除了所有路径中的重复事件。

图 22.9 给出了支持图 22.8 中 CCD 版本 2 的 FT。对两种 CCD 版本的管道破裂概率计算公式如下：

版本 1

$$P_{\text{RUPTURE}} = P_{\text{IE}} \times P_{\text{A1}} \times P_{\text{A2}} \times P_{\text{A3}} \times P_{\text{A4}} \times P_{\text{A5}}$$

$$= (P_{\text{IE}})(P_{\text{X1}} + P_{\text{X2}} + P_{\text{V1}})(P_{\text{X1}} + P_{\text{X2}} + P_{\text{V2}})(P_{\text{X1}} + P_{\text{X2}} + P_{\text{V3}})$$

$$\times (P_{\text{X3}} + P_{\text{X4}} + P_{\text{V4}})(P_{\text{X3}} + P_{\text{X4}} + P_{\text{V5}})$$

注：状态 A5 属于 CCD 版本 1

版本 2

$$P_{\text{RUPTURE}} = P_{\text{RUPTURE-1}} + P_{\text{RUPTURE-2}}$$

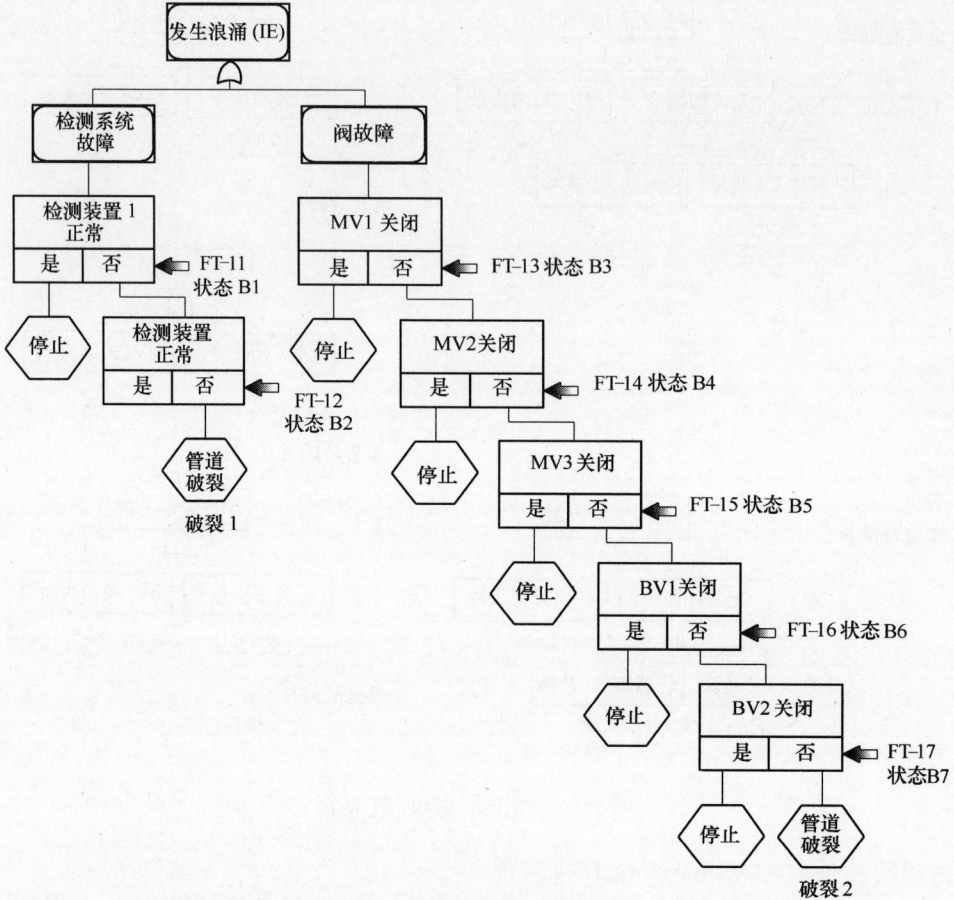

图 22.8　修改的 CCD（版本 2）

$$(P_{\text{IE}} \times P_{\text{B1}} \times P_{\text{B2}}) + (P_{\text{IE}} \times P_{\text{B3}} \times P_{\text{B4}} \times P_{\text{B5}} \times P_{\text{B6}} \times P_{\text{B7}})$$

$$= (P_{\text{IE}})[(P_{\text{B1}} + P_{\text{B2}}) + (P_{\text{B3}} \times P_{\text{B4}} \times P_{\text{B5}} \times P_{\text{B6}} \times P_{\text{B7}})]$$

$$= (P_{\text{IE}})[(P_{\text{X1}} + P_{\text{X2}})(P_{\text{X3}} + P_{\text{X4}}) + (P_{\text{V1}} \times P_{\text{V2}} \times P_{\text{V3}} \times P_{\text{V4}} \times P_{\text{V5}})]$$

注:状态 B7 是属于 CCD 版本 2

　　还要注意,为了得到正确的结果,可通过代数约化版本 1 中所包含的重复事件 X1、X2、X3 和 X4。但是,版本 2 中的重复事件是通过修改 CCD 结构来化简的。

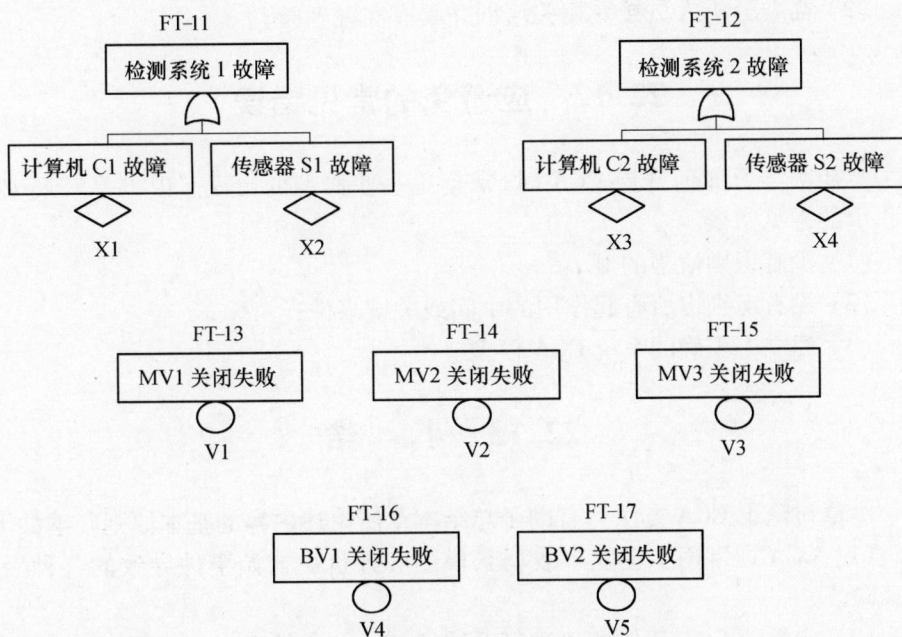

图 22.9　修订的 CCD 故障树(版本 2)

22.11　优　缺　点

以下是 CCA 方法的优点：

(1) 结构化、严谨的,系统化方法；

(2) 大部分工作可以通过计算机处理；

(3) 通过可视化模型呈现因果关系；

(4) 相对易于学习和掌握；

(5) 以易于理解的方式建立复杂系统关系模型；

(6) 综合硬件、软件、环境和人的交互作用；

(7) 允许概率评价；

(8) 分析多种结果；

(9) 处理了事件时序。

以下是 CCA 方法的缺点：

(1) 一个 CCA 只能有一个初始事件,需要多个 CCA 以评价多个初始事件的后果；

（2）需要分析人员接受相关培训并具有实践经验。

22.12　应避免的常见错误

当初次学习如何开展 CCA 时，常会犯一些典型的错误。以下是开展 CCA 过程中的常见错误：

（1）没有识别恰当的 IE；

（2）没有识别出所有起作用的中间或关键事件；

（3）建立不正确的系统 CCA 模型。

22.13　小　　结

本章讨论了 CCA 方法。有助于总结本章所论述内容的基本原则归纳如下：

（1）CCA 通常用于建立事故场景模型和评价由初始事件导致的各种后果的风险。

（2）定量的 CCA 通常用于进行系统的 PRA。定性的 CCA 通常用于帮助识别设计缺陷。

（3）CCD 提供了结构化和严谨的 CCA 过程。

（4）CCA 对 SD – HAT 和 DD – HAT 分析进行有效的补充。

参考书目

[1] Andrews, J. D. and L. M. Ridley, Reliability of Sequential Systems Using the Cause – Consequence Diagram Method, Proc. Instit. Mech. Eng., 215(Part E):207 – 220 (2001).

[2] Andrews, J. D. and L. M. Ridley, Application of the Cause – Consequence Diagram Method to Static Systems, Reliability Eng. Syst. Safety, 75:47 – 58 (2002).

[3] Danish Atomic Energy Commission, The Cause – Consequence Diagram Method as a Basis for Quantitative Accident Analysis, RISO – M – 1374, Danish Atomic Energy Commission, 1971.

[4] Danish Atomic Energy Commission, Interlock Design Using Fault Tree Analysis and Cause – Consequence Analysis, RISO – M – 1890, Danish Atomic Energy Commission, 1977.

[5] Kaufman, L. M., J. B. Fussell, D. P. Wagner, J. S. Arendt, J. J. Rooney, W. K. Crowley, and D. J. Campbell, Improving System Safety Through Risk Assessment, Proceedings 1979 Annual Reliability and Maintainability Symposium, 1979, pp. 160 – 164.

[6] A Cause – Consequence Chart of a Redundant Protection System, IEEE Trans. Reliability, 24(1): 1975.

第 23 章　共因故障分析

23.1　简　介

共因故障分析（Common Cause Failure Analysis，CCFA）是一种用于识别多重故障事件共同原因的分析方法。共因故障（Common Cause Failure，CCF）是一种破坏冗余设计独立性的单点故障（Single – Point Failure，SPF）。CCFA 目的是发现系统设计中会导致冗余子系统共因故障的共因薄弱环节，并制定设计策略减少此类危险。典型的共因故障如：系统设计中，两台独立的、互为冗余的飞控计算机使用同一个断路器供电，由于该断路器的故障导致两台计算机被迫同时故障。

共因故障造成了最棘手的一类危险，因为它们通常并不明显，因而也难以分析识别。这一类潜在事件存在于任何依靠冗余设计或依靠在多个子系统中使用同一部件/软件构建的系统体系结构中。CCF 薄弱环节的存在是由于系统故障相关性被无意中引入系统设计。

如果忽视了共因故障，由于整个风险计算中不包括该类危险的概率，这样就导致系统的总风险被低估。如果共因相关性存在于某个关键子系统，则共因故障会对整个系统风险造成显著影响。

共因故障可能源于多种情况，诸如：

（1）冗余设计中的共同缺陷；

（2）在多个子系统中使用了同一部件；

（3）共同的软件设计；

（4）共同的制造错误；

（5）共同的要求错误；

（6）共同的生产过程错误；

（7）共同的维修错误；

（8）共同的安装错误；

（9）共同的环境易损性。

23.2   背   景

CCFA 技术属于系统设计危险分析类型(SD – HAT)。有关危险分析类型的讨论参见第 3 章。

CCFA 目的是识别系统设计中会抵消冗余设计的共因故障薄弱环节,而冗余设计是确保系统安全、可靠运行的必要手段。一旦识别了共因故障并评价了相应风险,就可以提出并实施降低关键共因故障的防护策略。共因故障分析还提供了定量计算共因故障风险的手段。该技术也被称为共模故障分析。

CCFA 技术可用于各种类型的系统,但特别适用于采用冗余设计的安全关键系统。当经验丰富的分析人员利用 CCFA 技术分析特定系统时,可以全面识别和评价系统中所有可能的共因故障。

建立 CCFA 模型必须对 CCFA 和 FTA 原理有基本的了解。此外,分析人员深入理解系统设计也至关重要。随着系统复杂性的提高,分析人员所应具备的 CCFA 和 FTA 的知识和经验也需要相应地增加。该方法能否得以正确应用取决于系统的复杂性和分析人员的技能。

应用 CCFA 分析系统设计绝非易事,远比诸如 PHA 等分析技术难以开展,主要是因为不仅需要掌握 FTA 技术,还需要广泛收集数据,以及分析共因部件。

CCFA 是识别和评估系统设计中潜在共因故障的强有力工具,也是到目前为止惟一能对共因故障事件进行严谨分析的工具。如果系统风险分析中没有包含共因故障,则风险计算中并不包括该类危险的发生概率,这样就导致系统的总风险被低估。如果共因相关性存在于某个关键子系统,那么共因故障会对整个系统风险造成显著影响。

系统安全大纲(SSP)推荐开展 CCFA,以达到识别和减少所有共因故障模式的目的。而且,为了对系统风险有更客观的认识,CCFA 还被推荐作为概率风险评价(PRA)的一部分工作。CCFA 尤其适用于评价安全关键应用系统中的冗余设计。CCFA 同时还是美国联邦航空局(FAA)采用的 SAE – ARP – 4754 标准[1]中特别推荐的一种分析工作。

23.3   历   史

自系统安全理念形成以来,共因故障及其识别方法就一直受到关注。许多分析人员在试图识别共因故障时,采用的是杂乱无章而非条理清晰的分析方法。直到 Mosleh 及其合作者[2]于 1988 年发表了他们的研究成果,并于 1998 年发表了美国核管制委员会研究报告,具有清晰、详尽体系框架的 CCFA 才逐渐成为一项规范的分析技术。

23.4　定　义

为理解 CCFA,有必要对一些常用术语进行定义,有助于掌握 CCF 理论的特征。这些术语包括:

独立事件　当一个事件的输出不会影响另一个事件的输出时,称该事件是独立的(概率论)。计算两个独立事件同时发生的概率,将第一个事件的概率与第二个事件的概率相乘即可。即 $P(A\ and\ B) = P(A)P(B)$。即相乘。例如,计算抛两个骰子时每个骰子都是 3 点的概率。由于这些事件是独立的,而 $P(3) \cdot P(3) = (1/6) \cdot (1/6) = 1/36$,所以概率为 1/36。

相关事件　当一个事件的输出会直接影响另一个事件的输出时,称事件是相关的(概率论)。计算两个相关事件同时发生的概率,需要将 A 事件的概率乘以 A 发生后 B 事件的概率,即 $P(A\ and\ B) = P(A) \cdot P(B|A)$。这也就是所谓“条件概率”公式。例如,一盒内装有 1 分、5 分和 1 角硬币各一枚,计算第一次拿到 1 角硬币且在不放回的情况下接着拿到 1 分钱硬币的概率。这些事件是相关的。第一次拿到一角硬币的事件概率 $P(A) = 1/3$;而由于只剩下 2 个硬币,所以接着拿到一分硬币的事件概率 $P(B|A) = 1/2$。因此两个事件同时发生的概率是 $1/3 \cdot 1/2 = 1/6$。诸如“没有放回”和“不替换”等关键词表明了事件是相关的。

独立性(设计中)　确保一个单元故障不会引起其它单元故障的设计概念[4]。由于在逻辑关系和数学计算上都有重要影响,所以这一个概念对于许多安全性和可靠性分析技术都非常重要。许多模型(例如 FTA)都假设事件彼此独立。

相关性(设计中)　某一个单元故障会直接引起或导致其它单元故障的设计。这是指一个部件的功能状态受到另一部件功能状态的影响。一般来说,共因故障相关性源自系统设计执行的预定功能的方式。相关故障是那些破坏冗余或相异性的故障,而冗余和相异设计是特意用于提高可靠性和安全性的。

在某些系统设计中,系统中的相关关系可能相当微妙而不易察觉。例如下面的例子[5]:

(1) 备用冗余(standby redundancy):当正在运行的部件故障,其备用部件立即运行,系统保持正常功能。一个正在运行的部件故障会导致备用部件更容易故障,因为后者此刻处于负载状态;

(2) 共同负载(common load):当一个部件故障时会增加其他部件的负载。既然此时其他部件更容易故障,因此不能再假设故障具有统计意义上的独立性;

(3) 互斥事件(mutually exclusive event):当一个事件发生时就会排除另一个事件的发生;

如果 $P(\text{A and B}) \; P(\text{A})P(\text{B})$,则事件 A 和 B 是相关的。如果存在相关性,一般来说(但并非必然)$P(\text{A and B}) > P(\text{A})P(\text{B})$。两个(或更多)事件中增加的这部分概率正是为何需要特别关注共因故障的原因。

共因故障 在系统运行过程中,由共同原因导致多个部件的故障(或处于不可用状态)。基于这一个观点,共因故障与相关故障密不可分[4],可使冗余或独立性无效(ARP-4761)。

共因故障是多个部件由于一个共同的原因而同时发生的故障。例如,两个电机使用同一个断路器供电,由于断路器的故障导致两台电机同时无法运行。共因故障包括共模故障(CMF),但 CCF 的范围和覆盖面更广。由于共同的原因而故障的部件往往具有相同的功能故障模式。CCF 除了要考虑设计相关性方面的原因之外,还要考虑环境因素、人为差错等因素。忽视相关性和共因故障的影响会导致过高估计系统的可靠性和安全性水平。

对系统安全而言,CCF 事件是由符合下列条件的项目/部件失效构成:

(1) 两个或多个单独的部件发生故障或降级,从而在需要时无法运行,或即使仍然运行但不能安全地运行;

(2) 部件故障是由于同一个共同原因或耦合机制产生的。

共模故障 多个部件以相同模式的故障[4],是一个影响多个部件的事件,否则认为这些事件是独立的[1]。例如,由同一个制造商生产的一组相同的电阻会全部以同一种模式(或工作了相同的时间后)发生故障,因为它们具有相同的制造缺陷。

在早期文献中使用并且目前仍被部分研究人员使用的"CMF",这一术语更加表明了 CCF 的最共性特征,但不是描述所有能导致 CCF 事件的不同相依情况的准确术语。共模故障是共因故障的特例,是共因故障的一个子集。

级联故障 由于先前故障的存在而导致其发生概率显著增加的故障事件[1]。级联故障也是相关事件,在这一过程中一个部件的故障引起后续部件接着发生故障,与多米诺骨牌效应类似。

互斥事件 如果一个事件的发生就会排除另一个的发生,则称这两个事件是互斥的。例如,如果发生了事件"开关 A 无法关闭",则就不可能再出现事件"开关 A 无法打开"。

共因故障的根原因 导致部件故障的最基本原因,并且如果得到纠正就会避免再次发生故障。共因故障的根原因包括诸如热、振动、潮湿等事件。识别根原因能够使分析人员采取设计措施防止共因故障。

共因故障的耦合因素　一组部件或零件的定性特征,使这组部件容易因相同的致因机理影响而故障。此类因素包括相似的设计、安装位置、环境、任务以及操作、维修和试验规程。耦合因素也属于 CCF 的根原因。识别耦合因素能够使分析人员采取措施防止共因故障薄弱环节。

共因部件组(CCCP)　具有共同耦合因素的一组部件。

23.5　原　　理

许多系统都采用子系统冗余设计,以确保某项特定功能能够按要求执行。其基本思想是两个分离且独立的子系统同时独立地故障的可能性远低于单个独立的子系统。但是系统设计越来越复杂,导致相关性会偶然地被引入到冗余设计中。相关性的表现形式之一就是共因故障,会导致冗余子系统同时故障。共因故障是能够轻易破坏冗余子系统独立性设计的单点故障(SPF)。

例如,一起 DC-10 飞机坠毁事故就是由于一台发动机爆炸后飞出的风扇叶片切断了两套独立且分离的液压管路。飞机控制依赖于系统液压装置,因此,方案中有意地设计了两套相互独立、冗余的液压系统。尽管冗余液压管路采取了物理隔离,并保持一定距离,但发动机爆炸作为共因单点故障导致作为关键设备的两套液压系统同时故障。

图 23.1 展示了共因故障的基本概念,其中根原因是某一单点故障,耦合因素是单点故障存在的设计薄弱环节。在这个简化的例子中,两台计算机被并联在一起,确保在必要的时候能够提供安全关键输出。系统的成功运行仅需一台计算机,一旦其中一台计算机(独立地)故障,则另一台能够代替其运行。

值得注意的是,在本例中,系统采用了一个共同的电源同时为两台计算机供

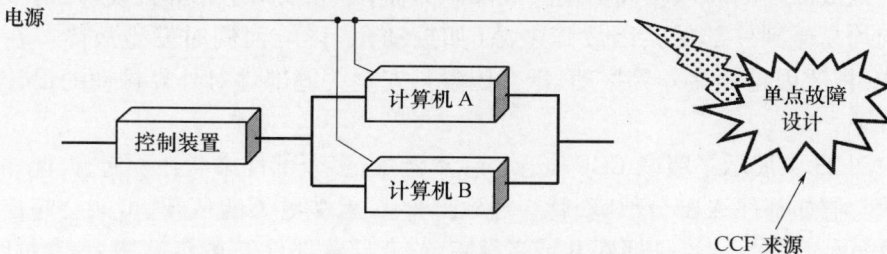

图 23.1　冗余系统示例

电,电源就是共因故障的来源。两台计算机都依赖同一个电源,一旦电源故障,则两台计算机必然无法同时运行。相关事件"当电源故障时计算机故障"的概率 $P=1.0$。

图23.2 展示了一个略有不同的 CCF 概念。在本例中,两台计算机分别有两个不同的独立电源,从而消除了电源相关性。但是,这两台计算机可能会同时暴露于强射频能量场而被干扰或发生故障。由于两台计算机是相同的且由相同的工艺制造,因此在共同的能源作用下很容易同时出现相同的故障模式。在这里,共因故障的根原因是存在射频能量,而耦合因素是安全关键部件(即计算机)对于射频能量存在设计薄弱环节。

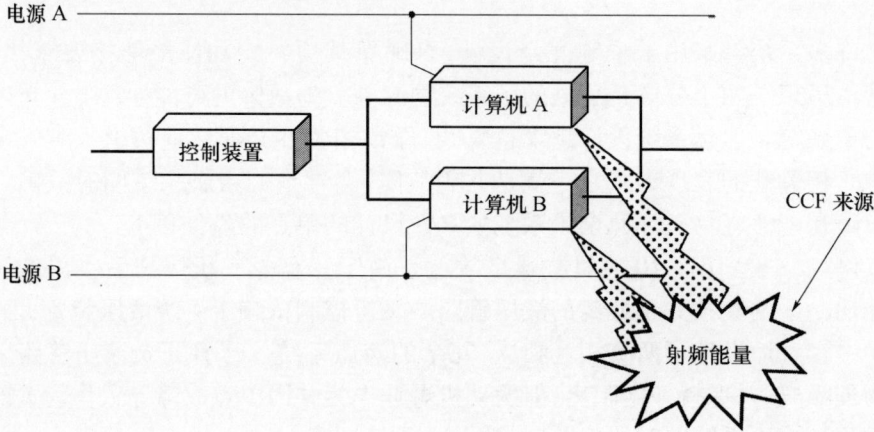

图23.2 改进的冗余系统

图23.3 展示了另一类 CCF 概念。在本例中,两个冗余子系统执行了相同的系统功能。每个子系统中都有一个部件采用了不同的(相异性)运行方法(如一个采用机械保险丝另一个则是电保险丝),可以确保它们不会由于一个共因故障而同时以相同的模式故障。然而,尽管采用了相异性设计,两个子系统均易受到外部的共因故障来源(如振动)的影响而同时发生故障。在本例中,根原因是存在外界振动,耦合因素是安全关键部件对外界振动的设计薄弱环节。

图23.4 展示了级联 CCF 概念。在本例中,多个部件串联在一起,彼此相互依赖。假如部件 A 部分故障,就会导致部件 B 承受更大的负载,可能会超出其设计负载范围。结果是部件 B 或者故障,或者导致部件 C 的负载增大。以此类推。例如,可以用七枚铆钉把两块钢梁组成一个钢板梁。如果两枚铆钉脱落,负载就会削弱板梁的连接部分。再如,多个电子部件可以串联在一起。如果一个

376

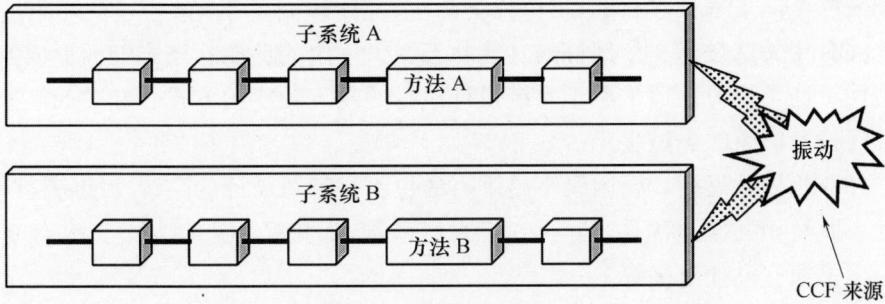

图 23.3　另一种冗余系统

部件部分失效,可能向下一个部件传递超过设计范围的电流,从而导致电路中出现级联反应。在本例中,根原因是部件 A 的故障,耦合因素是安全关键部件的设计薄弱环节,其实际应力水平超出设计范围。

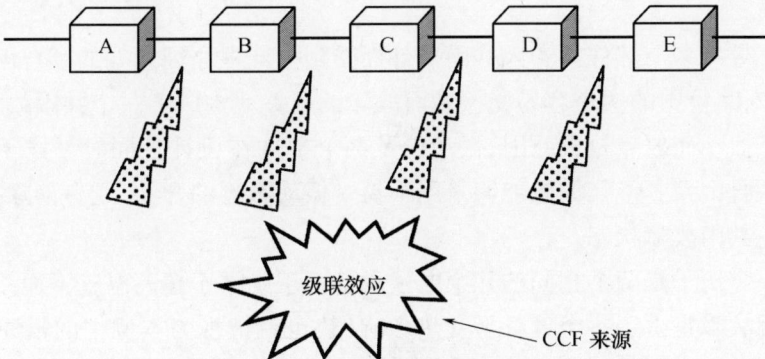

图 23.4　级联共因故障

综上所述,共因故障的定义与相关故障的定义密切联系。两个事件 A 和 B,称它们是相关的,如果

$$P(\text{A and B}) \neq P(\text{A})P(\text{B})$$

当存在相关性时,通常(但不是必然)$P(\text{AB}) > P(\text{A})P(\text{B})$。因此,如果 A 和 B 代表安全功能的故障,那么两个都故障的实际概率可能要高于基于独立性假设计算得到的预期概率。假设某一系统对整个系统或功能故障提供了多重防护,对该系统而言,如果忽视了相关性,则实际存在的相关性就会降低系统的可靠性和安全水平。

相关性可以从不同方面进行分类。根据相关性来源于系统既定的固有功能物理特性,还是来源于外部因素和意外特性,可以对其进行分类。因此,共因故障相关性可以是系统固有的,也可以是源于外部的。

固有相关性是指一个部件的功能状态受另一个的功能状态影响而形成的相关特性。这类相关性通常源于系统设计执行的规定功能的方式。相关的类型由部件间相互影响的类型决定。

外部相关性是指耦合因素不是固有的也不是特意设计的系统功能特性的相关性。此类相关性通常是实际存在于系统外部,如振动、热、射频、环境、任务要求超出了原有设计范围等。

23.6 方　　法

共因故障是由系统中存在如下两方面因素造成的:

(1) 部件故障的根原因(即共因故障事件中导致每个部件全都故障的特定原因);

(2) 导致多个部件被卷入共因事件而受到相同根原因影响的耦合因素。

例如,系统中的两个容易受振动而故障的开关就构成了一个共因故障状态,其中由于振动而故障是根原因,振动以及两个部件在设计上同时暴露于相同的振动是耦合因素。但是如果能够采用不易受振动影响的开关,或者消除振动,则可以避免共因故障状态。

另一个例子是两个相同的冗余电子设备由于暴露于超高温度下而故障。这里的共因故障是由于每个设备易受热影响(热也就被视为本例中的根原因),同时也是由于采用了相同的部件以及暴露于相同的严酷环境(耦合因素)。

由于在冗余结构中采用相同部件提高系统安全性和可靠性,因此源于冗余部件相似性的耦合因素就会经常存在于系统设计中,导致容易遭受共因故障事件影响。因此,对此类系统的风险和可靠性进行分析时,应特别关注相同冗余部件的共因故障事件。

共因故障事件中的"易受相同因素影响"和"耦合因素"特性为评价共因故障现象、评价防护措施的需求及其有效性,提供了有效途径。

目前已有多种 CCFA 模型可用于共因故障评价,但是 FTA 是最佳的也是最常用的方法。本书重点介绍 FTA 模型及方法。利用 FTA 方法的 CCFA 过程基本步骤如表 23.1 所列。

其中,步骤 1 是过程的输入,步骤 5、6、7 和 8 是 CCFA 过程的输出,步骤 2、3、4 包含了 CCFA 过程中的分析内容,说明如下。

表 23.1　CCFA 过程步骤

步骤	任务	说　明
1	定义系统	审查系统并确定系统边界、子系统以及接口,确定分析范围
2	建立初始的系统逻辑模型	建立一个初始的部件级系统逻辑模型(即故障树),分析发挥主要作用的部件
3	筛选分析	筛选系统设计和数据,分析 CCF 薄弱环节和 CCF 事件
4	详细的 CCF 分析	在故障树模型中加入 CCF 部件,开展定性和定量分析,评估 CCF 风险
5	评估结果风险	评估每个 CCF 事件的输出风险,判断风险是否可接受
6	建议改进措施	若风险不可接受,制定设计策略对 CCF 影响进行处理,控制系统风险
7	跟踪风险	将识别的危险输入危险跟踪系统(HTS)中
8	记录 CCFA	记录完整的 CCFA 过程,包括系统级故障树。必要时更新信息

CCFA 过程第 2 步——建立初始系统故障树模型。开展系统级的 FTA 是 CCFA 过程的关键步骤。构建初始系统故障树(FT)逻辑模型作为基本系统模型,用于识别导致顶事件的基本部件故障事件。初始 FT 针对基本的独立故障事件进行建模,可以得到大致的割集和相应的概率。

部件中的许多故障相关性无法在初步的 FT 模型中明确地说明,因此会导致对 FT 顶事件风险的低估。当 CCF 事件在第 3 步工作中识别后,分析人员可以在第 4 步中将识别的 CCF 添加到 FT 模型中。

添加了 CCF 事件后,FT 模型将更加完整准确。再次进行 FT 计算,重新评估 FT 中 CCF 的重要度、敏感性和概率。修改后的 FT 包括了 CCF,因此概率风险的估计要比初始 FT 更为准确。有关 FT 的讨论以及如何建立 FT 模型并进行定量计算请参见本书第 11 章。

CCFA 过程第 3 步——共因筛选。筛选的目的是分析系统设计中的 CCF 薄弱环节,识别 FT 模型中应包括的特定 CCF 事件和部件。通过分析得到系统中潜在的易出现问题的环节以及涉及的 CCF 部件。在筛选分析过程中,重要的是不要忽略任何可能的 CCF 薄弱环节。高效的 CCF 筛选分析应包括下列活动:

(1) 审查系统设计和运行实践;

(2) 审查运行历史数据(如果能获得);

(3) 审查其他相似系统;

(4) 评估对于根原因和耦合因素的防护手段。

容易受到共因故障共同影响的一组部件或零件被称为一个共因部件组(CCCG),下列准则有助于查找 CCCG:

(1) 当采用相同的、功能无差别的有源部件实现冗余设计时,这些部件应被划为一个CCCG,一组相同的冗余部件就是一个CCCG(例如:泵CCCG,恒温器CCCG等)。

(2)如果有使用经验的支持,则可先行假定不同部件间具有独立的故障模式。但是,如果不同的冗余部件中零件具有相同的冗余结构,那么这些部件就不应视为完全独立。对于这种情况的一种处理方法是突破部件间的边界划分,将这些共同的零件划为一个CCCG(例如:除电源外,泵可能是相同的)。

(3)在系统可靠性分析中,通常基于主动部件发挥主导作用的论据,假定系统中的一些被动部件可以被忽略。当采用这些筛选准则进行共因分析时,尤为重要的是要包含诸如"冗余甚至是相异泵滤网被碎片堵塞"这样的事件。

识别系统CCF薄弱环节的最有效方法是重点识别耦合因素,无论是否存在防护措施。分析的结果将是系统对于共因故障薄弱环节的保守估计。共因故障与多重独立故障的区别就在于耦合机制。当两个或以上部件故障表现出相似特征,那么在故障原因和实际故障机理方面就应该怀疑存在耦合机理。因此,分析人员应关注于分析那些具有相同特征的系统部件。

在识别共因故障耦合因素时,应注意以下内容:

(1)CCF根原因是导致部件故障的最基本的原因。如果纠正了根原因就可以防止CCF再次发生。

(2)CCF耦合因素是一组部件或零件所共同具有的特征,而该特征导致这些部件易受相同故障致因机理的影响。这些因素包括相似的设计、位置、环境、任务以及运行、维修和试验程序。

表23.2列出了一组常见耦合因素,有助于识别系统中存在的相同部件和最常见的耦合因素。具有一个或多个此类相似特征的任意一组部件就是一个潜在的CCF薄弱环节。

耦合因素可以划分为四大类:

(1)基于硬件的耦合因素;

(2)基于运行的耦合因素;

(3)基于环境的耦合因素;

(4)基于软件的耦合因素。

基于硬件的耦合因素会导致故障机理在具有相同物理特性的部件间传播。例如,由于同一个空气导流器故障,会导致多个余热排出泵同时故障。基于硬件的耦合因素还可以分为两个子类:(1)硬件设计和(2)硬件质量(制造和安装)。

硬件设计耦合因素源于设计层面所决定的部件之间的共同因素。有两类与设计相关的硬件耦合因素:系统级和部件级。系统级耦合因素包括系统特性或部件之外的部件组具有的特性,能够导致故障波及多个部件。每个部件内部的特性属于部件级耦合因素。硬件设计类耦合因素如表23.3所列。

基于运行的耦合因素是由于共同运行特性导致故障机理在部件间传播。表23.4列出了部分运行类耦合因素的示例。

表 23.2　关键的共因特征

特性	说　明
相同的设计	在多个子系统中采用相同的设计会成为 CCF 耦合因素薄弱环节的源头,对于软件设计尤为如此
相同的硬件	在多个子系统中使用同样的部件导致这些子系统存在薄弱环节
相同的功能	当同样的功能用于不同的位置时,可能会需要相同的或类似的硬件,从而导致 CCF 薄弱环节
相同的人员	安装、维修、测试或操作人员相同时也会造成薄弱环节,因为可能会有同样的人为差错
相同的规程	安装、维修、测试或操作规程相同时也会造成薄弱环节,因为可能会有同样的差错
冗余	当冗余系统是相同的,则易出现相同的故障模式和故障率,容易受 CCF 耦合因素影响
相同的位置	当产品被安装在相同的物理位置,则易受相同不期望条件的影响(如火、水、冲击等)
相同的环境	产品易受相同不期望环境条件的影响(如火、水、冲击、电磁辐射、尘、盐雾等)
相同的制造商	同一个制造商生产的部件易发生相同的故障模式,具有相同的故障率
共同的要求	产品或功能共同的要求中可能会包含造成 CCF 薄弱环节的共同错误
共同的能源	使用共用能源(如电源、化学和液压能源等)的产品具有 CCF 薄弱环节
共同的数据源	具有共同数据源的产品具有 CCF 薄弱环节,特别是在软件设计中
共同的边界	共享共同边界(物理的、功能的、逻辑的等)的产品可能会有 CCF 薄弱环节

表 23.3　基于硬件的部件耦合因素

特性	说　明
相同的外貌特征	指多个部件具有相同标识(诸如相同的颜色、编号、编码以及相同的尺寸、形状)的情况。这些状态会导致运行或维修人员辨别错误
系统布局/配置	是指部件构成一个系统的布局。部件的布局会导致几个独立的系统依赖于共同的(能)源
部件内相同的零件	指多个部件由于使用了相似或相同的内部零件而同时出现故障的情况。零件的一个制造缺陷可能会影响所有使用该类零件的部件
相同的维修、测试和/或校准特性	指多个部件采用相同的规程进行维修、测试和/校准。规程中的一个缺陷会影响全部部件

特性	说　明
制造特征	指所有部件具有相同的制造人员、质量控制过程、制造方法以及材料。制造特征中同样的差错会作用于所有部件，因此这些部件会全部发生故障
施工和安装特征	指所有部件具有相同的施工/安装人员、程序和测试。同样的错误会作用于所有部件。因此,可能会全部发生故障

表 23.4　基于使用的部件耦合因素

特性	说　明
相同的操作人员	指一个系统的全部过程都由同一个或同一组人员操作,从而增加了操作人员的错误同时影响多个部件的可能性
相同的操作规程	指所有物理或功能相同的部件都遵循相同的操作规程。规程中的任何缺陷都可能影响所有的部件
相同的维修、测试和/或校准日程	指同样的部件在相同的时间采用相同的维修、测试、校准进度。任何缺陷都可能影响所有部件
相同的维修、测试和/或校准人员	指同一组维修、测试、校准人员负责同样的部件。任何缺陷都可能影响所有的部件
相同的维修、测试和/或校准规程	指同样的部件采用相同的维修、测试、校准规程。任何缺陷都可能影响所有的部件

　　基于环境的耦合因素通过同样的外部或内部环境特性传播故障机理。表23.5列出了环境类耦合因素的一些示例。

表 23.5　基于环境的部件耦合因素

特性	说　明
相同的系统位置	指由于在相同的系统中,因此所有的冗余系统或部件都要承受相同的环境应力（如:洪水、火、高湿、地震等）
相同的部件位置	指由于在系统位于相同的部件位置,因此所有冗余系统或部件都要承受相同的环境应力（如:振动、热、人为差错等）
内部环境/工作介质	指部件需要相同的运行介质,诸如内部流体、油、气等

　　基于软件的耦合因素由于共同的软件模块导致故障机理在多个部件间传播。例如,3 个分离的飞机飞控显示器可能是由一个共同的软件模块控制,且具有共同的数据输入。表23.6 列出了软件类耦合因素的一些示例。

表 23.6　基于软件的耦合因素

特性	说　明
共同的算法	是指多个硬件产品被一个包含有控制算法的单独或共同的软件模块所驱动
共同的数据	指多个硬件产品由一个单独或共同的软件模块提供数据
共同的需求	指多个软件模块基于共同的软件设计需求进行开发

可用于识别 CCF 的其他手段或方法包括：

（1）用于潜通路分析的网络树图（参见本书第 16 章）；

（2）区域分析法分析系统的主要区域[1,6]；

（3）连接器弯针分析法（参见本书第 20 章）。

但是要注意,这些方法都是面向特定类型的共因故障,因此也就不能覆盖所有的共因故障类型。

CCFA 过程第 4 步——详细的 CCF 分析。在这一步中,对改进后的、包含所有确信的 CCF 因素事件的 FT 进行定性和/或定量评价。评价需要使用第 2 步和第 3 步的分析结果。本步骤的主要工作是,在将识别的 CCF 加入 FT 后,对其进行系统风险评价,其中包括识别恰当的 CCF 事件,然后将其加入已建立的 FT 中,计算这些事件的故障频率或概率。

一个共因基本事件（CCBE）包括一组特定 CCF 部件的故障,这些故障是由一个共同原因而导致的。例如,在一个具有三个冗余部件 A、B 和 C 的系统中,C_{AB}、C_{AC}、C_{BC} 和 C_{ABC} 都是共因基本事件,其中：

A 为部件 A 发生的单个独立故障（一个基本事件）；

B 为部件 B 发生的单个独立故障（一个基本事件）；

C 为部件 C 发生的单个独立故障（一个基本事件）；

C_{AB} 为部件 A 和 B（且没有部件 C）由于共同原因而同时发生故障（一个 CCBE）；

C_{AC} 为部件 A 和 C（且没有部件 B）由于共同原因而同时发生故障（一个 CCBE）；

C_{BC} 为部件 B 和 C（且没有部件 A）由于共同原因而同时发生故障（一个 CCBE）；

C_{ABC} 为部件 A、B 和 C 由于共同原因而同时发生故障（一个 CCBE）。

图 23.5 给出了一个具有三个并联冗余部件的系统设计,只要有一个部件正常运行则系统就能保持正常运行。图中还给出了由独立故障事件构成的系统初始 FT。

这三个部件构成的系统的共因基本事件有 C_{AB}、C_{AC}、C_{BC} 和 C_{ABC}。然而,既

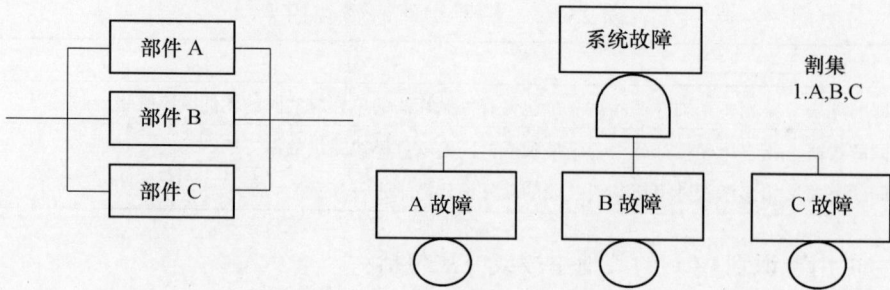

图 23.5　冗余系统与初始 FT 模型

然只有当三个部件同时故障时系统才故障。因此 C_{AB}、C_{AC} 和 C_{BC} 对系统没有影响,而 C_{ABC} 确实会因为导致三个部件同时故障而影响系统。包含了共因基本事件 C_{ABC} 修订后的 FT 如图 23.6 所示。

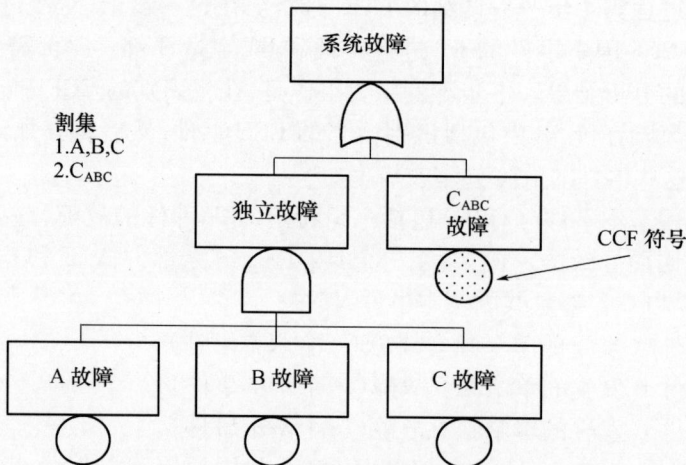

图 23.6　加入共因基本事件的 FT 模型

请注意,在图 23.5 中的 FT 只有一个三阶的割集,表明系统故障的概率应比较小。而在图 23.6 中,FT 具有两个割集,一个是原有的三阶割集,另一个是单点故障割集。由于单点故障 CCF 事件的概率,整个系统故障的概率会比初始 FT 的概率高很多。

图 23.7 给出了另一个具有三个并联冗余部件的系统设计,且至少两个部件保持正常时系统才能正常工作。图中还给出了由独立故障事件构成的系统初始 FT。图 23.7 中的 FT 采用"n 中取 k 门"来说明故障组合。修订后的、明确包含所有故障组合的 FT 如图 23.8 所示。

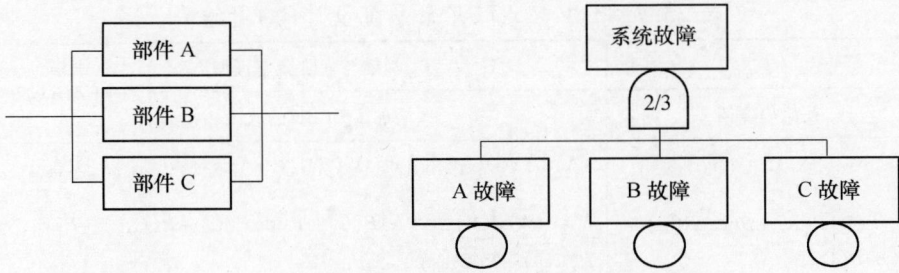

图 23.7　3 中取 2 冗余系统与初始 FT

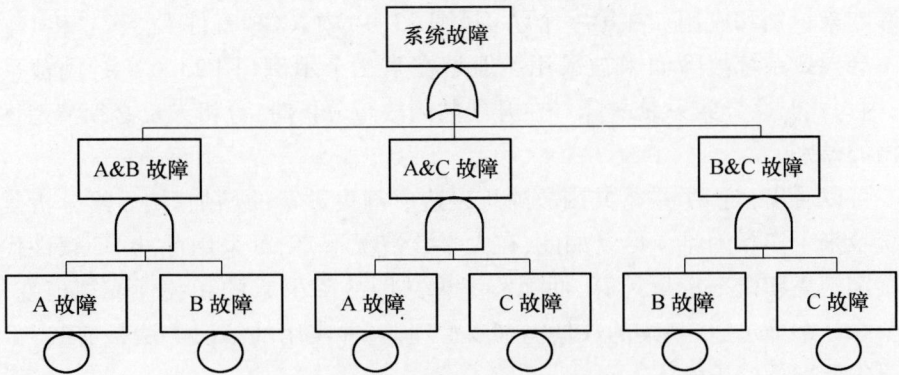

图 23.8　修订后的 FT 模型

　　修订后的、加入了针对系统特定设计参数的共因基本事件后的 FT 如图 23.9 所示。表 23.7 列出了"3 中取 2"冗余系统设计的 FT 结果。从这些结果可知,当 FT 中加入共因基本事件后,割集的数量将增加,也就增加了系统故障发生的概率。

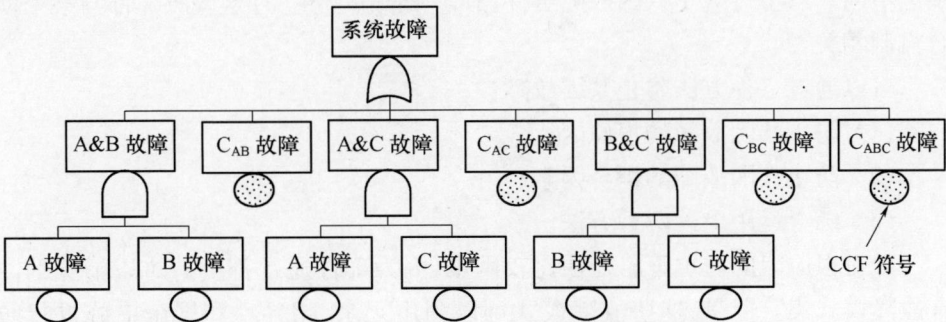

图 23.9　加入共因基本事件的 FT 模型

表 23.7　3 中取 2 取冗余系统设计的 FT 结果

初始故障树	割集与一阶概率近似方程
	增加了 CCBE 的故障树模型
$\{A, B\}$；$\{A, C\}$；$\{B, C\}$	$\{A, B\}$；$\{A, C\}$；$\{B, C\}$；$\{C_{AB}\}$；$\{C_{AC}\}$；$\{C_{BC}\}$；$\{C_{ABC}\}$
$P = P(A)P(B) + P(A)P(C) +$ $P(B)P(C)$	$P = P(A)P(B) + P(A)P(C) + P(B)P(C) + P(C_{AB}) + P(C_{AC}) +$ $P(C_{BC}) + P(C_{ABC})$

请注意,共因基本事件只能根据它们对系统功能和 CCCG 中特定部件组合的影响来识别和应用。在第一个示例(图 23.4)中,CCF 事件 C_{AB}、C_{AC} 和 C_{BC} 由于不会导致系统故障而未被采用。但是在第二个示例(图 23.6)中,则被采用了,因为此时会导致系统故障。在开展共因故障分析时,分析人员必须清楚这些细微的差别。

可以看出,对 FT 进行共因故障扩展造成割集数量的增加,从而给分析复杂系统带来了实际困难。尽管如此,在大多数情况下,仍可采用标准 FT 软件代码来确定割集和概率定量计算,而无需考虑共因故障引起的相关性或规模变化。如果在仔细筛选后,割集的数量仍难以管理,一种实用的解决办法是剪裁 FT 中的发生概率低的事件。

23.7　防 护 机 制

理解对于共因故障事件的防护机制,必须要明白一点:防止一个共因故障事件与防止一个由于单一根原因导致的独立故障(即一个单点故障)相比,并没有多大不同。只不过对于共因故障事件,有多个故障发生,且这些故障都与某个耦合机制相关。

可以通过三种方法防止共因故障:

(1) 防止共因故障的根原因;

(2) 防止共因故障的耦合因素;

(3) 综合运用上述两种方法。

针对根原因的防护策略往往比较困难,因为部件通常都会有难以消除的内在故障模式集。但是,这些故障模式可以利用冗余、相异性和屏蔽措施进行防护。对于耦合因素的典型防护策略包括(功能、人员和设备)相异性、屏蔽措施、人员训练和交叉测试与维修等。

23.8 示　例

作为 CCFA 示例的水泵系统如图 23.10 所示。该系统中,由一个共同的水源为三个蒸汽发生器供水。为确保系统正常运行,至少两台发生器必须正常工作。系统采用了一些冗余设计以满足这一运行要求。电动泵将水从水箱抽入电机操作的阀门(MOV)。这些 MOV 由电源控制开或关。所有水泵、MOV 和蒸汽发生器由一台共同的计算机监控,且它们都由同一个电源供电。

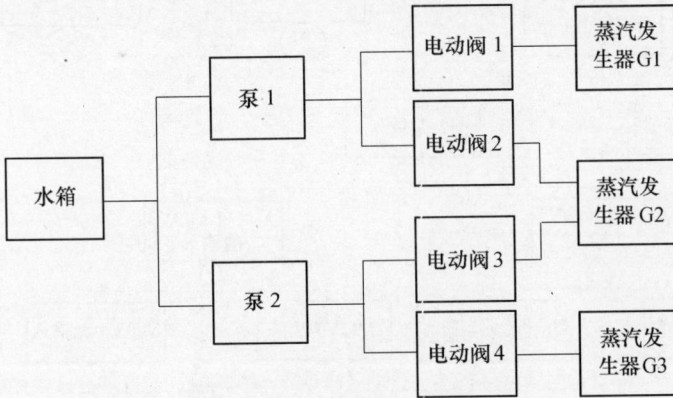

图 23.10　示例系统的框图

顶事件"三台中的两台发生器不能工作"的顶层 FT 如图 23.11 所示。这一顶层 FT 适用于不包含 CCF 的初步子 FT 和包含 CCF 的最终子树。

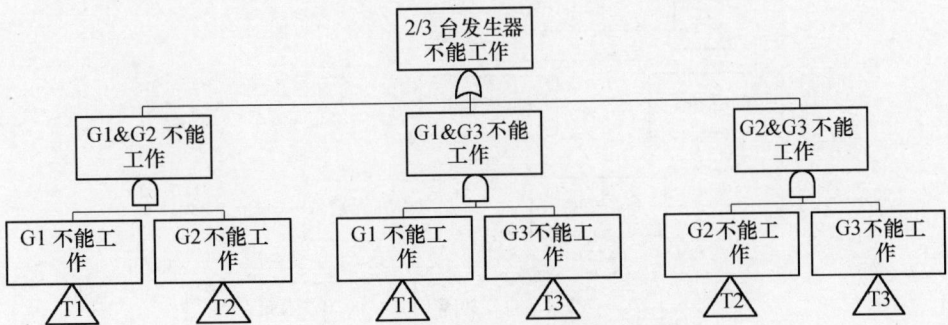

图 23.11　示例系统——顶层 FT

没有考虑 CCF 的三个初步子 FT 如图 23.12 所示,而考虑 CCF 的最终子树如图 23.13 所示。

387

G1 不能工作

T1

G1 故障

G1

G1 无输入

MOV1 故障

M1

MOV1 无输入

泵 1 故障

P1

水箱无水

Z1

G2 不能工作

T2

G2 故障

G2

G2 无输入

无来自 MOV2 的输入

MOV2 故障

M2

MOV2 无输入

泵 1 故障

P1

水箱无水

Z1

无来自 MOV3 的输入

MOV3 故障

M3

MOV3 无输入

泵 2 故障

P2

水箱无水

Z1

G3 不能工作

T3

G3 故障

G3

G4 无输入

G4 故障

M4

MOV4 无输入

泵 2 故障

P2

水箱无水

Z1

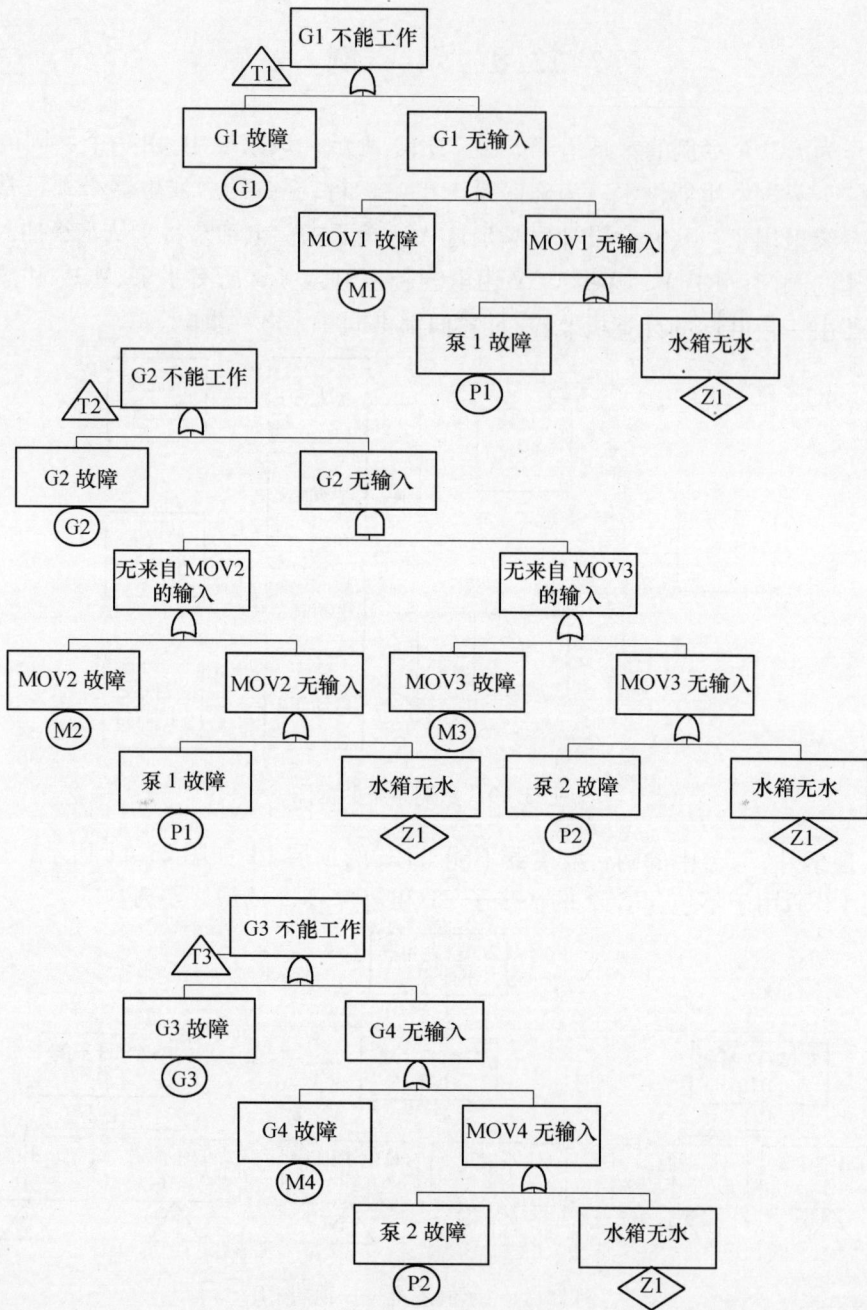

图 23.12　示例系统——没有考虑 CCF 的初步子 FT(版本 1)

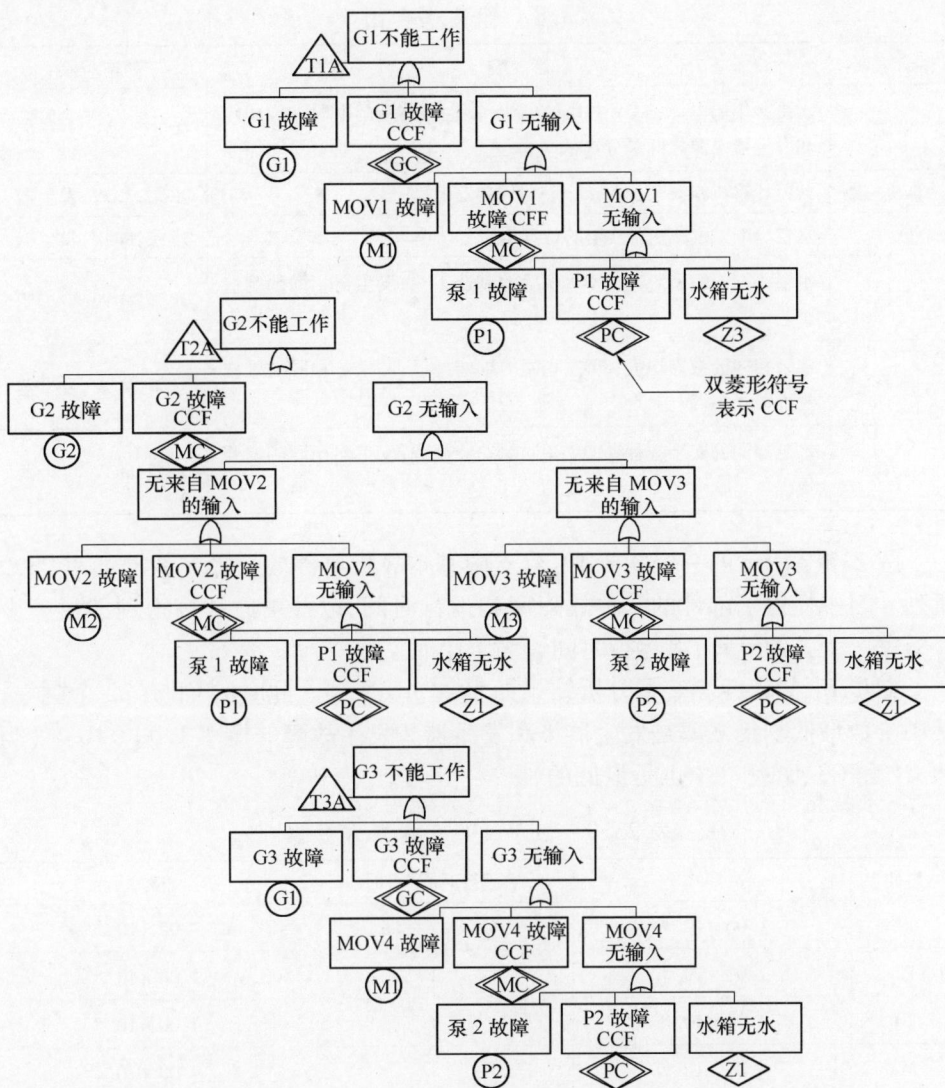

图 23.13　示例系统—修订的包含 CCF 的最终子 FT(版本 2)

在本例中,对问题进行了简化以便说明共因故障的概念。图 23.13 中的 FT 包含了水泵、MOV 和发生器的 CCF 事件,这些事件在 FT 中用双菱形符号进行标示。

通过筛选系统设计和初步 FT,可得到导致 CCF 事件的因素如表 23.8 所列。在现实情况下,每一种因素(电源、计算机、软件等)都会单独引发 CCF 事件。但为了简化起见,这些因素被综合考虑到水泵、MOV 和发生器的 CCF 事件中。

389

表 23.8　部件耦合因素

耦合因素	影　　响	影响对象
电源	水泵共用的电源;MOV 共用的电源;发生器共用的电源;泵、MOV 和发生器电源之间是分离的	水泵,MOV,发生器
计算机控制	共用计算机检测与控制水泵、MOV 和发生器	水泵,MOV,发生器
软件	水泵、MOV 和发生器共用的计算机软件	水泵,MOV,发生器
制造	水泵相同的制造工艺,MOV 相同的制造工艺,发生器相同的制造工艺	水泵,MOV,发生器
维修	水泵相同的维修规程;MOV 相同的维修规程;发生器相同的维修规程	水泵,MOV,发生器
安装	水泵相同的安装规程;MOV 相同的安装规程;发生器相同的安装规程	水泵,MOV,发生器

图 23.12 所示的三个初步 FT 分支中基本故障事件的故障率数据如表 23.9 所列。表中提供了部件的基本故障率和运行时间,以及由此计算得到的故障事件概率。为方便计算,将运行时间设为 1 小时。

初步 FT 的定性和定量分析结果如表 23.10 所列。此时的 FT 有 22 个割集,其中阶数最低割集概率是发生器 1 和发生器 2 发生故障的概率 1.00×10^{-10}(当然 G1 和 G3、G2 和 G3 也是最低的)。

表 23.9　初步 FT 基本事件数据

事件	故障率	运行时间/小时	概率
P1	1.00×10^{-6}	1	1.00×10^{-6}
P2	1.00×10^{-6}	1	1.00×10^{-6}
M1	4.00×10^{-6}	1	4.00×10^{-6}
M2	4.00×10^{-6}	1	4.00×10^{-6}
M3	4.00×10^{-6}	1	4.00×10^{-6}
M4	4.00×10^{-6}	1	4.00×10^{-6}
G1	1.00×10^{-5}	1	1.00×10^{-5}
G2	1.00×10^{-5}	1	1.00×10^{-5}
G3	1.00×10^{-5}	1	1.00×10^{-5}
Z1	2.50×10^{-10}	1	2.50×10^{-10}

表 23.10 初步 FT 计算结果

割集编号	割集		概率	割集编号	割集			概率
1	G1	G2	1.00×10^{-10}	12	G2	M4		4.00×10^{-11}
2	G1	G3	1.00×10^{-10}	13	G3	M1		4.00×10^{-11}
3	G2	G3	1.00×10^{-10}	14	P1	P2		1.00×10^{-12}
4	Z1		2.50×10^{-10}	15	M1	P2		4.00×10^{-12}
5	G1	P2	1.00×10^{-11}	16	M2	P2		4.00×10^{-12}
6	G2	P1	1.00×10^{-11}	17	M3	P1		4.00×10^{-12}
7	G2	P2	1.00×10^{-11}	18	M4	P1		4.00×10^{-12}
8	G3	P1	1.00×10^{-11}	19	G1	M2	M3	1.60×10^{-16}
9	M1	M4	1.60×10^{-11}	20	G3	M2	M3	1.60×10^{-16}
10	G1	M4	4.00×10^{-11}	21	M1	M2	M3	6.40×10^{-17}
11	G2	M1	4.00×10^{-11}	22	M2	M3	M4	6.40×10^{-17}

图 23.13 中三个修订的 FT 分支中基本故障事件的故障率数据如表 23.11 所列。表中的数据与表 23.9 相同,除了增加的三个已识别共因故障基本事件及其故障率数据。包含了 CCF 事件的最终 FT 的定性和定量分析结果如表 23.12 所列。此时的 FT 共有 25 个割集,其阶数最低割集概率是 CCF 事件的发生概率。表中的割集与表 23.10 相同,除了增加的 CCF 割集。需要注意的是,尽管 CCF 事件故障率远低于基本事件故障率,但由于它们是单点故障(也就是说,除了水箱故障外,其他的割集都是二阶或三阶的),因此 CCF 事件更可能发生。

表 23.11 最终 FT 的基本事件数据

事件	故障率	工作时间/小时	概率
P1	1.00×10^{-6}	1	1.00×10^{-6}
P2	1.00×10^{-6}	1	1.00×10^{-6}
M1	4.00×10^{-6}	1	4.00×10^{-6}
M2	4.00×10^{-6}	1	4.00×10^{-6}
M3	4.00×10^{-6}	1	4.00×10^{-6}
M4	4.00×10^{-6}	1	4.00×10^{-6}
G1	1.00×10^{-5}	1	1.00×10^{-5}
G2	1.00×10^{-5}	1	1.00×10^{-5}
G3	1.00×10^{-5}	1	1.00×10^{-5}

事件	故障率	工作时间（小时）	概率
Z1	2.50×10^{-10}	1	2.50×10^{-10}
PC	3.00×10^{-9}	1	3.00×10^{-9}
MC	2.00×10^{-9}	1	2.00×10^{-9}
GC	1.00×10^{-9}	1	1.00×10^{-9}

表 23.12　最终 FT 计算结果

割集编号	割集	概率	割集编号	割集	概率
1	GC	1.00×10^{-9}	14	G2　M1	4.00×10^{-11}
2	MC	2.00×10^{-9}	15	G2　M4	4.00×10^{-11}
3	PC	3.00×10^{-9}	16	G3　M1	4.00×10^{-11}
4	G1　G2	1.00×10^{-10}	17	P1　P2	1.00×10^{-12}
5	G1　G3	1.00×10^{-10}	18	M1　P2	4.00×10^{-12}
6	G2　G3	1.00×10^{-10}	19	M2　P2	4.00×10^{-12}
7	Z1	2.50×10^{-10}	20	M3　P1	4.00×10^{-12}
8	G1　P2	1.00×10^{-11}	21	M4　P1	4.00×10^{-12}
9	G2　P1	1.00×10^{-11}	22	G1　M2　M3	1.60×10^{-16}
10	G2　P2	1.00×10^{-11}	23	G3　M2　M3	1.60×10^{-16}
11	G3　P1	1.00×10^{-11}	24	M1　M2　M3	6.40×10^{-17}
12	M1　M4	1.60×10^{-11}	25	M2　M3　M4	6.40×10^{-17}
13	G1　M4	4.00×10^{-11}			

系统故障概率的计算汇总如下：

$$P(\text{不考虑 CCF 的故障}) = 7.83 \times 10^{-10}$$
$$P(\text{不考虑 CCF 的故障}) = 6.78 \times 10^{-9}$$

这些概率值表明了 CCF 如何对系统故障频率产生显著影响。当分析中忽视 CCF，就会低估整体故障频率，得到不正确的风险评估。

23.9　模　　型

目前已提出多种不同的模型用于 CCF 评价，包括：

（1）β 因子（BF）模型[7]；

（2）基本参数（BP）模型[8]；

（3）多希腊字母（MGL）模型[9]；

（4）二项故障率（BFR）模型[10]；

（5）系统 FT 模型[1,4]。这也是本章介绍的方法。

23.10　优缺点

CCFA 技术具有以下优点：

（1）一种结构化、系统化和严谨的方法；

（2）识别那些会抵消安全关键冗余设计的故障事件；

（3）可以对共因故障进行概率评估；

（4）共因故障概率评估提供了更为真实的系统风险。

CCFA 技术的缺点有：

（1）要求分析人员接受一定培训，且具有实际经验；

（2）有时会因为系统复杂程度和费用过高而无法实施；

（3）只能分析与共因故障相关的危险，而无法识别系统的所有危险。

23.11　应避免的常见错误

当初次学习如何开展 CCFA 时，常会犯一些典型的错误。开展 CCFA 时易犯的典型错误有：

（1）没有对共因故障因素、事件或事件组进行全面深入的分析；

（2）没有评价所有冗余子系统的共因故障薄弱环节；

（3）没有采用 FTA 实现共因故障事件可视化。

23.12　小　　结

本章讨论了 CCFA 技术。有助于总结本章所论述内容的基本原则归纳如下：

（1）CCFA 的主要目的是识别那些破坏设计冗余的单一故障事件，而被破坏的冗余恰恰是为了确保系统在安全关键应用中正常运行；

（2）如果忽略了共因故障，就会低估总的系统风险，因为共因故障危险的概率没有被包括在总的风险计算中；

（3）CCFA 是 SD - HAT 的补充；

（4）对于 CCFA 识别出的危险，可采用其他技术（如 FTA）作进一步详细分析，以确保识别出所有的致因因素。

参考文献

[1] ARP – 4754, SAE Aerospace Recommended Practice, Certification Considerations for High – Integrated or Complex Aircraft Systems, 1996.

[2] A. Mosleh, et al. , Procedures for Treating Common Cause Failures in Safety and Reliability Studies: Procedural Framework and Examples, Volume 1, NUREG/CR – 4780, U. S. NRC, Washington, DC, 1988.

[3] A. Mosleh, D. M. Rasmuson, and F. M. Marshall, Guidelines on Modeling Common – Cause Failures in Probabilistic Risk Assessment, NUREG/CR – 5485, INEEL/EXT – 97 – 01327, U. S. NRC, Washington, DC, 1998.

[4] NASA, Probabilistic Risk Assessment Procedures Guides for NASA Managers and Practitioners, NASA, August, 2002.

[5] H. Kumanoto and E. J. Henley, Probabilistic Risk Assessment and Management for Engineers and Scientists, 2nd ed. , IEEE Press, 1996.

[6] ARP – 4761, SAE Aerospace Recommended Practice, Guidelines and Methods for Conducting the Safety Assessment Process on Civil Airborne Systems and Equipment, 1996.

[7] K. N. Fleming, A Reliability Model for Common Mode Failure in Redundant Safety Systems, Proceedings of the 6th Annual Pittsburgh Conference on Modeling and simulation, General Atomic Report GA – A13284, April, 1975, pp. 23 – 25.

[8] K. N. Fleming, et al. , Classification and Analysis of Reactor Operating Experience Involving Dependent Events, Pickard, Lowe and Garrick, Inc. , PLG – 0400, prepared for EPRI, Feb. , 1985.

[9] Pickard, Lowe and Garrick, Inc. , Seabrook Station Probabilistic Safety Assessment, prepared for Public Service Company of New Hampshire and Yankee Atomic electric Company, PLG – 0300, Dec. , 1983.

[10] PRA Procedures Guide: A Guide to the Performance of Probabilistic Assessment for Nuclear Power Plants, USNRC, NUREG/CR – 2300, Appendix B, 1983.

参考书目

[1] Groen, F. J. , A. Mosleh, and C. Smidts, Automated Modeling and Analysis of Common Cause Failure with QRAS, Proceedings of the 20th International System Safety Conference, 2002, pp. 38 – 44.

[2] Kaufman, L. M. , S. Bhide, and B. W. Johnson, Modeling of Common – Mode Failures in Digital Embedded Systems, Proceedings 2000 Annual Reliability and Maintainability Symposium, 2000, pp. 350 – 357.

[3] Mosleh, A. , et al. , Procedures for Treating Common Cause Failures in Safety and Reliability Studies: Analytical Background and Techniques, Volume 2, NUREG/CR – 4780, US NRC, Washington, DC, 1989.

第24章 管理缺陷与风险树分析

24.1 简 介

管理缺陷与风险树(Management Oversight and Risk Tree, MORT)是一种用于识别与安全相关的、会导致事故发生的疏忽、错误和/或遗漏的分析技术。总体来说,MORT 是一种进行事故调查的被动式分析工具,但也可被用于危险的主动评价与控制。MORT 分析能够跟踪和识别导致一起事故或不期望事件的所有因素。

MORT 分析采用逻辑树结构和 FTA 规则,同时还引入了一些新的符号,因此 MORT 可以像 FTA 一样进行风险概率计算。MORT 分析提供了设计或项目变更所必须的系统安全大纲评价中的决策点。MORT 方法试图将安全性设计与安全管理结合在一起。

24.2 背 景

MORT 属于系统设计危险分析类型(SD – HAT)。有关 SD – HAT 的内容请参见本书第 3 章。MORT 还有一个小型、简单的形式,称为 mini – MORT。

MORT 技术是一种根原因分析工具,提供了一种系统化的分析方法,用于计划、组织和开展详细深入的事故调查。用于识别特定设计控制措施或管理系统因素中的不当之处,这些不当因素都需要被纠正,以便防止事故或不期望事件的发生。MORT 主要关注于疏忽、错误和/或遗漏,并确定管理系统中发生了什么问题。

MORT 分析适用于各类系统和设备,其分析覆盖了系统、子系统、过程、环境和人为差错。MORT 的主要作用在于事故调查中识别所有根原因,并确保提出充分的改进措施。

MORT 分析能够对导致一起不期望事件或事故的根原因进行详细分析。通过从逻辑上仔细跟踪系统内外部能量流,MORT 方法可以对每一类特定能量进行全面分析,分析的详细程度依赖于分析人员自身的学科背景和从逻辑上跟踪系统内部能量流和屏蔽措施的能力。

通过适当的培训,分析人员可以完全掌握 MORT 分析方法。分析人员必须能够理解能量流概念,并必须至少掌握每一种基本能量的特征。分析人员应具备从逻辑上识别能源并跟踪其在系统内部传递路径这一基本技能;除此之外,对应能对能量释放、交换或转换效果进行可视化分析。MORT 分析以扩展形式的 FTA 为基础,因此可由 FTA 替代。除此之外,还可以采用一种压缩的、被称为 mini – MORT 方法。

由于 MORT 分析过于复杂、耗时和庞大,并且难于理解,因此在通用的系统安全性大纲中并不推荐 MORT 方法,有其他的危险分析技术能够更高效地得到分析结果。MORT 可用于事故调查,但 FTA 更易于理解,也更为高效。

24.3   历　　史

MORT 分析技术由美国 Aerojet 核能公司的 W. G. Johnson 于 1970 年前后提出,该方法的研究得到了位于爱达荷州国家工程实验室(Idaho National Engineering Laboratory, INEL)的能源部(前身为原子能委员会)所属能源研究与发展管理局的资助。MORT 分析建立在分析危险能量流以及减轻这些流的安全屏蔽措施的基础上。

24.4   原　　理

MORT 分析技术背后的基本原理其实相当简单易懂。分析工作从一个由 MORT 初创者预先定义好的 MORT 图形树开始,分析人员利用该树,通过对比其项目的管理运行结构与理想的 MORT 结构之间的不同,建立描述其实际项目的 MORT 图。项目的 MORT 图采用 MORT 方法和 FTA 方法的逻辑关系和符号。预先定义的图形树包含了 1500 个基本事件,100 个通用问题域,并提供了大量判别准则。该图参见《MORT 用户手册》[1]。

MORT 着重分析系统设计和管理结构与能量相关的危险。MORT 分析基于能量转移和防止或减轻事故的屏蔽措施,考虑管理结构、系统设计、潜在的人为差错和环境因素。

MORT 分析中通用术语包括以下缩略语:

(1) LTA:不充分的(less than adequate);

(2) DN:没有(did not);

(3) FT:失败/没有完成(failed to);

(4) HAP:危险分析过程(hazard analysis process);

（5）JSA：工作安全分析（job safety analysis）；

（6）CS&R：法规标准与规章（codes standards and regulations）。

基于"重复提问总比没问题可提要好"的思想，通用的 MORT 图中包含了很多冗余分支。MORT 分析基于以下定义：

接受的和假定的风险 已经识别、分析和最大程度符合实际地量化的特定风险，并被合适的管理层经过适当考虑与评价后所接受的风险。由假定的风险所造成的损失通常与地震、龙卷风、飓风等自然灾害相关。

改进 事故后的弥补措施，如医疗服务、救火、救援活动和公共关系等。

24.5 方 法

表24.1 概述 MORT 分析的基本过程，并总结了该过程中的主要步骤和它们之间的关系。该过程的任务是运用设计信息和已知的危险能源信息来验证完整的安全覆盖范围和危险控制措施。

表 24.1 MORT 分析过程

步骤	任务	说 明
1	定义系统	定义系统并确定其范围和边界。定义系统的任务、任务阶段和任务环境；理解系统的设计和运行情况
2	制定 MORT 分析计划	建立 MORT 分析目标和概念定义、分析表、日程安排和流程；根据分析所需，将被分析系统分解为尽可能小的组成部分；确定所分析的对象/功能，并建立其约定层次
3	获取资料	针对系统、子系统和功能，获取所有必需的设计和过程资料（如功能图、代码、原理图、图纸等），并对系统信息和设计描述信息进行提炼以便于开展 MORT 分析
4	进行 MORT 分析	① 利用预先定义的树，为被分析的系统制定新的树图； ② 对树图中的代码事件着色； ③ 继续分析，直到依据支持信息对所有事件进行了充分的分析为止
5	建议改进措施	对风险不能接受的危险提出改进措施建议，分配任务并制定日程以便实施改进措施
6	监控措施的实施	根据计划的时间间隔审核 MORT 图表，以确保改进措施得到落实
7	跟踪危险	将识别的危险纳入为危险跟踪系统（HTS）
8	记录 MORT 分析	在分析表中记录完整的 MORT 分析过程，必要时及时更新信息，并完成对指定的更改措施的闭环处理

24.6 分 析 表

MORT 分析表本质上是一个稍许修订的故障树,在故障树的基础上增加了一些新符号和着色代码。故障树分析(详见第 11 章)中的所有符号、规则和逻辑都适用于 MORT 分析,MORT 中专门新增的符号如图 24.1 所示。参照表 24.2 中的标准,MORT 图中的事件被进行着色编码。

图标	名称	描述
	一般事件	描述一般事件
	基本事件	一个基本部件故障;一个部件的基本的、固有的故障模式;一个随机故障事件
	未展开事件	如需要,可以进一步分析的事件
	满意事件	用于表明逻辑分析的结束
	正常期望事件	作为系统正常运行的一部分而期望发生的事件
	假设的风险转移	已被识别、分析并最大程度符合实际地量化且已被接受的风险
In Out	转移	表示某分支或子树在故障树中其他位置重复出现,有"引入"或"引出"两种表达形式
	或门	只要有一个输入事件发生,则输出事件就发生
	与门	只有当所有输入事件发生时,输出事件才发生
	约束	对门事件或一般事件的限制

图 24.1　MORT 符号

表 24.2　MORT 着色编码

颜色	含　义
红色	任何被认为不充分的因素或事件应在图中标为红色,应在最终报告中加以强调并提供改进建议。慎用,必须有事实支持
绿色	任何被认为充分的因素或事件应在图中标为绿色。慎用,必须有事实支持
黑色	任何被认为不适用的因素或事件应在图中标为黑色,为简单起见,也可以叉号删除
蓝色	蓝色表明该框图已被检查,但尚没有足够的证据或信息对其评价。当完成全面调查分析时,所有蓝色的框图应替换为其他颜色

MORT 分析本质上是一种 FTA,探究发生何种疏忽或遗漏会导致不期望事件或事故,以及从管理系统层面分析为何会发生。从某种意义上讲,MORT 分析就像

是将基础的 MORT 表作为检查表，以确保考虑问题的全面性。

图 24.2 列出了理想 MORT 分析的顶层结构（摘自 MORT 用户手册），其中，S 分支的扩展如图 24.3 所示，M 分支的扩展如图 24.4 所示。图 24.3 中的 1 分支如图 24.5 所示，图 24.5 中的 2 分支如图 24.6 所示。

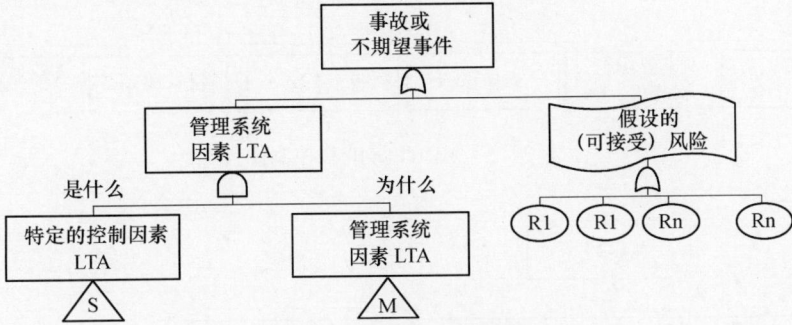

图 24.2　MORT 顶层排列

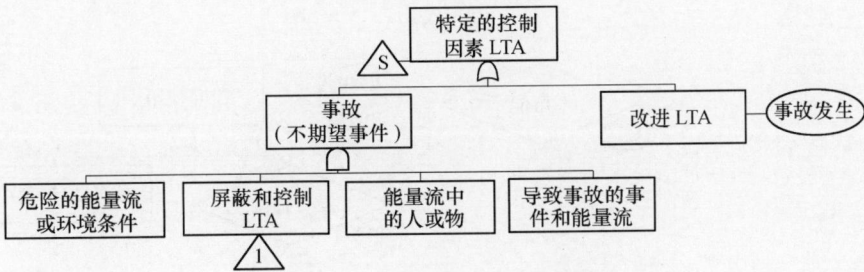

图 24.3　MORT 特定的控制因素

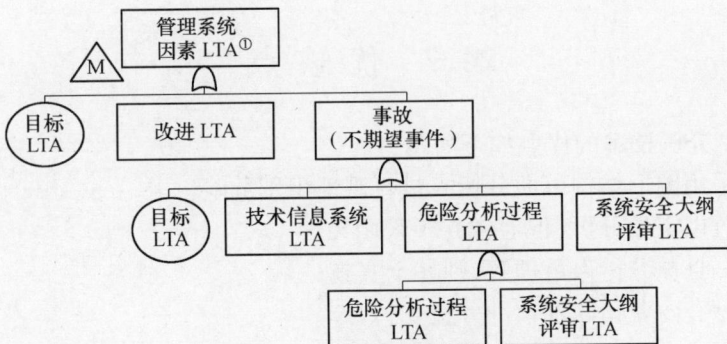

图 24.4　MORT 管理系统因素

---

① 原著为"特定的控制因素 LTA"，有误——译者注

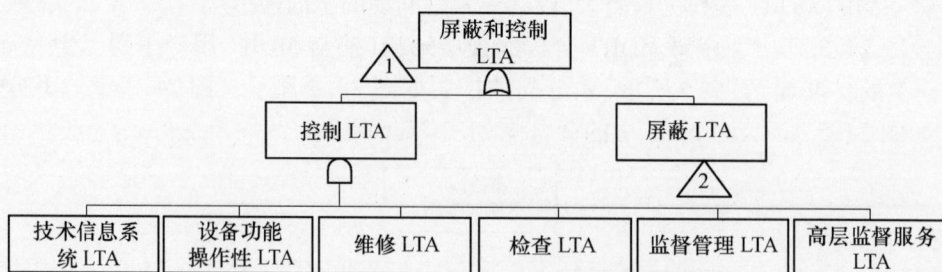

图 24.5　MORT 屏蔽和控制图

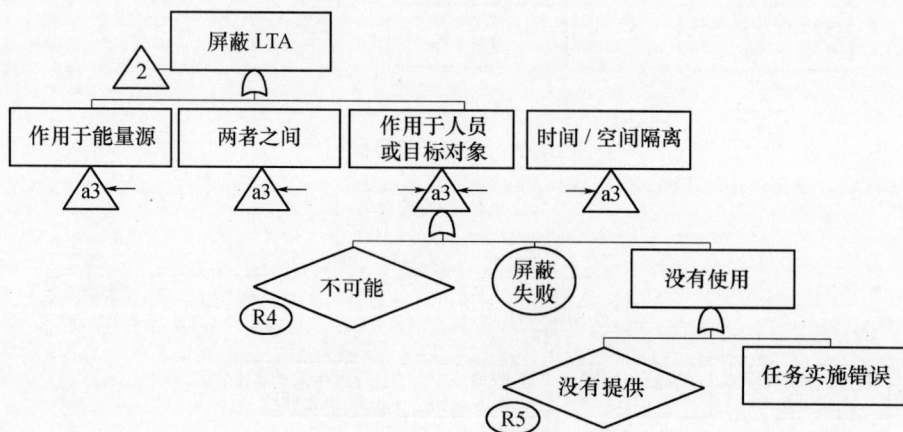

图 24.6　MORT 屏蔽图

24.7　优缺点

MORT 分析技术的优点如下所示：

（1）采用图形结构以便分析人员直观地识别危险；

（2）可以定量分析（但通常并不采用）；

（3）一旦被分析人员理解，则易于实施；

（4）已有商业化软件辅助分析。

但 MORT 分析技术也存在如下缺点：

（1）尽管概念很简单，MORT 分析工作量仍然较大，且需要专门培训；

（2）在识别所有危险能源时，受限于分析人员的能力；

（3）树结构可能会过于庞大，对于初学者而言不易于理解。

24.8 应避免的常见错误

在初次学习如何开展 MORT 分析时,常会犯一些典型的错误。在 MORT 分析过程中常犯的典型错误如下所示:

(1) 没有得到必要的培训;

(2) 没有全面分析所有的致因路径。

24.9 小 结

本章讨论了 MORT 危险分析技术。有助于总结本章所论述内容的基本原则归纳如下:

(1) 类似于 FTA,MORT 是一种根原因分析工具;

(2) MORT 分析的主要目的是服务于事故调查分析;

(3) MORT 分析应作为系统危险分析(SHA)的补充;

(4) MORT 分析的关注点在于危险能源和屏蔽措施;

(5) MORT 分析基于一个预先定义的树图结构;

(6) MORT 用于对一个项目的管理系统进行分析。

参考文献

[1] N. W. Know, and R. W. Eicher, MORT User's Manual, SSDC – 4 (Revision 2), U. S. Dept. of Energy, Idaho Falls, ID, 1983.

参考书目

[1] Clark, J. L. The Management Oversight and Risk Tree (MORT)——A New System Safety Program, Proceedings of the 2nd International System Safety Conference, 1975, pp. 334 – 350

[2] Johnson, W. G. , MORT, the Management Oversight and Risk Tree, U. S. Atomic Energy Commission, SAN – 821 – 2, U. S. Government Printing Office, Washington DC, 1973.

[3] Johnson, W. G. , MORT Safety Assurance Systems, Marcel Dekker, New York, 1980.

[4] Stephenson, J. , System Safety 2000: A Practical Guide for Planning, Managing, and Conducting System Safety Programs, Wiley, New York, 1991, pp. 218 – 255.

第25章 软件安全性评价

25.1 简 介

软件安全性评价(Software Safety Assessment, SWSA)是一种用于评价由软件带给系统的潜在安全隐患的分析方法。通常用来确认系统是否含有软件,如果有,则确定为确保软件安全性必须考虑些什么。如果在系统软件中涉及软件安全性,那么就要执行软件系统安全性大纲(SWSSP)。SWSA 提供了充分的信息,来确定 SWSSP 的规模和范围或证明是否需要 SWSSP。SWSA 帮助系统开发大纲确定软件是否存在安全风险和 SWSSP 的范围。

应注意的是 SWSA 不是严格的危险分析,而是在系统设计中对软件潜在安全关键的评价。如果 SWSA 表明 SWSSP 是必要的,那么将会对系统软件开展危险分析和其他的安全性工作。

25.2 背 景

SWSA 属于系统设计危险分析类型(第3章中描述的基本分析类型),该方法没有别名。

SWSA 目的是评价系统并且确认是否需要 SWSSP,如果需要,确定需要什么样的和多少安全性工作。SWSA 是系统和软件的高层次审查,以确定更详细的 SWSSP 的必要性、范围和资金支持。

SWSA 方法可以应用于任何类型和大小的系统,是一种高层次评价,以确定系统是否含有软件,如果有,确定安全关键等级。当有经验的安全性人员对给定系统开展 SWSA 时,将对 SWSSP 要求的软件安全性任务提供全面彻底的证明。

该方法并不复杂而且容易学习。本章中给出了标准的和容易掌握的 SWSA 分析表及其用法说明。在系统研制周期早期,应用 SWSA 有助于确保软件安全性被充分考虑或证明项目不需要 SWSSP。

建议对于每一个新的或修改的系统进行 SWSA,以确定系统是否包含软件、软件的大小和软件的安全关键。有时系统开发者忽略了这样一个事实:系统可能含有一个被认为是软件并需要 SWSSP 的固件。

25.3　历　史

SWSA 是 C. A. Ericson 于 1977 年左右在波音公司提出的,主要用于评价系统设计中软件的投入,以及审查有效的 SWSSP 所需的工作量。

25.4　原　理

图 25.1 概述了 SWSA 的基本过程,并总结了该过程中涉及的重要关系。SWSA 过程由识别系统设计中的软件模块和评价由软件带来的安全性风险水平组成。软件带来的安全性风险的总量将决定 SWSSP 的大小和范围。

图 25.1　SWSA 概述

SWSA 为安全性分析人员提供数据信息,以确定是否需要 SWSSP 和所需的工作量。在设计过程早期,开展 SWSA 以评价系统软件。SWSA 目的不是立即识别与软件相关的危险和风险,而是了解在系统设计中软件的安全影响。

SWSA 方法是建立在以下定义之上的:

软件　计算机指令和数据的组合,使计算机能够执行计算和控制功能。嵌入式软件是一种用来控制硬件设备的软件,可能含在设备内的处理器中或连接被控硬件的外部计算机中执行。软件包括计算机程序、流程、规则和关于计算机系统操作的相关文件[1]。

固件　存储在只读的非易失性介质中的软件,在处理中不能被计算机动态修改(运行期间写保护)[1]。该规定既适用于上述定义的软件也适用于固件。

25.5　方　法

SWSA 方法的功能框图如图 25.2 所示,这一过程首先从获得一些设计信息,如设计方案、使用方案、系统中计划使用的部件和主要系统功能等开始。这些信息的来源包括：工作说明、目标说明、设计规范、示意图、图纸或原理图等。根据这些信息，下一步是确定和了解系统设计中计划的软件。

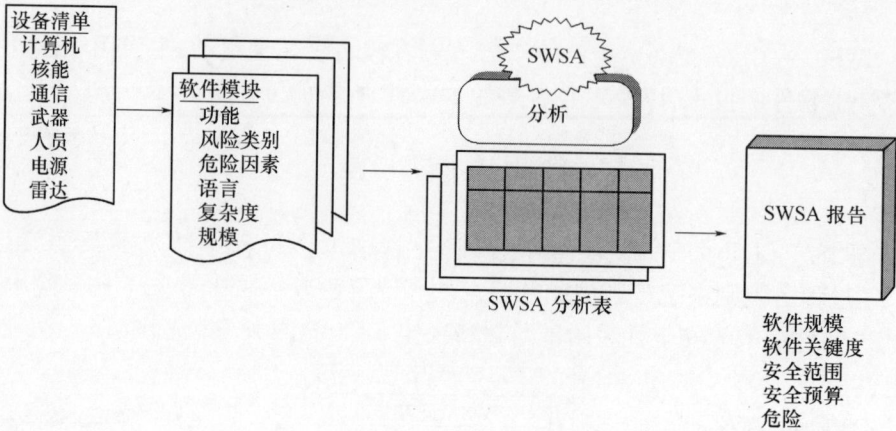

图25.2　SWSA方法

SWSA一般在系统设计寿命周期初期就开展，通常在软件需求或设计开始之前。因此，该分析首先着眼于硬件然后逐渐转向与硬件结合的软件。SWSA过程首先列出所有系统的主要硬件要素或部件。然后，对每个部件进行软件功能评价，无论是嵌入或存储的。收集关于软件的基本数据，例如目的、规模、语言等。为确定软件的安全重要性，把软件按风险水平分类。这些风险水平决定了将来确保安全软件开发所需的工作量。

表25.1列出并描述了SWSA过程的基本步骤。

表25.1　SWSA过程

步骤	任务	说　明
1	定义系统	审查系统并确定其边界、子系统、功能和接口
2	确定硬件/功能	确定并列出所有主要的系统单元或部件。了解它们的功能和目的
3	确定软件或固件	确定硬件部件中是否包含嵌入或存储的软件
4	确定软件模块	确定为实现系统功能而在硬件单元中用的软件模块。如果项目还没有，就需要进行分析和预测
5	确定软件模块数据	确定软件模块相关的数据，如语言、大小、复杂度、接口等
6	确定软件风险指数	用软件风险指数确定每个软件模块的安全重要性等级
7	识别软件相关危险	如果是明显的，识别软件模块造成的危险
8	推荐改进措施	依据评价结果提出改进措施
9	记录SWSA	在分析表中记录整个SSA过程。必要时更新信息

25.6 分 析 表

SWSA 方法使用分析表进行结构化和严谨的分析。虽然评价分析表的格式并不严格,但使用典型的矩阵式或分栏式分析表,有助于支撑分析保持的分析重点和一致性。作为最低要求,以下是 SWSA 分析表需要填写的基本信息:

(1) 评价的项目;

(2) 项目的目的或功能;

(3) 项目是否包含软件或固件;

(4) 软件的数据;

(5) 软件的安全关键指数;

(6) 需要的软件安全性工作。

图 25.3 给出推荐使用的 SWSA 分析表,该 SWSA 分析表使用分栏格式。可能还存在其他形式的分析表,因为不同机构经常剪裁 SWSA 分析表,以满足他们特定的需要。由系统安全工作组、安全性综合产品组(IPT)或进行 SWSA 的安全性分析人员决定使用的具体分析表。

软件安全评价								
项目	功能 / 目的	S/F	软件模块数据	风险类别	SR SC	软件相关的危险 / 事故	建议	备注
①	②	③	④	⑤	⑥	⑦	⑧	⑨

图 25.3 推荐的 SWSA 分析表

SWSA 分析表填写的步骤如下:

(1) **项目** 该栏填写分析的主要硬件子系统、部件、功能或单元。例如,雷达子系统、计算机子系统、飞行控制子系统等等。

(2) **功能/目的** 该栏填写项目的功能或目的。当了解该项目的运行意图时,可能确定出软件模块。

（3）**软件/固件(S/F)** 该栏填写硬件单元是否包含软件或固件。如果没有包含软件或固件,那么该栏填写"无"。

（4）**软件模块数据** 该栏填写预期与已确定与项目相关的软件模块。还填写其他相关信息,例如,模块程序设计语言、源代码行(SLOC)数、复杂程度等。

（5）**风险类别** 该栏填写度量软件模块相对安全风险水平的定性指标。风险类别表明期望的软件模块相对安全重要性以及软件安全性要求的严格程度。美国国防部联合软件系统安全手册[2]给出了称为软件危险风险指数(SHRI)的指标,对软件模块相关风险水平进行分类。在参考文献[2]的第25.7节描述了该过程。

（6）**安全相关—安全关键(SR—SC)** 该栏填写软件是否被认为是安全相关(SR)或安全关键(SC)。该栏如果不填写意味着软件不是安全相关的。

（7）**软件—相关的危险/事故** 该栏填写危险或顶层事故。已识别的软件模块可能是导致危险/事故的因素。进行SWSA时,如果没有发现危险/事故,该栏可以不填写。

（8）**建议** 该栏填写直接通过SWSA得到的建议,例如SWSSP是否需要以及它的范围。建议可能还包括初步设计或程序安全性要求。

（9）**备注** 该栏填写需要记录以备将来使用的与分析相关的注释。例如,该栏可以用来记录软件模块是货架产品。

25.7 软件风险水平

单个软件功能失效概率的确定是最困难的,不能基于历史数据。因此,对软件、软件控制的系统或软件密集型系统的风险初步评价不能仅依赖事故的严酷度和可能性。软件不能像硬件那样用特性和可靠性参数进行评估。因此,SHRI方法建议初步的软件风险评价应考虑其潜在事故严酷度和软件对硬件的控制度。

在代码检查的第一步是确定软件的控制代码(CC)类别和每个软件代码模块的SHRI水平。SHRI水平较高的模块将受到更多的分析和细致的测试审查。

来自于美国国防部联合系统软件安全手册[1]、MIL－STD－882C和STANAG4404等的表格提供了SHRI。软件风险评价过程包括以下四个步骤:

（1）采用表25.2中的标准确定软件模块的控制类别;

（2）采用表25.3中的标准确定软件相关事故的严酷度;

（3）利用第一步和第二步的分类,采用表25.4中的标准确定软件的SHRI;

（4）基于SHRI,采用表25.5确定软件的风险水平。

表 25.2　软件控制代码类别

控制类别	定义
I	软件对不可能介入阻止危险发生的潜在危险硬件系统、子系统或部件实施自主控制。软件失效或不能阻止事件,将直接导致危险发生
IIa	软件对允许独立安全系统有时间进行干预从而降低危险的潜在危险硬件系统、分系统或部件实施控制。但是,这些系统自身没有被充分的考虑
IIb	软件单元显示需要操作人员立即采取措施以降低危险的信息。软件失效将允许或不能阻止危险发生
IIIa	软件单元对需要人的行动来完成控制功能的潜在的危险硬件系统、子系统或部件发出指令。对每个危险的事件有几个冗余、独立的安全措施
IIIb	软件产生用于做安全关键决策的安全关键特性信息。对每个危险事件有几个冗余、独立的安全性措施
IV	软件不控制安全关键硬件系统、子系统或部件而且不提供安全关键信息

表 25.3　事故严酷度类别

说明	种类	事故定义
灾难的	I	可能导致死亡、永久残疾、损失超过 100 万美元或对环境造成违反法律或法规的不可逆的严重破坏
严重的	II	可能导致永久局部残疾、伤害或造成至少三人住院治疗的职业病,损失低于 100 万美元而超过 20 万美元或对环境造成违反法律或法规的不可逆破坏
轻度的	III	可能导致伤害或造成一个或多个工作日失去工作能力的职业病,损失低于 20 万美元而超过 1 万美元或对环境造成没有违反法律或法则的可减轻的环境损坏,采取一些措施后可恢复
可忽略的	IV	可能导致伤害或不会导致一个工作日失去工作能力的疾病,损失低于 1 万美元而超过 2000 美元或对环境造成没有违反法律或法规的非常低的环境损害

表 25.4　软件危险风险指数(SHRI)

控制类别＼危险种类	I 灾难的	II 严重的	III 轻度的	IV 可忽略的
I	1	1	3	5
II	1	2	4	5
III	2	3	5	5
IV	3	4	5	5

表 25.5　SHRI 风险等级

RAC	风险	采取的措施
1	高	充分深入地分析和测试支持
2	中等	要求、设计分析和需要深入测试
3～4	一般	高层次分析和测试,MA 批准的可接受风险
5	低	可接受的风险

不同于硬件相关的危险风险指数（HRI）,较低的软件 HRI 指数并不意味着设计是不可接受的。相反表明软件的分析和测试以及与系统的交互作用需要用更多的资源

25.8　示　例

用假定的 Ace 导弹系统（第 5 章的例子）,演示说明 SWSA 方法。该系统是由导弹和武器控制系统组成的。

系统的基本设备和功能如图 25.4 所示。在方案设计阶段,这是典型的可用信息层次。基于这些基本的设计信息,可以开展十分可信的 SWSA。

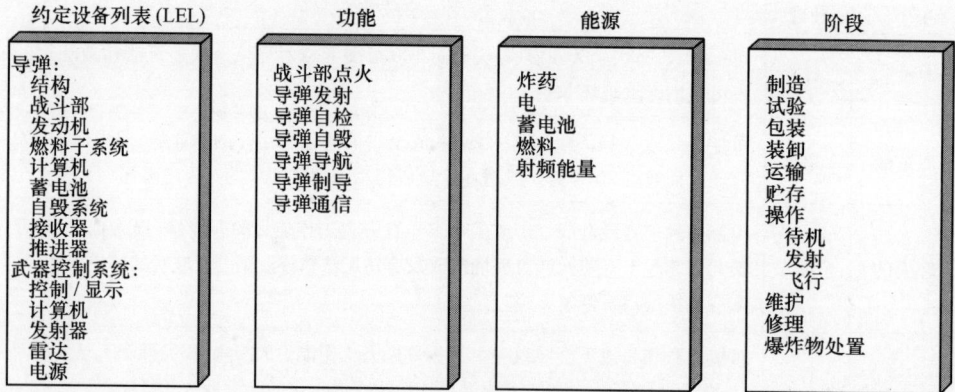

约定设备列表(LEL)	功能	能源	阶段
导弹: 　结构 　战斗部 　发动机 　燃料子系统 　计算机 　蓄电池 　自毁系统 　接收器 　推进器 武器控制系统: 　控制/显示 　计算机 　发射器 　雷达 　电源	战斗部点火 导弹发射 导弹自检 导弹自毁 导弹导航 导弹制导 导弹通信	炸药 电 蓄电池 燃料 射频能量	制造 试验 包装 装卸 运输 贮存 操作 　待机 　发射 　飞行 维护 修理 爆炸物处置

图 25.4　Ace 导弹系统信息

注意,因为 SWSA 在计划的项目早期开展,所以通常可获得非常少的软件信息。这也就意味着 SWSA 分析人员最初必须用规划的硬件部件和系统功能的可用信息开展工作。派生的数据有些可能基于估计或工程判断,但是为系统软件评价提供了起始点。还要注意,这不是危险分析,但是危险、事故和安全关键信息通常能通过该评价一点点逐步积累起来。

表25.6～表25.10 是 Ace 导弹系统的 SWSA 分析表。

表 25.6 Ace 导弹软件安全评估—分析表 1

项目	功能/目的	软件/固件	软件模块数据	风险类别	SR - SC	软件相关的危险/事故	建议	备注
			软件安全评估					
导弹结构	完整的导弹结构包含所有导弹部件	无	无					
导弹战斗部 (W/H)	高性能炸药和点火系统，包括： a. 导弹 S&A 设备在 PHS&T^a 阶段中断 W/H 的电源 b. Arm1 开关（机械装置；环境敏感） c. Arm2 开关（电子器件；环境敏感）	无 无 无 固件	无 无（机械系统） 导弹战斗部解锁功能，Arm2 C++语言 500 源代码行	2a - I	SC	意外点火引爆	需要系统安全要求 需要安全性分析 不允许使用货架软件产品	
导弹发动机电子系统	导弹发动机和电子控制设备	固件 固件	导弹速度整制功能 C++语言 300 源代码行 导弹燃料整制功能 C++语言 250 源代码行	2b - I 2b - I	SR SC	不正确的目标 不正确的目标	需要系统安全要求 需要安全性分析 需要系统安全要求 需要安全性分析	
导弹燃料子系统	存储和传输燃料到导弹发动机	无	无（机械系统）					

分析者：

PHS&T^a 包装、装卸、储存和运输。

表 25.7 Ace 导弹软件安全评估—分析表 2

软件安全性评估

项目	功能/目的	软件/固件	软件模块数据	风险类别	SR-SC	软件相关的危险/事故	建议	备注
导弹计算机	控制导弹，包括：							
	a. 导弹 W/H 电源	软件	W/H 供电功能 C++语言 300 源代码行	2a - Ⅰ	SC	意外爆炸	需要系统安全要求 需要安全性分析	
	b. 导弹制导	软件	导弹翼面控制指令 C++语言 300 源代码行	2b - Ⅰ	SC	不正确的目标	需要系统安全要求 需要安全性分析	
	c. 导弹导航	软件	导弹导航计算 C++语言 300 源代码行	2b - Ⅰ	SC	不正确的目标	需要对货架软件的安全性分析	货架产品软件（卡尔曼滤波器）
	d. 导弹自检测	软件	导弹自测功能 C++语言 300 源代码行	2b - Ⅱ	SR	不安全的导弹状态	需要系统安全要求 需要安全性分析	
	e. 导弹自毁	软件	导弹自毁功能 C++语言 300 源代码行	2a - Ⅰ	SC	意外自毁；不能自毁	需要系统安全要求 需要安全性分析	

分析者：

表 25.8 Ace 导弹软件安全评估—分析表 3

项目	功能/目的	软件/固件	软件模块数据	风险类别	SR–SC	软件相关的危险/事故	建议	备注
			软件安全性评估					
导弹蓄电池子系统	为导弹电子设备供电	无	无（机电系统）					
导弹自毁子系统	炸药和引发导弹自毁功能的引爆器	软件	同导弹计算机－自毁功能（参考导弹计算机）					

分析者:　　　　　　　　　　　　　　　　　　　　　　　　　页码:3/5

表 25.9 Ace 导弹软件安全评估—分析表 4

项目	功能/目的	软件/固件	软件模块数据	风险种类	SR–SC	软件相关的危险/事故	建议	备注
			软件安全性评估					
武器控制系统控制和显示（C&D）	操作员控制和显示；与武器控制系统控制系统的接口	无（武器控制系统统计算机控制）						

（续）

软件安全性评估

项目	功能/目的	软件/固件	软件模块数据	风险种类	SR-SC	软件相关的危险/事故	建议	备注
武器控制系统计算机	控制整个系统,包括:	软件	导弹发射功能 C++语言 300源代码行	2a-1	SC	导弹意外发射	需要系统安全要求 需要安全性分析	
	a. 导弹发射	软件	导弹状态功能 C++语言 300源代码行	2b-1	SC	不安全的导弹状态	需要系统安全要求 需要安全性分析	
	b. 导弹自检测	软件	显示目标数据功能 C++语言 300源代码行	2b-1	SC	不正确的目标;导弹意外发射	需要系统安全要求 需要安全性分析	
	c. C&D指令		处理操作者目标选择 C++语言 300源代码行	2b-1	SC	不正确的目标	需要系统安全要求 需要安全性分析	
			显示系统状态 C++语言 300源代码行	2b-2	SR	不安全的导弹	需要系统安全性分析	
			处理操作者导弹发射 C++语言 300源代码行	2a-1	SC	导弹意外发射	需要系统安全要求 需要安全性分析	

分析者:

412

表 25.10　Ace 导弹软件安全评估 – 分析表 5

软件安全评估

项目	功能/目的	软件/固件	软件模块数据	风险种类	SR – SC	软件相关的危险/事故	建议	备注
武器控制与导弹系统与导弹通信	武器控制系统与导弹的通信;武器控制系统和导弹计算机的接口: a. 目标数据	软件	发送新的或更改的导弹目标坐标功能 C + + 语言 300 源代码行	2b – 1	SC	不正确的目标	需要系统安全要求 需要安全性分析	
	b. 导弹自毁	软件	发送自毁指令功能 C + + 语言 300 源代码行	2a – 1	SC	导弹意外发射	需要系统安全要求 需要安全性分析	
武器控制系统雷达	目标探测和坐标	无	无(探测目标和发送数据给武器控制系统计算机功能)					
武器控制系统电源	为武器控制系统供电和配电	无	无					

分析者:

页码:5(5)

413

Ace 导弹系统 SWSA 的结果和结论归结如下：

（1）系统包含软件和固件；

（2）系统软件涉及安全关键和安全相关的软件；

（3）识别出一些潜在顶层事故；

（4）识别出一些软件模块已识别顶层事故的潜在致因因素；

（5）一些软件模块的高风险类别说明 SWSSP 有充分根据且是必要的；

（6）一些软件模块的高风险类别说明安全的软件设计需要系统安全要求；

（7）需要进一步详细的危险分析以确保安全的系统软件；

（8）由于执行功能的需求，一些软件模块具有较高的复杂性，例如，导航方程的卡尔曼滤波、导弹发射功能、导弹战斗部发射功能等；

（9）在系统中确认出一些 COTS 软件，这意味着要进行特殊的安全性分析，确保 COTS 软件不会使安全关键和安全相关软件降级；

（10）建议进行 SWSSP，可以通过表 25.3 估计 SWSSP 任务和费用。SWSA 分析表中的信息可以用来完成表 25.11。注意，表 25.3 中的条目提供了费用计算的例子，可以根据特定的项目需要和要求进行扩展和调整。

表 25.11　SWSSP 费用计算

任务	定价的基本原理	费用	任务	定价的基本原理	费用
制定软件安全性计划			软件故障报告/软件问题报告（STR/SPR）评审/评价		
进行危险分析 　　PHL 　　PHA 　　SHA 　　其他方法			设计更改评审/评价		
			标记安全关键的系统安全要求		
			标记安全关键的软件模块		
			代码分析		
确定安全关键功能和软件			测试支持		
进行风险评价			工具确认		
建立软件模块的 SIL			操作系统确认		
建立软件系统安全性要求			编译程序确认		
制定编码安全性的标准			COTS 安全性		
检查安全性要求/准则分析的可追溯性			准备安全性评估报告（安全性状况报告）		
进行危险追踪/闭环处理			准备评审演示文稿		

25.9　优　缺　点

以下是 SWSA 方法的优点：

（1）结构化、严谨的系统化方法；

（2）可以有效的对不同细节层次的设计进行分析；

（3）易于学习、使用和领悟；

（4）提供一个粗略的软件风险评价。

SWSA 方法唯一明显的缺点是需要分析人员具有一定的软件安全性知识和经验。

25.10　应避免的常见错误

最初学习如何开展 SWSA 时，常会犯一些典型的错误。以下是使用 SWSA 过程中常犯的典型错误：

（1）没有包含用户或转包商规定的子系统或软件；

（2）没有充分地分析所有系统软件，特别是固件；

（3）没有包括对 COTS 软件进行评估；

（4）没有理解或低估计划的软件模块的安全关键特性。

25.11　小　　结

本章讨论了 SWSA 方法。有助于总结本章所论述内容的基本原则归纳如下：

（1）SWSA 通常用于获得软件安全重要性的粗略评价和 SWSSP 的潜在需求；

（2）SWSA 分析表提供了结构化和严谨的 SWSA 过程；

（3）SWSA 应在项目寿命周期的早期开展，以计划和建立 SWSSP。

参考文献

［1］Reference EIA SEB6 – A.

［2］DoD Joint Software System Safety Handbook, December 1999.

第26章 总 结

本书主要集中在两个目的上,第一个目的是论述对危险理论的认识,使危险可以更好地被了解,进而更加容易识别和描述。第二个目的是详细说明在系统安全中如何运用22种最为常用的危险分析方法。为了真正成为专业人员,系统安全分析人员必须能够正确应用恰当的方法以识别和降低危险。总体而言,本书介绍的观点可以概括为以下几个关键原则:

原则1:危险、事故和风险不是偶然事件;

原则2:危险是设计引入的;

原则3:危险由三个要素组成;

原则4:危险和事故风险管理是安全性核心过程;

原则5:危险分析是危险和事故风险管理的关键;

原则6:危险管理包括七种主要危险分析类型;

原则7:危险分析主要包括七种危险分析方法。

26.1 原则1:危险、事故和风险不是偶然事件

事故不是随机事件,而是一个确定事件。事故不会凭空发生,是一系列特定状态(也就是危险)的结果。危险是一种可以导致事故的潜在状态,这也就意味着事故可以通过危险识别来预测。并且通过消除、控制或降低危险,可以阻止或控制事故的发生。

危险是事故的前兆,危险是一种能确定一个潜在事件(也就是事故)的状态,而事故是发生了的事件,这就是危险和事故的直接关系。危险和事故是一种现象的两种状态,它们的连接需要一个状态转移过程。危险是位于事件序列一端的"潜在事件",可能转变为位于事件序列另一端的"真实事件"(事故)。从危险状态转变为风险状态是基于相关的风险。这种观点如图26.1所示。

在危险—事故转变过程中要注意两点:第一点,在转变过程中一般会有某种能量的积累,这种能量最终引起事故灾害。第二点,在转移过程中,事故存在一个不可逆点,经过这一点后事故的发生将不可逆转。每一个危险都有其特点,所以也有其独特的时间周期。

图 26.1 危险和事故关系

26.2 原则 2：危险是设计引入的

危险是怎样产生的？是自然的还是人为的行为？事故不会凭空发生，是危险的结果。并且危险也不是随机产生的，是环境和/或系统设计中无意引入设计缺陷的结果。

危险存在的基本原因是：(1)因为系统必须使用危险元素，所以是不可避免的，和/或(2)是设计中安全性考虑不充分导致的。由于差的或不充分的设计或正确设计未能正确实施造成设计中安全性考虑不充分。包括没充分考虑硬件故障、潜在通路、软件错误、人为差错等等的潜在后果。

通常情况下，带有危险元素的系统始终具有危险，而且危险消除不了。在这种情况下，危险通常是已知的，其目的是把系统的事故风险降低到可接受的水平。为了减小风险，首先必须识别出危险致因因素，这可以通过危险分析来实现。

由于设计"失误"、设计差错或缺乏预见，危险经常被不经意地引入到系统设计中。例如，两个子系统可能分别独立设计，当组合成系统时就存在未预料到的接口问题，这将产生危险。或者，一个电气系统的设计中可能会有意外的潜在通路，这也会产生危险。系统安全工作人员必须在危险分析上投入精力以识别这些危险以及它们的致因因素。

幸运的是，危险产生于设计和研制过程之后，这使得它具有确定性、可预测性和可识别性。这就需要本书介绍的危险分析和危险分析方法。

26.3 原则 3：危险由三个要素组成

危险是一种独特而离散的实体，由一系列特定的致因因素和后果组成。每个危险都有其特点，及相应的风险水平。危险就像一个微系统，在状态转移变为事故之前，有一段潜伏期。危险表示了潜在事故的条件和状态，并包含了对整个潜在事故的描述，事故是危险的产物。

危险是由以下三个基本要素组成,危险的存在必须具备这三部分:

（1）危险元素（HE），是指危险源，是危险的源动力。例如，在系统中应用危险的能量源，如炸药。

（2）触发机制（IM），是指导致危险出现的触发事件或引发事件。触发机制使危险变为现实，即从一种潜伏状态变为实际的事故。

（3）对象和威胁（T/T），是易受到伤害和/或损坏的人或物，描述了事故的严酷度。是事故的后果和预期伴随的伤害和损失。

危险要素总是存在于危险之中，是危险的根源。只有当 IM 触发转移过程，危险才转化为事故。事故发生的概率是一个关于危险要素、触发机制、对象/威胁的函数。其中，IM 的发生概率是主要概率因素，但也要考虑对象/威胁暴露的概率、危险元素的出现和数量。事故严酷度是对象/威胁接近性、易损性，以及危险元素的数量和潜在伤害能力的函数。

这三要素构成危险三角形，如图 26.2。危险三角形说明危险是由三个必要的而且有联系的部分组成，各是三角形的一条边。危险的存在，三角形的三边是必需的。删除三角形的任意一边，由于不再能够发生事故（也就是，三角形不完整），危险消除。降低三角形触发机制边的发生概率，则事故概率降低。减少三角形危险元素或对象/威胁边的要素，则事故严酷度降低。

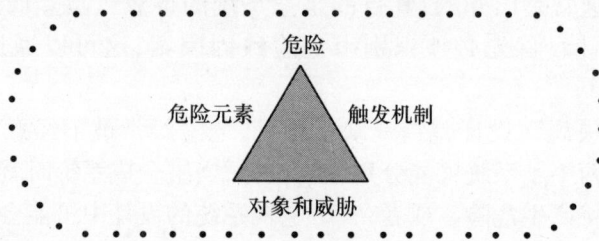

图 26.2　危险三角形

应该注意,有时这三个危险组成部分也称为:（1）源、（2）机制、（3）后果。这些术语已被认可，并与危险元素、触发机制、对象/威胁定义相同。对对象/威胁用后果这个名字有助于更加清晰地说明危险和事故的直接关系。

26.4　原则 4:危险和事故风险管理是安全性核心过程

系统安全大纲的目的是进行安全性设计和降低事故风险。历史经验证明，在设计阶段采取主动预防措施保证安全性的效费比要比发生事故后再在系统中采取安全措施的效费比高得多。而这就要通过多个不同的系统安全任务来实现;但是,系统安全核心过程是围绕危险开展工作——危险识别、风险评估,然后再进行危险消除或降低。系统安全核心过程可以归纳为图 26.3 所示的闭环过程。

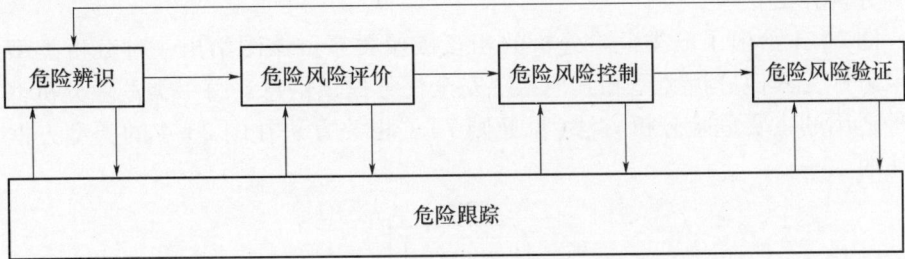

```
┌─────────────────────────────────────────────────────────────────┐
│                                                                   │
↓         ┌──────────┐    ┌──────────┐    ┌──────────┐    ┌──────────┐
│         │ 危险辨识  │ →  │ 危险风险评价│ → │ 危险风险控制│ → │ 危险风险验证│
│         └──────────┘    └──────────┘    └──────────┘    └──────────┘
│              ↕              ↕               ↕               ↕
│         ┌─────────────────────────────────────────────────────────┐
└─────────│                      危险跟踪                            │
          └─────────────────────────────────────────────────────────┘
```

图 26.3　系统安全聚焦于危险

这是一个危险和事故风险管理的过程,即通过危险识别、危险事故风险评价、对风险水平不可接受的危险进行控制,保证安全。这是一个闭环过程,危险被识别后,会不断地跟踪和修正危险直到确认风险可接受并通过验证。通常采用自动危险追踪系统来收集和存储危险信息。

26.5　原则 5:危险分析是危险和事故风险管理的关键

为了降低事故风险,系统安全大纲必须把焦点集中在危险上,因为风险来自危险。对危险和危险致因因素的识别主要通过危险分析。危险分析需要采取专门为识别和评价危险与事故风险而提出的方法。在系统安全过程中,危险分析工具是必不可少的要素。系统安全分析人员/工程师应该熟悉本书中提到的每一种危险分析工具。这些工具是对各类系统进行危险和安全分析的基本手段。

26.6　原则 6:危险管理包括七种主要危险分析类型

自从系统安全理念和 MIL - STD - 882 问世,已经产生了七种危险分析类型。每一种危险分析类型都有其独特的原理。危险分析类型定义了分析目的、时机、范围、详细程度和系统规模,不详细说明分析的方法。一种特定的危险分析类型不一定识别系统中所有的危险,识别所有危险可能需要不止一个类型。当各类分析一起使用时,它们的组合作用提供了一个识别危险、降低危险和减小系统残余风险的最佳过程。一个切合实际的系统安全大纲,应包括七个危险分析类型以确保覆盖所有危险和提供最佳的安全保证。

危险分析类型建立了能被系统安全大纲最佳实施的危险研究和评价分类。而每一类危险研究和评价确定了应进行的系统安全工作以及所需信息的类型。只有通过特定的危险分析方法才能完成一类危险分析,而每一类分析类型包括多种分析方法。

图26.4 给出了七类危险分析的相互依赖关系。该图给出一种分析类型的结果怎样为其他分析类型和其他系统安全任务提供信息。每一类危险分析都有一种适用的主要危险分析方法(见原则7)。相关方法在图26.4 的类型方框上方注明。

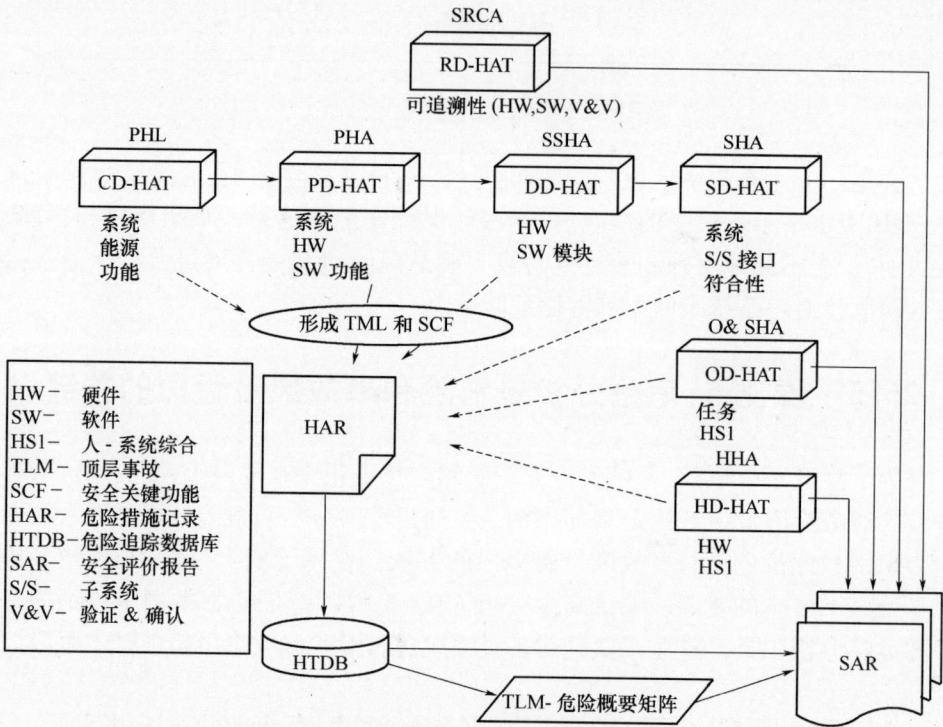

26.4 危险分析类型关系

26.7 原则7:危险分析主要有七种危险分析方法

每种危险分析方法都是一种独特的分析手段,总目标是识别危险、降低危险和评价系统残余风险。每种方法都采用特定的指导原则和规则开展分析,每种方法都有特定的目的,有预先确定的输入和输出,有已知的功用。系统安全专业人员可以使用的危险分析方法已超过 100 种(可以查阅"系统安全分析手册",系统安全协会出版,www. systemsafety. org)。

因为许多分析方法由于种种原因没有应用到实际工作中,所以没有必要掌握所有方法。有些方法是其他方法的微小改进,因此本质上是重复的。还有些方法适用范围非常狭窄,因此应用非常少。

在已有的众多危险分析方法中,已确定了有七种主要方法,能够完成危险识别和评价的核心工作。在系统安全大纲需要进行的危险分析中,大概有 90% 会使用这七种方法,每种方法都与一种分析类型直接相关。

表 26.1 给出了用于完成每个分析类型的可选方法。在主要分析方法栏中的这些方法能完全满足分析类型的需要。在辅助方法栏中的这些方法可以用来支持分析类型,但是它们单独不能够充分地满足分析类型的需要。实际中存在许多分析方法,这里列出的是在系统安全学科中常用的方法,它们形成了安全从业人员的工具箱。

表 26.1　各种分析类型适用的分析方法

分析类型	主要分析方法	主要的辅助方法	
CD – HAT	PHL	无	
PD – HAT	PHA	FuHA SWHA	BA HAZOP
DD – HAT	SSHA	FMEA FaHA FuHA FTA SCA	BPA BA MA PNA SWSA
SD – HAT	SHA	FTA ETA SCA BPA BA FuHA	MA PNA SWSA MORT CCA CCFA
OD – HAT	O&SHA	无	
HD – HAT	HHA	O&SHA	
RD – HAT	SRCA	无	

图 26.5 给出了四种主要危险分析方法之间的具体关系。这些方法中,从

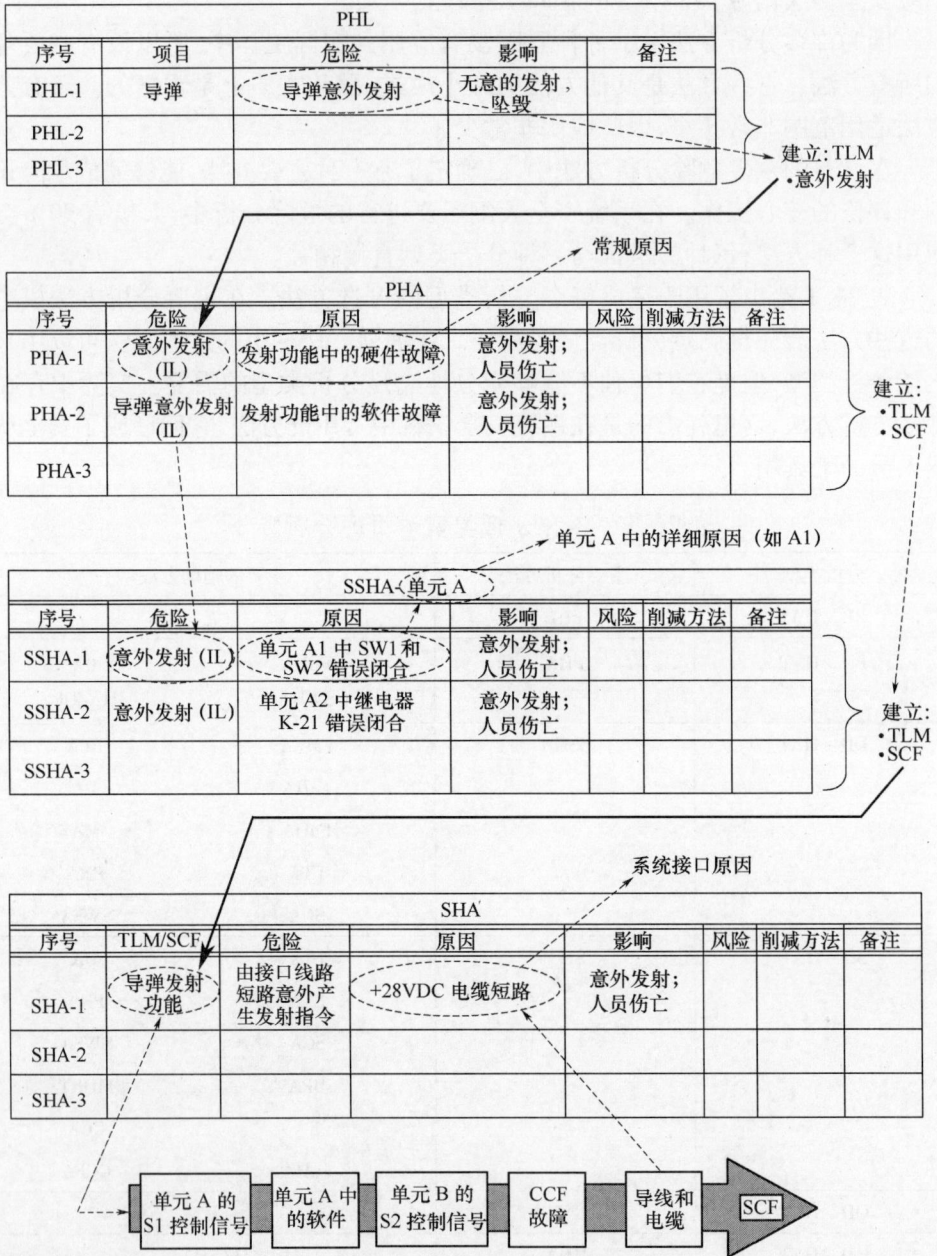

PHL				
序号	项目	危险	影响	备注
PHL-1	导弹	导弹意外发射	无意的发射,坠毁	
PHL-2				
PHL-3				

建立:TLM
•意外发射

常规原因

PHA						
序号	危险	原因	影响	风险	削减方法	备注
PHA-1	意外发射(IL)	发射功能中的硬件故障	意外发射;人员伤亡			
PHA-2	导弹意外发射(IL)	发射功能中的软件故障	意外发射;人员伤亡			
PHA-3						

建立:
•TLM
•SCF

单元 A 中的详细原因（如 A1）

SSHA 单元 A						
序号	危险	原因	影响	风险	削减方法	备注
SSHA-1	意外发射(IL)	单元 A1 中 SW1 和 SW2 错误闭合	意外发射;人员伤亡			
SSHA-2	意外发射(IL)	单元 A2 中继电器 K-21 错误闭合	意外发射;人员伤亡			
SSHA-3						

建立:
•TLM
•SCF

系统接口原因

SHA							
序号	TLM/SCF	危险	原因	影响	风险	削减方法	备注
SHA-1	导弹发射功能	由接口线路短路意外产生发射指令	+28VDC 电缆短路	意外发射;人员伤亡			
SHA-2							
SHA-3							

单元 A 的 S1 控制信号 → 单元 A 中的软件 → 单元 B 的 S2 控制信号 → CCF 故障 → 导线和电缆 → SCF

图 26.5　主要危险分析方法的关系

PHL 开始,前一个方法是后一个方法的基础。从 PHL 得到的顶层事故(TLM)信息,在 PHA 中用来识别危险。PHA 识别的危险,通过 SSHA,识别危险具体的根本致因因素。在 PHL、PHA 和 SSHA 识别出的 TLM 和 SCF,通常用来帮助在 SHA 中识别系统接口危险。

26.8   结 束 语

牢记:绝对的安全是不可能的,因为完全没有危险的状态不存在,特别是固有的危险系统。危险将会存在,但是它们的风险能够且必须做到可接受。安全是在费用、时间、使用效能(性能)的控制和约束下,事故风险达到的最优水平。系统安全需要评价风险,并由有关当局来决定接受或者拒绝风险的水平。事故风险管理是系统安全对工程和管理要求的基本起点。系统安全是从初始设计阶段到系统报废或废除装备阶段,对系统进行约束和控制的过程。

系统安全是一种投资而非交易费。通过在系统研制阶段主动开展系统安全工作,将会消除和减少将来的潜在事故。系统安全大纲中的总费用比在系统寿命周期中经历的一次或多次事故所造成的损失要少得多。事故代价依据费用、时间、生命、环境破坏、社会影响和公众效应计算。

在系统安全学科中,危险分析是系统安全的核心。同时,掌握什么时候应用和应用哪种危险分析方法,以及怎样正确应用这些方法也都是极其重要的。在本书中描述的七种主要方法会经常使用,而剩下的 15 种方法通常用于支持分析和特殊用途的情况。

附录 A　缩略语清单

AIAG	Automotive Industry Action Group	汽车工业行动小组
ALARP	as low as reasonably practical	合理可行的最低
ASME	American Society of Mechanical Engineers	美国机械工程师协会
ASQC	American Society for Quality Control	美国质量管理协会
BA	barrier analysis	屏蔽分析
BB	Birnbaum	伯恩鲍姆
BE	basic events	基本事件
BF	beta factor	β因子
BFR	binomial failure rate	二态故障率
BP	basic parameter	基本参数
BPA	bent pin analysis	弯针分析
CAD	computer – aided design	计算机辅助设计
CC	control code	控制码
CCA	cause – consequence analysis	因果分析
CCBE	common cause basic event	共因基本事件
CCD	cause – consequence diagram	因果图
CCF	common cause failure	共因故障
CCFA	common cause failure analysis	共因故障分析
CD – HAT	conceptual design hazard analysis type	方案设计危险分析类型
CDR	critical design review	关键设计评审
CE	condition events	条件事件
CFMA	cable failure matrix analysis	电缆故障矩阵分析
CIL	critical item list	关键项目清单
CM	configuration management	配置管理
CMF	common mode failure	共模故障
COTS	commercial off the shelf	货架产品
CPU	central processing unit	中央处理单元
CS	cut set	割集

424

CSCI	computer software configuration item	计算机软件配置项
CS&R	codes, standards, and regulations	法规、标准与条例
CSU	computer software unit	计算机软件单元
DC	direct current	直流电
DD – HAT	detailed design hazard analysis type	详细设计危险分析类型
DFT	dynamic fault tree	动态故障树
DN	did not	没有
DoD	Department of Defense	国防部(美国)
EEG	evidence event gate	证据事件门
EMI	electromagnetic interference	电磁干扰
EMR	electromagnetic radiation	电磁辐射
EOD	explosives ordnance disposal	爆炸物处置
ET	event tree; exposure time	事件树;曝露时间
ETA	event tree analysis	事件树分析
ETBA	energy trace and barrier analysis	能量跟踪与屏蔽分析
ETD	event tree diagram	事件树图
FaHA	fault hazard analysis	故障危险分析
FBD	functional block diagram	功能框图
FDEP	functional dependency	功能相关
FFD	functional flow diagram	功能流程图
FMEA	failure mode and effects analysis	失效模式及影响分析
FMECA	failure mode and effects and criticality analysis	失效模式、影响及危害分析
FMRI	final mishap risk index	最终事故风险指数
FT	fault tree; failed to (MORT)	故障树;无法(MORT)
FTA	fault tree analysis	故障树分析
FuHA	functional hazard analysis	功能危险分析
FV	Fussell – Vesely	下行法(故障树)
GHA	gross hazard analysis	总体危险分析
HAP	hazard analysis process	危险分析过程
HAR	hazard action record	危险纠正措施记录
HAZOP	hazard and operability	危险与可操作性
HAZOPS	hazard and operability study	危险与运行研究
HCF	hazard causal factor	危险致因因素

HCM	hazard control method	危险控制方法
HCR	hazard control record	危险控制记录
HD – HAT	health design hazard analysis type	健康设计危险分析类型
HE	hazardous element	危险元素
HF	human factors	人为因素
HHA	health hazard assessment	健康危险评价
HMI	human machine interface	人机接口
HSI	human system integration	人机系统集成
HTS	hazard tracking system	危险跟踪系统
HWCI	hardware configuration item	硬件配置项
ICI	Institute of Chemical Industry	化学工业研究所(英国帝国化学工业集团)
IE	initiating event	初始事件
IEL	indentured equipment list	约定设备清单
IM	initiating mechanism	触发机制
IMRI	initial mishap risk index	初始事故风险指数
INEL	Idaho National engineering Laboratory	爱达荷州国家工程实验室
IPT	integrated product team	综合产品开发小组
ITL	indentured task list	约定任务清单
JSA	job safety analysis	工作安全分析
LRU	line replaceable units	外(现)场可更换单元
LTA	less than adequate	不能满足要求/不够充分
MA	Markov analysis	马尔科夫分析
MCS	minimal cut set	最小割集
MGL	multiple Greek letter	多希腊字母
MOB	multiple occurring branch	多重分支
MOCUS	method of obtaining cut sets	割集确定方法
MOE	multiple occurring event	多重事件
MORT	management oversight and risk tree	管理缺陷与风险树
MOV	motor – operated valves	电动阀
MRI	mishap risk index	事故风险指数
MSDS	material safety data sheets	化学品安全数据说明
MTBF	mean time between failures	平均故障间隔时间
NDI	nondevelopmental item	非研制项目

O&SHA	operating & support hazard analysis	使用与保障危险分析
OD – HAT	operations design hazard analysis type	使用设计危险分析类型
OHA	operating hazard analysis	使用危险分析
OS	operating system	操作系统
OSD	operational sequence diagrams	操作顺序图
OSHA	Occupational Safety and Health Administration	职业安全与健康管理总署（美国）
PD – HAT	preliminary design hazard analysis type	初步设计危险分析类型
PDR	preliminary design review	初步设计评审
PE	pivotal events	关键事件
PFS	principal for safety	安全责任人
PHA	preliminary hazard analysis	初步危险分析
PHL	preliminary hazard list	初步危险表
PHS&T	packaging, handling, storage and transportation	包装、装卸、贮存和运输
PM	program manager	项目经理
PNA	Petri net analysis	Petri 网分析
PRA	probabilistic risk assessment	概率风险评价
RAW	risk achievement worth	风险增加当量
RBD	reliability block diagrams	可靠性框图
RCA	root cause analysis	根原因分析
RF	radio frequency	射频
RFI	radio frequency interference	射频干扰
RG	reachability graphs	可达性图
RHA	requirements hazard analysis	要求（需求）危险分析
RHR	residual heat removal	剩余热量处理
RPN	risk priority number	风险优先数
RRW	risk reduction worth	风险减少当量
SAE	Society of Automotive Engineers	汽车工程师学会
SAR	safety assessment report	安全评价报告
SBP	software build plan	软件开发计划
SC	safety critical	安全关键
SCA	sneak circuit analysis	潜通路分析
SCF	safety critical function	安全关键功能

SDF	software development file	软件开发文档
SD‑HAT	system design hazard analysis type	系统设计危险分析类型
SDP	software development plan	软件开发计划
SDR	system design review	系统设计评审
SHA	system hazard analysis	系统危险分析
SHRI	software hazard risk index	软件危险风险指数
SLOC	source line of code	（软件）源代码行数
SOO	statement of objective	目标说明
SOW	statement of work	工作说明
SPF	single‑point failure	单点故障
SPR	software problem report	软件问题报告
SRCA	safety requirement/criteria analysis	安全性要求（需求）/准则分析
SSCA	software sneak circuit analysis	软件潜通路分析
SSHA	subsystem hazard analysis	子系统危险分析
SSMP	system safety management plan	系统安全管理计划
SSP	system safety program	系统安全大纲
SSPP	system safety program plan	系统安全大纲计划
SSR	system safety requirements	系统安全要求
STP	software test plan	软件测试计划
STR	software trouble report	软件故障报告
SUM	software user manual	软件用户手册
SWHA	software hazard analysis	软件危险分析
SWSA	software safety assessment	软件安全评价
SWSSP	software system safety program	软件系统安全大纲
TE	transfer events	转移事件
T/T	transfer of threat	危险转移
TLM	top‑level mishap	顶层事故
UE	undesired event	不期望事件
VVD	version description document	版本说明文档
WBS	work breakdown structure	工作分解结构
WCS	weapon control system	武器控制系统

附录 B   词汇表

可接受风险（acceptable risk）   已识别的事故风险中的一部分，是基于现有知识和决策确定的，无需进一步采取工程或管理措施来消除或降低的风险。系统的用户应同意接受这一部分风险。

接受的风险（accepted risk）   接受的风险包括两部分：(1)已经被系统的开发人员或用户掌握并接受的风险；(2)默认接受的目前仍未知的风险。

事故（Accident）   导致人员伤亡、系统毁坏或财产、设备或环境破坏的不期望事件。

事故场景（Accident scenario）   最终导致事故的一系列事件。事件序列从一个初始事件开始，通常跟随着一个或多个导致不期望最终状态的关键事件。

合理可行的最低（As low as reasonably practical，AlARP）   已确定的可接受的事故风险等级，并认为是合理可能的最低（风险），并始终是可接受的。是根据一组事先定义的可接受的 ALARP 条件确定的，并可接受。

屏蔽分析（Barrier analysis，BA）   用于识别与危险能源相关危险的分析技术。通过评价阻止危险能量流的屏蔽装置，提供评价从危险能量到目标（人员或设备）的不期望路径的工具。屏蔽分析的理论依据是：当系统中存在危险能源时，这些能源就会对特定目标产生威胁。在能源与目标之间设置屏蔽装置能够消除对目标的威胁。屏蔽分析应遵循一套事先制定的指南或准则开展。

弯针分析（Bent pin analysis，BPA）   分析连接器内部插针，以判断潜在的弯针对安全性影响的专门分析方法。弯针是指连接器内部的插针在两个连接器正常对接时发生弯曲。弯针问题是指其在系统运行过程中与其他插针或连接器壳体之间形成的电接触。一旦发生这种情况，很可能会导致正负电压之间的断路和/或短路，这在某些系统设计中是很危险的。

级联故障（Cascading Failure）   其发生概率会由于先前发生的故障而大幅增加的故障事件。级联故障是相关事件，其中某个部件的故障会导致下一个部件也发生故障，类似于推倒多米诺骨牌。

组合模型（Combinatorial model）   一种图形化的系统描述，遵循特定的建模规则将系统部件从逻辑上组合在一起。有不同种类的组合模型，如可靠性框图（RBD）、故障树（FT）和成功树。

货架产品（Commercial off the shelf，COTS）   可以从供应商目录中买到

的商品化产品。不需要研发和制造。

共因部件组（Common cause component group，CCCG）　承受共同的耦合因素的一组部件。

共因故障（Common cause failure，CCF）　多个部件在系统运行过程中由于一个共同的原因而同时故障（或处于无法使用的状态）。从这个角度看，CCF与关联故障密不可分，是一个破坏冗余或独立性的故障或事件（ARP–4761）。

CCF是多个部件由于共同的原因同时故障。例如，两个电动机由于同时为其供电的共用断路器故障而同时无法运转。CCF包含CMF，但CCF具有更大的范围和覆盖面。部件由于共同的原因故障时，往往是以相同的功能模式故障。CCF的原因不仅仅考虑设计上的相关性，还有环境因素，人为差错等。忽视相关性和CCF会导致高估可靠性和/或安全性水平。对于系统安全而言，由产品/部件故障构成的CCF事件应满足下述原则：(1)两个或多个单独的部件故障或降级，从而无法在需要时工作，或虽然运行但无法安全地工作。(2)部件的故障是由于单个共同原因和耦合机制造成的。

共因故障耦合因素（Common cause failure coupling factor）　一组部件或零件的定性特性，这种特性会导致这些部件易受相同故障致因因素的影响。这些因素包括相似的设计、位置、环境、任务以及运行、维修和试验规程。耦合因素属于CCF根原因的一部分。识别耦合因素使分析人员能够采取防护措施避免共因故障薄弱环节。

共因故障根原因（Common cause failure root cause）　导致部件故障的最基本原因，这些原因一旦纠正就会防止故障再次发生。典型的CCF根本原因有：热、振动、湿气等。识别根原因可使分析人员采取设计措施防止CCF。

共模故障（Common mode failure，CMF）　多个部件以相同模式的故障。一个事件影响多个部件的事件，否则认为这些事件是独立的。例如，一组来自同一个制造商生产的相同电阻会由于相同的制造缺陷而以相同的模式（和工作时间）全部出现故障。CMF这一术语用于早期文献，目前仍有部分研究人员采用，是最常见的一类CCF，但并非一个精确的术语，无法说明导致CCF事件的所有不同的相关情形。CMF是共因故障的特例或子集。

计算机程序（Computer program）　计算机指令和数据的组合定义，使计算机硬件能够执行计算和控制功能。计算机程序也被称为软件。

计算机软件配置项（Computer software configuration item，CSCI）　满足最终使用功能并且由开发人员或订购方指定为单独配置管理的软件集合。

计算机软件单元（Computer software unit，CSU）　CSCI设计中的元素；例如，CSCI的一个主要分支、该分支的一个部件、一个类、对象、模块、功能、例程或数据库。软件单元可以处于结构的不同层次,也可以由其他软件单元组成。

并行工程(Concurrent engineering)　同时实施多个研发任务以便节省研发时间。该方法具有较高的技术风险,因为一些产品在全面开发和试验完成之前就开始试生产。

关键项目清单(Critical item list, CIL)　被认为是对系统可靠性和/或安全运行至关重要的项目清单。该清单通常由 FMEA 获得。

演绎分析(Deductive analysis)　由一般理论到具体的推理分析,以确定一个事件是如何实际发生的原因或一个可能潜在的事件是如何发生的(例如:故障树分析)。演绎分析倾向于填补前提中的漏洞和不足以确认前提的有效性。

相关性(设计上)(Dependence(in design))　设计使某个部件的故障会直接引起或导致其他部件故障,指某个部件的功能状态受到另一个部件功能状态的影响。CCF 相关性通常源于系统为执行其预定功能而采取的设计方式。相关故障是那些破坏用于提高系统可靠性和/或安全性的冗余和相异性的故障。在某些系统设计中,相关关系可能相当微妙,如:

(1)备用冗余——当一个运行的部件故障,一个备用部件转入工作,系统继续执行功能。运行部件的故障导致备用部件更容易故障,因为它现在开始承担负载。

(2)共同负载——当一个部件故障时,增加了其他部件负载。由于此时的其他部件将更容易故障,因此我们不能再假定统计的独立性。

(3)互斥事件——当一个事件发生时,就会排除另一个事件的发生。

相关事件(Dependent event)　当一个事件的结果直接影响另一个事件的发生,则称它们是相关的(概率论)。计算两个相关事件同时发生的概率,将 A 的概率乘以 B 在 A 的情况下发生的概率,即 $P(A \text{ and } B) = P(A)P(B|A)$,这就是条件概率。例如,一盒内装有 1 分、5 分和 1 角硬币各一枚,计算第一次拿到 1 角硬币且在不放回的情况下接着拿到 1 分钱硬币的概率,这些事件是相关的。第一次拿到一角硬币的事件概率 $P(A) = 1/3$;而由于只剩下 2 个硬币,所以接着拿到一分硬币的事件概率 $P(B|A) = 1/2$。因此两个事件同时发生的概率是 $1/3 \cdot 1/2 = 1/6$。诸如"没有放回"和"不替换"等关键词表明了事件是相关的。如果 $P(A \text{ and } B) \neq P(A)P(B)$,两个故障事件 A 和 B 被称为相关的。当存在相关性,一般来说(但并非必然)$P(A \text{ and } B) > P(A)P(B)$。两个(或更多)事件中增加的这部分概率就是为何需要特别关注共因故障的原因。

确定性过程(Deterministic process)　在给定一组(环境)条件下,确定性过程或模型可预测一个单一的结果。一个确定性过程产生一个确定的或必然的结果,且在相同的数据条件下,该过程是可以重复的。确定性模型是确定或必然的,是随机的对立面。

嵌入式软件(Embedded software)　嵌入式系统是其内部采用了微处理器的电子设备。使用微处理器简化了系统设计,增强了灵活性。嵌入式软件通常存储在只读存储器(ROM)芯片中,这意味着更新软件需要更换芯片或对其重新编程。

能量屏蔽(Energy barrier)　防止危险能源以足够的当量级达到潜在目标而造成破坏或伤亡的任何设计或管理手段。屏蔽措施采用时间或空间等多种方式将目标与能源隔离。屏蔽可以采取多种方式,如:物理屏蔽、距离屏蔽、时间屏蔽、程序屏蔽等。

能量路径(Energy path)　能量从源头流向目标的路径。

能源(Energy source)　包含可以释放潜在能量的任何物质、机构或过程。安全性关注的是释放的能量可能会伤害潜在目标。能源通常构成了危险三角形中的危险元素边。

工程开发模型(Engineering development model)　已多年使用的标准传统系统开发寿命周期方法。开发与试验阶段划分为初步设计、最终设计和改进试验。在该模型中,每个阶段都必须在下一阶段开始前成功完成。这种方法一般要花费最长的时间,因为系统是串行开发的。有三个重要评审需要在阶段转换时开展,即:系统设计评审(SDR)、初步设计评审(PDR)和关键设计评审(CDR)。这些设计评审是危险分析类型的重要方面。

差错(Error)　(1)由于系统的使用或维修人员的不正确活动或决策导致的结果,和(2)规范、设计或实施中的一个错误。

事件树(Event tree,ET)　一个故障场景的图形化模型,可以得到不同的结果及相应的概率。ET是概率风险评价(PRA)中最常用的工具之一。

故障安全(Fail safe)　确保系统处于安全状态的一种设计特性,或者在发生故障时,使系统恢复到不会发生事故的状态(MIL‒STD‒882D)。

失效(Failure)　产品偏离其要求或规定的运行、功能或行为;用户面临的问题。系统、子系统或部件不能执行其要求的功能。产品在规定的条件下不能运行。

失效原因(Failure cause)　引发失效模式的过程或机理。导致部件失效的可能过程包括物理失效、设计缺陷、制造缺陷、环境应力等。

失效影响(Failure effect)　失效模式对一个产品或系统运行、功能或状态造成的后果。

失效模式(Failure mode)　失效模式是产品失效的形式;产品失效后的模式或状态。产品发生失效的方式。

失效模式及影响分析(FMEA)　评估子系统、组件、部件或功能潜在失效模式影响效果的工具。它是可靠性分析的主要工具,用于识别对系统可靠性产生不利影响的失效模式。FMEA 能够包括每个失效模式的失效率,从而可以进行定量的概率分析。此外,FMEA 也可扩展用于评估造成系统不期望状态的失效模式,如系统危险,因此也可用于危险分析。FMEA 依据一组制定好的指南和规则实施分析工作。

故障(Fault)　设备或系统功能不期望的异常状态。不期望状态的出现,可能是一个失效(failure)的后果。

故障树分析(Fault tree analysis, FTA)　用于确定一个特定不期望事件的根原因及其发生概率的系统分析技术。故障树是一个对系统中可能的事件、故障或正常现象的各种组合的图形化逻辑表达模型,而这些事件的发生导致了一起已识别的危险或不期望事件。它依据一组建立好的指南、规则和逻辑门来分析因果关系。

功能危险分析(Functional hazard analysis, FuHA)　通过分析功能来识别系统危险的分析技术。功能是系统运行完成其任务或目标的手段。通过评估无法执行功能、错误执行功能或在错误时间执行功能等现象对安全的影响,识别系统危险。当功能故障被认为是危险的,通过另外的根原因分析,详细调查故障的原因。FuHA 依据一组建立好的指南和规则实施分析工作。

引导词(Guide word)　危险与可操作性(HAZOP)分析中的特殊用词,帮助引导分析工作。HAZOP 使用了一组诸如更多、更少、早于、晚于等引导词。

硬件(hardware)　具有物理特征的客观物体。通常指外(现)场可更换单元(LRU),电路板、电源等(SAE ARP – 4761)。

硬件配置项(Hardware configuration item, HWCI)　满足一个最终使用功能并且由订购方指定为单独配置控制的硬件组合。

危险(hazard)　任何可能导致人员伤害、疾病或死亡,系统、设备或财产损坏或损失,环境破坏的实际的或潜在的状态(MIL – STD – 882D)。一个潜在的不安全状态源于故障、意外事件、差错或它们的组合(SAE ARP – 4761)。

危险致因因素(Hazard causal factor, HCF)　导致危险存在的特定因素。在较高的层次看,致因因素是危险元素和触发机制。在一个更精细的层次看,致因因素是不良设计、良好设计的不正确实施以及潜在的或实际的故障,它们的发生导致了危险状态。

危险控制记录(Hazard control record, HCR)　用于跟踪危险的记录,包含危险识别、评估、控制和处理相关信息。

危险三角形(Hazard triangle)　由危险的三个组成部分构成的一个三角

形,以此说明危险是由三者缺一不可的部分构成。三角形由下列三个部分构成:(1)危险元素(HE)——这是造成危险的基本根源,如危险的能量源、如在系统中使用的爆炸物。(2)触发机制(IM)——这是导致危险发生的触发或引发事件。触发机制促使危险从休眠状态向活跃的事故状态转变。(3)目标和威胁(T/T)——这是易受到伤害的人和/或破坏的事物,并描述了事故的严重性,是事故的结果和预期中的相应损坏和损失。

危险与可操作性(Hazard and operability,HAZOP)　识别和分析系统中与危险和运行操作相关问题的技术方法。主要用于化学工业。HAZOP 分析对于设计运行意图的偏差导致的危险。

健康危险评估(Health hazard assessment,HHA)　评估系统设计和运行操作程序,以识别其中严重影响人员健康的危险。例如,需要考虑系统中的噪声、振动、毒性、热、危险物质等对人员的影响。它依据一组建立好的指南和规则实施分析工作。

人因工程(Human engineering)　在系统或设计中应用有关人的能力和限制方面的知识,从而以最小的代价以及人力、技能和培训需求获得高效率、高效益和安全的系统。人因工程确保系统或设备的设计、要求的人员任务和工作环境与将从事系统使用、维修、控制和保障的人员的感官、知觉、精神和身体特性相适应(MIL - HDBK - 1908A)。

人为差错(Human error)　由顺序、时机、知识、接口和/或规程等方面的问题而引起的不期望的动作和不动作,会导致偏离预期的标准或规范,为人员、设备和系统带来风险。

人为因素(Human factors,HF)　有关人的特性的科学知识体系。该术语涵盖生物医学和心理学内容。包括(但不限于)以下内容:人因工程领域的原理与应用、人员选择、培训、生命保障、工作能力支持和人员能力评价等(MIL - HD-BK - 1908A)。

人系统综合(Human system integration,HSI)　在系统设计中应用人为因素和人因工程,确保系统在其寿命周期内安全可靠地运行。既然人员是任何系统的主要组成部分,必须对人员能力进行专门的设计考虑。人机界面,包括人员对系统的影响,都必须是系统设计中的一部分。

已识别风险(Identified risk)　通过识别和评价风险所确定的已知风险。

渐进式开发(Incremental development)　是一种开发过程:经过依次渐进的几个阶段,利用已有的成熟技术先后确定期望的能力、最终状态要求,并最终满足这些要求。这种方法将开发过程分为渐进的阶段从而降低了开发风险。在进行详细设计之前,基本的设计方案、技术和方法得到了开发和证明。

约定层次(Indenture level)　确定和说明组件或功能相对复杂性的产品层次。层次的划分从复杂(系统级)逐步过渡到简单(零件)(MIL - STD - 1629A)。例如,设备约定层次用于指定设备层次划分清单,有助于对系统的理解。

独立性(设计上)(Independence(in design))　确保一个部件的故障不会导致另一个部件故障的设计思路。由于在逻辑和数学方面的影响,这一思路在许多安全性和可靠性分析技术中都非常重要。许多模型中,如故障树分析,都假设事件是独立的。

独立事件(Independent event)　一个事件的结果不会影响第二个事件的结果(概率论)。两个独立事件同时发生的概率计算,是将第一个事件的概率乘以第二个事件的概率,也就是 $P(A\ and\ B)=P(A)P(B)$。例如,扔 2 个骰子,计算每个骰子都是 3 点的概率。这些事件是独立的,因此,$P(3)\cdot P(3)=1/6\times(1/6)=1/36$即发生概率为 1/36。

归纳分析(Inductive analysis)　从具体到一般的推理方法,以确定一个部件的故障会对整个系统造成什么影响(如:失效模式及影响分析)。归纳分析倾向于从数据中构建前提,而数据可能是不完整的,无法完全验证前提的正确性(必须有更多的数据)。

初始事件(Initiating event,IE)　引发事故序列的故障或不期望事件。IE 可能会导致事故,具体情况依赖于系统设计的危险处置措施能否成功发挥作用。

联锁(Interlock)　安全联锁是一个单独的设备和/或更大系统的部分功能特性。其目的是防止在没有满足特定的安全性参数前执行全部系统功能。如果将进入一个已知的危险状态,联锁能够中断系统功能,因此阻止事故发生。例如,如果一个危险的激光设备正在一个无人的锁定房间内工作,房门上的一个传感器将是一个安全联锁装置,可以在有人无意中开门进入房间时自动切断激光系统的电源。

安全性联锁装置还可以防止由于可能的系统故障模式而意外执行某个功能。例如,除非三个分离且独立的开关全部合上,否则导弹不会被通电发射。这三个开关被看作三个独立的联锁装置,可以显著降低由于随机故障而意外发射导弹的概率。联锁就像一个暂时的屏蔽装置,防止意外完成功能路径。

隐蔽故障(Latent failure)　发生时未被检测和/或通告的故障。备用系统的隐蔽故障意味着用户无法知道备用系统已经故障。

马尔科夫分析(Markov analysis,MA)　利用马尔科夫链和马尔科夫过程分析和评价系统。MA 为部件提供了一种组合型的分析,有助于可信性和可靠性研究。

马尔科夫链(Markov Chain)　一种随机变量序列,其中变量的未来取值仅由当前变量确定,而与产生当前状态的过去状态无关(在给定的当前状态下,未来与过去无关)。马尔科夫链假设状态和时间参数都是离散的,例如一个全局时钟。

马尔科夫过程(Markov process)　马尔科夫过程假设系统的状态是连续的,用于评价从一个已知状态向下一个逻辑状态转移的概率,直至系统达到其最终态。例如,第一个状态是系统所有部件正常工作,下一个状态是第一个部件故障,以此类推,直至达到系统最终的故障状态。该过程的行为是每一个状态都是无记忆的,意味着未来的系统状态仅依赖于当前状态。在一个静态系统中,不论转移发生在何时,状态间转移的概率保持常数。

事故(Mishap)　导致人员死亡、伤害、职业病,设备或财产破坏或损失以及环境破坏的一个或一系列非计划事件。(MIL – STD – 882)

事故风险(Mishap risk)　利用可能的事故严酷度和发生概率来表示一起事故的影响和可能性。(MIL – STD – 882)

减轻(Mitigation)　用于减小危险带来的风险的措施,通过降低危险而达到减少事故概率和/或事故严酷度的目的。通常通过设计措施、使用安全装置、告警装置、培训或规程等来实现减轻。也称为危险减轻和风险减轻。

多任务软件(Multitasking software)　所谓任务是指由软件完成的一项工作。多任务是指同时执行多个任务(或线程)且在不同任务之间切换的过程。由于大多数计算机使用单一中央处理单元(CPU),因此一次只能执行一个任务。多任务仅仅是表现为同时运行多个任务(或线程)而已。

互斥事件(Mutually exclusive events)　两个事件相互排斥是指如果一个事件发生则排除另一个事件的发生。例如,如果发生了事件"开关 A 无法闭合",则事件"开关 A 无法打开"就不可能发生。开关显然不可能在同一个时间处于这两种状态。

网络树(network trees)　系统电路的一种简化的图形表述。在保持所有电路元件相关性的前提下,有选择地删除无关紧要的电路细节而产生的,从而降低系统复杂性。用于潜通路分析。

非开发项目(Nondevelopmental item, NDI)　由其他系统或开发项目提供的已开发的项目。当前项目使用 NDI 时不需再进行开发或制造。

使用与保障危险分析(Operating & support hazard analysis, O&SHA)用于识别和评估使用操作危险的分析。基于详细的设计信息,评价使用任务和规程,分析人机系统综合(HIS)因素,诸如人为差错、人工任务超负荷、认知错觉、硬件故障对人员的影响等。O&SHA 建立使用规程中必要的提示与告警。有

436

时,O&SHA 也需要进行设计更改或其他解决方案。它依据一组建立好的指南和规则实施分析工作。

操作系统(Operating system,OS)　引导和控制计算机运行的总体程序。OS 管理处理器时间、内存使用、应用程序、并行线程等。

运行(operation)　执行一组流程以满足总目标。例如,一个导弹维修运行可以是"更换导弹蓄电池",其目标是执行所有必需的流程和任务来更换蓄电池。

关键事件(Pivotal events)　在初始事件(IE)和最终事故之间的中间事件,是为防止初始事件转变为事故采用的安全性设计措施的失败/成功事件。如果一个关键事件成功执行,将阻止事故场景,从而被认为是一个缓解事件。如果一个关键事件失败,则事故场景继续发展,而它也被看作是一个恶化事件。

初步危险分析(Preliminary hazard analysis,PHA)　通常是第一个严谨实施的分析,用于识别危险、危险致因因素、事故和系统风险。通常在初步设计阶段开展,因此实际上是一种初步分析,依据一组建立好的指南和规则实施。PHA 工作始于 PHL 中识别的危险,并对其进行扩展。PHA 面向系统的,一般识别系统级危险。

初步危险表(Preliminary hazard list,PHL)　能够得到危险清单的分析。该危险清单被认为是初步的,因为是开展的第一个危险分析,通常在系统开发过程早期开展,此时仅能得到概念性信息。PHL 更多地是一种具有创新性的分析,目的是为了尽快将工作聚焦于方案设计阶段所能预想的危险。

概率风险评价(Probability risk assessment,PRA)　一种综合性、结构化的逻辑分析方法,用于识别和评价复杂技术系统风险,详细分析和评估事故场景,并采用定量化分析得出事故风险。

流程(Procedure)　为完成一项操作而必须执行的一组任务。流程中的任务设计成遵循顺序执行,以便正确且安全地完成运行。例如,更换电池的操作可能包含了 2 个基本流程:(1)拆除(旧)电池和(2)更换(新)电池。上述每一个流程又包含了一组必须执行的特定任务。

定性分析(Qualitative analysis)　基于定性取值的分析或评价。一般不包含数学计算,但是可以有定性指标。定性分析得到的结论通常被认为是主观和/或模糊的。

定量分析(Quantitative analysis)　基于数值和/或数学计算的分析或评价。定量分析得到的结论通常被认为是客观和具体的。

可达性(Reachability)　系统可能会有多种不同状态;可达性指的是系统在运行过程中能够达到任意一个或全部状态的能力。根据设计原因,系统也可能无法到达某些状态。

实时内核(Real - time kernel) 许多嵌入式系统采用实时内核,是一小段代码,在一组并行线程间管理处理器时间和内存使用。

实时软件(Real - time software) 实时系统是指那些能足够快速地接收、处理数据并反馈结果,从而及时影响和控制环境的系统。在实时系统中,响应时间是最关键的要素,其性能底线依赖于多种因素。

冗余(Redundancy) 采用多个相同部件的设计方法,使得如果一个部件故障,下一个部件仍能执行功能。这种方法得到较高的工作可靠性。采用多个独立手段联合来实现规定功能。

可靠度(reliability) 产品在规定条件下和规定时间内,无故障地完成规定功能的概率。是系统的内在特性。

修理(Repair) 物理上修复一个故障部件、产品、子系统或系统,使其恢复到运行状态的能力。

要求(Requirement) 技术规范中可被鉴别的元素,这种元素能被确认,且相对该元素的实施能被验证(SAE - ARP - 4761)。

残余风险(Residual risk) 在系统安全措施全面实施后剩余的全部风险。根据 MIL - STD - 882D,是"依据系统安全设计优先顺序实施了所有消除/减轻风险技术后仍剩余的事故风险"。残余风险是事故风险管理工作落实后所有风险的总和,是转移给最终用户的总风险。

可重复使用的软件(Reusable software) 已独立开发但可用于当前应用的软件。一般直接使用不需修改。

风险(risk) 受到可能的损失或伤害;危险(字典)。风险是对一个潜在事件(如财务失败事件、进度失败事件或事故等)造成的预期损失的度量。在系统安全中,是指事故风险,此处的风险 = 可能性(概率) × 严酷度。

风险分析(Risk analysis) 风险分析是识别安全风险的过程,包括识别导致事故的危险并评价相应的风险。

风险评价(Risk assessment) 对已识别危险造成的风险的确定过程。包含评价已识别危险的致因因素,再用危险严酷度乘以危险概率来表征风险。

风险沟通(Risk communication) 利益相关方之间交换风险信息和意见的交互过程。

风险管理(Risk management) 利用工程、管理和使用手段来减少、最小化或控制所评价风险的过程。涉及对支持安全性、性能、费用和进度等方面的资源进行优化分配。

风险优先数(Risk priority number, RPN) 用于可靠性的风险等级数,其中 RPN = 发生概率×严酷度等级×检测等级。

根原因分析(Root cause analysis, RCA) 识别一个事件的最低层基本原因的过程。此类事件一般都是不期望事件,如危险或事故。有不同的技术手段可用于 RCA。

安全(安全性)(Safety) 不发生导致死亡、伤害、职业病、设备或财产损坏或损失以及环境破坏的状态。(MIL – STD – 882)。系统在规定的条件下、规定的时间内执行规定运行过程中不发生某些不期望事件(也就是事故)的能力。一个系统或产品在已知且已接受的事故风险水平下进行运行的能力。它是系统的内在特性。

安全性证明材料(safety case) 系统开发商提供的系统安全服务的证明材料。这些材料说明安全性工程和管理过程各个阶段的工作是如何确保得到一个安全的系统,并提供支撑这些结论的证据。

安全关键(Safety critical, SC) 表示任一条件、事件、操作、过程或项目的正确识别和控制、适当的性能或容差对于安全的系统运行和保障是必须的一种描述性术语。(如:安全关键功能,安全关键路径或安全关键部件等)(MIL – STD – 882D)。

安全关键功能(Safety critical function, SCF) 由硬件、软件和/或人机系统综合构成的功能,其正确运行对于安全的系统运行是必须和基本的。对于"安全的系统运行"的定义可能依赖于项目或系统,但通常意味着运行过程中不会发生导致人员伤亡和/或系统损失的事故。因此,SCF 是任何一旦故障或错误就会导致伤亡和/或损失的功能。

安全相关(Safety related) 描述那些不符合安全关键定义但能导致风险增加的任何条件、事件、操作、过程或项目的术语。

安全性要求/准则分析(SRCA) 用于评价系统安全要求(SSR)及其相关的准则。SRCA 具有双重目的:(1)确保每一个被识别的危险至少有一个相应的安全性要求,和(2)验证所有安全性要求都得到实施并成功地确认。SRCA 本质上是一种可追溯性分析,确保安全性要求中没有漏洞或缺陷,且所有设别的危险在设计上都有充分的并已验证的减轻措施。SRCA 适用于硬件、软件、固件和试验要求。

安全关键功能线索(SCF thread) 指组成 SCF 的项目(功能、部件等),这些项目对于 SCF 的成功执行是必须的。通常(但非总是)一个 SCF 线索是一个重大的顶层事故的"逆向"。例如,顶层事故"导弹意外发射"间接确定了一个安全关键功能"导弹发射功能"。它之所以成为安全关键功能是因为在安全关键功能线索中的一切都必须正确地工作才能保证系统的安全运行。该线索包含了所有那些发生故障就会导致顶层事故的元素。

半马尔科夫过程（Semi – Markov process）　与纯粹的马尔科夫过程类似，但状态转移时间和概率取决于系统达到当前状态的时间。半马尔科夫模型对于分析复杂动态系统非常有用，常用于可靠性计算。

潜在通路（sneak circuit）　电气系统中一种潜在路径或状态，在不发生故障的情况下，也会通过正常的系统运行来抑制希望的状态出现，或者激发意外或不期望的行为。

潜在通路线索（sneak clues）　有助于分析人员识别潜在通路的项目检查表或线索表。分析人员将线索与网络树和拓扑图进行对比，查找潜在通路。线索表根据过去的经验和研究来制定。

软件（Software）　计算机程序、过程、规则和任何有关计算机系统运行的相关文档（ARP 4761）。

软件编译连接版本（Software build）　符合一组特定要求的软件版本。一个最终的系统可能需要经过多次增量编译连接（编连）才能得到。对于纠正异常和/或缺陷或者添加新功能来说，编连往往是必须的。

软件编连计划（Software build plan，SBP）　描述增量编连过程中所有软件编连计划的文档。该计划包括进度安排和将采用的编连命名惯例。在软件安全分析中很有用。

软件配置管理计划（Software configuration management plan）　详细说明软件配置管理过程的文档。在各种软件生成和版本更新时要有严格控制，并且，未经恰当的授权和采用控制措施不得随意更改软件，这两点很重要。在软件安全分析中很有用。

软件开发文件（Software development file，SDF）　与开发软件特定部分有关的材料库。其典型内容包括（直接包括或以参考的方式）动机、原理和与要求分析、设计与执行相关的约束；开发人员内部测试信息；进度安排与状态信息。在软件安全分析中很有用。

软件开发计划（Software development plan）　描述软件开发中必须实施的软件工程任务的文档。包括工具、定义、约束条件等。在软件安全分析很有用。

软件工程标准（Software engineering standard）　刻画软件开发方法、实践、编码规则等内容的标准，用于某个组织内部的软件开发。对软件安全分析有用。

软件问题报告（Software problem report，SPR）　记录在正式测试中发现的软件问题或异常的文档。也称为软件故障报告。对软件安全分析有用。

软件测试计划（Software test plan，STP）　包含软件测试，特别是计算机软件配置项认证测试计划的文档。STP 中包含了测试目标、认证方法,并提供了从需求到特定测试的可追溯性。对软件安全分析有用。

软件线程(Software threads) 设计用于执行单一任务的指令序列。一个任务可以划分为一个或多个并行运行的线程,但一个线程也可以用于一个或多个任务目标。将代码分成线程可以使编程人员一次只关注于一个任务,从而简化了软件开发和维护工作。

软件故障报告(Software trouble report,STR) 记录在正式测试中发现的软件问题或异常。也称为软件问题报告。在软件安全分析中很有用。

软件用户手册(Software user manual,SUM) 记录软件最终用户(将运行软件并使用其结果的人员)所需信息的文档。在软件安全分析中很有用。

规范(Specification) 构成定义系统或项目功能和属性准则的要求集合。(SAE – ARP – 4761)。

螺旋式开发(Spiral development) 确定了期望的能力,但在项目初始阶段无法知道系统最终态要求的一种开发过程。随着演示、风险管理和持续的用户反馈,重新细化要求。每一次改进都提供可能的最好能力,但下一次改进的要求取决于用户的反馈和技术的成熟。

状态(State) 部件或系统在特定时刻所处的情况(如:运行状态、故障状态、降级状态等)。

状态转移图(State transition diagram) 表示系统状态、状态间转移和转移率的有向图。这些有向图包含了建立用于马尔科夫分析概率计算的状态方程所需的充足信息。

随机过程(Stochastic process) 依据其可能性或概率来预测一组可能结果的过程或模型。随机过程是一个随机或可能结果。

子系统(Subsystem) 在一个特定系统中满足一组逻辑功能的产品组(MIL – STD – 882D)。

子系统危险分析(Subsystem hazard analysis,SSHA) 一般是用于识别危险、危险致因因素、事故和系统风险的第二个严谨的分析。通常在详细设计阶段开展,并依据一组确定的指南和规则实施。SSHA 始于 PHA 识别的危险,对其致因因素进行扩展。SSHA 只限于被分析的子系统中的危险。

系统(System) 人员、规程、材料、工具、设备、设施和软件等(对象)以任何复杂程度层次的综合体。该综合体的要素在规定的使用或保障环境下一起执行给定任务或达到规定目的、保障或任务要求(MIL – STD – 882C)。

系统危险分析(System hazard analysis,SHA) 用于识别和评价一般由子系统接口导致的系统级危险。基于详细设计信息并依据确定的指南和规则实施分析工作。经常会通过实施某种特定目的的分析来支持 SHA 工作。例如,可用故障树分析定量评价"导弹意外发射"这一系统危险。SHA 关注于系统层面,并不深入分析那些完全属于子系统内部的危险。

系统寿命周期(System life cycle)　系统寿命周期通常划分为方案设计阶段、初步设计阶段、详细设计阶段、试验阶段、生产阶段、运行阶段和处置(报废)阶段。其中运行阶段通常是最长的,可能达到 30 年~50 年甚至更长。

系统安全(System safety)　在使用效能与适应性、时间和费用等约束条件下,贯穿系统寿命周期所有阶段,应用工程和管理原理、准则和技术,使系统达到可接受的事故风险(MIL - STD - 882)。为预防事故或将事故风险降低到可接受的程度,在系统研制过程中应用工程和管理过程,有意识地将安全性设计到系统中。

系统安全大纲(System safety program, SSP)　在系统开发过程中,为研制安全的系统,综合实施的各种系统安全管理和系统安全工程任务和活动。

系统安全大纲(实施)计划(System safety program plan, SSPP)　为实施系统安全性大纲,对承包商采用的计划任务或活动的说明。其中包括组织职责、资源、实现方法、里程碑、工作深度,以及与项目中其他工程/管理活动和相关系统的综合。

任务/工作项目(task)　工作单元,与其他的工作单元一起构成一个流程。例如,"拆卸蓄电池"可以由一系列顺序执行的工作单元组成,如关闭电源、打开蓄电池盒盖、拆卸引线、打开蓄电池固定螺栓、拆卸电池。

顶层事故(Top - level mishap, TLM)　选定的各种危险的总体事故分类,这些危险具有相同的顶层后果或事故类型。TLM 是可由多种不同危险引发的一个重大事故。顶层事故目的是将由不同致因因素导致的相同结果的潜在危险进行归类。

拓扑图(Topograph)　出现在网络树种的图形。用于潜在通路分析。

总风险(Total risk)　所有已识别的(已知的)和未识别的(未知的)各种风险的总和。

不可接受的风险(Unacceptable risk)　无法容忍的风险。

未识别的风险(Unidentified risk)　没有发现的未知风险,是真实而重要的风险,但它还没有被认识到。有些未识别风险只有当事故发生后才能被识别。有些风险则永远是未知的(也就是其概率如此之小以至于永远不会发生)。

确认(Validation)　确定一个产品的要求是充分正确和完整的。

验证(Verification)　评价一个实际应用,以确定使用要求得到了满足。

版本说明文档(Version description document, VDD)　软件特定发布或编连版本的说明。基本上是说明该版本软件中包含内容的清单,对软件安全分析有用。

442

附录 C   危险检查表

本章汇总了来自不同领域的危险检查表。在识别危险过程中,危险检查表能够给系统安全分析人员提供很大帮助。因此,可以参考的检查表越多,识别出所有危险的可能性越高。

在开展危险分析时,分析人员将系统设计知识和信息与危险检查表进行对比。这样让分析人员设想或假定可能的危险。例如,如果分析人员发现系统设计方案中采用了喷气燃料,则他可以将喷气燃料与检查表进行对比。由危险检查表可以很容易知道喷气燃料是一种危险元素,而喷气燃料燃烧或爆炸则是一种潜在事故,根据不同的点火源而体现不同的危险。

危险检查表不应视为一种完整的、最终的或者是包罗万象的表格。利用过去的经验,能够激发分析人员对于潜在危险源的识别。危险检查表并不能替代良好的工程分析和判断,仅仅是一种促进危险识别的机制或催化剂。

当使用多个危险检查表时,可能会有多余或重复的检查条目,但是相对于许多不同的线索带来更多的总价值,这些不足因素可以忽略。

表 C.1 列出了附录 C 中包括的各种检查表。

表 C.1　附录 C 中的各类危险检查表

章节	名称	章节	名称
C.1	通用危险检查表	C.5	通用操作危险检查表
C.2	能源危险检查表	C.6	操作危险检查表
C.3	通用来源危险检查表	C.7	故障状态危险检查表
C.4	航天功能危险检查表		

C.1   通用危险检查表

这个危险检查表列出各种可能的危险来源。当进行危险分析时,应分析这些项目在系统内的危险影响。本表来源于 NASA Reference Publication 1358, System Engineering "Toolbox" for Design Oriented Engineering, 1994.

加速度/减速度/重力

- 意外运动
- 松脱物体移位
- 冲击(撞击、碰撞)
- 跌落物
- 碎片/抛掷物
- 晃动的液体
- 滑/绊
- 跌落

化学物品/水污染

- 系统交叉连接
- 泄漏/喷洒
- 容器/导管/管道破裂
- 回流/虹吸效应

共因

- 公用资源中断
- 水气/潮气
- 极端温度
- 地震扰动/撞击
- 振动
- 洪水
- 灰尘/粉尘
- 错误的校准
- 着火
- 单头连接器
- 位置
- 辐射
- 耗损
- 维修差错
- 寄生虫/害虫

应急事件(系统或操作人员对异常事件的紧急响应)

- "硬"关机/故障
- 冰冻
- 起火
- 风暴
- 雹暴
- 公用资源中断
- 洪水
- 地震
- 雪/冰

控制系统

- 断电
- 干扰(电磁干扰/射频干扰)
- 潜在通路
- 潜在软件功能
- 雷击
- 接地故障
- 意外动作

电气

- 触电
- 烧伤
- 过热
- 引燃易燃物
- 意外动作

- 断电
- 配电反馈
- 不安全的停止运行
- 爆炸(静电)
- 爆炸(电弧)

机械

- 锋利的棱边/尖端
- 旋转设备
- 往复式设备
- 夹点

- 举起的重物
- 稳定性/顶端势能
- 喷射出的零部件/碎片
- 破碎的表面

气压/液压

- 过压
- 导管/容器/管路破裂
- 内爆
- 错误安装的泄压装置
- 动态压力负载
- 不正确的泄压
- 回流

- 交叉流动
- 液压油缸
- 意外泄压
- 未校准的泄压装置
- 吹胀物
- 管路/软管抽打
- 爆炸

极端温度

- 热源/散热器
- 热/冷导致表面烧(冻)伤
- 压力评定
- 承压气体/液体
- 高易燃性
- 高挥发性

- 高反应性
- 冰冻
- 潮气/水气
- 可靠性降低
- 结构特性改变(如:氢脆)

电离辐射

- α射线
- β射线

- 中子
- γ射线

- X 射线

非电离辐射
- 激光
- 红外线
- 微波
- 紫外线

着火/易燃性,条件:
- 燃料
- 点火源
- 氧化剂
- 推进剂

爆炸物(引爆因素)
- 热
- 摩擦
- 撞击/冲击
- 振动
- 静电放电
- 化学品污染
- 雷击
- 焊接(杂散电流/火花)

爆炸物(影响后果)
- 大规模火灾
- 爆炸(导致)超压
- 抛洒的碎片
- 地震波
- 气象强化

爆炸物(敏感性)
- 热/冷
- 振动
- 撞击/冲击
- 低湿度
- 化学品污染

爆炸物(条件)
- 存在易爆推进剂
- 存在易爆气体
- 存在易爆液体
- 存在易爆蒸汽
- 存在易爆粉尘

泄漏(物质状态)
- 液体/制冷剂
- 气体/蒸汽
- 粉尘—刺激性
- 辐射源

- 易燃
- 有毒
- 易发生反应
- 腐蚀性
- 光滑
- 有异味

- 致病性
- 窒息
- 泛滥/溢出
- 径流
- 气态传播

生理(参见"人体工效学"条目)
- 极端温度
- 讨厌的粉尘/异味
- 极端压力
- 疲劳
- 举重
- 噪声
- 振动(雷诺综合征)
- 诱变剂
- 窒息物

- 致敏物
- 病原体
- 辐射(参见"辐射"条目)
- 制冷剂
- 致癌物
- 致畸物
- 毒素
- 刺激性物质

人为因素(参见"人体工效学"条目)
- 操作错误
- 操作疏忽
- 操作失败
- 操作过早/过晚

- 操作次序错误
- 操作正确但控制错误
- 操作过慢
- 操作过快

人体工效学(参见"人为因素"条目)
- 疲劳
- 不可达性
- 缺少安全开关
- 强光
- 不充分的控制/读出器区别

标示

- 不适当的控制/读出器位置
- 错误的/不合适的控制/读出器

- 不良的工作台设计
- 照明不够/不当

公用资源无告示中断
- 电力
- 供蒸汽

- 供暖/制冷
- 通风

447

- 空调
- 压缩气体/燃气
- 润滑耗尽/剧降

- 燃料
- 排气

任务阶段
- 运输
- 交付
- 安装
- 校准
- 检查
- 调整
- 激活
- 正常启动
- 紧急启动

- 正常运行操作
- 负载变化
- 耦合/非耦合
- 应激操作
- 正常关机
- 紧急关机
- 诊断/排故
- 维修

C.2 能源危险检查表

本表是关于潜在危险能源的通用检查表。采用了表中任何一种能源的系统都很可能存在相关联的危险。本表由 C. Ericson 收集整理。

(1) 燃料
(2) 推进剂
(3) 触发器
(4) 炸药
(5) 已充电的电容器
(6) 蓄电池
(7) 静电电荷
(8) 压力容器
(9) 受载弹簧装置
(10) 悬挂系统
(11) 气体发生器

(12) 发电机
(13) 射频能源
(14) 放射性能源
(15) 跌落物
(16) 抛掷(弹射)物
(17) 供暖装置
(18) 泵、鼓风机、风扇
(19) 旋转机械
(20) 驱动(传动)装置
(21) 核能

C.3 通用来源危险源检查表

这是另一种通用项目检查表,包含了系统内部经常造成危险的各种项目。在进行危险分析时,应考虑表中的每一项在系统内的危险影响。本表由 C. Ericson 收集整理

448

(1) 加速度　　　　　　　　　　　低湿度
(2) 污染　　　　　　　　　(11) 氧化
(3) 腐蚀　　　　　　　　　(12) 压力
(4) 化学分解　　　　　　　　　高
(5) 电气　　　　　　　　　　　低
　　电击　　　　　　　　　　　急剧变化
　　热　　　　　　　　　(13) 辐射
　　意外激活　　　　　　　　　热
　　电源故障　　　　　　　　　电磁
　　电磁辐射　　　　　　　　　电离
(6) 爆炸　　　　　　　　　　　紫外线
(7) 着火　　　　　　　　　(14) 化学置换
(8) 热和温度　　　　　　　(15) 冲击(机械的)
　　高温　　　　　　　　　(16) 应力集中
　　低温　　　　　　　　　(17) 应力逆转
　　温度变化　　　　　　　(18) 结构损伤或故障
(9) 泄漏　　　　　　　　　(19) 毒性
(10) 湿度　　　　　　　　　(20) 振动与噪声
　　高湿度　　　　　　　　(21) 气候与环境

C.4　宇航功能危险检查表

本表包括了航天相关的通用功能,通常会在系统内造成危险。在进行危险分析时,应考虑表中的每一项在系统内的危险影响。本表由 C. Ericson 收集整理。

(1) 乘员进/出　　　　　　(11) 飞行中的紧急情况
(2) 地面到塔架的能量传输　　　通信中断
(3) 发射段逃逸　　　　　　　　丧失动力/控制
(4) 发射台点火与分离　　　　　火灾毒性
(5) 地面控制通信传输　　　　　爆炸
(6) 交会与对接　　　　　　　　生命保障
(7) 乘员的地面控制　　　　(12) 再入
(8) 地面向乘员的数据通信　(13) 降落伞开伞与降落
(9) 舱外活动　　　　　　　(14) 乘员返回
(10) 乘员飞行过程中的试验　(15) 航天器恢复与回收

（16）航天器惰性化与消毒 （22）轨道校正
（17）有效载荷匹配 （23）数据采集
（18）整流罩分离 （24）中途校正
（19）入轨 （25）恒星位置探测（导航）
（20）太阳能电池板展开 （26）在轨性能
（21）轨道定位 （27）制动推力

C.5 通用操作危险检查表

本检查表包含了经常会在系统中造成危险的通用操作。当开展危险分析时,应考虑表中每一项条目在系统内的危险影响。本表由 C. Ericson 收集整理。

（1）焊接 （9）高能增压/流体静力 – 气动静
（2）清洗 力试验
（3）极端温度下操作 （10）核能部件处置/检验
（4）对极端重量操作 （11）军械安装/检验/试验
（5）吊装,装卸和装配操作 （12）密闭容器或空间进入
（6）试验室操作 （13）最终品运输和装卸
（7）主要部件/子系统/系统验证 （14）有人飞行器试验
试验 （15）静态点火试验
（8）加注/装填/传输/储运 （16）系统运行确认

C.6 运行危险检查表

本检查表包含了经常会在系统中造成危险的常规操作事项。当开展危险分析时,应考虑表中每一项条目在系统内的危险影响。本表由 C. Ericson 收集整理。

（1）工作区 重的,粗糙的,锋利的
　　绊倒、滑倒、棱角 易爆的
　　照明 易燃的
　　底板负载,堆积 难操作的,易碎的
　　通风 （3）着装
　　移动的物体 松垮的,破旧的,脏的
　　裸露表面——热,电 领带,首饰
　　狭小的作业区 鞋,高跟鞋
　　紧急出口 防护服
（2）材料处理 （4）机械

450

切割,冲压,成型
旋转轴
夹点
飞屑
凸起
保护装置
（5）工具
无工具
用错工具
损坏的工具

超差的工具
（6）紧急情况
计划,流程,数量
设备
人员
训练
（7）安全装置
丧失功能
不充分

C.7 故障状态危险检查表

本检查表包含了经常会在系统中造成危险的故障模式或故障状态。当开展危险分析时,应考虑表中每一项条目可能在系统内的危险影响。本表由 C. Ericson 收集整理。

（1）无法运行
（2）不正确/错误的运行
（3）意外运行
（4）在错误时间运行(过早、过晚)

（5）无法停止运行
（6）接收错误数据
（7）发送错误数据

内 容 简 介

　　本书详细论述了危险原理：危险三要素以及危险、风险和事故的关系，系统安全工程原理、危险分析技术分类及其在系统安全中的应用。重点介绍了系统安全工程中常用的 22 种危险分析技术，如初步危险分析、系统危险分析、故障树分析、故障危险分析及软件危险分析等，并结合具体的示例说明这些技术。同时指出了其优缺点以及在使用过程中常犯的错误。此外，还论述了这些危险分析技术之间的相互关系。

　　本书适合于从事系统安全工程工作的人员，高等院校相关专业的教师、高年级本科生以及研究生学习参考。